AS SUSPEITAS DO SR. WHICHER

KATE SUMMERSCALE

As suspeitas do sr. Whicher

A história real de um dos crimes mais chocantes da Inglaterra vitoriana e do detetive que inspirou Charles Dickens e Arthur Conan Doyle

Tradução
Celso Nogueira

COMPANHIA DAS LETRAS

Copyright © 2008 by Kate Summerscale
Proibida a venda em Portugal

Grafia atualizada segundo o Acordo Ortográfico da Língua Portuguesa de 1990, que entrou em vigor no Brasil em 2009

Título original
The suspicions of Mr. Whicher — Or the murder at Road Hill House

Capa
Kiko Farkas/ Máquina Estúdio
Mateus Valadares/ Máquina Estúdio

Foto de capa
Maull and Polyblank/ Getty Images

Preparação
Leny Cordeiro

Índice remissivo
Luciano Marchiori

Revisão
Angela das Neves
Marise Leal

Dados Internacionais de Catalogação na Publicação (CIP)
Câmara Brasileira do Livro, SP, Brasil

Summerscale, Kate
As suspeitas do sr. Whicher : a história real de um dos crimes mais chocantes da Inglaterra vitoriana e do detetive que inspirou Charles Dickens e Arthur Conan Doyle / Kate Summerscale ; tradução Celso Nogueira. — São Paulo : Companhia das Letras, 2009.

Título original: The suspicions of Mr. Whicher : or the murder at Road Hill House.
ISBN 978-85-359-1533-4

1. Assassinatos – Investigação – Estudo de casos 2. Assassinatos – Investigação – Wiltshire (Inglaterra) – História – Século 19 3. Detetives – Londres (Inglaterra) – Biografia 4. Família Kent 5. Jornalismo 6. Whicher, Jonathan I. Título.

09-08064   CDD-364.1524

Índice para catálogo sistemático:
1. Assassinatos : Investigação : Relatos policiais : Criminologia 364.1524

[2009]
Todos os direitos desta edição reservados à
EDITORA SCHWARCZ LTDA.
Rua Bandeira Paulista 702 cj. 32
04532-002 – São Paulo – SP
Telefone (11) 3707-3500
Fax (11) 3707-3501
www.companhiadasletras.com.br

Para Juliet, minha irmã.

Você sente um calor incômodo na boca do estômago, senhor? E um latejar medonho no alto da cabeça? Ainda não? Mas isso vai pegá-lo [...] é o que chamo de febre detetivesca.

De *A pedra da Lua* (1868), de Wilkie Collins

Sumário

Introdução 11
Árvore genealógica 15
Planta baixa da mansão de Road Hill 16
Lista de personagens 19
Nota sobre a moeda 22
Prólogo 23

PARTE UM: A MORTE 29

1. Ver o que temos de ver 31
2. O horror e o assombro 46
3. Não teria Deus descoberto o fato? 57

PARTE DOIS: O DETETIVE 71

4. Um homem misterioso 73
5. Todas as pistas apagadas 89
6. Algo em seu rosto sombrio 109
7. Mudança de aparência 123
8. Todos de boca fechada 132

9. Eu conheço você   148
10. Olhar uma estrela de relance   167
11. Quanta coisa entra em jogo nisso   183
12. Febre detetivesca   198
13. Juntar isso e aquilo pelo lado errado   217
14. Mulheres! Segurem a língua!   231

PARTE TRÊS: A ELUCIDAÇÃO   245

15. Como um covarde   247
16. Melhor que ela seja louca   270
17. Meu amor mudou   291
18. Não resta dúvida de que nosso detetive autêntico está vivo   306
19. Mundos de fantasia reais   330
20. A música da foice no gramado lá fora   339

Posfácio   352
Pós-escrito   356

Notas   365
Bibliografia selecionada   397
Agradecimentos   403
Índice remissivo   407

Introdução

Esta é a história do assassinato cometido numa casa de campo inglesa em 1860, e que talvez tenha sido o mais inquietante homicídio de sua época. A busca do assassino abalou a carreira de um dos primeiros e mais competentes detetives do período, inspirou uma "febre detetivesca" que varreu a Inglaterra e definiu o caminho do romance policial. Para a família da vítima foi um crime de horror invulgar que lançou suspeitas sobre todos os moradores da mansão. Para o país, o assassinato em Road Hill se tornou uma espécie de mito — sombria fábula sobre a família na era vitoriana e os riscos da investigação.

O detetive é uma invenção recente. O primeiro investigador profissional, Auguste Dupin, surgiu em "Os crimes da rua Morgue", de Edgar Allan Poe, em 1841, e a Polícia Metropolitana de Londres no ano seguinte nomeou os primeiros detetives genuínos no mundo de fala inglesa. O policial encarregado da investigação do homicídio na casa de Road Hill — inspetor-detetive Jonathan Whicher, da Scotland Yard — foi um dos oito homens que formaram a equipe pioneira.

O caso de Road Hill transformou todos em detetives. Deslumbrou o povo inglês, e centenas de pessoas escreveram para os jornais, para a Secretaria do Interior e para a Scotland Yard, apresentando suas soluções. Influenciou a literatura da década de 1860 e as seguintes, com destaque para *A pedra da Lua*, de Wilkie Collins, descrito por T. S. Eliot como o primeiro e melhor romance policial inglês. Whicher serviu como inspiração para o enigmático sargento Cuff do livro, personagem que inspirou praticamente todos os detetives desde então. Elementos do caso surgiram no derradeiro romance de Charles Dickens, o inacabado *O mistério de Edwin Drood*. Embora a assustadora novela de Henry James *A volta do parafuso* não tenha sido diretamente inspirada pelo caso de Road Hill — James disse que se baseou no relato de um caso feito pelo arcebispo de Cantuária —, estava impregnada das dúvidas sinistras e dos deslizes do caso: a governanta que pode ser do bem ou do mal, as crianças enigmáticas sob seus cuidados, uma casa de campo cheia de segredos.

Um detetive vitoriano era o substituto secular do profeta ou sacerdote. Oferecia a um mundo novo e instável ciência, convicção, relatos capazes de organizar o caos. Transformava crimes brutais — vestígios da besta no homem — em enigmas intelectuais. Entretanto, depois da investigação em Road Hill, a imagem do detetive se turvou. Muitos consideraram que as investigações de Whicher culminaram na violação do lar de classe média, em ataque à privacidade, crime capaz de rivalizar com o homicídio cuja solução lhe caberia. Whicher expôs as perversões domésticas: transgressão sexual, crueldade psicológica, empregados maquinadores, filhos geniosos, insanidade, ciúme, solidão e ódio. A cena revelada por ele causou medo (e excitação) com a noção do que poderia estar ocorrendo por trás das portas de outros lares respeitáveis. Suas conclusões ajudaram a criar uma era de voyeurismo e desconfiança, na qual o detetive era uma figura sombria, tanto um demônio quanto um semideus.

Tudo o que sabemos da mansão de Road Hill foi determinado pelo assassinato que lá ocorreu em 30 de junho de 1860. A polícia e os juízes leigos levantaram centenas de detalhes sobre o interior do prédio — maçanetas, trancas, pegadas, trajes noturnos, carpetes, chapas — e dos hábitos de seus moradores. Até o interior do corpo da vítima foi exposto ao público com uma franqueza forense impassível que hoje parece chocante.

Uma vez que todos os elementos informativos que chegaram até nós foram obtidos em resposta a questões do investigador, cada um ostenta a marca da suspeita. Sabemos quem visitou a casa no dia 29 de junho, pois um dos visitantes poderia ser o assassino. Sabemos quando a luz externa da casa foi consertada, pois poderia ter iluminado o caminho para a cena do crime. Sabemos como o gramado foi cortado, porque a foice poderia ter sido a arma. O retrato resultante da vida em Road Hill é vorazmente minucioso, e também incompleto: a investigação do homicídio funcionou como uma lanterna que iluminou movimentos súbitos, cantos e escadas. Os eventos domésticos cotidianos foram vasculhados na busca por possíveis implicações. O rotineiro se tornou sinistro. O método do assassinato foi descrito nos detalhes mais ínfimos, nas repetidas referências das testemunhas a superfícies duras e macias, como facas e tecidos, a aberturas e fechamentos, incisões e trancas.

Enquanto o assassinato permaneceu insolúvel, os moradores da mansão de Road Hill foram alternativamente classificados como suspeitos, conspiradores ou vítimas. A totalidade do segredo que Whicher deslindou só veio à tona muitos anos depois da morte de todos eles.

13

Este livro foi feito nos moldes de uma história de mistério de casa de campo, o subgênero que o caso de Road Hill inspirou, e usa alguns recursos do romance policial. O conteúdo, porém, pretende ser factual. As principais fontes foram os arquivos do governo e da polícia sobre o assassinato, que se encontram no Arquivo Nacional em Kew, no sudoeste de Londres, bem como nos livros, folhetos, ensaios e matérias jornalísticas publicados sobre o caso na década de 1860, disponíveis na British Library. Outras fontes incluem mapas, horários dos trens, livros de medicina, históricos sociais e relatos de policiais. Algumas descrições de prédios e paisagens foram fornecidas pelas reportagens jornalísticas, e os diálogos são oriundos do testemunho concedido em juízo.

Nos estágios finais da história os personagens se dispersam — principalmente para Londres, cidade dos detetives, e para a Austrália, terra de exilados —, mas a maior parte da ação transcorre durante um mês num vilarejo inglês, no verão de 1860.

Árvore genealógica

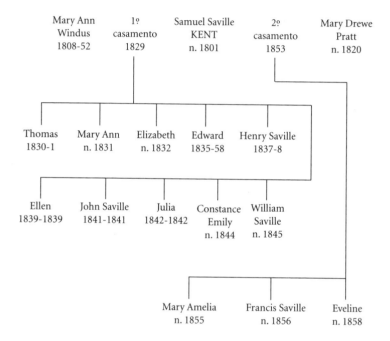

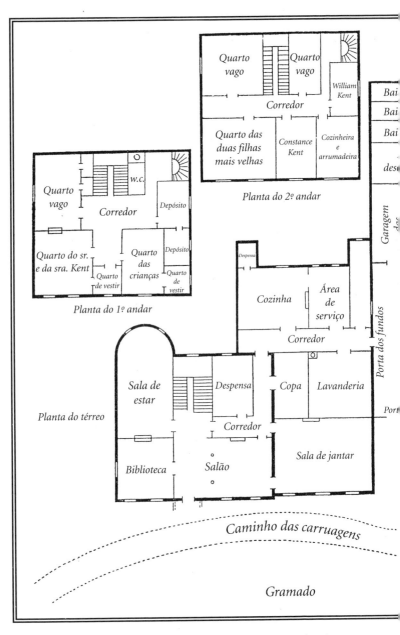

Planta baixa da Mansão Hoad Hill na época do crime

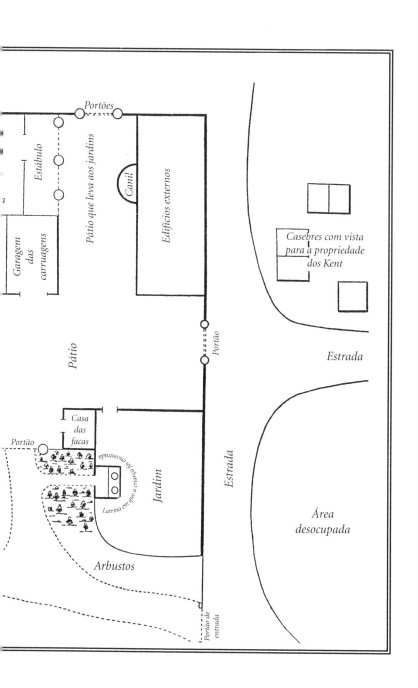

Lista de personagens

NA MANSÃO DE ROAD HILL

Samuel Kent, subinspetor de fábricas, 59 anos em junho de 1860
Mary Kent, Pratt de nascimento, segunda mulher de Samuel, 40
Mary Ann Kent, filha do primeiro casamento de Samuel Kent, 29
Elizabeth Kent, filha do primeiro casamento de Samuel Kent, 28
Constance Kent, filha do primeiro casamento de Samuel Kent, 16
William Kent, filho do primeiro casamento de Samuel Kent, 14
Mary Amelia Kent, filha do segundo casamento de Samuel Kent, 5
Saville Kent, filho do segundo casamento de Samuel Kent, 3
Eveline Kent, filha do segundo casamento de Samuel Kent, 1
Elizabeth Gough, babá, 22
Sarah Cox, doméstica, 22
Sarah Kerslake, cozinheira, 23

EMPREGADOS NÃO RESIDENTES

James Holcombe, jardineiro, cavalariço e cocheiro, 49

John Alloway, serviços gerais, 18
Daniel Oliver, ajudante de jardineiro, 49
Emily Doel, babá assistente, 14
Mary Holcombe, faxineira
Anna Silcox, enfermeira aposentada, 76

OUTROS MORADORES DO VILAREJO

Reverendo Edward Peacock, cura perpétuo da Christ Church, 39
Hester Holley, lavadeira, 55
Martha Holley, filha de Hester, 17
William Nutt, sapateiro, 36
Thomas Benger, fazendeiro, 46
Stephen Millet, açougueiro, 55
Joe Moon, oleiro, 39
James Fricker, encanador e vidraceiro, 40
James Morgan, padeiro e policial do distrito, 56

A POLÍCIA

Inspetor-chefe John Foley, 64, de Trowbridge
Policial William Dallimore, 40, de Trowbridge
Eliza Dallimore, "revistadora" policial, 47, de Trowbridge
Policial Alfred Urch, 33, de Road
Policial Henry Heritage, de Southwick
Sargento policial James Watts, de Frome
Capitão Meredith, chefe de polícia de Wiltshire, 63, de Devizes
Inspetor-chefe Francis Wolfe, 48, de Devizes

OS DETETIVES

Inspetor-detetive Jonathan Whicher, 45
Sargento-detetive Frederick Adolphus Williamson, 29

Sargento-detetive Richard Tanner, 29
Ignatius Pollaky, detetive particular, 31

DAS CIDADES VIZINHAS

George Sylvester, cirurgião e juiz de instrução do condado, 71, de Trowbridge
Joshua Parsons, cirurgião, 45, de Beckington
Joseph Stapleton, cirurgião, 45, de Trowbridge
Benjamin Mallam, clínico, de Frome
Rowland Rodway, advogado, 46, de Trowbridge
William Dunn, advogado, 30, de Frome
Henry Gaisford Gibbs Ludlow, proprietário de terras, juiz leigo para Wiltshire e delegado adjunto para Somersetshire, 50, de Westbury
William Stancomb, produtor de lã, juiz leigo para Wiltshire e delegado adjunto para Wiltshire, 48, de Trowbridge
John Stancomb, produtor de lã, juiz leigo para Wiltshire, 45, de Trowbridge
Peter Edlin, advogado, 40, de Bristol
Emma Moody, filha de operário de lanifício, 15, de Warminster
Louisa Hatherill, filha de fazendeiro, 15, de Oldbury-on-the-Hill, Gloucestershire
William Slack, advogado, de Bath
Thomas Saunders, juiz leigo e advogado aposentado, de Bradford-upon-Avon

Nota sobre a moeda

Em 1860, uma libra tinha o poder de compra de 65 libras (130 dólares), em valores de hoje. Um xelim valia um vigésimo de libra, equivalentes a 3,25 (6,50 dólares). Um *penny*, a duodécima parte do xelim, tinha o poder de compra de cerca de 25 *pence* de hoje (cerca de cinquenta centavos de dólar). Esses valores — baseados no índice de preços ao consumidor — são úteis para calcular o custo relativo de itens cotidianos, como passagens, alimentos e bebidas.

Quando se refere à renda, um cálculo mais adequado mostra que um salário de cem libras em 1860 equivale a cerca de 60 mil libras (120 mil dólares) atuais.

Estimativas baseadas nos cálculos dos professores de economia norte-americanos Lawrence H. Officer e Samuel H. Williamson, explicados em seu site measuringworth.com.

Prólogo

Paddington Railway Station
15 de julho de 1860

No domingo, 15 de julho de 1860, o inspetor-detetive Jonathan Whicher, da Scotland Yard, pagou dois xelins pela corrida de charrete coberta que o levou de Millbank, logo a oeste de Westminster, até a estação de Paddington, o terminal londrino da ferrovia Great Western. Ali, adquiriu duas passagens: uma para Chippenham, Wiltshire, a 150 quilômetros, por sete xelins e dez *pence*, e outra de Chippenham a Trowbridge, cerca de trinta quilômetros adiante, por um xelim e seis *pence*.[1] Fazia calor naquele dia: pela primeira vez no verão a temperatura em Londres superara os trinta graus.[2]

A estação de Paddington era uma reluzente abóbada de ferro e vidro, construída por Isambard Kingdom Brunel seis anos antes, e seu interior estava quente de sol e vapor. Jack Whicher conhecia bem o local — os ladrões de Londres preferiam as multidões anônimas que serpenteavam pelas novas estações ferroviárias, as idas e vindas apressadas, a incrível diversidade de tipos e classes. Era essa a essência da cidade que inventou os detetives para policiá-la. *A estação de trem*, de William Frith, um retrato panorâmico de Paddington em 1860, mostra um gatuno sendo detido por dois policiais à paisana, de suíças, terno preto e cartola, homens taciturnos capazes de refrear o turbilhão da metrópole.

Nesse terminal, em 1856, Whicher prendeu George Williams, famoso pelos trajes vistosos, quando furtava uma carteira contendo cinco libras da bolsa da sra. Glamis — o detetive informou aos juízes leigos, em audiência, que "conhecia o prisioneiro havia anos como membro de primeira linha da elite dos punguistas".

Na mesma estação, em 1858, ele deteve uma senhora de cerca de quarenta anos, corpulenta, sardenta, que viajava num compartimento de segunda classe de um trem da Great Western, pronunciando as seguintes palavras: "Acho que seu nome é Moutot". Louisa Moutot era uma famosa estelionatária. Usara nome falso — Constance Brown — para alugar uma sege, uma casa mobiliada em Hyde Park e contratar um serviçal. Depois solicitou que um assistente da joalheria dos srs. Hunt e Roskell a visitasse, com braceletes e colares para mostrar à sra. Campbell. Moutot pediu licença para levar as joias à patroa, no andar superior, alegando que ela estava de cama, adoentada. O joalheiro lhe entregou um bracelete de diamantes no valor de 325 libras, com o qual Moutot saiu da sala. Depois de quinze minutos de espera, ele tentou abrir a porta e descobriu que fora trancado lá dentro.

Quando Whicher capturou Moutot na estação de trem de Paddington, dez dias depois, notou que ela mexia os braços, ocultos pela capa larga. Ele a segurou pelos pulsos e pegou o bracelete furtado. Além disso, com ela havia uma peruca masculina, um par de suíças falsas e um bigode postiço. Ela era uma criminosa urbana de alta classe, mestre nos ardis desonestos que Whicher desvendava como ninguém.[3]

Jack Whicher foi um dos oito primeiros policiais da Scotland Yard. Nos dezoito anos transcorridos desde a formação da força de detetives, esses homens se tornaram personagens encantadores e misteriosos, os semideuses oniscientes e furtivos de Londres. Charles Dickens os considerava modelos da modernidade. Eram tão mágicos e científicos quanto as outras maravilhas das décadas de 1840 e 1850 — a máquina fotográfica, o telégrafo elétrico e a ferrovia. Como o telégrafo e o trem, o detetive dava a impressão de poder superar o tempo e o espaço; como a máquina fotográfica, parecia capaz de congelar as pessoas — Dickens contou que, "num relance", um detetive "consegue inventariar a mobília" de um cômodo e fazer "um retrato preciso" de seus ocupantes. As investigações desses detetives, escreveu o romancista, eram "partidas de xadrez, jogadas com peças vivas", "sem crônicas que as registrassem em algum lugar".[4]

Whicher, aos 45 anos, era o decano da polícia metropolitana, o "príncipe dos detetives",[5] nas palavras de um colega. Homem vigoroso, de passo lento e modos corteses, era "mais baixo e robusto" que os colegas, comentou Dickens, que ressaltou "seu ar reservado e pensativo, como se cálculos aritméticos complexos o absorvessem". Seu rosto exibia pequenas marcas de varíola.[6] William Henry Wills, braço direito de Dickens em sua revista *Household Words*, viu Whicher em ação em 1850. O relato sobre o caso investigado por Whicher foi a primeira descrição de um detetive inglês na imprensa.[7]

Wills estava na escadaria de um hotel de Oxford, conversando informalmente com um francês — ele notou "o brilho negro de seus sapatos e a imaculada brancura das luvas" — quando um desconhecido surgiu no salão do térreo. "No tapete ao pé da escada parou um homem. Sujeito simples, de ar honesto, sem nada de chamativo na aparência ou agressivo na postura." A "aparição" teve um impacto extraordinário no francês, que "ficou na ponta dos pés, como se um tiro o desequilibrasse repentinamente; seu rosto empalideceu e os lábios tremeram... sabia que era tarde demais para fugir (é certo que o faria, se pudesse), pois os olhos daquele homem se fixaram nele".

O estranho capaz de imobilizar alguém com um olhar subiu a escada e instruiu o francês a ir embora de Oxford, com o resto de sua "escola", no trem das sete horas. Depois ele seguiu para o restaurante do hotel, onde se aproximou de três homens que bebiam depois do jantar. Ele apoiou os nós dos dedos na mesa e debruçou-se um pouco, fixando os homens com seu olhar, um por um. "Como num passe de mágica", eles ficaram imóveis e silenciosos. O misterioso e poderoso estranho ordenou aos três que pagassem a conta e pegassem o trem das sete para Londres. Ele os seguiu até a estação ferroviária de Oxford, e Wills os acompanhou.

Na estação a curiosidade do repórter superou seu medo da "evidente onipotência" do sujeito, e Wills perguntou a ele o que acontecia.

"Acontece que sou o sargento Witchem, da força policial", o sujeito explicou a Wills.

Whicher era um "sujeito misterioso", na expressão de Wills, o protótipo do investigador enigmático, reservado. Surgia do nada e, mesmo sem disfarce, se ocultava atrás de um pseudônimo. "Witchem", o nome dado a ele por Wills, lembrava investigações — "*which of 'em?*" [qual deles?] — e magia — "*bewitch 'em*" [enfeitice-os]. Ele era capaz de transformar um homem em pedra ou fazê-lo perder a fala. Muitos dos traços que Wills viu em Whicher se tornaram a matéria-prima do herói detetive ficcional: aparência comum, perspicaz, mente ágil, discreto. Em conformidade com sua discrição e profissão, não restaram fotografias de Whicher, pelo que consta. As únicas indicações sobre sua aparência são as descrições dadas por Dickens e Wills, além de detalhes nos documentos de sua saída da polícia: Whicher tinha quase um metro e setenta, cabelos castanhos, pele clara, olhos azuis.[8]

* * *

Nas bancas de jornal das estações ferroviárias os viajantes podiam comprar "memórias" de detetives em edições baratas de bolso (na verdade, coletâneas de contos), assim como revistas com histórias de mistério de Dickens, Edgar Allan Poe e Wilkie Collins. Na edição daquele fim de semana da nova publicação de Dickens, *All the Year Round*, saiu o trigésimo terceiro capítulo de *A mulher de branco*, de Collins, o primeiro dos romances "sensacionalistas" que dominariam a década de 1860. Na aventura, até então, o malévolo sir Percival Glyde aprisionara duas mulheres num manicômio com a intenção de ocultar um episódio obscuro de seu passado familiar. A edição de 14 de julho revela que Glyde morreu queimado na sacristia de uma igreja, ao tentar destruir as provas de seu segredo. O narrador observou, enquanto a igreja ardia: "Nada ouço além do crepitar das chamas, do estalido rápido do vidro na claraboia do alto... Procuramos o corpo. O calor escorchante em nossas faces nos fez recuar: nada víamos — acima, abaixo, através do salão, nada víamos a não ser uma onda de fogo vivo".

A morte que Whicher investigaria fora de Londres era brutal, um assassinato aparentemente sem motivo numa mansão no interior, perto de Trowbridge, em Wiltshire, que confundira a polícia local e a imprensa nacional. A família da vítima, embora à primeira vista respeitável, guardava inúmeros segredos, segundo os rumores: casos de adultério e insanidade.

O telégrafo da ferrovia Great Western convocara Jack Whicher para ir a Wiltshire, em um dos trens da companhia. Pontualmente às duas da tarde a imensa locomotiva a vapor de seis eixos começou a puxar o vagão, pintado de cor chocolate e creme, para fora da estação de Paddington, por uma linha que media dois metros de largura. A Great Western era a ferrovia mais rápida, confortável e confiável da Inglaterra. Até o trem de um *penny* por milha, que Whicher tomou, parecia deslizar pelas planícies, no rumo de Slough, e flutuar sobre os arcos largos da ponte de Maidenhead. Na tela *Chuva, vapor e velocidade — a ferrovia Great Western* (1844), de J. M. W. Turner, uma locomotiva passa velozmente pela ponte, vinda do leste, como um projétil escuro a lançar faíscas reluzentes em ouro, prata e azul.

O trem de Whicher chegou a Chippenham às 17h37, e oito minutos depois o detetive pegou a conexão para Trowbridge. Ele chegaria lá em menos de uma hora.[9] A história que o aguardava — a soma dos fatos reunidos pela polícia de Wiltshire, juízes leigos e repórteres de jornais — começara uma quinzena antes, em 29 de junho.

PARTE UM
A Morte

o segredo pode tomar ar e pegar fogo, detonar, explodir...
De *A casa soturna* (1853), de Charles Dickens.

1. Ver o que temos de ver
29-30 de junho

Nas primeiras horas de sexta-feira, 29 de junho de 1860, Samuel e Mary Kent dormiam no primeiro andar de sua mansão georgiana de três pavimentos, situada acima do vilarejo de Road, a oito quilômetros de Trowbridge. Estavam deitados na cama de mogno espanhol com dossel entalhado, no quarto adornado com tecido adamascado carmesim. Ele tinha 59 anos; ela, aos quarenta, estava grávida de oito meses. A filha mais velha deles, Mary Amelia, dormia no mesmo quarto. Do outro lado da porta que dava para o quarto das crianças, a poucos metros, repousavam Elizabeth Gough, 22 anos, babá, numa cama francesa pintada, e duas crianças sob seus cuidados, Saville (três anos) e Eveline (um ano), em berços de ratã.

Duas outras criadas dormiam no segundo andar da mansão de Road Hill — Sarah Cox (22 anos), arrumadeira, e Sarah Kerslake (23), cozinheira — bem como os quatro filhos do primeiro casamento de Samuel: Mary Ann (29), Elizabeth (28), Constance (dezesseis) e William (catorze). Cox e Kerslake compartilhavam a cama num dos quartos. Mary Ann e Elizabeth compartilhavam a cama de outro. Constance e William tinham cada um seu próprio dormitório.

A babá, Elizabeth Gough, levantou-se às 5h30 daquela manhã para abrir a porta dos fundos, permitindo o acesso do limpador de chaminés vindo de Trowbridge. Com seu "aparelho" formado por varas conectadas e escovas ele limpou as chaminés da cozinha e do quarto das crianças, além da tubulação da chapa quente. A babá lhe pagou quatro xelins e seis *pence* às 7h30 e o acompanhou até a porta. Gough, filha de padeiro, era uma jovem atenciosa, de boa aparência. Magra, tinha pele clara, olhos escuros, nariz comprido. Faltava-lhe um dente da frente. Quando o limpador de chaminés se foi ela limpou a fuligem do quarto das crianças. Kerslake — a cozinheira — lavou o chão da cozinha.

Um outro estranho passou na casa naquela sexta-feira, o afiador de facas, para quem Cox — a arrumadeira — abriu a porta.

No terreno em torno da mansão de Road Hill, James Holcombe, jardineiro, cavalariço e cocheiro da família, cortava a grama com uma foice — os Kent tinham uma máquina de cortar grama, mas a ceifadeira era mais eficiente se a grama estivesse úmida. Aquele mês de junho fora o mais frio e úmido já registrado na Inglaterra, e chovera durante a noite. Assim que terminou o serviço ele pendurou a foice num galho, para secar a ferramenta.

Holcombe, 49 anos, sofria de paralisia numa das pernas e contava com dois ajudantes para as tarefas daquele dia: John Alloway, dezoito anos, "um rapaz de ar estúpido", segundo um jornal local, e Daniel Oliver, 49. Ambos residiam no vilarejo de Beckington, nas proximidades. Uma semana antes Samuel Kent havia recusado um aumento de salário para Alloway, e o rapaz pedira as contas. Aquela seria sua penúltima tarde a serviço de Kent, e ele foi despachado pela cozinheira para verificar se James Fricker, encanador e vidraceiro do povoado, havia terminado de colocar um vidro novo na lanterna quadrada do sr. Kent. Alloway já fora buscá-la quatro vezes na semana, sem que estivesse pronta. Daquela vez foi bem-sucedido: trouxe a lanterna de volta e a depositou sobre o balcão da cozinha. Uma moça da cidade de catorze anos, Emily Doel, também trabalhava na casa. Ela ajudava Gough, a babá, a cuidar das crianças, das sete da manhã às sete da noite, todos os dias.

Samuel Kent estava na biblioteca, rascunhando seu relatório sobre a viagem de dois dias aos lanifícios locais, da qual regressara na noite anterior. Ele era funcionário público, passara os últimos 25 anos como subinspetor de fábricas do governo, e recentemente se candidatara a inspetor pleno, reunindo assinaturas de duzentos próceres de West Country — membros do parlamento, juízes leigos, clérigos. Sujeito carrancudo, de sobrancelhas grossas, Kent era impopular no vilarejo, sobretudo entre os habitantes do "canto das cabanas", um amontoado de casebres do outro lado da estrada que conduzia à mansão de Road Hill. Proibira os habitantes do povoado de pescar no rio perto de sua casa, e processou um deles por apanhar maçãs em seu pomar.

Saville, o filho de três anos de Samuel, entrou na biblioteca para brincar enquanto a babá limpava o quarto das crianças. O menino rabiscou o relatório para o governo — fez um garrancho em forma de "s" e um borrão — e o pai brincou com ele, dizendo que era um "menino desobediente". Ao ouvir isso, Saville subiu no joelho de Samuel para "pular". Era um menino forte, corpulento, com cabelos dourados cacheados.

Na tarde de sexta-feira, Saville também brincou com a meia-irmã, Constance. Ela e seu irmão William estavam passando uma temporada que já durava quinze dias em casa, vindos do colégio interno. Constance puxara o pai — musculosa e atarracada, com olhos miúdos semicerrados num rosto largo —, enquanto William parecia com a mãe, a primeira sra. Kent, que falecera oito anos antes: olhos vivos e corpo delicado. Diziam que o rapaz era tímido, e a moça, fechada e instável.

Na mesma tarde Constance foi a pé até Beckington, a 2,5 quilômetros, para pagar uma conta. Lá encontrou William, e os dois regressaram juntos para casa.

No começo da noite Hester Holley, lavadeira residente nos casebres próximos da mansão, bateu na porta para devolver as roupas de vestuário e de cama e mesa dos Kent, que ela lavava semanalmente desde que eles se mudaram para Road, cinco anos antes. As moças mais velhas da família Kent — Mary Ann e Elizabeth — pegaram as roupas dos cestos e as separaram para distribuição nos quartos e armários.

Às sete da noite os três jardineiros e Emily Doel, babá assistente, saíram da casa de Road Hill e foram para suas residências. Holcombe trancou a porta do jardim por fora, ao passar, e voltou para casa, do outro lado da rua. Samuel Kent trancou o portão do jardim depois que todos os empregados não residentes saíram. Restavam doze pessoas na casa para passar a noite.

Meia hora mais tarde Gough carregou Eveline para cima, até o quarto das crianças, e a colocou no berço ao lado de sua cama, de frente para a porta. Os dois berços infantis eram feitos de ratã grosso, forrado de tecido, e tinham rodinhas. Em seguida Gough desceu para dar um laxante a Saville, sob supervisão da sra. Kent. O menino se recuperava de uma indisposição, e o médico da família, Joshua Parsons, enviara um mensageiro à mansão de Road Hill com um "aperiente" — uma derivação do termo latino para "abrir" ou "descobrir" — cujo efeito demorava de seis a dez horas. A pílula "consistia em um grão de pílula mercurial e três grãos de ruibarbo", declarou Parsons, que a preparara pessoalmente.

Saville estava "bem-disposto e contente" naquela tarde, declarou a babá. Ela o pôs no berço às oito da noite, no canto direito do quarto das crianças. Mary Amelia, de cinco anos, foi dormir no quarto dela e dos pais, do outro lado do patamar da escada. As portas dos dois quartos foram deixadas entreabertas para que a babá pudesse ouvir a voz da menina mais velha, caso ela acordasse, e para que a mãe pudesse averiguar se os filhos menores dormiam bem.

Quando as crianças pegaram no sono, Gough arrumou o quarto, repôs um banquinho em seu lugar, debaixo da cama, e restituiu os objetos espalhados ao quarto de vestir. Acendeu uma vela e sentou-se no quarto de vestir para jantar — naquela noite ela comeu apenas pão com manteiga e tomou água. Depois desceu para se juntar aos outros moradores da casa para a oração noturna, conduzida por Samuel Kent. Tomou uma xícara de chá com Kerslake na cozinha. "Normalmente não tomo chá", Gough revelou depois, "mas naquele dia aceitei uma xícara do bule familiar geral."

Quando ela voltou a subir para o quarto das crianças, declarou, Saville estava deitado "do jeito que costuma deitar, de rosto virado para a parede, com o braço sob a cabeça." Ele usava uma camisola de dormir e "uma camiseta de flanela". Em geral ele "dormia profundamente, e como não cochilara naquele dia, dormiu ainda melhor". Ela fizera faxina no quarto durante a tarde, quando ele costumava tirar um cochilo. O quarto das crianças, de acordo com a descrição de Gough, era um lugar confortável, calmo e silencioso, pois a profusão de tecidos abafava ruídos: "O quarto era todo acarpetado. A porta se abria sem barulho, graças ao acabamento em seu contorno, para eu não acordar as crianças". A sra. Kent confirmou que a porta abria e fechava sem ruído, se fosse empurrada ou puxada com cuidado, embora a maçaneta rangesse um pouco quando a giravam. Visitantes posteriores notaram o tilintar de um aro de metal na porta, e o estalido da tranca.

A sra. Kent entrou para dar um beijo de boa noite em Saville e Eveline, depois subiu para tentar ver no céu o cometa que passava naquela semana. Em *The Times*, jornal assinado pelo marido, sua posição era relatada todos os dias. Ela chamou Gough para acompanhá-la. Quando a babá apareceu, a sra. Kent comentou que Saville dormia tranquilamente. A mãe e a babá foram juntas até uma janela e ficaram olhando para o céu.

O sr. Kent abriu a porta do quintal às dez horas da noite e soltou da corrente o cão-de-guarda, um terra-nova preto grande, mas dócil, de boa índole, que estava com a família havia mais de dois anos.

Por volta das 22h30, William e Constance subiram para dormir, carregando velas. Meia hora depois, Mary Ann e Elizabeth fizeram o mesmo. Antes de se deitar, Elizabeth saiu de seu quarto para verificar se Constance e William haviam apagado a luz. Vendo que os quartos estavam escuros, ela parou na frente de uma janela para ver o cometa. Quando se recolheu, a irmã trancou a porta do quarto delas por dentro.

Dois pavimentos abaixo, por volta das 22h45, Cox fechou as janelas da sala de jantar, do salão, da sala de estar e da biblioteca, trancou e passou o ferrolho na porta de entrada e nas portas que davam para a biblioteca e para a sala de estar. As folhas da janela da sala de estar eram "presas com barras de ferro", declarou depois, "e cada uma tinha duas trancas de latão, também; estava tudo bem fechado". A porta da sala de estar "tinha tranca e fechadura, eu passei a tranca e girei a chave na fechadura". Kerslake trancou a porta da cozinha, da lavanderia e as portas dos fundos. Ela e Cox subiram pela escada traseira, em espiral, usada principalmente pelos empregados.

No quarto das crianças, às onze horas, Gough ajeitou as cobertas de Saville, prendendo-as sob seu corpo, acendeu uma luz de emergência e depois fechou, prendeu a barra de ferro e passou a tranca nas janelas antes de ir para sua cama. Dormiu profundamente naquela noite, alegou, exausta depois de fazer a faxina e se lavar.

Quando a sra. Kent foi para a cama, um pouco mais tarde,

deixando o marido na sala de jantar do térreo, ela fechou a porta do quarto das crianças com delicadeza.

Samuel Kent foi para o quintal alimentar o cachorro. Ele disse que às 23h30 confirmou que todas as portas e janelas do térreo estavam trancadas e aferrolhadas para evitar a entrada de intrusos, como fazia todas as noites. Deixou a chave na porta da sala de estar, como de costume.

Todos estavam na cama à meia-noite; o núcleo da nova família ocupava o primeiro andar, os filhos do primeiro casamento e os empregados, o segundo.

Pouco antes da uma hora da manhã de sábado, 30 de junho, um homem chamado Joe Moon, oleiro que vivia sozinho em Road Common, estendia uma rede para secar num descampado perto da mansão de Road Hill — ele provavelmente pescara durante a noite, para escapar de Samuel Kent — quando ouviu um cão latir. No mesmo instante Alfred Urch, policial, voltava a pé para casa depois de seu turno, quando ouviu cerca de seis latidos. Não deu importância a isso, declarou: o cachorro dos Kent era conhecido por latir quase sem motivo. James Holcombe nada escutou naquela noite, embora em diversas ocasiões anteriores ele tenha sido acordado pelo terra-nova ("ele fazia um barulho terrível"), e saíra ao quintal para acalmá-lo. A sra. Kent, no final da gravidez, não foi incomodada pelos latidos naquela noite, embora afirmasse ter sono leve: "Eu acordo a toda hora". Ela não ouviu nada de extraordinário, disse, exceto pelo "ruído de abertura de uma das folhas da janela da sala de estar" no início da manhã, logo que o dia raiou — e imaginou que os empregados estivessem trabalhando no térreo.

O sol despontou quando faltavam dois ou três minutos para as quatro da manhã de sábado. Uma hora depois, Holcombe se aproximou da mansão de Road Hill. "Vi que a porta estava trancada, como sempre." Ele acorrentou o terra-nova e foi para o estábulo. No mesmo instante Elizabeth Gough acordou e viu que as cobertas de Eveline haviam deslizado. Ela se ajoelhou para ajeitá-las em cima da menina, cujo berço ficava encostado na cama. Notou que Saville não estava em seu berço, no lado oposto do quarto, declarou depois. "A marca do garoto estava lá, como se ele tivesse sido carregado com cuidado", Gough disse. "As cobertas haviam sido puxadas de volta, como se a mãe ou eu tivéssemos levado o menino." Ela presumiu, disse, que a sra. Kent ouvira o filho chorar e o levara para seu quarto, do outro lado do corredor.

Sarah Kerslake disse que também acordou por um momento, às cinco da manhã, e logo voltou a dormir. Faltava pouco para as seis quando voltou a acordar e chamou Cox. As duas se levantaram, trocaram de roupa e desceram para começar o serviço — Cox desceu pela escada da frente, e Kerslake, pela dos fundos. Quando Cox foi destrancar a porta da sala de estar, viu surpresa que já estava aberta. "Encontrei a porta levemente entreaberta, as folhas externas da janela abertas e a vidraça um pouco erguida." Era a peça central do conjunto de três janelas que iam do chão ao teto, numa projeção semicircular, nos fundos da casa. O caixilho inferior ficava a quinze centímetros do piso, aproximadamente. Cox disse ter imaginado que alguém a abrira para arejar a sala. E a fechou.

John Alloway veio a pé de sua casa em Beckington, e às seis da manhã encontrou Holcombe no estábulo da mansão de Road Hill, cuidando da égua alazã dos Kent. Daniel Oliver chegou quinze minutos depois. Holcombe mandou Alloway regar as plantas da estufa. O rapaz pegou um balde cheio de facas sujas — incluindo duas facas de trinchar — na cozinha, onde Kerslake trabalhava, e dois pares de botas sujas no corredor. Levou-as para o barracão do quintal conhecido como "casa dos sapatos", ou "casa das facas", despejou as facas numa bancada e começou a limpar as botas — um par pertencia a Samuel Kent, o outro, a William. "Não havia nada de anormal com as botas naquela manhã", disse. Ele costumava limpar as facas também, mas Holcombe assumiu a tarefa para liberar logo o rapaz: "Preciso de sua ajuda no jardim", disse, "para tratar o esterco. Limparei as facas enquanto você cuida das botas". Holcombe usou uma máquina para limpeza de facas que havia no barracão. Pelo que pôde perceber, declarou mais tarde, não faltavam facas, e não havia marcas de sangue em nenhuma delas. Ele levou as facas limpas para a cozinha por volta das 6h30. Em seguida, com ajuda de Alloway, espalhou o esterco da égua.

Pouco depois das seis da manhã, disse Elizabeth Gough, ela se levantou, trocou de roupa, leu um trecho da Bíblia e fez suas orações. A vela noturna queimara até o fim, durante seis horas, como de costume. O berço de Saville continuava vazio. Às 6h45 — ela viu a hora no relógio que havia sobre a cornija da lareira do quarto das crianças — foi ao quarto do sr. e da sra. Kent. "Bati na porta duas vezes, mas não obtive resposta." Ela alegou que não insistiu por relutar em despertar a sra. Kent, cuja gravidez tornava o sono difícil. Gough voltou ao quarto das crianças para vestir Eveline. Nesse meio-tempo, Emily Doel chegou para trabalhar. Ela entrou no quarto com a banheira das crianças pouco antes das sete da manhã e a levou para o quarto de vestir adjacente. Quando trazia baldes de água fria e quente para encher a banheira, ela notou que Gough fazia a cama. Elas não conversaram.

Gough bateu novamente na porta do quarto do sr. e da sra. Kent. Dessa vez ela foi aberta — Mary Kent saiu da cama e vestiu um robe, depois de consultar o relógio do marido: 7h15. Seguiu-se uma conversa confusa, pois cada uma delas pensava que Saville estava com a outra.

"As crianças já acordaram?", Gough perguntou à patroa, imaginando que Saville estava no quarto dos pais.

"Como assim, as crianças?", perguntou a sra. Kent. "Só há uma criança." Ela se referia a Mary Amelia, a filha de cinco anos que dormia com os pais.

"O menino, Saville!", Gough disse. "Ele não está com vocês?"

"Comigo?", perguntou a sra. Kent. "Claro que não."

"Ele não está no quarto, senhora."

A sra. Kent foi ao quarto das crianças verificar isso pessoalmente e perguntou a Gough se ela deixara a cadeira encostada no berço, o que permitiria a Saville descer. A babá disse que não. A sra. Kent perguntou quando ela havia percebido a ausência do menino. Cinco horas, Gough respondeu. A sra. Kent perguntou por que não havia sido chamada imediatamente. Gough respondeu que pensara que a sra. Kent havia ouvido o filho chorar durante a noite e o levara para seu quarto.

"Como pode dizer uma coisa dessas?", a mãe retrucou. "Sabe muito bem que eu não conseguiria fazer isso!" No dia anterior, lembrou a Gough, mencionara que não conseguia mais carregar Saville, que se tornara "um menino forte, pesado" de quase quatro anos. Ademais, estava grávida de oito meses.

A sra. Kent mandou a babá subir e perguntar aos enteados se sabiam onde Saville estava, depois procurou o marido para contar. "Saville sumiu."

"Então é melhor procurá-lo", Samuel respondeu. Ele havia acordado quando Gough bateu na porta, declarou. A sra. Kent saiu do quarto. Quando voltou para dizer que Saville não fora encontrado, seu marido se levantou, trocou de roupa e desceu.

Gough bateu na porta de Mary Ann e Elizabeth às 7h20 e perguntou se Saville estava com elas. Disseram que não e perguntaram se a sra. Kent sabia que ele havia desaparecido. Ao ouvir vozes agitadas, Constance surgiu à porta de seu quarto, contíguo. Ela "não fez nenhum comentário" sobre a notícia de que seu meio-irmão desaparecera, disse Gough. Constance depois declarou que acordara 45 minutos antes. "Eu estava me vestindo. Ouvi quando ela bateu no quarto ao lado, e fui até a porta saber o que era." William, que declarou ter acordado às sete, estava num quarto no final do corredor, provavelmente sem ouvir nada.

Gough desceu os dois pavimentos até chegar à cozinha e perguntou a Cox e Kerslake se elas tinham visto o menino. Kerslake, que acendera o fogo sob a chapa para escaldar o leite do café da manhã, respondeu que não. Cox também disse que não, mas contou ter encontrado a janela da sala de estar aberta. A babá relatou isso à patroa. A essa altura o sr. e a sra. Kent já vasculhavam a casa em busca do filho. "Procurei por ele em todos os cantos", a sra. Kent disse. "Estávamos todos em estado de choque, entrando e saindo de todos os cômodos."

Samuel ampliou a busca para a área externa. Por volta das 7h30, disse Holcombe, ele revelou aos jardineiros que "Saville, o filho pequeno, se perdera ou fora levado por alguém. Foi só o que ele disse, ao correr pelo quintal... Saímos na mesma hora à procura da criança".

"Eu queria que os jardineiros examinassem a área para ver se havia algum sinal de meu filho", Samuel explicou. "Eu quis dizer sinal da criança ou de qualquer pessoa que tivesse saído da casa." Gough ajudou a procurar no jardim e no mato em volta.

Samuel perguntou aos jardineiros se havia policiais nas redondezas. "Sei do Urch", disse Alloway. Alfred Urch era um policial que se mudara para Road recentemente, com a esposa e uma filha; um mês antes fora repreendido por beber no *pub* George, em Road, durante o serviço. Urch escutara um cão latir na mansão de Road Hill na noite anterior. Samuel mandou Alloway ao vilarejo para buscá-lo. Além disso, pediu a William que fosse buscar James Morgan, padeiro e policial comunitário, residente em Upper Street. Urch integrava a polícia do condado de Somersetshire, fundado em 1856, enquanto Morgan pertencia ao antigo sistema policial, que ainda estava sendo desmontado, no qual moradores dos povoados eram nomeados para servir como guardas comunitários, sem remuneração, por um ano. Os dois eram vizinhos.

Morgan chamou Urch, apressado. "Vamos depressa", pediu. E seguiram para a mansão de Road Hill.

William, por instrução do pai, pediu a Halcombe que preparasse o cavalo e a carruagem — Samuel decidira ir até Trowbridge procurar John Foley, inspetor-chefe de polícia, um conhecido seu. Quando Samuel se despedia da esposa, ela contou que faltava o cobertor da cama de Saville. Gough dera por sua falta, explicou. A sra. Kent parecia contente com a ideia de que ele havia sido levado envolto no cobertor, disse Samuel, "pois a criança ficaria aquecida".

Samuel vestiu um sobretudo preto e saiu em seu faeton, uma carruagem ágil, com quatro rodas, com traseiras altas e chassi leve, puxada pela égua alazã. "Ele saiu muito apressado", declarou Holcombe. Quando Urch e Morgan se aproximaram do acesso ao palacete, por volta das oito horas, cruzaram com ele, que entrava à esquerda na estrada de Trowbridge. Morgan explicou a Samuel que bastava ele ir até Southwick, a poucos quilômetros dali, de onde um policial de Wiltshire poderia enviar uma mensagem para a cidade. Mas Samuel preferiu percorrer os oito quilômetros até Trowbridge: "Preciso ir", disse. Pediu a Urch e Morgan ajuda para procurar o filho.

Na barreira de Southwick, Samuel parou a carruagem e, ao pagar a tarifa (4½ *pence*), perguntou à encarregada da passagem, Ann Hall, o caminho até a casa do policial local.

"Meu filho foi raptado e levado num cobertor", Samuel explicou.

"Quando ele desapareceu?", a sra. Hall quis saber.

"Esta manhã", Samuel respondeu. Ela o orientou a ir pela Southwick Street, onde Samuel deu meio *penny* a um menino para que indicasse a casa do policial Henry Heritage. Ann Heritage atendeu e disse a Samuel que o marido estava na cama.

"A senhora precisa chamá-lo", Samuel disse, sem descer da carruagem. "Meu filho foi raptado esta noite, o levaram de casa... é um menino pequeno, de três anos e dez meses... enrolado num cobertor... vou a Trowbridge avisar Foley."

A sra. Heritage perguntou seu nome e local de residência.

"Kent", ele respondeu. "Mansão de Road Hill."

Quando o policial Urch e o guarda comunitário Morgan chegaram à mansão de Road Hill, encontraram Sarah Cox na cozinha e perguntaram como a criança fora levada. Ela lhes mostrou a janela na sala de estar. Elizabeth Gough os levou até o quarto das crianças e virou as cobertas no berço de Saville: Morgan notou "a mossa que o menino deixara na cama e no travesseiro". Gough contou aos policiais que, ao ser contratada para trabalhar na casa dos Kent, oito meses antes, a babá anterior dissera que a mãe do menino às vezes o levava para seu quarto, durante a noite. Morgan perguntou: "Você deu por falta de algo no quarto das crianças, além do menino?". Ela hesitou, segundo ele, antes de responder que "havia um cobertor, foi tirado do berço, ou puxado do berço".

Urch e Morgan pediram para ir ao porão, que estava trancado. Uma das senhoritas Kent mais velhas tinha a chave, mas os policiais preferiram não envolver a família em sua investigação. Retornaram à sala de estar para procurar "pegadas", como Morgan disse — Urch falou em "rastro" e "trilha"; a ciência da detecção engatinhava, e seu vocabulário ainda era impreciso. Pouco depois, Elizabeth Gough procurou pegadas ali, encontrando duas marcas grandes de botas tachadas no tapete branco de lã rústica que havia sobre o carpete, perto da janela. Mas ficou provado que o policial Urch as deixara.

A sra. Kent mandou Constance, a enteada, pedir ao reverendo Peacock que fosse até a mansão de Road Hill. Edward Peacock vivia numa casa paroquial de três pavimentos ao lado da Christ Church com a mulher, duas filhas, dois filhos e cinco empregados. Ele e Samuel eram amigos, e a casa paroquial ficava a poucos minutos a pé da morada dos Kent. O vigário concordou em ajudar na busca.

William Nutt, sapateiro com seis filhos que vivia nos casebres próximos da mansão, trabalhava em sua oficina quando ouviu Joseph Greenhill, dono de uma hospedaria, comentar o desaparecimento do menino Saville. Nutt foi para a mansão de Road Hill: "Tendo afeição pelo pai", disse, "eu precisava ir e saber mais a respeito". Nutt era "uma pessoa de aparência estranha", relatou o *Western Daily Press*: "amarelado, doentio, magro e ossudo, com maçãs do rosto proeminentes, nariz pontudo, testa recuada e um certo estrabismo; é o que se chama de 'bisonho', e tem o hábito de colocar os braços emaciados na frente do peito, com as mãos para baixo". No portão, do lado de fora, Nutt encontrou Thomas Benger, fazendeiro, que conduzia suas vacas. Benger sugeriu a Nutt participarem da busca. Nutt hesitou em entrar no gramado sem permissão, e disse a Benger que "não gostava de invadir a residência de um cavalheiro". Benger, que ouvira Samuel Kent oferecer a Urch e Morgan uma recompensa de dez libras caso encontrassem seu filho, persuadiu Nutt de que ninguém poderia censurá-los por procurar uma criança perdida.

Enquanto vasculhavam o mato denso à esquerda do acesso frontal, Nutt comentou que encontrariam uma criança morta, se a viva não aparecesse. Depois ele seguiu para a direita, no rumo da latrina dos serviçais, oculta pelos arbustos, e Benger o acompanhou. Eles entraram na latrina e viram: havia uma pequena poça de sangue coagulado no chão.

"Agora, William", Benger disse, "vamos ver o que temos de ver."

"Ah, Benger", Nutt disse. "Será como eu previ."

"Arranje uma luz, William", Benger pediu.

Nutt foi até a porta dos fundos da casa, percorreu a passagem que conduzia à área de serviço. Ali encontrou Mary Holcombe, mãe do jardineiro. Ela trabalhava para os Kent como faxineira, duas ou três vezes por semana. Nutt pediu uma vela, e ela o olhou assustada.

"Pelo amor de Deus, William, o que foi?"

"Não se assuste, Mary", ele disse. "Só quero uma vela emprestada por um minuto, para ver melhor."

Enquanto Nutt estava fora, Benger ergueu a tampa da privada e olhou até seus olhos se acostumarem com a escuridão. "Olhando fixamente para baixo, consegui ver melhor, e percebi que havia um pano lá no fundo; enfiei a mão e puxei o cobertor." O cobertor estava empapado de sangue. Cerca de sessenta centímetros abaixo da tampa, sobre a plataforma de madeira que bloqueava parcialmente a fossa, estava o corpo do menino. Saville, deitado de lado, tinha um braço e uma perna ligeiramente levantados.

"Olhe lá", Benger disse quando Nutt voltou com a vela. "Minha nossa, William, é ele."

2. O horror e o assombro
30 de junho-1º de julho

Quando Thomas Benger içou o corpo de Saville da latrina, a cabeça do menino virou para trás, expondo o corte hábil na garganta, de lado a lado.

"A cabecinha quase foi arrancada", William Nutt afirmou quando fez seu relato dos eventos daquele dia aos juízes leigos do tribunal de Wiltshire.

"A garganta foi cortada", Benger disse, "e o sangue se espalhou pelo rosto... estava bem escuro em volta da boca e dos olhos, mas sua fisionomia era amena e os olhinhos estavam fechados." No caso, amena significava serena.

Nutt estendeu o cobertor no piso da latrina e Benger depositou o corpo em cima dele. Juntos embrulharam o cadáver, Benger na cabeça e Nutt nos pés. Benger, o mais forte dos dois, o carregou nos braços até a casa. Urch e Morgan o viram cruzar o quintal. O fazendeiro atravessou o corredor e entrou na cozinha.

O corpo de Saville, já rígido, foi colocado sobre a mesa que havia debaixo da janela da cozinha; no andar superior, a marca deixada por ele enquanto dormia ainda permanecia nos lençóis e no travesseiro do berço. Mary Ann e Elizabeth Kent, as duas irmãs mais velhas, entraram na cozinha. Elizabeth carregava Eveline, de um ano, no colo. "Não consigo descrever o horror e o assombro que tomou conta delas", disse Nutt. "Pensei que fossem desmaiar, e segurei as duas pela cintura. Passamos juntos pelo corredor."

A babá também estava na cozinha. Nutt lhe disse que ela "devia ter dormido profundamente para ter permitido que alguém tirasse a criança do quarto. Ela me respondeu de modo bem ríspido, dizendo que eu não estava sabendo de nada". Gough alegou que só agora, ao ver o cobertor envolvendo o corpo de Saville, ela se deu conta de que ele havia sido tirado do berço. Contudo, Urch, James Morgan e a sra. Kent alegaram que Gough lhes falara do sumiço do cobertor antes que o corpo de Saville fosse localizado. Os depoimentos contraditórios da babá a respeito do cobertor a incluiriam na lista de suspeitos.

Do lado de fora da casa os empregados e um grupo maior de ruidosos habitantes do vilarejo iniciaram a busca do assassino e da arma. Daniel Oliver, o ajudante de jardineiro, mostrou a Urch pegadas no gramado, perto da janela da sala de estar: "Alguém passou por aqui". Mas Alloway explicou que ele havia deixado aquelas pegadas na tarde anterior: "Eu estava usando o carrinho de mão".

Ao lado da porta da latrina Alloway encontrou um pedaço quadrado de jornal sujo de sangue, com dez ou quinze centímetros quadrados, dobrado e ainda úmido. Dava a impressão de que o haviam usado para limpar uma faca ou navalha. A data do jornal ainda estava legível — 9 de junho —, mas não seu cabeçalho. Edward West, fazendeiro, alertou Alloway: "Não destrua o jornal; pegue-o e guarde-o com cuidado — pode ajudar a desvendar o caso". Alloway o entregou a Stephen Millet, açougueiro e guarda comunitário, que inspecionava a latrina. Millet estimou haver duas colheres de sopa de sangue no solo e cerca de meio litro no cobertor empapado. West descreveu a mancha de sangue no solo como sendo "mais ou menos do tamanho da mão de um homem. E já estava bem coagulado".

No andar superior, Elizabeth Gough ajeitava o cabelo da sra. Kent — seu emprego anterior fora de camareira, e na mansão de Road Hill ela cuidava da patroa, além das crianças. Samuel deixara ordens de não passar à esposa notícias do menino, por isso Gough não mencionou que Saville fora encontrado e estava morto, mas quando a sra. Kent perguntou em voz alta onde poderia estar o filho, ela disse: "Ah, senhora, foi vingança".

Assim que o reverendo Peacock chegou à mansão de Road Hill ficou sabendo que Saville fora encontrado e seguiu para a cozinha, onde viu o corpo. Ele foi para casa, selou um cavalo e saiu em busca de Samuel. Passou pela barreira de Ann Hall, em Southwick.

"Senhor", ela disse ao vigário, "trata-se de um triste evento para Road."

"O menino foi encontrado", ele retrucou.

"Onde, senhor?"

"No jardim." Peacock não explicou que o menino havia morrido.

Peacock alcançou Kent. "Lamento informar que tenho más notícias", ele disse. "O menino foi assassinado, já o encontraram."

Samuel Kent voltou para casa: "Não tardei; fui o mais depressa que pude". Quando ele passou pela cancela da barreira, Ann Hall perguntou de Saville.

"E o menino foi encontrado, senhor?"

"Sim, assassinado." E não parou.

Dada a ausência do pai, coube a William Kent buscar Joshua Parsons, médico da família. O rapaz correu pela estradinha estreita para o vilarejo de Beckington e encontrou o médico em sua casa na Goose Street. Disse a ele que Saville fora encontrado na latrina, com a garganta cortada, e Parsons seguiu para a mansão de Road Hill, levando William consigo na carruagem. Quando chegaram, o médico relatou: "fui conduzido aos fundos pelo jovem William, pois ele não sabia se a mãe fora informada do ocorrido, entrei e segui para a biblioteca".

Samuel já estava em casa. Ele cumprimentou Parsons e lhe deu uma chave para a lavanderia, na frente da cozinha, para onde o corpo de Saville fora deslocado. "Entrei sozinho", Parsons disse. O cadáver apresentava rigidez total, notou, o que indicava que o menino havia sido assassinado pelo menos cinco horas antes — quer dizer, antes das três daquela madrugada. "O cobertor e a camisola de dormir estavam manchados de sangue e sujeira", relatou. "Sujeira" queria dizer excremento. "A garganta foi cortada até o osso com um instrumento afiado, da esquerda para a direita; o corte seccionou completamente todas as membranas, vasos sanguíneos, nervos e canais de respiração." Parsons também notou uma facada no peito, que cortara as roupas e atingira as cartilagens de duas costelas, mas causara pouco sangramento.

"A boca da criança estava enegrecida, com a língua protuberante entre os dentes", disse. "Minha impressão foi de que a aparência enegrecida em torno da boca teria sido produzida por força intensa enquanto viveu."

A sra. Kent estava sentada no térreo, à mesa do café, quando o marido entrou para contar que o filho estava morto.

"Alguém desta casa fez isso", ela disse.

Cox, a empregada doméstica, ouviu a frase. "Eu não fui", Cox disse. "Eu não fiz nada."

Kerslake apagou o fogo da chapa da cozinha às nove horas, como de costume.

O inspetor-chefe John Foley chegou à mansão de Road Hill, vindo de Trowbridge, entre nove e dez da manhã. Foi conduzido à biblioteca e depois à cozinha. Cox lhe mostrou a janela aberta na sala de estar; Gough lhe mostrou o berço vazio no quarto das crianças. A babá contou, segundo ele, que "só deu por falta do cobertor quando a criança foi trazida, e estava enrolada nele". Foley declarou ter perguntado a Samuel Kent se ele sabia da falta do cobertor antes de ir para Trowbridge. "Não, com certeza", Samuel respondeu. Ou a memória de Foley falhou ("Minha memória não é tão boa quanto a de certas pessoas", admitiu), ou Samuel mentia, ou estava seriamente confuso: a esposa, a encarregada da barreira e a mulher do guarda Heritage testemunharam que ele sabia do sumiço do cobertor antes de partir para Trowbridge, como o próprio Samuel afirmou quando outros perguntaram a respeito.

Foley explorou o local com a ajuda de Parsons, que terminara o exame preliminar do cadáver. Eles inspecionaram as roupas da casa, incluindo a camisola na cama de Constance — "Não havia manchas nela", Parsons disse. "Estava muito limpa." As roupas da cama de Saville, notou, estavam "muito bem dobradas, como se isso fosse obra de mãos experientes". Na cozinha, o médico examinou as facas, sem encontrar vestígios de sangue. De todo modo, disse, ele não acreditava que aquelas facas pudessem ter infligido os ferimentos que examinara.

John Foley foi para a lavanderia estudar o corpo de Saville, conversando com Henry Heritage, o policial que Kent chamara em Southwick, e que havia chegado à mansão de Road Hill às dez. Os dois homens examinaram a latrina em que o corpo fora encontrado. Quando Foley olhou para baixo, para o vão sob o assento da privada, pensou ter avistado "um pedaço de roupa de baixo" na fossa. "Pedi um gancho, que prendi na ponta de uma vara, e com ela puxei um pedaço de flanela." O pano tinha mais ou menos um metro quadrado, e as bordas haviam sido caprichosamente debruadas com fita estreita. A princípio Foley pensou ser uma flanela masculina para usar no peito, mas o pano foi depois identificado como "uma flanela feminina de colo ou seio", uma espécie de almofada presa à parte interna de um colete ou espartilho para proteger o peito. As amarras daquela peça pareciam ter sido cortadas, e a flanela estava pegajosa de sangue coagulado. "Havia sangue no pano, e pelo jeito era recente", Foley disse. "Ainda fluía um pouco... o sangue penetrara na flanela, mas parecia ter pingado com tanta suavidade que coagulara gota a gota, conforme caía."

Mais tarde, naquela manhã, dois profissionais conhecidos de Samuel Kent chegaram de Trowbridge para oferecer seus serviços: Joseph Stapleton, cirurgião, e Rowland Rodway, advogado. Stapleton, residente no centro de Trowbridge com a mulher e um irmão, era médico inspetor de diversas fábricas fiscalizadas por Kent. Ele atestava se os empregados, principalmente crianças, estavam aptos a trabalhar nas tecelagens, e relatava enfermidades ocorridas. (No ano seguinte, Stapleton publicaria o primeiro livro sobre o crime da mansão de Road Hill, que se tornaria a principal fonte para muitos relatos do caso.) Rodway, viúvo, tinha um filho de 21 anos. Ele disse que encontrou Samuel em "um estado de sofrimento e pavor... agitação e desconsolo", insistindo que precisava mandar um telegrama urgente para um detetive de Londres, "antes que as pistas do crime desaparecessem ou fossem removidas". O inspetor-chefe Foley resistiu — poderia provocar dificuldades e desapontamento, disse — e em vez disso mandou buscar em Trowbridge uma mulher para revistar as empregadas. Ele mostrou "certa hesitação em invadir a privacidade da família", de acordo com Rodway, "e em adotar medidas de vigilância exigidas pelo caso". Samuel pediu a Rodway para dizer a Foley que ele deveria agir "sem nenhum tipo de restrição".

Foley pôs os óculos, ficou de quatro no chão e disse que vasculhou "minuciosamente todos os degraus e todos os cantos" entre o quarto das crianças e a porta dos fundos e da frente. "Examinei as colunas, as laterais da escada e o corredor, incluí até o gramado, em detalhes, bem como o cascalho do caminho, os degraus da entrada e o capacho do vestíbulo, mas não vi nada."

Na parte da tarde Foley interrogou Gough na sala de jantar, na presença de Stapleton e Rodway. Ela parecia cansada, Stapleton disse, mas suas respostas foram simples e coerentes. Ela mostrava ser "uma pessoa de considerável inteligência". Rodway também achou que ela respondeu as perguntas "com franqueza, integralmente, sem o menor constrangimento". Quando Foley lhe perguntou se tinha alguma suspeita a respeito de quem matara Saville, ela disse que não.

Samuel Kent pediu a Rodway para representá-lo no inquérito. O advogado respondeu que daria má impressão, pois sugeriria que o próprio Samuel era um dos suspeitos. Samuel disse depois que foi levado a pedir a ajuda de Rodway não por sua causa, mas para proteger William, a respeito de quem circulavam rumores no vilarejo: "Eu não sei o que espalharam por lá, pois andaram dizendo que meu filho William cometera o assassinato".

Benger e um grupo de homens esvaziaram a fossa de três metros de profundidade, sob a privada. Quando restavam apenas quinze ou vinte centímetros de água, eles vasculharam o fundo cuidadosamente, com as mãos, mas nada encontraram. Fricker, encanador e vidraceiro, se ofereceu para examinar o encanamento, e foi até a cozinha pedir uma vela. Encontrou Elizabeth Gough, que lhe perguntou por que precisava de luz. Para examinar a cisterna, ele explicou. Mas ela disse que era óbvio que ele não encontraria nada lá.

Outros policiais surgiram na mansão de Road Hill no decorrer do dia, além de Eliza Dallimore, a "revistadora" empregada pela polícia para examinar os corpos e pertences das mulheres suspeitas. A sra. Dallimore era casada com William, um dos guardas que estavam no local. Ela levou Gough para o quarto das crianças.

"O que quer comigo?", Gough perguntou a ela.
"Você precisa se despir", a sra. Dallimore respondeu.
"Não posso", disse a babá. A sra. Dallimore insistiu, dizendo que era indispensável, e a conduziu ao quarto adjacente.
"Bem, babá", disse a revistadora quando Gough tirou a roupa, "esse assassinato é uma coisa chocante."
"Sim, é mesmo."
"Você acha que pode ajudar em algo?"
Gough reiterou que acordara às cinco da manhã e reparara que Saville não estava no berço. "Pensei que estivesse com a mãe, pois ele costuma ir para o quarto dela de manhã." Segundo a sra. Dallimore, ela acrescentou: "Isso foi feito por ciúmes. O menino entrou no quarto da mãe e contou tudo".
"Ninguém mataria uma criança por fazer uma coisa dessas", a sra. Dallimore disse. A descrição de Saville como delator se tornou, para muitos, a chave para desvendar o crime.
Eliza Dallimore e Elizabeth Gough desceram para a cozinha. "Trata-se de um evento chocante", disse a sra. Dallimore aos empregados, "e creio que a casa inteira é responsável pela criança."
Quando Fricker, o encanador, voltou do quintal com seu assistente, Gough perguntou: "O que andou fazendo, Fricker?".
"Abri a fossa da latrina", ele disse.
"E achou alguma coisa?"
"Não."
"Nem vai achar." Seus comentários para o encanador, antes e depois do exame do encanamento, foram posteriormente tratados como indícios de que ela sabia mais sobre o crime do que admitia.
A sra. Dallimore revistou as criadas, que se despiram, mas não pediu às mulheres da família Kent que fizessem isso, por instrução de Foley. Em vez disso, examinou suas camisolas. Encontrou marcas de sangue na camisola de Mary Ann, a filha mais

velha, por isso entregou a peça à polícia. Eles a mostraram a Parsons, que atribuiu as manchas a "causas naturais". Stapleton concordou que o sangue era menstrual. A camisola, mesmo assim, foi entregue para a sra. Dallimore guardar.

Por volta das quatro horas o policial Urch pediu a duas mulheres do povoado — Mary Holcombe e Anna Silcox — para lavar e preparar a criança morta. Mary Holcombe era a faxineira que limpava a cozinha quando Nutt e Benger encontraram o corpo de Saville. Silcox era viúva e costumava trabalhar como "babá mensalista", cuidando de mãe e bebê nas primeiras semanas após o parto; ela morava com o neto, um carpinteiro, perto da mansão de Road Hill. Parsons pediu às mulheres que "fizessem o que fosse apropriado para o pobre menino".

Parsons conversava com Samuel Kent na biblioteca, por volta das cinco da tarde, quando um mensageiro chegou à mansão de Road Hill com instruções para o médico realizar o exame do cadáver. O juiz de instrução, informado pela polícia da ocorrência do crime, marcara a abertura do inquérito para segunda-feira. Com autorização de Samuel, Parsons pediu a Stapleton que o ajudasse a examinar o cadáver.

Quando viu o corpo, Stapleton notou a "expressão de repouso" no rosto de criança: "Seu lábio superior, ligeiramente recuado em consequência do espasmo mortal, enrijecera sobre os dentes superiores". Os médicos abriram o estômago do menino e encontraram restos do jantar, que incluía arroz. Para verificar se ele havia sido drogado, Parsons cheirou as vísceras em busca de traços de láudano ou outro narcótico, mas nada detectou. A facada no peito, com pouco mais de dois centímetros de extensão, havia deslocado o coração, perfurado o diafragma e roçado a parte exterior do estômago. "Foi preciso o uso de muita força", Parsons disse, "para infligir um golpe desses através da camisola e fazer que a penetração da lâmina fosse profunda." Era uma criança com "um desenvolvimento notavelmente sadio", disse o médico. Pelo rasgo na roupa do menino e pela perfuração da pele, Parsons deduziu que a arma tinha formato de adaga. "Não poderia ter sido feito com uma navalha", ele disse. "Creio que devem ter usado uma faca pontuda, comprida, larga e forte." No início ele pensou que a causa da morte era o corte na garganta.

A autópsia levantou duas questões singulares. Uma era a "aparência enegrecida em torno da boca" que Parsons já havia notado; a boca estava "de um modo que não costumamos ver nos corpos mortos, como se algo tivesse sido fortemente pressionado contra ela". Este algo, sugeriu, pode ter sido "um aperto forte do cobertor contra a boca, para impedir os gritos, ou foi usada a mão".

O outro mistério era a falta de sangue. "Uma quantidade considerável de sangue… não foi recuperada", relatou Parsons, "e que teria escorrido do corpo se a garganta tivesse sido cortada na latrina, e o sangue dos vasos arteriais teria produzido uma grande quantidade de borrifos nas paredes." Se a garganta do menino tivesse sido cortada enquanto ele ainda estava vivo, "as pulsações lançariam jatos de sangue". Entretanto, não havia sangue no corpo, tampouco: os órgãos internos, disse Parsons, estavam completamente drenados.

Os dois médicos encontraram Samuel Kent banhado em lágrimas quando voltaram para a biblioteca. Stapleton o confortou, garantindo que Saville tivera uma morte rápida. Parsons confirmou: "O menino sofreu muito menos do que você sofrerá".

O inspetor-chefe Foley guardou o corpo na lavanderia. No final da tarde, relatou, Elizabeth Gough entrou e beijou a mão do menino de quem cuidara. Antes de voltar para casa, o inspetor-chefe pediu algo para comer e beber: "Mal molhei os lábios ou mordi alguma coisa o dia inteiro". Samuel lhe serviu um cálice de vinho do Porto e água.

A vida na casa prosseguiu. Holcombe aparou a grama do

jardim com a máquina de cortar grama. Cox e Kerslake arrumaram as camas. Como costumava fazer nas tardes de sábado, Cox apanhou uma camisola limpa no quarto de Constance para arejar na frente do fogão, na cozinha. As roupas íntimas de Constance podiam ser facilmente distinguidas das roupas das irmãs, segundo Cox, pois apresentavam "textura muito áspera". Suas camisolas tinham "babados simples", enquanto as de Mary Ann exibiam rendas e as de Elizabeth, bordados.

No sábado à noite as mais velhas dormiram separadas: Elizabeth desceu para compartilhar a cama da madrasta, "pois papai ficou acordado" até amanhecer, e Constance ficou com Mary Ann, "para ter companhia". Elizabeth Gough, depois de ajudar a sra. Kent e Mary Amelia a se trocar para dormir, subiu para dormir no quarto de Cox e Kerslake. Eveline, presume-se, foi levada para o quarto dos pais com o berço, que tinha rodinhas, de modo que o quarto das crianças ficou vazio; só William dormiu sozinho.

Foley guardou o corpo de Saville também no dia seguinte. As filhas do sr. Kent foram beijar o corpo, bem como Elizabeth Gough. Depois a babá disse à sra. Kent que havia beijado "o pobre garotinho". Segundo um relato, a sra. Kent teria dito que Gough "parecia lamentar muito, e chorou por ele estar morto"; mas, segundo outra testemunha, ela disse que Gough "costumava falar nele com sofrimento e afeição, mas nunca a vi chorar". As mulheres suspeitas no caso eram constantemente observadas para ver se beijavam ou choravam, supostos sinais de sua inocência.

No domingo à noite, Constance dormiu sozinha. William trancou a porta do quarto, "por medo".

3. Não teria Deus descoberto o fato?

2-14 de julho

No dia 2 de julho de 1860, segunda-feira, depois de meses de chuva e vento, o tempo mudou: "eis, afinal, alguma chance de termos uma amostra do verão", publicou o *Bristol Daily Post*. Às dez da manhã o juiz de instrução de Wiltshire, George Sylvester, de Trowbridge, abriu o inquérito sobre a morte de Saville Kent. Como de costume, ele realizou a audiência no *pub* principal do vilarejo, o Red Lion. Era um prédio baixo de portas largas, situado no principal cruzamento da vila, onde a Upper Street e a Lower Street convergiam. As duas ruas — ladeadas por casas antigas — conduziam a Road Hill, cuja parte mais alta se situava a oitocentos metros do *pub*.

Entre os dez jurados estavam o dono do Red Lion, um açougueiro, dois fazendeiros, um sapateiro, um encarregado de manutenção, um pedreiro e o escrivão responsável pelo registro dos nascimentos e mortes locais. Em sua maioria, eles viviam na Upper Street ou na Lower Street. O reverendo Peacock ficou como primeiro jurado. Rowland Rodway, apesar de seus receios, acompanhou os procedimentos como advogado de Samuel Kent.

O júri seguiu o juiz de instrução até a mansão de Road Hill para ver o corpo de Saville na lavanderia. O inspetor-chefe Foley abriu a porta para eles. O corpo daquele "lindo menino", como saiu no *Bath Chronicle*, "apresentava um espetáculo horrível, com suas feridas pavorosas, abertas, que lhe davam uma aparência mórbida; não obstante, o rosto da criança exibia uma expressão plácida, inocente". Os jurados também inspecionaram a sala de estar, o quarto das crianças, o quarto do casal, a latrina e os arredores da casa. Quando saíam para retornar ao Red Lion, uma hora e meia depois, Foley perguntou ao juiz de instrução que moradores da casa seriam ouvidos como testemunhas. Apenas a empregada que fechara a janela, disse o juiz de instrução, e a babá responsável pelo menino quando ele foi raptado.

Sarah Cox e Elizabeth Gough seguiram juntas para o Red Lion. Cox separara a roupa suja da semana em dois cestos grandes, que deixou num depósito, para que fossem recolhidos por Hester Holley, a lavadeira. Pouco antes do meio-dia a sra. Holley, acompanhada da filha menor, Martha, recolheu os cestos e os levou para sua casa. Elas também levaram a caderneta da lavanderia, no qual Mary Ann Kent havia listado todos os itens dos cestos. (A camisola manchada de Mary Ann, que estivera sob custódia de Eliza Dallimore, esposa do policial, havia sido devolvida a ela na mesma manhã.)

Assim que a sra. Holley chegou em casa, em cinco minutos ela e as três filhas (uma delas, Jane, era esposa de William Nutt) abriram os cestos e examinaram as roupas. "Não tínhamos o costume de conferir as roupas assim que as recebíamos", a sra. Holley declarou mais tarde. Sua razão para essa atitude era surpreendente: "Ouvimos rumores de que faltava uma camisola". As mulheres da família Holley constataram que a camisola de Constance, embora relacionada na caderneta da lavanderia, não estava em nenhum dos dois cestos.

No centro da vila o Red Lion enchera tanto de curiosos que o juiz de instrução decidiu transferir o inquérito para o Temperance Hall, um salão a uma distância de poucos minutos a pé, pela Lower Street, no rumo da mansão de Road Hill. O salão ficou "lotado de sufocar", segundo o *Trowbridge and North Wilts Advertiser*. Foley apresentou a camisola e o cobertor de Saville, ambos manchados de sangue, e os passou aos jurados.

Cox e Gough foram as primeiras a testemunhar. Cox descreveu como fechou a casa na sexta-feira à noite e declarou ter encontrado a janela aberta na manhã seguinte. Gough deu uma descrição detalhada de como pôs Saville na cama na sexta-feira à noite e disse que deu por sua falta na manhã seguinte. Ela o descreveu como um menino alegre, feliz, bem-humorado.

Em seguida o juiz de instrução ouviu Thomas Benger, que descobrira o corpo, e Stephen Millet, o açougueiro. Millet entregou o pedaço de jornal ensanguentado que apanhara na latrina e comentou sobre a quantidade de sangue no local: "Por força de minha atividade de açougueiro, estou familiarizado com a perda de sangue dos animais quando morrem". Ele calculou que vira menos de um litro de sangue no piso da latrina.

"Tive a impressão", Millet disse, "que a criança foi levada pelos pés, com a cabeça para baixo, e teve a garganta cortada quando estava nessa posição." Os espectadores suspiraram.

Ninguém conseguiu identificar o pedaço de jornal encontrado na latrina. Um repórter sugeriu que eram fragmentos do *Morning Star*. Cox e Gough testemunharam que o sr. Kent não lia esse jornal: ele assinava o *Times*, o *Frome Times* e a *Civil Service Gazette*. Isso sugeria — levemente — que um estranho estivera na cena do crime.

Joshua Parsons testemunhou a seguir. Relatou suas visitas à casa e as conclusões da autópsia: Saville fora morto antes das três da manhã; sua garganta fora cortada, e o peito, apunhalado. Além disso, exibia sinais de sufocamento. Um litro e meio de sangue deve ter saído do corpo "num jato", mas a quantidade encontrada foi muito menor.

Após o interrogatório de Parsons, o juiz de instrução tentou encerrar o inquérito, mas o reverendo Peacock, como primeiro jurado, disse que seus colegas queriam ouvir o depoimento de Constance e William Kent. Peacock pessoalmente discordava — pensava que a família devia ser deixada em paz —, mas sentiu-se obrigado a relatar a insistência dos outros. Alguns jurados exigiam entrevistas com todos os membros da família Kent: "Interroguem a todos, não mostrem mais respeito a um do que a outro". "Queremos a família inteira." Os residentes, segundo Stapleton, suspeitavam que o juiz de instrução estivesse protegendo os Kent: "Uma lei para os ricos e outra para os pobres". O juiz de instrução aceitou de má vontade que Constance e William fossem interrogados, com a condição de que isso ocorresse em sua casa, para evitar a "exposição dos jovens a insultos". Sentia-se incomodado, pois os dois eram "citados abertamente com palavras de execração, como sendo assassinos". O júri voltou para a mansão.

As entrevistas, ocorridas na cozinha, foram breves — três ou quatro minutos cada.

"Eu não sabia nada sobre sua morte, até que ele foi encontrado", disse Constance. "E não sei nada sobre o assassinato... Todos eram carinhosos com o menino." Quando indagada a respeito de Elizabeth Gough, ela disse: "Considero a babá normalmente calma e atenciosa, e ela desempenha suas tarefas como era de se esperar, em todos os aspectos". Segundo o *Somerset and Wilts Journal*, ela "deu seu testemunho em voz baixa, mas audível, sem trair nenhuma emoção em especial, com os olhos fixos no chão".

O depoimento de William foi quase idêntico, ele apenas se expressou com mais veemência: "Eu não sei nada, e não ouvi nada a respeito do ocorrido até o amanhecer. Gostaria de saber. Saville era adorado por todos. Sempre considerei a babá muito gentil e atenciosa. Nada sei sobre o assassinato". Seus modos indicavam um envolvimento maior que o da irmã: "Ele fez um depoimento claro e preciso, de olhos fixos no juiz de instrução durante toda a sessão". Em comparação, Constance foi evasiva, lacônica.

De volta a Temperance Hall, o juiz de instrução disse aos jurados que a missão deles era descobrir como Saville havia morrido, e não quem o matara. Com relutância, eles assinaram um papel acusando "uma ou mais pessoas desconhecidas" pelo assassinato. "Desconhecida pode ser", disse um dos jurados, "mas tenho uma forte suspeita que faz revirar o meu estômago." "Eu também", disse outro homem. "O mesmo aqui", falou mais um. Um sapateiro se levantou para dizer que a maioria de seus colegas do júri acreditava que o assassino residia na mansão de Road Hill. Acusou Parsons, o reverendo Peacock e o juiz de instrução de tentarem abafar o caso.

O juiz de instrução ignorou a preocupação deles. Confortou o júri com a ideia de que "a ação, embora tenha sido ocultada dos olhos dos homens, foi vista e registrada por Nosso Senhor", e às 15h30 ele declarou o inquérito encerrado. "Afirmo, cavalheiros, que este foi o mais extraordinário e misterioso homicídio que já cometeram, até onde sei."

Na mansão de Road Hill, depois do encerramento do inquérito, Foley entregou a chave da lavanderia para a sra. Silcox, que havia preparado o corpo de Saville. Ela terminou de arrumar o menino para o enterro. Elizabeth Gough e Sarah Cox o levaram para cima numa "caixa", a parte interna fina do caixão. A sra. Kent instruiu Gough a "desaparafusar" a caixa.

Perguntaram depois à mãe de Saville se a babá havia beijado o corpo quando fechou o caixão. "Estava muito mudado", a sra. Kent disse, "e não creio que ela o tenha beijado naquele momento."

Na segunda-feira à noite Constance perguntou a Gough se podia ir para a cama dela.

Por volta das sete da manhã do dia seguinte, Hester Holley devolveu a caderneta da lavanderia a Sarah Cox e recebeu seu pagamento semanal de sete ou oito xelins. Não mencionou a camisola desaparecida. "Nunca disse nada a respeito da falta de alguma peça", admitiu depois. "Cometi um erro. Tinha pressa, mas sabia que estava faltando."

Durante a tarde James Morgan, policial comunitário, e quatro guardas procuraram a sra. Holley em sua casa para perguntar sobre a flanela peitoral: queriam saber se alguma vez ela a notara entre as roupas mandadas pelos Kent. Ela disse que não, e quando lhe perguntaram se a roupa da semana estava em ordem, ela disse que "as roupas estavam de acordo com o rol".

Logo depois ela mandou Martha à mansão de Road Hill para dizer aos Kent que faltava uma camisola, e que ela ocultara o fato da polícia. A sra. Kent chamou Sarah Cox e Mary Ann Kent na biblioteca. Elas insistiram que haviam mandado três camisolas, mas Martha Holley jurava que havia apenas duas nos cestos.

Martha contou isso à mãe, que por volta das seis, naquela tarde, se dirigiu pessoalmente à mansão: "Falei com a senhora Kent, com as duas senhoritas Kent, com a empregada e com a cozinheira; o senhor Kent falou comigo da porta de seu quarto e me disse, num tom que não fica bem a um cavalheiro, que se eu não trouxesse a camisola em 48 horas ele faria que me levassem, com mandado de prisão especial... Ele falou comigo de um jeito muito rude".

Na sexta-feira, dia 6 de julho, o corpo de Saville foi enterrado. O *Western Daily Press* noticiou que, quando o caixão era carregado através da área externa da mansão de Road Hill, "as tiras pelas quais era transportado se partiram embaixo, logo depois que o grupo passou pelo banheiro [pela latrina], e antes que chegassem ao portão no final do gramado, o caixão caiu no cascalho e lá ficou até que trouxessem outras tiras da casa". Um grupo de moradores do vilarejo observou o coche levar o caixão embora, com dois familiares, Samuel e William Kent. (As mulheres não costumavam ir a funerais, embora usassem trajes especiais de luto no dia do enterro.)

O cortejo fúnebre de Saville passou por Trowbridge às 9h30, atingindo o vilarejo de East Coulston cerca de meia hora mais tarde. O corpo do menino foi sepultado no túmulo da família, ao lado da primeira esposa de Samuel. A inscrição em sua lápide se encerrava com as seguintes palavras: "NÃO TERIA DEUS DESCOBERTO O FATO, JÁ QUE ELE CONHECE OS SEGREDOS DO CORAÇÃO?". Um jornalista descreveu a "intensa dor" demonstrada por Samuel e William; outro atribuiu a "intensa emoção" apenas a Samuel. Ele precisou ser amparado por um amigo para ir do cemitério até sua carruagem.

Quatro amigos da família — três médicos e um advogado — compareceram ao funeral: Benjamin Mallam, padrinho de Saville, clínico e cirurgião em Frome; Joshua Parsons; Joseph Stapleton; e Rowland Rodway. Eles compartilharam uma carruagem para voltar a Road e discutiram o assassinato. Parsons disse aos outros que a sra. Kent lhe pedira um certificado de insanidade para Constance.

O inspetor-chefe Foley continuou a chefiar a investigação, embora vários outros policiais houvessem visitado Road naquela semana. A polícia vasculhou os quartos vazios na mansão de Road Hill e examinou alguns prédios vazios no final do gramado. Tentaram dragar o rio perto da casa, mas descobriram que a água era muito funda — o Frome inundara suas margens havia apenas algumas semanas. Não parecia que eles estavam se aproximando da solução do mistério, e antes mesmo que a semana terminasse os juízes leigos de Wiltshire haviam apelado ao ministério do Interior, pedindo um detetive da Scotland Yard. A solicitação foi recusada. "Uma vez que a polícia do condado foi instituída", lembrou o subsecretário permanente, Horatio Waddington, "a assistência de policiais de Londres raramente é necessária." Os juízes leigos anunciaram que abririam seu próprio inquérito na segunda-feira.

Como a controvérsia a respeito da camisola permanecia sem solução, a sra. Holley se recusou a levar a roupa suja da família na segunda-feira, 9 de julho. Naquela manhã Foley havia mandado Eliza Dallimore à mansão de Road Hill com a flanela peitoral encontrada na latrina. "Senhora Dallimore", disse Foley, "deve experimentar este pedaço de flanela nas filhas e na babá." As manchas haviam sido lavadas, pois o cheiro de sangue e fezes se tornara insuportável.

Dallimore levou Cox e Kerslake ao quarto delas, no segundo pavimento, e pediu que se despissem. Ela solicitou em seguida que experimentassem a flanela, verificando que a largura era insuficiente nos dois casos. Em seguida pediu a Elizabeth Gough que se despisse no quarto das crianças. Gough reclamou: "Não adianta. Se a flanela me servir, isso não prova de que eu cometi o assassinato". Ela tirou a roupa e experimentou a flanela. Serviu.

"Bem, deve servir em muita gente", a sra. Dallimore concordou. "Serve em mim. Mas não serviu em mais ninguém da casa, só em você." Foley não a instruíra a experimentar a flanela na sra. Kent, nem nas três enteadas dela.

Naquela mesma segunda-feira, uma semana depois do inquérito, os cinco juízes leigos de Wiltshire abriram o que o *Somerset and Wilts Journal* descreveu como um inquérito "extremamente sigiloso" no Temperance Hall, para o qual convocaram diversos residentes da mansão de Road Hill. A sra. Kent lhes disse que o assassino era um morador da casa, "alguém que conhecia o local". "Não tenho nenhuma razão para culpar a babá", acrescentou. "A única acusação que tenho contra ela é não me chamar no instante em que deu por falta da criança."

A polícia que investigava o caso suspeitava de Elizabeth Gough. Consideravam praticamente impossível que a criança pudesse ter sido raptada do quarto das crianças sem que a babá percebesse. No cenário que suas mentes montaram, Saville acordou e viu um homem na cama de Gough. Para silenciar o menino, os amantes taparam sua boca e — acidental ou propositadamente — o sufocaram. A própria Gough descrevera Saville como delator: "O menino entrou no quarto da mãe e contou tudo". O casal tentou mutilar o corpo para ocultar a causa da morte, deduziu a polícia. Se o amante fosse Samuel Kent, ele poderia ter descartado as provas no caminho para Trowbridge. Na correria e confusão, e como o par tomou o cuidado de não ser visto conversando, suas histórias mudaram e entraram em contradição: sobretudo os relatos a respeito do momento em que deram por falta do cobertor. O cenário também justificava a inadequada explicação de Gough para o fato de não ter chamado a patroa quando notou a falta de Saville.

Na noite de terça-feira, 10 de julho, às oito horas — 15º aniversário de William Kent —, os juízes leigos ordenaram que a polícia detivesse Elizabeth Gough.

"Antes de ser informada sobre a decisão dos juízes leigos", relatou o *Bath Chronicle*, "a moça parecia estar em ótima condição mental, na casa onde diversas testemunhas se hospedavam, e conversava de um modo tranquilo, contando como teria se divertido na dança do feno, se esse 'negócio' não tivesse ocorrido. Ela disse que tinha tanta certeza de sua inocência no caso que não temeria comparecer perante uma centena de juízes para ser interrogada." No entanto, ela rapidamente deixou de lado as bravatas. "Ao ser informada de que a prenderiam, perdeu os sentidos e caiu no chão." O *Somerset and Wilts Journal* noticiou que ela sucumbira a "um ataque histérico", e ficou "inconsciente por alguns minutos".

Quando recuperou os sentidos, Foley a conduziu numa aranha, uma carruagem de duas rodas puxada por um cavalo, até a delegacia de polícia em Stallard Street, em Trowbridge. O inspetor-chefe residia na casa do distrito policial, com a esposa, o filho (funcionário de um advogado) e uma empregada. Os Dallimore — William, policial, com Eliza, a revistadora, e seus três filhos — também moravam no local, e foram encarregados de custodiar Gough. A babá e a revistadora dormiram na mesma cama.

Durante sua estada na delegacia de polícia, Gough contou a Foley e a sua esposa que tinha certeza de que Constance não era a assassina.

"E foi você?", Foley perguntou.

"Não", ela disse.

Gough comentou com outro policial que decidira "nunca mais amar outra criança". Ele perguntou o motivo. Ela disse que "esta é a segunda vez que acontece algo a uma criança pela qual me apeguei. Em outra casa, onde vivi por dois anos, havia uma criança que eu amava muito, e ela morreu".

Correu o boato de que ela havia confessado, apontando Samuel como assassino e a si como cúmplice. Vários rumores circularam durante a semana, todos culpando Samuel: as pessoas diziam haver seguro de vida por Saville, que o corpo da primeira sra. Kent seria exumado para exames, que Samuel fora visto na parte externa da casa às três da madrugada no dia do homicídio.

Na sexta-feira Elizabeth Gough foi levada de volta a Road para ser interrogada. Ela esperou na casa de Charles Stokes, um seleiro residente nas imediações de Temperance Hall, enquanto os juízes leigos se dirigiam à mansão de Road Hill. Depois de um tempo a irmã do seleiro, Ann, que fazia corpetes e vestidos, comentou a respeito da demora dos juízes leigos: "Creio que encontraram algo", disse. Gough "demonstrou certo sobressalto" e andava de um lado para o outro, inquieta. "Espero que eu não seja chamada hoje, pois tenho medo de passar mal, como na terça-feira", disse, aludindo a seu ataque histérico.

"Com as mãos apertadas contra a lateral do corpo", relatou Ann Stokes, "ela disse que era como se o sangue houvesse ido de um lado para o outro. Ela também disse que não conseguiria se conter por muito mais tempo, e que não deveria ter ocultado isso por tanto tempo, mas a senhora Kent implorou para que fizesse isso." Gough alegou que a sra. Kent pediu o seguinte: "Você precisa aguentar um pouco mais, Elizabeth, faça isso por mim". Depois, disse Ann Stokes, Gough comentou que "desde o assassinato tirou vários fios grisalhos da cabeça, o que nunca fizera antes, e que ninguém sabia o quanto ela estava sofrendo, e que ela morreria se acontecesse mais alguma coisa".

Na mansão de Road Hill os juízes leigos interrogaram a sra. Kent e Mary Ann Kent. Nenhuma das duas conseguira ir até Temperance Hall, a primeira por causa da gravidez avançada e a segunda por "ter sido vítima de violentos ataques histéricos ao saber que sua presença havia sido exigida".

Quando voltaram ao salão, os juízes leigos convocaram Gough. Oito repórteres apareceram, mas nenhum deles foi admitido — os procedimentos são estritamente sigilosos, foram informados. Um policial de guarda na porta garantia que ninguém se aproximasse o suficiente para ouvir alguma coisa.

Por volta das sete da noite os juízes leigos suspenderam o inquérito e disseram a Gough que ela estava livre para passar o fim de semana com o pai e o primo que haviam chegado de

Isleworth, perto de Londres, naquela tarde, desde que voltasse ao Temperance Hall na segunda-feira. Ela disse que permaneceria na delegacia de polícia de Trowbridge. Os juízes leigos provavelmente a tranquilizaram antes de soltá-la, pois quando ela chegou ao centro "parecia muito contente", relatou o *Bath Chronicle*, "e desceu da aranha com imensa disposição".

Na terça-feira, 10 de julho, um editorial no *Morning Post*, um influente jornal de circulação nacional, ridicularizava os esforços da polícia de Wiltshire para descobrir o assassino de Saville. Criticava o modo apressado e autoritário como o juiz de instrução conduzira o inquérito, e exigia que a investigação da morte da criança fosse assumida pelo "mais experiente dos detetives". O artigo argumentava que a segurança de todos os lares ingleses dependia da elucidação dos segredos da mansão de Road Hill. E ressaltava que isso significava violar um espaço sagrado:

> Todo inglês está acostumado a se orgulhar com satisfação exagerada do que costumou chamar de a inviolabilidade do lar inglês. Nenhum soldado, policial ou espião do governo ousa penetrá-lo[...] ao contrário de um habitante de casa estrangeira, o ocupante de uma morada inglesa, seja mansão ou casebre, possui um direito indiscutível contra qualquer tipo de agressão contra seu lar. Ele desafia todos os subalternos do ministro do Interior; e mesmo ele só pode violar a tradicional segurança do domicílio de alguém nas circunstâncias mais extremas, e com a possibilidade de uma indenização parlamentar. É esse sentimento inato de segurança que dá a todo inglês uma forte noção da inviolabilidade de sua casa. É isso que converte o casebre num castelo. As sanções morais de um lar inglês são, no século XIX, o que o fosso, a torre e a ponte levadiça eram no XIV. Em sua força confiamos ao deitar para dormir à noite,

e ao sair de casa durante o dia, sentindo que a vizinhança inteira se levantaria, não, o país inteiro se levantaria em caso de qualquer tentativa de violar aquilo que tantas tradições, e um longo costume, tornaram sagrado.

Esses sentimentos eram profundos na Inglaterra vitoriana. Em visita ao país no final da década de 1840, o dr. Carus, médico do rei da Saxônia, notou que a casa inglesa personificava o "princípio tão valorizado da separação e isolamento" que está "na base do caráter nacional[...] é isso que dá ao inglês a orgulhosa sensação de independência pessoal, estereotipada na frase: 'A casa de um homem é o seu castelo'".[1] O poeta norte-americano Ralph Waldo Emerson observou que a vida familiar era a "raiz mestra" que permitia aos britânicos lançar "ramos altos e extensos. O motivo e finalidade de seu comércio e império é defender a independência e a privacidade de seus lares".[2]

O *Morning Post* de 10 de julho de 1860 publicou que, "apesar de todas as notórias inviolabilidades, um crime acaba de ser cometido, o qual, por mistério, complicação das possibilidades e revoltante maldade, não encontra paralelo em nossos registros criminais... a segurança das famílias, o caráter sagrado dos lares ingleses exigem que este assunto não seja deixado de lado até que a última sombra desse obscuro mistério seja afastada pela luz da inquestionável verdade". O horror do caso era que a depravação ocorria dentro do "santuário do lar", que as trancas, fechaduras e trincos da casa tenham sido irremediavelmente inúteis. "O segredo jaz com alguém de dentro [...] a família, em seu todo, deve ser responsabilizada por esse misterioso e terrível evento. Nenhum deles deveria permanecer solto até que o mistério inteiro fosse esclarecido [...] um membro (ou mais) da família é culpado." O *Morning Post* teve seu artigo reproduzido no *Times* do dia seguinte e em jornais do país inteiro no decorrer da semana. "Vamos convocar o detetive mais talentoso deste país", exigia o *Somerset and Wilts Journal*.

Na quinta-feira um juiz leigo de Wiltshire renovou seu apelo ao ministro do Interior para mandar um detetive a Road, e dessa vez seu pedido foi atendido. No sábado, 14 de julho, sir George Cornewall Lewis, ministro do Interior de lorde Palmerston, instruiu sir Richard Mayne, comissário da Polícia Metropolitana, a despachar um "policial inteligente" para Wiltshire assim que fosse possível. "Mandar o inspetor Whicher", Mayne rabiscou no verso da ordem do ministério do Interior.

No mesmo dia o inspetor-detetive Jonathan Whicher recebeu ordem de viajar para Road.

PARTE DOIS
O detetive

*Eu me dediquei a abrir o caminho para a descoberta —
o caminho sombrio e duvidoso.*
De *A mulher de branco,* de Wilkie Collins.

Investigadores da Polícia Metropolitana descobrem um cadáver sob o piso da cozinha de Frederick e Maria Manning em Bermondsey, no sul de Londres, em 1844 (de The mysteries of police and crime, *de Arthur Griffiths).*

4. Um homem misterioso
1º de outubro de 1814-15 de julho de 1860

Ainda havia luz quando o trem de Whicher partiu para a região oeste de Wiltshire naquele domingo de 1860. Normalmente em julho as pastagens se alternavam com campos amarelados — o trigo marrom-avermelhado ou o dourado milho reluzente —, mas naquele ano o verão tardio tornara os campos verdejantes como gramados.[1]

O trem parou em Trowbridge às 18h20 — uma floresta de torres e chaminés de fábricas — e Whicher pisou na estreita plataforma da estação ferroviária.[2] O primeiro prédio a que se dirigiu ao sair da estação foi a delegacia de polícia de John Foley, na Stallard Street, um edifício de dois pavimentos datado de 1854, quando a polícia local foi fundada. Ali Elizabeth Gough estava detida, por vontade própria, até que seu interrogatório fosse retomado no dia seguinte.

Trowbridge ganhava dinheiro com tecidos havia séculos. A chegada do trem em 1848 trouxera mais prosperidade ainda — a população de 11 mil a tornava a maior cidade industrial do sul da Inglaterra. Lanifícios e tinturarias se espalhavam dos lados direito e esquerdo da estação — cerca de vinte, movidos por mais de trinta máquinas a vapor. Eram as fábricas que Samuel Kent inspecionava. No domingo à tarde as máquinas estavam paradas, mas na manhã seguinte começariam a roncar e martelar, o ar se tornaria pesado com a fumaça, a fuligem, os odores de urina (recolhida nos mictórios públicos e usada para lavar a lã), e dos corantes vegetais que despejavam no rio Biss.

Whicher chamou um carregador para levar sua bagagem até o Woolpack Inn, em Market Place, a menos de um quilômetro da estação. O par cruzou a ponte sobre o Biss — um afluente pequeno e manso do Avon — e caminhou na direção do centro. Passaram pela Parade Street, com sua fileira de casas construídas pelos ricos industriais têxteis da época georgiana, e pelos cortiços e casebres das ruas laterais, apinhados de operários. Os negócios haviam sido ruins naquele ano. Muitos carneiros morreram por causa do inverno rigoroso, de modo que a lã escasseou mais que o usual, e as tecelagens competitivas do norte da Inglaterra estavam vendendo musselina muito barata.[3]

Quando Whicher chegou ao Woolpack, na esquina da Red Hat Lane, pagou seis *pence* ao carregador e entrou. A pousada ficava num prédio compacto, revestido de pedra, com um arco no centro, e cobrava um xelim e seis *pence* pelo quarto, por pernoite. Vinho, sidra, destilados e cerveja caseira eram vendidos no bar.[4] Whicher pode ter tomado alguns drinques: quando em apuros, disse certa vez a Dickens: "não conheço nada melhor do que um golinho de *brandy* com água para manter a coragem."[5]

Jonathan Whicher nasceu em Camberwell, cerca de cinco quilômetros ao sul de Londres, no dia 1º de outubro de 1814. Seu pai era lavrador, provavelmente um dos muitos horticultores do povoado, e vendia o que cultivava na cidade: cereja, alface, rosa e madeira de salgueiro. Talvez cuidasse também dos jardins dos residentes mais ricos do distrito — Camberwell era pontilhado de casas de campo de alvenaria e chalés requintados de comerciantes que buscavam uma alternativa mais saudável para Londres.

No dia do batismo de Jonathan, 23 de outubro, o cura da paróquia de Giles também batizou o filho de outro lavrador, bem como os rebentos de um sapateiro, um marceneiro, dois cocheiros, um fabricante de flautas e um trabalhador braçal. Em uma das muitas variantes que seu nome assume, Jonathan foi registrado como filho de Richard e Rebecca Whitcher. Ele era conhecido como Jack. Tinha uma irmã mais velha, Eliza, e pelo menos um irmão, James, também mais velho. Outra irmã, Sarah, nasceu em agosto de 1819, quando ele tinha quatro anos. Aquele verão ficou marcado pela abundância de Camberwell Beauties, ou antíopes, as imensas borboletas aveludadas, cor de vinho, que foram vistas na região pela primeira vez em 1748.

Na década de 1830, Jack Whicher ainda residia em Camberwell, provavelmente em Providence Row, uma série de chalés na pobre extremidade norte do vilarejo. Os chalés se situavam na Wyndham Road, perto de uma fábrica de tecidos, e davam fundo para um parque comunitário, mas estavam num bairro miserável — "famoso tanto pela depravação quanto pela ignorância" — segundo um relatório da escola local. Wyndham Road era frequentada por tipos escusos — mascates, ambulantes, limpadores de chaminés — e por bandidos de verdade.[6]

Quando Jack Whicher se candidatou à Polícia Metropolitana no final do verão de 1837, atingia a idade mínima, 22 anos, e por pouco a altura mínima, um e setenta, exigidos para ingressar na força. Ele passou nos testes de conhecimentos gerais e forma física, e dois "chefes de família respeitáveis" de sua paróquia garantiram seu bom caráter.[7] Como mais de um terço dos recrutas iniciais, ele trabalhava como operário quando fez a inscrição.[8]

Em 18 de setembro Whicher se tornou policial. Seu salário semanal — cerca de uma libra — representava um pequeno aumento em relação ao anterior, mas seu futuro parecia agora bem mais garantido.[9]

A Polícia Metropolitana, a primeira força do gênero no país, tinha oito anos. Londres crescera tanto, tornara-se tão ampla e misteriosa que em 1829 seus habitantes aceitaram, relutantes, a necessidade de um corpo disciplinado de homens para patrulhar as ruas. Os 3500 policiais eram conhecidos como "*bobbies*", "*peelers*" (referência a seu fundador, sir Robert Peel), "*coppers*" (pois prendiam — "*copped*" — bandidos), "Jenny Darbies" (por causa de "gendarmes") e "porcos" (uma ofensa datada do século XVI).[10]

Whicher recebeu calça azul-escura e um capote longo azul-escuro com botões dourados que exibiam a coroa e a palavra POLÍCIA. Sua divisão e seu número — E47, pois "E" representava Holborn — vinham marcados na gola dura, com fivela; sob ela uma faixa de couro de dez centímetros de largura protegia o pescoço contra "garroteiros". O capote tinha bolsos fundos, nos quais se podia guardar um cassetete e uma matraca de madeira. Ele usava cartola com topo de couro envernizado e suportes laterais de couro. Um colega policial descreveu o uniforme: "Eu tive de pôr um fraque, uma cartola alta de pele de coelho coberta de couro, pesando meio quilo, um par de botas Wellington cujo couro tinha pelo menos dois milímetros de espessura e um cinto de dez centímetros de largura, com uma fivela de latão de 15 centímetros... eu nunca me senti tão desconfortável na vida". O policial tinha de usar a farda mesmo fora de serviço, para jamais ser acusado de ocultar sua identidade. Usava uma faixa no pulso para indicar que estava a serviço. Barbas e bigodes foram proibidos. Por isso muitos homens passaram a usar suíças.[11]

Numa época em que todos os trajes serviam como uniforme, o kit da polícia tinha seus méritos: a jornalista Harriet Martineau notou que um homem ambicioso da classe trabalhadora poderia "desfilar na rua com mais orgulho, e ser mais notado" em sua farda, "do que o artesão de avental e quepe de papel, ou o operário de fustão, ou o carregador com seu nó" — fustão era o tecido rústico usado para fazer casacos para os operários, e o nó de carregador, uma proteção de pano para proteger os ombros quando carregava um fardo pesado.

O policial perfeito era definido pela reserva, pelo anonimato e pela falta de emoções. "Um temperamento agitado não serve", disse Martineau, "nem vaidade capaz de fazer um homem ceder às artes do flerte; nem uma natureza amistosa, ingênua demais; nem um temperamento ou jeito hesitante; nem um fraco pela bebida; nem estupidez em nenhum grau".[12] Andrew Wynter, médico e escritor, descreveu o policial ideal como sendo "rígido, calmo e inexorável, uma *instituição*, mais do que um homem. Temos a impressão de não conseguir capturar sua personalidade, assim como não se consegue agarrar o casaco abotoado até o pescoço [...] uma máquina, movendo-se, pensando e falando sempre de acordo com as instruções de seu manual [...] ele parece [...] não ter esperança nem medo".[13]

Whicher dividia o dormitório com dezesseis colegas na residência da delegacia de Hunter Place, em Hunter Street, um pouco ao sul de King's Cross.[14] Era um edifício imponente, adquirido recentemente pelo governo. A entrada se fazia por uma passagem longa e escura; além dos dormitórios no andar superior, o distrito policial tinha quatro celas, área de serviço, refeitório e sala de recreação.[15] Todos os solteiros dormiam na residência do distrito, e deviam entrar antes da meia-noite. Quando estava no turno matinal, Whicher se levantava antes das seis. Caso tivesse banheira e biombo, poderia se lavar no dormitório e depois tomar café da manhã com costeleta, batata e uma xícara de café. Os homens se perfilavam no pátio às seis horas. Um dos quatro inspetores de divisão fazia a chamada, depois lia o comunicado do quartel-general, em Whitehall Place, no qual constavam punições, recompensas, demissões e suspensões de policiais. O inspetor também informava os homens a respeito dos relatórios criminais recentes, passando a descrição dos suspeitos, pessoas desaparecidas e bens roubados. Depois de checar os uniformes e o equipamento dos homens, ele dava a ordem de "Cerrar fileiras!". Alguns policiais ficavam na delegacia, como reserva, o restante marchava para sua área de atuação, sob o comando dos sargentos.

Durante o dia um guarda cobria doze quilômetros de ronda a quatro quilômetros por hora, em dois turnos de quatro horas: das seis às dez da manhã, por exemplo, e das duas às seis da tarde, ele se familiarizava com todas as casas de sua ronda, e se esforçava para livrar a área de mendigos, vagabundos, ambulantes, bêbados e prostitutas. Estava sujeito ao controle dos inspetores ou sargentos locais, e as regras eram rigorosas: proibido encostar ou sentar durante a ronda, praguejar e conversar com empregadas domésticas. A polícia recebia instruções para tratar todos com respeito — os cocheiros das charretes de aluguel, por exemplo, não podiam ser chamados de "*cabbies*" — e evitar o uso de violência. Os padrões deviam ser seguidos nas folgas, também. Se fosse pego embriagado, a qualquer hora, o policial recebia uma advertência e era desligado da força em caso de reincidência. No início dos anos 1830 quatro em cinco dispensas, num total de 3 mil, foram provocadas por embriaguez.[16]

Por volta das oito da noite, Whicher jantava na casa do distrito — carneiro assado com repolho, batata ou bolinhos, provavelmente. Quando fazia o turno da noite, ele assumia seu lugar no pátio antes das nove, portando a lanterna conhecida como "olho-de-boi", bem como cassetete e matraca. No turno de oito horas ele testava as trancas de portas e janelas, ficava atento a incêndios, levava necessitados para albergues, conferia se os bares fechavam no horário determinado. O circuito era muito menor de noite — três quilômetros —, e Whicher devia completar a ronda em uma hora. Se precisasse de ajuda, girava a matraca; havia sempre um policial nas redondezas para ouvir o chamado. Embora a ronda fosse desgastante no inverno, tinha seus encantos: gorjetas por acordar comerciantes e trabalhadores antes de clarear, por vezes um "golinho" de cerveja ou *brandy* de cada taverneiro da ronda.[17]

Whicher patrulhava Holborn nos anos em que o distrito era dominado pelos cortiços de St. Giles, numa imensa área de três hectares. O complexo emaranhado de ruas e becos contava com inúmeras passagens ocultas que ligavam pátios, porões e sótãos. Vigaristas e ladrões se dedicavam a ludibriar, fraudar ou furtar os transeuntes mais prósperos — perto de St. Giles se situavam os tribunais, a universidade, o Museu Britânico, o elegante bairro de Bloomsbury e as lojas chiques de High Holborn. Perseguidos pela polícia, os criminosos se refugiavam novamente em seu labirinto.

Holborn fervilhava de malfeitores, e a polícia da divisão E precisava identificá-los com precisão. Um novo vocabulário passou a identificar os diversos golpes. A polícia caçava "*magsmen*" (vigaristas, como trapaceiros com as cartas) que "*gammoned*" (iludiam) "*flats*" (trouxas) com ajuda de "*buttoners*" ou "*bonnets*" (cúmplices que atraíam as vítimas dando a impressão de que ganhavam dinheiro dos trapaceiros). Um "*screever*" (falsificador de documentos) podia vender "atestados" para um vigarista "*on the blob*" (que contava histórias tristes). Em 1837, cinquenta londrinos foram presos por elaborar tais documentos, e 86 por portá-los. "*Work the kinchin lay*" significava ludibriar crianças para tomar dinheiro ou roupas. "*Work the shallow*" queria dizer esmolar semidespido para despertar a compaixão. "*Shake lurk*" era esmolar disfarçado em marinheiro naufragado. Em novembro de 1837, um juiz leigo notou que alguns ladrões na área de Holborn serviam de isca, fingindo embriaguez para distrair os policiais enquanto seus comparsas arrombavam casas.[18]

Quando necessário, os policiais da divisão E saíam de seu distrito. A força policial inteira foi empregada para vigiar o trajeto do palácio de Buckingham para a abadia de Westminster quando Vitória foi coroada em junho de 1838.[19] A polícia já conhecia malucos obcecados pela nova rainha. O interno de um albergue em St. Giles, por exemplo, foi conduzido até os juízes leigos por estar convencido de que Vitória se apaixonara por ele. O sujeito disse que "trocaram olhares" em Kensington Gardens. Os juízes leigos recomendaram que ele fosse encaminhado a um hospício.[20]

A primeira prisão documentada de Jack Whicher[21] ocorreu em dezembro de 1840. Num bordel da Gray's Inn Road, perto de King's Cross, ele notou uma garota de dezessete anos embriagada, usando roupas vistosas e caras, improváveis naquele lugar. Um boá de plumas envolvia seu pescoço. Whicher lembrou-se de que havia um boá entre os itens furtados de uma casa em Bloomsbury na quinzena anterior. Ele se aproximou da moça com o boá e a acusou de furto. Louisa Weller foi condenada no final do mês pelo furto a Sarah Taylor, de Gloucester Street. A história da captura resumia as qualidades de Whicher como detetive: memória excelente, um olho atento para incoerências, acuidade psicológica e segurança.

Logo em seguida seu nome desapareceu dos jornais por dois anos. A provável causa foi o recrutamento pelos comissários da Polícia Metropolitana — coronel Charles Rowan, do exército, e sir Richard Mayne, advogado — para participar de um pequeno grupo de "policiais ativos", precursores dos detetives, cuja existência era segredo. O povo inglês tinha horror a vigilância. No início da década de 1830, houve comoção quando veio à luz que um policial à paisana se infiltrou num encontro político.[22] Nesse clima os detetives precisavam ser introduzidos furtivamente.

Os registros na corte dos juízes leigos mostra que Whicher estava trabalhando disfarçado em abril de 1842 quando notou um trio de vigaristas em Regent Street. Ele os seguiu até ver um deles bloquear a passagem de sir Roger Palmer, um baronete anglo-irlandês que possuía casa em Park Lane, enquanto outro levantava cuidadosamente as abas do fraque e o terceiro tirava a carteira do bolso. Batedores profissionais como esses costumavam agir em grupos de dois ou três, protegendo e facilitando o serviço um do outro. Muitos eram extraordinariamente hábeis, tendo sido treinados desde a infância na arte de "aliviar" e "surrupiar". Embora um dos três houvesse escapado, Whicher o avistou em outra parte da cidade, duas semanas depois, e o arrastou para a delegacia, relatando que o sujeito acrescentara a seus crimes uma tentativa de suborno, pois lhe oferecera prata.[23] Os arquivos da Polícia Metropolitana mostram Whicher atuando novamente incógnito, naquele mesmo mês, quando tomou parte na caçada a Daniel Good, um cocheiro de Putney que matara e esquartejara a companheira. Whicher e um colega de Holborn, sargento Stephen Thornton, passaram a vigiar a casa de uma amiga de Good em Spitalfields, no leste de Londres (Dickens mais tarde descreveu Thornton, onze anos mais velho que Whicher, como tendo "rosto corado e testa alta queimada de sol [...] Ele é famoso por seguir rigorosamente o processo indutivo e, a partir de pequenos detalhes, seguir de pista em pista até pegar o criminoso".)[24] Daniel Good acabou sendo preso em Kent, mais por sorte do que pelo trabalho competente da polícia.

Em junho de 1842 dois comissários pediram ao ministério do Interior permissão para formar uma pequena divisão de detetives: eles argumentaram que precisavam de uma força de elite, centralizada, para coordenar as buscas em caso de assassinato —

como a caçada a Good — e outros crimes sérios que envolviam diversos distritos policiais. Se esses policiais pudessem usar trajes civis, diziam, a força seria mais eficiente ainda. O ministério do Interior concordou. Em agosto daquele ano, Whicher, Thornton e mais seis homens escolhidos para detetives deixaram formalmente suas rondas, guardaram as fardas, tornaram-se anônimos e onipresentes como os bandidos que procuravam. Jack Whicher e Charles Goof da divisão L (Lambert) eram os mais jovens, todavia foram promovidos a sargento em poucas semanas (a Whicher faltava um mês para completar cinco anos no serviço policial, tempo mínimo normalmente exigido para promoção). Isso elevou o número de sargentos da divisão para seis, servindo sob as ordens de dois inspetores.[25] Whicher recebeu um aumento de quase cinquenta por cento, de cinquenta para 63 libras por ano — dez libras a mais do que o salário regular de sargento. Como antes, os salários eram suplementados com bônus e recompensas.[26]

"Homens inteligentes foram selecionados recentemente para formar uma unidade de 'policiais detetives'", publicou o *Chambers's Edinburgh Journal*, em 1843.[27] "Por vezes o policial detetive se veste com trajes iguais aos dos indivíduos comuns." A desconfiança popular persistia — um editorial do *Times*, em 1845, alertava para os perigos dos policiais detetives, explicando que "sempre haverá algo de repugnante na própria ideia de espionagem".

O quartel-general dos detetives era uma sala ao lado dos escritórios dos comissários, na Great Scotland Yard, perto de Trafalgar Square. Os homens passaram a fazer parte tecnicamente da divisão A, ou Whitehall. Whicher foi designado como A27. Seu serviço, agora, era desaparecer, escorregar sem ruído por entre as classes — os detetives deviam se misturar, escutar, circular pelos *pubs* frequentados por criminosos e no meio da multidão onde agiam os punguistas. Gozavam de autonomia. Enquanto policiais comuns faziam sua ronda como a haste de um compasso, passando a cada hora pelos mesmos pontos, os detetives cruzavam a cidade e o país à vontade. No submundo londrino eram conhecidos como "Jacks", o que revelava seu anonimato sem identificação de classe.[28]

A primeira história de detetive inglesa, do jornalista William Russell, assinando como "Waters", saiu no *Chambers's Edinburgh Journal* em julho de 1849.[29] No ano seguinte, Whicher e seus colegas foram elogiados por Charles Dickens em diversos artigos de revista: "Eles são, todos, homens de aparência respeitável", Dickens relatou, "de comportamento perfeito e inteligência incomum; nada há de ocioso ou furtivo em seus modos; exibem um ar de profunda compenetração e rápida percepção quando conversam; e em geral vemos nos seus rostos traços mais ou menos salientes da vida que costumam levar, plena de intensa excitação mental. Todos têm olhos argutos; e todos os usam para fitar diretamente quem fala com eles".[30] George Augustus Sala, também jornalista, considerou o entusiasmo de Dickens nauseante — ele se opunha à atitude do romancista, pela "curiosa e quase mórbida parcialidade com que se socializa e recebe policiais [...] Ele parece sempre à vontade com esses personagens, e nunca se cansa de interrogá-los".[31] Os detetives, como Dickens, eram rapazes de classe operária que se deram bem, e sentiam certo entusiasmo com a posição na cidade. Em *Tom Fox; Or, the revelations of a detective*, uma ficção biográfica de 1860, John Bennett ressaltou que o detetive era socialmente superior ao "guarda comum", por ter mais instrução e "uma inteligência muito maior".[32] Ele vasculhava os segredos da comunidade e dos criminosos também, e como teve pouco precedentes, desenvolveu seus métodos de improviso.

Esses métodos às vezes eram criticados. Em 1851, Whicher foi acusado de espionagem e emboscada quando pegou dois ladrões de banco em The Mall. Enquanto atravessava Trafalgar Square, em maio daquele ano, Whicher viu "um velho conhecido", um ex-presidiário que voltava à cidade depois de uma temporada nas colônias penais da Austrália. Ele viu que o sujeito se encontrava com um comparsa num banco de praça em The Mall, na frente do London and Westminster Bank. Nas semanas seguintes, Whicher e um colega observaram o par, que estudava o banco. Os policiais esperaram até que, em 28 de junho, eles apanharam os ladrões com a mão na massa, saindo do banco com o butim.[33] Os correspondentes do *Times* censuraram os policiais por deixarem o crime ocorrer em vez de impedi-lo no início. "O reconhecimento pela habilidade e astúcia obtido pelos detetives é provavelmente o que os leva a investigar em vez de prevenir", queixou-se um leitor em carta, insinuando que os policiais se tornaram vaidosos graças às atenções de Dickens e outros.[34]

Dickens reformulou seus novos heróis no personagem do inspetor Bucket de *A casa soturna* (1853), o supremo detetive ficcional da época. O sr. Bucket era "um estranho brilhante", que "caminha numa atmosfera de misteriosa grandeza". Primeiro detetive policial de um romance inglês, Bucket foi uma figura mitológica em sua época. Ele deslizava e flutuava por novas regiões, como um fantasma ou uma nuvem. "Tempo e lugar não conseguiam deter o sr. Bucket." Ele tinha a capacidade de "adaptação a qualquer ambiente". Ele tomou emprestado parte do encanto do detetive amador e mágico intelectualizado de Auguste Dupin, criado por Edgar Allan Poe, que o precedeu em doze anos.

Bucket foi vagamente inspirado em Charley Field, chefe e amigo de Whicher — compartilhavam o dedo indicador gordo, o charme caseiro, o gosto pela "beleza" de seu trabalho e uma segurança jovial. Bucket lembrava Jack Whicher, também. Como Whicher no grande hotel Oxford, não havia "nada de notável nele [Bucket] à primeira vista, exceto o modo espectral de aparecer". Era um "sujeito robusto, de olhos firmes e atentos, sempre de preto", que observava e ouvia com um rosto "impassível como o avantajado anel de luto no dedo mínimo".[35]

Durante as décadas de 1840 e 1850, Whicher combateu golpes da mão e da mente. Lidou com criminosos que sumiam adotando outra identidade ou nos meandros das ruas e becos. Ele seguia as pistas de homens e mulheres que falsificavam moedas, assinaturas em cheques, ordens de pagamento, que passavam despercebidas de um nome falso para outro, trocando de identidade como as serpentes trocam de pele. Especializara-se no "crime elegante", nos vigaristas e batedores de carteira que se vestiam como cavalheiros, mas sabiam cortar um bolso com a faca escondida, surrupiar um alfinete de gravata com a ajuda de um golpe de lenço. Eles exerciam seu ofício nos teatros, galerias de lojas e locais de entretenimento como o museu de cera de Madame Tussaud e o zoológico de Londres. As grandes oportunidades estavam nos eventos públicos importantes — provas de turfe, feiras agrícolas, manifestações políticas — para os quais viajavam em trem de primeira classe para se insinuar entre os homens e mulheres que planejavam roubar.

Em 1850, Charley Field contou a Dickens um truque que Whicher havia aplicado no Derby de Epsom. Field, Whicher e um amigo chamado sr. Tatt bebiam juntos no bar — estavam no terceiro ou quarto *sherry* — quando foram atacados por quatro bandidos. Os assaltantes os derrubaram, e uma briga feroz irrompeu. "Eles ficaram juntos, uns por cima dos outros, lutando no salão do bar — não dá para imaginar a confusão da cena!". Quando os ladrões tentaram fugir do bar, Whicher os deteve à porta. Os quatro foram levados ao distrito policial local. O sr. Tatt descobriu que seu alfinete de gravata de diamante fora furtado durante a briga, mas não havia sinal da joia com os ladrões. Field se sentia um completo "inútil", contrariado com a vitória dos malfeitores, quando Whicher abriu a mão e mostrou o alfinete em sua palma. "Minha nossa", Field disse, "como você conseguiu isso?" "Vou lhe contar como consegui", Whicher disse. "Vi qual deles pegou o alfinete, e quando estávamos todos caídos no chão, trocando golpes, dei um toque de leve nas costas da mão dele, como sabia que o parceiro faria, ele pensou que era um comparsa e me entregou o alfinete!"

"Uma das coisas mais *lindas* que já foram feitas, eu acho", Field disse. "Linda, lin-da... foi uma ideia sensacional!"[36] O lado artístico do crime era um conceito familiar, muito difundido graças ao irônico ensaio de Thomas de Quincey, *Do assassinato considerado como uma das belas artes* (1827), mas o aspecto artístico da atividade policial constituía novidade. No início do século XIX, o tema da história policial era o criminoso ousado, astuto; agora, com mais frequência, víamos o detetive analítico.[37]

Whicher, que diziam ser o policial favorito do comissário Mayne, se tornou inspetor em 1856, e seu salário superou as cem libras. Charley Field deixara a força para se tornar investigador particular; Whicher e Thornton estavam agora no comando do departamento.[38] Em 1858 Whicher pegou o criado que havia furtado *A Virgem e o Menino Jesus*, de Leonardo da Vinci, do conde de Suffolk. No mesmo ano ele participou da busca pelos revolucionários italianos que tentaram assassinar Napoleão III em Paris — os terroristas haviam planejado o ataque e preparado as bombas em Londres — e comandou a reabertura do inquérito sobre o assassinato de um policial num milharal de Essex.[39] Em 1859, Whicher investigou se o reverendo James Bonwell, pároco de uma igreja no leste de Londres, e a amante, filha de outro clérigo, haviam assassinado o filho ilegítimo deles. Bonwell havia pago dezoito xelins a um coveiro para que enterrasse secretamente o recém-nascido, escondendo-o no caixão de outro morto. A corte dos juízes leigos declarou o casal inocente, mas os censurou por seu comportamento, e em julho de 1860 o bispo de Londres processou Bonwell por mau comportamento.[40]

Alguns meses antes de ser enviado para Road Hill, Whicher identificou os autores de um furto de 12 mil libras em uma joalheria próxima ao Palais Royal, em Paris. Os ladrões, Emily Lawrence e James Pearce, usavam o charme da nobreza para dar o golpe em joalherias, onde Lawrence "empalmava" medalhões e braceletes nos balcões e os ocultava em seu regalo (as ladras andavam bem equipadas em locais para esconder seus furtos — xales, estolas, regalos e bolsos grandes nas armações das saias). Com seus parceiros favoritos, o sargento-detetive "Dolly" Williamson e o sargento-detetive "Dick" Tanner, Whicher entrou em abril na residência dos ladrões de joias em Stoke Newington, ao norte de Londres. Quando acusou Emily Lawrence, notou que ela mexia as mãos, e perguntou o que estava escondendo. Seguiu-se um confronto, durante o qual seu namorado ameaçou arrebentar a cabeça de Whicher com um atiçador, e Lawrence deixou três anéis de diamante caírem no chão.[41]

A partir dessas breves aparições em biografias, jornais e revistas, Jack Whicher desponta como um sujeito gentil, lacônico e alerta para os truques de seu trabalho. Era "um excelente policial", nas palavras de um colega detetive, "calmo, astuto e prático, nunca tinha pressa, sendo em geral bem-sucedido; aceitava qualquer caso".[42] Ele apreciava certas expressões. Se Whicher tinha certeza de algo, dizia "tão certo quanto eu estar vivo". "Isso serve!", exclamava ao descobrir uma pista. Era generoso em relação aos inimigos — aceitou tomar um drinque com um gatuno antes de levá-lo preso, e o deixou sem algemas: "Estou disposto a me comportar como homem com você", disse, "se você estiver disposto a se comportar como homem comigo".[43] E não desperdiçava a oportunidade de fazer uma brincadeira: em Ascot, no final da década de 1850, ele e alguns colegas se aproximaram furtivamente de um inspetor adormecido, famoso pelo orgulho por suas suíças, e fizeram a barba de sua face esquerda,[44] removendo o apêndice negro cerrado.

Contudo, Whicher era um sujeito reservado, enigmático em relação ao passado. Pelo menos uma tristeza marcou sua vida. Em 15 de abril de 1838 uma mulher chamada Elizabeth Whicher, antes Green, nascida Harding, deu à luz no bairro de Lambeth um menino chamado Jonathan Whicher. Na certidão de nascimento ela informou que o nome do pai era Jonathan Whicher, ocupação policial, e que seu endereço era 4, Providence Row. Ela estava grávida de quatro semanas, aproximadamente, quando Jack Whicher se candidatou à força policial — pode ter sido a perspectiva de ter um filho um dos incentivos da sua decisão.

Três anos depois, Whicher residia no alojamento de Hunter Place, da delegacia de Holborn, como solteiro. Nem o filho nem a mãe dele constam dos atestados de óbito de 1838 a 1851, nem nos censos realizados naquele século. Além da certidão de nascimento, não há indícios de que Jack Whicher tenha tido um filho. Só restou a certidão do menino.

5. Todas as pistas apagadas
16 de julho

Na manhã de segunda-feira, 16 de julho, o inspetor-chefe Foley levou Whicher até Road numa aranha, seguindo pela mesma estrada usada por Samuel Kent quando voltou ao vilarejo ao saber que o filho estava morto. Era mais um dia seco — não chovera desde o assassinato de Saville. Conforme os policiais se afastavam da cidade poluída, as planícies davam lugar aos morros, bosques e pastagens. Havia carneiros nos campos, pássaros escuros nas árvores: gralhas, pegas, melros e corvos. Passarinhos faziam seus ninhos nos espinheiros do mato — pintassilgos esverdeados, codornizões de asa castanha — enquanto andorinhas e guinchos revoavam no alto.[1]

O vilarejo de Road se situava na divisa de dois condados: embora a mansão de Road Hill e a igreja de Cristo do reverendo Peacock estivessem em Wiltshire, em sua maior parte as centenas de moradores residiam na parte baixa, em Somersetshire. Naquela parte da Inglaterra as pessoas se tratavam por "tu" e "vós", e falavam com sotaque gutural. Um fazendeiro era "vazendeiro"; o sol, "zol"; o "trigo", "drigo". O distrito tinha um vocabulário próprio:

alguém marcado pela varíola, como Whicher, era "*pock-fredden*", um pedaço de pano molhado com líquido sujo era "*skummer*"; "*to buddle*" uma criatura significava afogá-la na lama.²

Road era um vilarejo pitoresco, com chalés de janelas quadradas construídos com pedra calcária ou arenito cortado em blocos. Havia pelo menos quatro *pubs* (Red Lion, George, Cross Keys e Bell), uma cervejaria, duas igrejas anglicanas, uma capela batista, uma escola, agência dos correios, mercearia, padeiros, açougueiros, ferreiros, sapateiros, alfaiates, modistas, seleiros e assim por diante. Trowbridge ficava oito quilômetros a nordeste, e Frome, um centro têxtil de Somersetshire, à mesma distância, no rumo sudoeste. Alguns residentes usavam teares caseiros em sua atividade. Em sua maioria, porém, trabalhavam nos campos ou nas várias tecelagens das redondezas. Shawford Mill era especializada em tingimento de lãs, usando uma roda-d'água alimentada pelo rio Frome — destacavam-se entre as cores locais o verde-escuro, obtido do alfeneiro; o marrom, tirado do teixo, e o índigo, obtido a partir do glasto. Perto de Road Bridge havia uma tecelagem destinada à "feltragem", processo no qual a lã molhada era batida até o desaparecimento dos fios e obtenção de um tecido denso, fechado, impossível de desmanchar.³

O vilarejo pegou fogo com as especulações a respeito da morte de Saville. Seu assassinato despertou o "espírito" do povo, disse Joseph Stapleton em seu livro sobre o caso, "o que pode ser difícil de conduzir ou suprimir". Nas palavras do *Bath Chronicle*:

> Há um sentimento muito forte entre as classes populares que habitam o povoado, contra a família do sr. Kent, bem como contra ele, e nenhum membro pode sequer caminhar pela vila sem ser insultado. O pobre inocente, vítima desse assassinato sombrio, costuma ser citado no vilarejo com muito carinho. Os moradores o descrevem como sendo robusto, bonito, de rosto sorridente e alegre,

com cabelos cor de palha encaracolados. As mulheres falam dele com lágrimas nos olhos, e... recordam seus modos encantadores e conversa inocente.

Os moradores se lembravam de Saville como um ingênuo querubim e consideravam sua família inimigos.

Samuel Kent já era detestado no distrito, de todo modo. Em parte, isso se devia a seu trabalho — era responsável pelo cumprimento da Lei Fabril de 1833, que visava principalmente proteger crianças do excesso de trabalho e das doenças profissionais, e que era malvista tanto pelos donos de lanifícios quanto pelos trabalhadores. Inspetores de fábricas, como inspetores de polícia, eram responsáveis pela vigilância. Quando Samuel se mudou para a mansão de Road Hill, em 1855, muitos moradores locais disseram, segundo o *Frome Times*: "Não o queremos aqui; queremos alguém que nos dê pão, e não alguém que o tire de nós". Fazia pouco tempo que ele afastara mais de vinte meninos e meninas com menos de treze anos de uma fábrica de Trowbridge, privando-os de seus rendimentos de três ou quatro xelins semanais.[4]

Samuel nada fez para melhorar o relacionamento com a vizinhança. Segundo Stapleton, ele levantou uma "muralha impenetrável" contra a visão e intrusão dos habitantes dos casebres que acompanhavam a estrada, perto da mansão de Road Hill. Ele espalhou cartazes de "Entrada proibida" ao longo do rio, no trecho que atravessava seu terreno, onde os moradores estavam acostumados a pescar truta. Os moradores se vingaram nos serviçais e familiares de Samuel. "Seus filhos eram ofendidos", Stapleton escreveu, "quando passeavam ou iam à igreja, pelas crianças dos cortiços." Desde a morte de Saville, Samuel repetidamente acusou esses vizinhos de ter algo a ver com o homicídio.

Whicher e Foley se uniram aos demais às onze horas, para os procedimentos secretos em Temperance Hall.[5] Whicher observou enquanto os juízes leigos reinquiriam Samuel Kent, o reverendo Peacock e depois a principal suspeita do chefe de polícia local, Elizabeth Gough. Ela foi liberada à uma da tarde. Os repórteres amontoados na entrada a viram sair do prédio. "Ela dava a impressão de imenso sofrimento mental desde que foi levada em custódia", escreveu o repórter do *Bath Chronicle*, "pois seu rosto, antes animado e brilhante, agora exibia um ar cansado, desanimado; na verdade, ficamos atônitos com a profunda mudança em sua fisionomia no curto período que durou sua rápida detenção." A babá contou aos repórteres que pretendia voltar à mansão de Road Hill para ajudar a sra. Kent durante o resguardo — faltavam poucas semanas para o nascimento do bebê.

Os repórteres receberam autorização para entrar no salão, onde foram recebidos por um juiz leigo. Ele informou que a investigação passara às mãos do inspetor-detetive Whicher, e que havia uma recompensa de duzentas libras para qualquer pessoa que desse informações capazes de levar o assassino de Saville à prisão: cem libras oferecidas pelo governo, e cem libras por Samuel Kent. Se um cúmplice denunciasse o assassino, receberia perdão. O inquérito foi adiado até sexta-feira.

Whicher assumiu a investigação do homicídio com duas semanas de atraso. O corpo da vítima fora velado e enterrado, os depoimentos das testemunhas haviam sido ensaiados, as provas, coletadas ou destruídas. Ele teria de reabrir feridas, esclarecer eventos. Os inspetores-chefes Foley e Wolfe, ambos da polícia de Wiltshire, o acompanharam morro acima, até a mansão.

A mansão de Road Hill se erguia no alto, oculta ao vilarejo, um bloco compacto de pedra calcária creme de Bath, protegida da estrada por muros e árvores. Um vendedor de tecidos, Thomas Ledyard, a construíra em 1800, aproximadamente, quando dirigia o moinho pisoador de Road Bridge. Era uma das residências mais finas da região.[6] O acesso serpenteava por entre teixos e olmos até chegar ao alpendre baixo, que se projetava como uma guarita da fachada reta do prédio. Oculto pelos arbustos, à direita do gramado da frente, ficava a latrina onde Saville fora encontrado — uma privada numa casinha construída sobre a fossa cavada na terra nua.

Pela porta da frente da casa um amplo salão levava à escada principal. Do lado direito do salão ficava a sala de jantar — um retângulo elegante que ocupava a lateral direita do prédio — e à esquerda havia o aconchegante espaço da biblioteca, um quadrado com janelas altas em arco que davam para o gramado. Atrás da biblioteca estava a sala de estar, que terminava em semicírculo, com janelas tipo *bay-window* voltadas para o jardim dos fundos — uma dessas janelas fora encontrada aberta por Sarah Cox em 30 de junho.

A escadaria, revestida por um grosso carpete, conduzia aos dois pavimentos superiores. Entre os andares havia patamares com vista para os campos dos fundos — um jardim com flores diversas, uma horta, um pomar, uma estufa e, adiante, vacas, carneiros, um pasto e uma fileira de árvores ao longo da margem do rio Frome.

No primeiro andar, atrás do dormitório do casal e do quarto das crianças, havia três quartos de reserva e um banheiro. No segundo piso, além dos quatro quartos ocupados, havia dois quartos vagos e uma escada para o sótão. Esse piso era mais escuro que os outros, com pé-direito baixo e janelas pequenas. Em sua maior parte, os quartos da casa eram voltados para o sul, com vista para o acesso, o gramado e o vilarejo, mas o quarto de William dava para leste, onde estavam os casebres e as torres gêmeas góticas da Christ Church, com seus pináculos.

Atrás do quarto de William a escada dos fundos descia abrupta até o primeiro andar e o térreo. No seu pé ficava o corredor da cozinha, com portas para a área de serviço, cozinha, lavanderia, despensa e escada do porão. Uma porta, no final dessa passagem, conduzia a um pátio pavimentado onde se erguiam os estábulos, a garagem das carruagens e os edifícios externos. A latrina ficava à direita, ao lado da porta da casa das facas. Um muro de pedra de três metros, com portão de serviço, acompanhava a lateral direita da propriedade, no canto vizinho aos casebres.

Stapleton fez uma descrição muito viva desse amontoado de casebres onde os Holcombe, Nutt e Holley residiam:

> Uma cervejaria se destaca no centro, flanqueada por um casebre que só não cai graças ao precário suporte de estacas de madeira cravadas no chão. As janelas estão quebradas ou abriram para fora por pressão das paredes tortas, e seus moradores o haviam abandonado. Muitos outros casebres se estendiam por ali, e de alguns era possível ver a casa do sr. Kent. Era de fato uma espelunca — um pedaço de St. Giles que se deslocou da metrópole para uma área rural. Poderia ser confundido com um abrigo de párias e esconderijo de larápios.

Desde o assassinato a mansão de Road Hill se tornara um enigma, um quebra-cabeça tridimensional; sua planta baixa e mobília, um código esotérico. A tarefa de Whicher era decifrar a casa — como cena de crime, como guia para o caráter da família.

Os muros e as cercas erguidos por Samuel em torno da propriedade indicam uma inclinação para a privacidade. Dentro da casa, porém, crianças e adultos, serviçais e patrões, viviam curiosamente misturados. Vitorianos abastados em geral preferiam manter os serviçais separados da família, e os filhos em seus próprios aposentos.[7] Ali a babá dormia a poucos metros do quarto dos patrões, e uma criança de cinco anos dormia com os pais. Os outros empregados e os enteados viviam amontoados no último andar, como se fossem trastes no sótão. O arranjo ressaltava a posição de inferioridade dos filhos da primeira sra. Kent.

Nos relatos para a Scotland Yard* Whicher notou que Constance e William eram os únicos moradores com quarto exclusivo. Isso não era sinal de prestígio, só do fato de que nenhum dos dois tinha irmão do mesmo sexo e idade similar para dividir o quarto. A importância disso era logística: qualquer um dos dois podia sair à noite sem ser notado.

No quarto das crianças, mostraram a Whicher como o cobertor foi retirado das cobertas de Saville na noite de sua morte, e que o lençol e a colcha haviam sido "dobrados de volta com muito cuidado" no pé do berço. Ele afirmou: "dificilmente se pode supor que um homem tenha feito aquilo". Com ajuda de Foley e Wolfe, ele conduziu um procedimento para confirmar se era possível tirar uma criança de três anos de seu berço sem acordar quem estivesse dormindo no quarto. Os jornais não divulgaram qual criança de três anos foi usada no teste, nem como ela foi induzida a pegar no sono repetidamente, mas alegaram que os policiais realizaram a experiência três vezes.

Na sala de estar Whicher viu que a janela só podia ser destrancada por dentro. Ele relatou a sir Richard Mayne:

> Essa janela, com cerca de três metros de altura, chega a poucos centímetros do chão, dá para o gramado nos fundos da casa e é aberta quando se levanta a folha inferior, que estava com um vão de quinze centímetros embaixo. As folhas eram protegidas por uma barra na parte interna, e consequentemente ninguém vindo de fora poderia entrar.

---

* A análise de Whicher do homicídio se desdobrou em três relatórios consecutivos a sir Richard Mayne, comissário da Polícia Metropolitana: o primeiro se perdeu; Whicher redigiu o segundo em 22 de julho; e começou a trabalhar no terceiro uma semana depois. Os relatórios sobreviventes se encontram no arquivo da Polícia Metropolitana sobre o assassinato de Road Hill, no Arquivo Nacional — MEPO 3/61.

Mesmo que alguém tenha entrado na casa por aquela porta-janela, ele ressaltou, não poderia ter ido longe, uma vez que a porta da sala de estar estava trancada pelo outro lado. "Portanto, é praticamente certo", escreveu, "que nenhuma pessoa entrou por aquela janela." Ele também tinha certeza de que ninguém havia fugido por ali, uma vez que Sarah Cox lhe contou que as folhas estavam semifechadas por dentro. Isso, disse, confirmou sua convicção de que um residente daquela casa havia assassinado o garoto.

A única indicação de que um intruso poderia ter estado na cena do crime foi o pedaço de jornal ensanguentado descoberto na latrina. Whicher descobriu, porém, que a folha não fora rasgada do *Morning Star*, como sugerido no inquérito, e sim do *Times*, o jornal que Samuel Kent lia todos os dias.

Whicher explicou em seus relatórios que não acreditava que o assassino tivesse levado Saville pela janela da sala de estar, e sim que seguiu outro caminho completamente diferente: desceu pela escada dos fundos, percorreu o corredor da cozinha, saindo para o quintal pela porta da cozinha, e pelo portão do quintal chegou à latrina oculta pelos arbustos. O assassino, no caso, havia sido obrigado a destrancar, tirar a corrente e abrir a porta da cozinha, além de puxar o trinco da porta do quintal, e depois trancar as duas portas ao voltar para casa, mas isso era perfeitamente viável, e valia o esforço. A porta da cozinha se situava a apenas vinte passos da latrina, Whicher ressaltou, enquanto a distância da janela da sala de estar até a latrina era de 79 passos. Andar da sala de estar até o banheiro exigia ainda passar pela frente da casa, debaixo das janelas dos quartos onde o resto da família e os empregados dormiam. Qualquer morador da casa saberia que o corredor da cozinha seria uma saída bem mais direta e discreta — nas palavras de Whicher, "o caminho mais curto e secreto". Exigia passar pela casa do cão-de-guarda, mas o cachorro talvez não latisse ao se deparar com um rosto conhecido. "O cachorro", Whicher escreveu, "é completamente inofensivo." Mesmo quando o detetive, um total desconhecido, se aproximou do animal, em pleno dia, ele não latiu nem tentou morder.*

"Sendo assim, senti-me amplamente convencido", concluiu Whicher, "de que as folhas da janela haviam sido abertas por um dos moradores, para levar à suposição de que a criança fora raptada."

Whicher tinha familiaridade com esse tipo de estratagema, a pista falsa deixada para confundir a polícia. Em 1850 ele descreveu a um jornalista os métodos da "Escola de dança" dos ladrões ventanistas de Londres. Eles vigiavam o local por vários dias, para descobrir a que horas os moradores jantavam; este era o momento ideal para o furto, pois o jantar envolvia tanto os empregados quanto os patrões. Na hora combinada um integrante da quadrilha subia sem provocar ruídos, ou seja, "dançava" até o sótão e recolhia pequenos objetos dos andares superiores, em geral joias. Antes de fugir pelos telhados com seu butim, o ladrão "armava" para a empregada, escondendo uma joia debaixo de seu travesseiro. A joia plantada, como a janela aberta na mansão de Road Hill, era uma manobra diversionista destinada a apontar o caminho errado aos detetives.[8]

Talvez o assassino não planejasse apenas confundir a polícia a respeito do modo como Saville fora removido, Whicher deduziu, mas também ocultar para onde fora levado — a janela aberta dava para o jardim e para os campos atrás da casa. O assassino pode ter torcido para a polícia não encontrar o corpo na latrina, situada

---

* Trinta e dois anos depois, no conto "A estrela de prata" (1892), uma aventura de Sherlock Holmes, Arthur Conan Doyle se referiu ao "curioso incidente do cachorro durante a noite". O curioso incidente foi o fato de o cão não ter latido ao se deparar com um intruso, e a solução do enigma foi que o intruso era conhecido do cão. Mas, no crime de Road Hill, sendo fato e não ficção, havia pistas mais ambíguas e confusas: o cão latiu na noite do assassinato, mas não muito.

na direção oposta. Whicher especulou que a "intenção original do assassino era atirar a criança na privada [...] pensando que afundaria na fossa, fora da vista de todos". A privada tinha "uma fossa grande, com cerca de três metros de profundidade e dois de lado", relatou, "e naquele momento continha um tanto de água e lama mole". Whicher acreditava que o criminoso queria afogar ou sufocar a criança no excremento, e depois fazer que desaparecesse na fossa. Se o plano tivesse funcionado, não haveria marcas de sangue para identificar a cena do crime ou o criminoso. Mas a plataforma inclinada da privada, instalada recentemente por ordem de Samuel Kent, deixava uma abertura de centímetros entre o assento do lavatório e a parede, de modo que bloqueou a descida do corpo para a fossa. O assassino, segundo Whicher, "tendo sido frustrado, recorreu à faca", apanhando a arma no cesto do lado interno do corredor da cozinha para cortar a garganta e apunhalar o peito, para ter certeza de sua morte. Pelo menos três das facas do cesto teriam servido, declarou ao *Somerset and Wilts Journal*.

Naquela tarde, Whicher examinou o quarto de Constance. Em sua cômoda ele encontrou uma lista de roupas que havia trazido da escola, que incluía três camisolas. Ele já fora informado a respeito do sumiço de uma delas. Pediu que chamassem Constance.

"Este é seu rol de roupas?"

"Sim."

"E de quem é esta letra?"

"É a minha letra."

Ele apontou para a lista: "Aqui constam três camisolas; onde estão elas?".

"Tenho duas; a outra foi perdida na semana depois do assassinato, na lavagem."

Ela mostrou as duas camisolas que continuavam em seu

poder — roupas simples de tecido rústico. Whicher notou outra camisola e um gorro de dormir sobre a cama. Perguntou a Constance de quem era.

"São de minha irmã", ela respondeu. Uma vez que a sra. Holley continuava se recusando a pegar a roupa da família, as duas camisolas de Constante sujaram, e ela pedira uma limpa para Mary Ann ou Elizabeth, no sábado. Whicher disse a Constance que precisava confiscar o rol da lavanderia e as camisolas restantes. A camisola desaparecida foi sua primeira pista.

A palavra pista é "*clue*", em inglês, vem de "*clew*", que significa um rolo de fio e ou linha. Seu sentido de "apontar o caminho" deriva do mito grego do Minotauro, no qual Teseu usa um novelo de fio dado por Ariadne para achar a saída do labirinto. Os escritores do século xix ainda tinham essa imagem em mente quando empregaram a palavra. "Há sempre prazer em desvendar um mistério, em descobrir o fio tênue que nos levará à certeza", observou Elizabeth Gaskell em 1848. "Pensei ter visto o final do novelo", disse o narrador de The female detective, 1864, de Andrew Forrester. William Wills, assistente de Dickens, prestou homenagem ao brilhantismo de Whicher em 1850, observando que o detetive resolvia o caso mesmo quando "todas as pistas pareciam soltas".[9] "Pensei ter posto as mãos numa pista", declarou o narrador de A mulher de branco, um folhetim publicado em junho de 1860. "Mas como eu ainda sabia pouco, na época, dos meandros do labirinto que tanto me confundiria!" Uma trama era feita de nós, e o caso era "destrinchado", ou seja, desenredado.

Na época, como hoje, muitas pistas eram literalmente de tecido — os criminosos poderiam ser identificados pela roupa usada. Um caso que apresentou provas do gênero era muito familiar a Jack Whicher. Em 1837, um famoso assassino foi localizado em Wyndham Road, a rua em que Whicher residia em Camberwell. Jack Greenacre, marceneiro e dono de oito casas na rua, matou e esquartejou a noiva, Hannah Brown, em sua residência, em dezembro de 1836. Ele embrulhou sua cabeça com um saco e a levou de ônibus até Stepney, no leste de Londres, para jogá-la num canal. Livrou-se do torso em Edgware Road, no noroeste da cidade, e as pernas numa vala em Camberwell. O destaque da investigação policial foi o policial Pegler, da divisão S (Hampstead), que encontrou o torso de Hannah Brown. Ele chegou a Greenacre graças a um pedaço de pano — o caso em que as partes do corpo foram guardadas — e garantiu a confissão com outro: um fragmento de algodão grosso tipo nanquim, encontrado em Edgware Road, que combinava com um remendo na camisola do bebê da moça. A solução do crime foi relatada com fascínio pela imprensa. Greenacre foi enforcado em maio de 1837.[10] Whicher entrou para a força quatro meses depois.

Em 1849 os detetives londrinos Whicher, Thornton e Field, entre outros, descobriram a assassina de Bermondsey, Maria Manning, graças a um vestido manchado de sangue que ela guardara num depósito de bagagens da estação ferroviária.[11] Manning e o marido haviam assassinado o ex-amante dela e enterrado o corpo sob o piso da cozinha. Os detetives localizaram o casal com a ajuda de mensagens telegráficas, trens expressos e navios a vapor.[12] Whicher investigou hotéis e estações de trem de Paris, depois os navios que partiam de Southampton e Plymouth. Usou sua experiência em localizar cédulas para ajudar a reunir provas contra os homicidas.[13] No final, Manning foi detida em Edimburgo e o marido, em Jersey. Um acusou o outro pelo crime, e ambos foram condenados à morte. As execuções atraíram dezenas de milhares de espectadores, enquanto as baladas em folhetos impressos venderam 2,5 milhões de exemplares.[14] Uma série de xilogravuras vendidas naquele ano mostram os investigadores como intrépidos heróis em ação,[15] e o comissário elogiou seus homens pela "capacidade e diligência extraordinárias" nesse caso. Ele concedeu a Whicher e Thornton um bônus de dez libras para cada um; Field, inspetor, recebeu quinze libras.[16]

No ano seguinte Whicher contou a William Wills uma história mais prosaica sobre como as roupas podem ajudar na captura de um criminoso. Um sargento-detetive — provavelmente o próprio Whicher — foi chamado a um elegante hotel londrino para achar um homem que na noite anterior havia saqueado a mala de um hóspede. Sobre o carpete do quarto onde o baú fora vasculhado o detetive notou um botão. Ele observou os hóspedes e funcionários do hotel durante o dia inteiro, atento para as roupas — ao risco, disse Whicher, "de ser considerado um crítico de moda excêntrico". Acabou por notar um homem sem um dos botões da camisa, com a linha pendurada; os botões restantes combinavam com a "pequena pista reveladora" encontrada pelo detetive.[17]

No caso de Road Hill não faltavam tecidos. A cena do crime era uma região têxtil, terra de carneiros e lanifícios. A roupa suja da família se encontrava no centro da investigação, e a lavadeira era testemunha-chave. A investigação levantou três pistas relacionadas a panos: uma peça de flanela, um cobertor e a camisola desaparecida. Whicher se concentrou na última peça, assim como o narrador de Wilkie Collins no "Diário de Anne Rodway", um conto de 1856, resolvido graças a uma gravata rasgada: "Uma espécie de febre tomou conta de mim — uma ânsia veemente de partir dessa descoberta inicial e saber mais, por maior que fosse o risco. A gravata se tornou... a pista que resolvi seguir".

O fio que levou Teseu à saída do labirinto tinha relação com outro princípio de investigação de Whicher: o progresso de um detetive ocorria em ordem inversa. Para encontrar o caminho para longe do perigo e da confusão, Teseu teve de refazer seus passos, retornar à origem. A solução para um crime era o início e também o final da história.

A partir das entrevistas com os Kent e pessoas que os conheciam, Whicher refez a história da família. Embora houvesse lacunas, contradições, indícios de outros segredos, ele montou uma narrativa que, em sua opinião, fornecia uma explicação para o assassinato. Boa parte dela foi incluída no livro a respeito do caso que Joseph Stapleton publicou em 1861; o relato do cirurgião foi excessivamente parcial em relação a Samuel Kent, mas meticuloso — e maldoso — o suficiente para insinuar que havia muitas lacunas na história da família.

No leste de Londres, em 1829, Samuel Kent, 28 anos, filho de um tapeceiro de Clapton, um subúrbio a nordeste, se casou com Mary Ann Widus, 21 anos, filha de um próspero fabricante de carruagens de Stamford Hill, um distrito vizinho. Numa miniatura pintada um ano antes do casamento, Mary Ann aparece com cabelos castanhos cacheados, olhos escuros, lábios brilhantes e contraídos no rosto pálido, e uma expressão circunspecta, séria. Seu pai era membro da Real Sociedade dos Antiquários, perito no vaso Portland; a casa da família vivia lotada de quadros e raridades.

Os recém-casados mudaram para uma casa perto da Finsbury Square, no centro de Londres. O primeiro filho, Thomas, morreu de convulsões em 1831, e eles tiveram uma menina — Mary Ann — antes do final do ano, e outra — Elizabeth — no ano seguinte. Samuel era sócio de uma firma de conservas, que comercializava picles e carnes salgadas, mas em 1833 ele se afastou, por causa de uma doença não revelada. "A saúde do sr. Kent se tornou tão precária", Stapleton disse, "que ele foi obrigado a abrir mão de sua parte no negócio." Ele levou a família para Sidmouth, na costa de

Devonshire. Ali obteve a função de subinspetor de fábricas para o oeste da Inglaterra, onde se concentravam os lanifícios.

A sra. Kent mostrou os primeiros sinais de insanidade em 1836, segundo Samuel, um ano depois do nascimento de mais um filho, Edward. Ela sofria de "fraqueza e confusão mental", além de "delírios diversos, porém inofensivos". Samuel deu depois três exemplos das perturbações mentais da esposa: ela se perdeu uma vez quando passeava com as crianças perto de casa; num domingo, quando ele estava na igreja, ela arrancou as ilustrações de um livro e as queimou; encontraram uma faca debaixo de sua cama. Samuel consultou médicos a respeito da condição mental da sra. Kent, e o dr. Blackall, de Exeter, confirmou que ela era fraca do juízo. Sua saúde física também deixava a desejar.

Mesmo assim Samuel continuou a engravidá-la, e o casal perdeu quatro filhos seguidos: Henry Saville em 1838, com quinze meses; Ellen em 1839, aos três meses; John Saville em 1841, aos cinco meses; e Julia em 1842, também aos cinco meses. ("Saville" — escrito às vezes com um "l", às vezes sem o "e", era o nome de solteira da mãe de Samuel, que descendia de uma família abastada de Essex). A causa das diversas mortes foi "atrofia", ou abatimento. Todos foram enterrados no cemitério de Sidmouth.

Constance Emily nasceu em 6 de fevereiro de 1844. Samuel deixou a filha aos cuidados de Mary Drewe Pratt, 23 anos, filha de um fazendeiro. Ela havia se mudado para a casa de Kent no ano anterior, como governanta das meninas mais velhas. Era uma jovem baixa, atraente, segura, que já havia trabalhado como governanta não residente nas casas de um advogado e de um clérigo; trazia a recomendação de um médico de Sidmouth. A srta. Pratt tinha controle completo de Constance, e se dedicava a sua tarefa. Fez que o bebê frágil se fortalecesse até se tornar uma menina forte, esguia. Constance foi a primeira filha dos Kent a sobreviver em uma década.

No ano seguinte, em 10 de julho de 1845, Mary Ann Kent deu à luz seu último filho, William Saville. Durante seu resguardo com Constance e William, Samuel declarou, sua loucura se intensificou. Os cuidados da casa ficaram totalmente por conta da sra. Pratt.

Em 1848 o chefe de Samuel, um dos quatro inspetores que comandavam a fiscalização, sugeriu que ele se mudasse para escapar aos comentários sobre a família: um inspetor do governo com esposa maluca e governanta estimada (o triângulo repetia o de *Jane Eyre*, de Charlotte Brontë, publicado no ano anterior). Os Kent deixaram o chalé de telhado de palha e treliças no rochedo e fixaram residência em Walton Manor, em Walton-in-Gordano, um vilarejo de Somersetshire. Em 1852 eles mudaram novamente, para evitar a vigilância dos vizinhos, dessa vez para Baynton House, em East Coulston, Wiltshire. Em Baynton House, no dia 5 de maio, enquanto a srta. Pratt visitava os pais em Devonshire, Mary Ann Kent faleceu, aos 44 anos, de "obstrução do intestino".[*] Ela foi enterrada no cemitério da igreja vizinha.

Em agosto de 1853 Samuel Kent se casou com a governanta. Eles viajaram até Lewisham, um pouco ao sul de Londres, para a cerimônia. As três filhas de Samuel — Mary Ann, Elizabeth e Constance — serviram de damas de honra. Edward Kent, a essa altura um rapaz decidido de dezoito anos, entrara para a marinha mercante e viajava quando seu pai e a srta. Pratt se casaram. Ficou horrorizado ao saber do casamento quando voltou, e discutiu asperamente com o pai. Alguns meses depois — em 1854, ano em que Constance completou dez anos, e William, nove —, o navio cargueiro em que Edward navegava naufragou a caminho de Balaklava, e a tripulação se afogou, segundo as notícias. Quando os Kent saíam para ir a Bath comprar trajes de luto, o carteiro chegou

---

[*] Há diversas causas possíveis para essa condição, inclusive tumores, hérnias, uso de narcóticos (como o ópio), desequilíbrio metabólico e doenças dos rins.

com uma carta de Edward: ele havia sobrevivido ao naufrágio. "O pai cambaleou de volta para dentro de casa, quase desmaiando", escreveu Stapleton. "Devemos fechar a porta para não ver a cena seguinte; para não ver a reversão do sentimento com o choque que praticamente lhe paralisou o coração, de tanto regozijo."

Naquele mês de junho, em outro violento turbilhão de emoções, a nova esposa teve seu primeiro filho, um prematuro que não sobreviveu ao parto.

Consta que a segunda sra. Kent era uma mulher impaciente que comandava a casa com rigor. Constance se tornou um problema, era às vezes insolente. Como castigo, a ex-governanta lhe dava tapas na orelha ou, mais frequentemente, a expulsava da sala.

Em 1855 o chefe de Samuel lhe ordenou que arranjasse outra moradia, uma vez que a morte da esposa eliminara a necessidade de se esconder do mundo. Baynton House era isolada demais, disse o inspetor-chefe; Kent precisava residir perto das fábricas que supervisionava e das ferrovias usadas em seus deslocamentos pela região, uma área que se estendia por centenas de quilômetros, de Reading a Land's End. Para o bem de sua família — especialmente de Mary Ann e Elizabeth, ambas com mais de vinte anos e ainda solteiríssimas —, ele precisava morar perto de pessoas da mesma classe.

A mudança para a mansão de Road Hill, uma residência um pouco mais modesta, também ajudaria a superar dificuldades financeiras — Stapleton comentou que Baynton ultrapassava os recursos de um empregado do governo com família de quatro pessoas, sendo um palacete adequado "aos desejos e às pretensões de um nobre rural de fortuna considerável e independente".*

---

* A imprensa relatou que Samuel Kent ganhava oitocentas libras por ano, valor que ele não contestou; mas os arquivos do ministério do Interior mostram que seu salário era de apenas 350 libras em 1860. Talvez ele tivesse uma pequena renda pessoal. Em *The book of household management*, 1861, a sra. Beeton calculou que

Em junho de 1855 a segunda sra. Kent deu à luz Mary Amelia Saville. Em agosto do ano seguinte, teve o primeiro filho, Francis Saville, conhecido como Saville. A segunda filha, Eveline, nasceu em outubro de 1858. O sr. e a sra. Kent ficaram deslumbrados com os filhos. Naquele ano, Edward, com 22 anos, viajou para o Caribe com um navio mercante, e em julho morreu subitamente em Havana, de febre amarela.

Segundo um boato relatado por Stapleton, Edward era o pai de Saville, seu suposto meio-irmão. Nesse caso, a contrariedade de Edward com o segundo casamento do pai teria como motivo a rivalidade sexual, e não a desaprovação. Mas Stapleton insistiu que a nova sra. Kent e seu enteado não eram amantes — a prova disso, estranhamente, seria a perda do primeiro filho. Esse evento indicava que ela engravidara de Samuel pelo menos uma vez (Edward estava no mar quando o bebê foi concebido), embora isso nada garanta a respeito da paternidade dos dois filhos seguintes, Saville e Eveline.[18]

O histórico familiar montado por Whicher na mansão de Road Hill sugeria que a morte de Saville resultava de um emaranhado de logros e ocultamentos. As histórias de detetives inspiradas no caso, a começar por *A pedra da Lua*, em 1868, aproveitaram a lição. Todos os suspeitos numa história clássica de assassinato enigmático têm segredos e mentem, fogem ou dissimulam, durante a investigação, para protegê-lo. Todos parecem culpados, pois todos têm algo a esconder. Na maioria dos casos, porém, o segredo não é o assassinato. As histórias de detetives vivem deste truque.

---

uma renda anual de quinhentas libras era necessária para manter uma residência com três empregados (o salário médio de uma cozinheira, segundo o livro, era de vinte libras, o de uma arrumadeira, doze, e o de uma babá, dez).

O perigo, num caso real de homicídio, é que o detetive deixe de resolver o crime para o qual foi designado. Ele se arrisca a se perder no emaranhado do passado, atolado na lama que desenterrou.

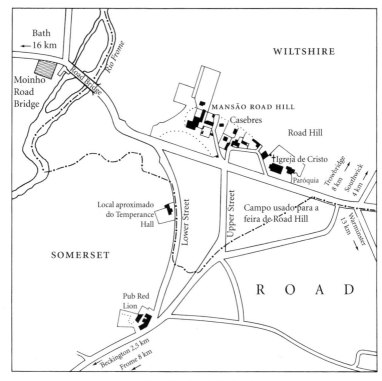

Mapa do vilarejo de Road

6. Algo em seu rosto sombrio
17 de julho

Na terça-feira, 17 de julho, Jack Whicher passou a fazer diligências fora de Road. A partir da pista fornecida pela camisola desaparecida, ele resolveu visitar a escola frequentada por Constance, em Beckington. Partiu em direção ao povoado, distante cerca de 2,5 quilômetros, por uma estrada estreita ladeada por espinheiros, gramíneas e urtigas, entremeados com tasneiras de flores esbranquiçadas. Levava consigo a flanela peitoral encontrada na latrina. O tempo estava bom, o preparo do feno se aproximava do final.

Como filho de lavrador, Whicher transitava à vontade pelos campos e flores. O sargento Cuff, detetive de *A pedra da Lua*, tinha origem similar. "Não tenho tempo para criar afeição por nada", disse Cuff. "Mas, quando *tenho* um momento afetivo disponível, na maioria das vezes... vai para as rosas. Comecei minha vida entre elas, na estufa de meu pai, e gostaria de encerrá-la entre elas. Claro. Um dia desses (se Deus quiser), devo me aposentar da perseguição aos ladrões e tentar a sorte no cultivo de rosas."

"Um gosto meio estranho", um dos companheiros insinuou, "para um homem com seu estilo de vida."

"Se olhar em volta (o que a maioria das pessoas não faz)", retrucou Cuff, "verá que a natureza dos gostos de um homem é, na maioria das vezes, oposta à natureza de suas atividades profissionais. Se me mostrar coisas mais antagônicas que uma rosa e um ladrão, corrigirei meu gosto na mesma hora." Cuff passou a mão nos botões brancos de uma rosa-mosqueta, falando com ela ternamente, como se fosse uma criança: "Minha querida!". Ele não gostava de apanhar flores, e dizia: "Fico com o coração partido de quebrar a flor no talo".

Quando chegou ao vilarejo, Whicher se dirigiu a Manor House, escola frequentada por Constance nos últimos nove meses, sendo seis como interna. A diretora, Mary Williams, e sua assistente, srta. Scott, tinham sob sua responsabilidade 35 moças naquele semestre. Quatro funcionárias e mais duas professoras completavam a equipe. Estabelecimentos do gênero eram, na prática, escolas de boas maneiras, que ensinavam ou aperfeiçoavam dotes femininos, como canto, piano, tricô, dança, postura, um pouco de francês e de italiano. Uma moça de boa família deveria frequentar uma na adolescência, em geral por um ou dois anos, depois de ter sido educada por uma governanta. As professoras Williams e Scott declararam que Constance era boa aluna. No semestre anterior ela ficara em segundo lugar no concurso de boa conduta na escola. Whicher mostrou às professoras a flanela com os fios cortados que Foley encontrara na latrina, perguntando se a reconheciam. Elas responderam que não. Ele pediu nomes e endereços das melhores amigas de Constance, a quem interrogaria durante a semana.

Enquanto estava em Beckington, Whicher também procurou Joshua Parsons, o médico dos Kent, na casa do século XVII com duas empenas em que residia com a mulher, sete filhos e três serviçais. Como membro da nova classe média profissional, Parsons estava, em linhas gerais, na mesma posição social de Samuel Kent. Um de seus filhos, Samuel, era poucos meses mais velho que Saville.

Joshua Parsons nascera de pais batistas em Laverton, alguns quilômetros a noroeste de Beckington, em 30 de dezembro de 1814. O médico, de cabelos negros, tinha lábios carnudos, nariz redondo e olhos castanhos imensos. Em Londres, onde estudara para ser clínico geral, fora amigo de Mark Lemon, posteriormente editor da *Punch* e amigo de Dickens, e de John Snow, o epidemiologista e anestesista que descobrira a origem do cólera. Parsons e Whicher residiram por um curto período na mesma área da cidade: Whicher entrou para a polícia e se mudou para Holborn um mês antes de Parsons deixar sua morada perto do Soho Square para regressar a Somersetshire. Em 1845 Parsons fixou residência em Beckington, com a esposa Letitia, de 36. Ele era jardineiro dedicado, apaixonado por plantas rochosas e perenes resistentes.[1]

Parsons explicou a Whicher suas conclusões a partir da necropsia. Convencera-se de que Saville fora parcial ou totalmente sufocado antes do ataque por faca. Isso explicaria a mancha escura em torno dos lábios e a ausência de sangue nas paredes da latrina: o coração do menino parara antes de ele ser ferido na garganta, de modo que o sangue, em vez de esguichar em jatos e gotas, tenha escorrido lentamente para a fossa existente sob a privada. A verdadeira arma do crime, na opinião de Parsons, fora um pedaço de pano, não uma faca. Joseph Stapleton, com quem Parsons fizera a autópsia, discordava da teoria do sufocamento: Stapleton tinha certeza de que o corte na garganta havia sido a causa da morte, e que o escurecimento dos lábios de Saville resultava de sua posição na latrina, com a cabeça para baixo. Ele sugeriu que a maior parte do sangue do menino molhara o cobertor.

A diferença de opinião dos dois médicos tinha significados importantes. Se Saville fora sufocado, e os ferimentos à faca só serviram como disfarce para a causa da morte, talvez tivesse sido morto por impulso, para garantir seu silêncio. Havia chance de os assassinos serem a babá e o pai, flagrados juntos na cama. Mais difícil seria imaginar esse cenário se Saville sofresse um violento atentado a facadas.

Parsons não aprovava aquela versão. Tinha certeza de que Constance era a assassina. Quando examinou a camisola sobre sua cama, no sábado, dia do crime, ele disse que não estava apenas limpa, mas "extraordinariamente limpa". Ele pensou que se tratava de uma camisola limpa, e não uma em uso havia seis dias. Comentou isso com Foley, mas o inspetor-chefe ignorara o alerta. Parsons disse a Whicher que Constance tinha um histórico de instabilidade e rancor. Estava convencido de que ela fora "acometida de loucura homicida" e imaginava que a causa estava em seu sangue.

Os médicos do século XIX especializados em doenças mentais, conhecidos como alienistas ou médicos de loucos, acreditavam que a maior parte das loucuras tinha causas hereditárias: a mãe seria a fonte mais forte, e a filha, o receptor mais provável. A primeira sra. Kent sofreu ataques de insanidade durante a gravidez de Constance, e uma filha nascida nessas circunstâncias teria mais chances de enlouquecer também, acreditava-se: em 1881, George Henry Savage escreveu que dois bebês encontrados no asilo de Bethlehem "foram saturados de insanidade enquanto ainda estavam no útero [...] essas crianças pareciam perfeitos demônios desde o nascimento".[2] Outra teoria — psicológica, mais do que fisiológica — era que o simples pensamento nos traços de loucura hereditários poderia por si só provocar seu surgimento (essa ideia marcou a trama de "Mad Monkton", um conto de 1852). O resultado era o mesmo. Parsons disse a Whicher que "não poderia dormir na mesma casa que a srta. Constance sem trancar a porta".

Havia o risco de que as alegações de Parsons a respeito de Constance pudessem se voltar contra ele. No final da década de 1850 se constatou que vários médicos haviam mandado mulheres sadias para o asilo — a facilidade com que um médico atestava a loucura de uma mulher provocou um escândalo nacional. Uma comissão parlamentar investigou o fenômeno em 1858, e *A mulher de branco* usou o tema no teatro, em 1860. O público estava familiarizado, a essa altura, com a figura do médico que declarava falsamente a insanidade de uma mulher.

De volta a Road, Whicher exibiu a flanela em Temperance Hall, convidando os moradores do povoado a identificá-la. Essa flanela, disse o repórter do *Somerset and Wilts Journal*, deve ter sido usada para administrar clorofórmio a Saville, ou para sufocar seus gritos. A única outra explicação para sua presença na latrina, escreveu, seria "ter caído acidentalmente quando o assassino se abaixou para terminar o terrível serviço, o que poderia indicar uma pessoa em estado de relativa nudez". A partir da flanela o repórter criou a imagem de uma mulher quase nua esfaqueando o menino na latrina.[3] Ele se empolgou tanto na busca de significado que esqueceu outra possibilidade: a flanela nada tinha a ver com o assassinato.

Whicher destacou em seu relatório que a latrina era usada por todos os empregados da mansão de Road Hill, bem como por vendedores e fornecedores, homens e mulheres. A flanela não fora encontrada junto ao corpo, mas abaixo dele, na "lama mole" da fossa. O detetive observou que "é bem possível que estivesse na latrina antes do crime, e que a pessoa a quem pertencia tenha ocultado isso, por *medo de se tornar suspeita*, e negou qualquer conhecimento a respeito.* Só uma cabeça fria aceita que um objeto aparentemente banal por vezes era de fato banal, e que não se mente só por culpa, mas também por medo. Whicher identificou uma possibilidade adicional: talvez o assassino tivesse jogado a flanela na latrina para confundir a polícia: "Pode ter sido colocada lá de propósito", ele notou, "para lançar suspeitas sobre uma pessoa inocente".

A flanela peitoral era uma das pontas soltas no caso que os investigadores — polícia, repórteres, leitores de jornal — tentaram desvendar, transformando-a numa pista. Enquanto o homicídio permanecia insolúvel, tudo era potencialmente significativo, ocultando segredos. Os observadores, como paranoicos, viam recados por toda parte. Os objetos só recuperariam sua inocência quando o assassino fosse apanhado.[4]

Whicher, seguro de que o assassino residia na mansão, considerava que todos os suspeitos continuavam na cena do crime. Era o mistério original do assassinato na casa de campo,[5] um caso no qual o investigador não precisava encontrar uma pessoa, mas o lado oculto de alguém. Pura dedução, um confronto de inteligência e controle dos nervos entre o detetive e o assassino. Havia doze pessoas, no caso. Uma era a vítima. Quem foi o traidor?

Penetrar nos sentimentos e pensamentos íntimos dos moradores da mansão dos Kent exigia mais instinto que lógica, exigia aquilo que Charlotte Brontë descreveu como "sensibilidade" — uma qualidade peculiar do detetive sagaz.[6] Um novo vocabulário surgia para captar os novos métodos ardilosos de investigação. Em 1849 a palavra "palpite" foi usada pela primeira vez no senti-

---

* Em seus relatórios a Mayne, Whicher sublinhou as expressões e frases que desejava enfatizar. As palavras sublinhadas aparecem aqui em itálico.

do de um passo ou avanço em direção à solução do caso. Na década de 1850, "indício" ganhou a conotação de orientação ou pista.

Whicher observou os habitantes da mansão de Road Hill, seus tiques, entonações de voz, movimentos inconscientes de seus corpos e rostos. Deduziu suas características a partir do comportamento. Em suas próprias palavras, ele os "avaliou".[7] Um detetive anônimo tentou explicar o processo ao jornalista Andrew Wynter, descrevendo como apanhara um vigarista elegante numa cerimônia em Berkshire, em 1856, quando a rainha lançava a pedra fundamental do Wellington College, perto de Crowthorne. "Se me pedir uma razão para eu supor que o sujeito era um gatuno no momento em que o vi, eu não saberia dizer", explicou o detetive.

> Pois nem eu mesmo sei. Havia alguma coisa nele, como em todos os vigaristas requintados, que logo me atraiu a atenção e me levou a fixar os olhos nele. O sujeito não parecia ter percebido que era vigiado e se misturou à multidão, mas em seguida virou e olhou para o lugar onde eu estivera — aquilo bastou para mim, embora eu nunca tivesse visto o sujeito antes, e ele não houvesse tentado bater nenhuma carteira, pelo que eu sabia. Na mesma hora me aproximei dele e bati em seu ombro, perguntando abruptamente: "O que está fazendo aqui?". Sem a menor hesitação ele respondeu, com voz abafada: "Eu não teria vindo se soubesse que encontraria algum de vocês". Depois lhe perguntei se trabalhava com algum comparsa, e ele disse: "Não, palavra de honra que estou sozinho". Depois disso eu o levei até a sala reservada para a detenção de vigaristas.[8]

A ousadia do detetive, seu instinto para notar que uma pessoa "destoava", sua familiaridade com os vigaristas requintados e o modo direto e impressionante como contou a história sugerem que a fonte de Wynter era Whicher. E havia um bordão revelador em seu relato: Whicher empregara a frase "aquilo bastou para mim"[9] numa conversa relatada por Dickens.

Seria difícil transmitir em palavras os sutis movimentos nos quais um detetive baseava seus palpites: caretas súbitas, gestos fugazes. O detetive de Edinburgh, inspetor James McLevy, relata alguns episódios em suas memórias, publicadas em 1861. Quando observava uma empregada doméstica na janela, "eu consegui notar até o olho, nervoso e agitado, e o movimento furtivo de esconder a cabeça quando viu o homem, e depois de mostrá-la quando viu que ele estava distraído".[10] O jornalista William Russell, em uma das histórias de detetive que publicou como "Waters", na década de 1850, tentou captar as complexidades da observação: "Seus olhos arregalados, pois era assim que estavam, continuaram fixos em mim — contudo, era um olhar introspectivo — a revirar os registros de seu cérebro, bem como as características do meu rosto — considerando, cotejando os dois."[11] Essa formulação apreendia o modo como o detetive tarimbado atuava: ele observava o mundo atentamente e, ao mesmo tempo, se voltava para dentro com igual intensidade, para vasculhar os registros da memória. Os olhos alheios eram livros onde lia, sua própria experiência, o dicionário que lhe permitia tal leitura.

Whicher alegava poder ver os pensamentos das pessoas em seus olhos. "O olho", declarou a William Wills, "é o grande detector. Podemos dizer, no meio da multidão, o que um punguista vai fazer só pela expressão em seus olhos." A experiência de Whicher o "guiava por caminhos invisíveis a outros,"[12] escreveu Wills. Nos rostos, dizia McLevy, "pode-se encontrar sempre alguma coisa legível [...] raramente eu me *perco*, quando meus olhos se fixam neles".

Whicher lia corpos, tanto quanto rostos — um trejeito, um sobressalto, um movimento brusco das mãos ocultas pela capa, um meneio de cabeça para o cúmplice, a fuga para o beco. Certa vez ele deteve dois jovens bem-vestidos que perambulavam pelas imediações dos teatros Adelphi e Lyceum por "suspeitar de seus movimentos" (quando os revistou, descobriu que não tinham dinheiro nem para pagar os ingressos mais baratos, o que confirmou seu palpite de que pretendiam bater carteiras).[13] Seu olho para movimentos suspeitos descobrira os diamantes roubados por Emily Lawrence e Louisa Moutot.

Essa visão aparentemente sobrenatural dos detetives pioneiros foi cristalizada por Dickens no inspetor Bucket, uma "máquina de observação" com "um número ilimitado de olhos" que "escalam uma alta torre em sua mente e conseguem ver longe, adiante e para os lados". A "velocidade e certeza" das interpretações do sr. Bucket era "quase um prodígio". Os vitorianos viviam obcecados pela ideia de que os rostos e corpos podiam ser "lidos", que a vida interior estava impressa nas formas e detalhes da fisionomia e no tremor dos dedos. Talvez esse fascínio derivasse da primazia que desfrutava a privacidade: era aterrorizante e excitante que os pensamentos fossem visíveis, que a vida interior, guardada com tanto zelo, pudesse ser exposta instantaneamente. Os corpos das pessoas podiam traí-las, como as batidas do coração do assassino de "O coração delator", de Poe (1843), que parecia latejar sua culpa. Mais tarde, no final do século, as denúncias involuntárias por meio de gestos e palavras ajudaram a embasar as teorias de Sigmund Freud.[14]

O texto padrão para a arte da leitura das feições humanas[15] era a obra de Johann Kaspar Lavater, *Fragmentos fisiognômicos*, 1755. O olhar do fisiognomonista, em particular, "precisa ser excelente, claro, arguto, rápido e firme", escreveu Lavater. "A observação precisa é a alma do fisiognomonista. O fisiognomonista deve possuir um espírito observador abrangente, delicado, ágil, seguro. Observar é ser seletivo." No caso do trabalho detetivesco, o sujeito de olhar privilegiado sabia discriminar, enxergar o que realmente importava. "Exige-se um conhecimento sobre *o que* observar", disse Auguste Dupin, personagem de Poe. Os detetives e os fisiognomonistas tinham em comum a excelência visual, que espelhava (e talvez até desafiasse) o Olho Divino que via tudo na alma.

"Não há nada mais verdadeiro do que a fisionomia", diz o narrador do conto "Hunted down" (1859), "observada em conjunto com as maneiras." Ele explica como formou seu julgamento a respeito de um homem chamado Slinkton.

> Fiz seu rosto em pedaços em minha mente, como se fosse um relógio, e o examinei em detalhe. Não poderia dizer muita coisa contra qualquer de seus traços em separado; menos ainda quando reunidos. "Então não é monstruoso", perguntei-me, "que um homem, por repartir o cabelo no meio da cabeça, seja motivo de suspeita, e até de condenação, da minha parte?"

Contudo, ele defende sua intensa aversão pelo repartido no meio de Slinkton: "Um observador dos homens que percebe sentir uma firme repulsa por um aspecto aparentemente trivial de um estranho faz bem em dar a isso um peso grande. Pode ser a chave de todo o mistério. Um fio de cabelo pode revelar onde um leão se escondeu. Uma chave diminuta pode abrir uma pesada porta". Rostos e corpos ocultam pistas e chaves; pequenos detalhes ajudam a responder questões extraordinárias.

Em seu relato sobre o assassinato de Road Hill, Stapleton alegou que os segredos da família Kent estavam escritos em seus rostos. "Talvez nada revele mais fielmente a história e os segredos de uma família que o semblante e as expressões das crianças", escreveu.

> A partir de sua fisionomia, de seu comportamento, de suas falhas, de seu temperamento e até mesmo dos gestos e expressões, escreve-se a história de seu lar; assim como na planta crescida encontramos características correspondentes ao solo onde nasceu,

à tempestade que quebrou gavinhas e fustigou brotos novos, aos cuidados de quem a regou e podou [...] na fisionomia das crianças encontramos os melhores sinais do verdadeiro clima familiar.

A retórica de Stapleton se baseia no conjunto de conceitos vitorianos que culminaram em *A origem das espécies*, de Darwin, publicado no ano anterior — Darwin vislumbrava um futuro em que "consideraremos cada produto da natureza como possuidor de uma história; em que contemplaremos cada estrutura complexa como reunião de muitos recursos, cada um deles útil a seu possuidor". As pessoas se tornaram a soma de seu passado.

Todos os visitantes da mansão de Road Hill, nas semanas seguintes ao crime, observavam os residentes em busca de pistas. Os médicos examinaram o cadáver de Saville do modo mais literal possível, para ler a história que teria a contar. Outros estudavam o rosto e o corpo dos residentes vivos. Rowland Rodway disse, a respeito de Elizabeth Gough: "Observei em seu rosto traços de emoção e fadiga". Albert Groser, jovem repórter que se infiltrou na casa no dia do crime, notou o comportamento "agitado, aflito" de Gough. Mas as suspeitas foram despertadas pela inquietude e pelos olhares da babá, enquanto Whicher procurava suas pistas nas ausências e silêncios.

No relatório a sir Richard Mayne, Whicher explicou o que concluíra a respeito da família Kent. O sr. e a sra. Kent eram "corujas" em relação aos filhos pequenos. William se mostrava "muito abatido". Constance e William tinham "afinidade" e "intimidade secreta". Whicher registrou a reação da família à morte de Saville. Quando Elizabeth Gough estava "contando às duas srtas. Kent mais velhas que a criança fora levada durante a noite", escreveu, "a srta. Constance abriu a porta vestida, ouviu o que foi dito, mas não fez nenhum comentário". A serenidade de Constance, no momento e posteriormente, pode ser considerada demonstração de consciência limpa e vida interior serena, mas uma interpretação mais sinistra poderia ser feita. A frieza era um prerrequisito para o crime engenhoso.[16]

O enigma do caso de Road Hill se centrava na peculiar combinação de frieza e ardor, de planejamento e paixão, por parte do criminoso. Quem quer que fosse, o assassino que matara, mutilara e aviltara Saville Kent devia ser uma pessoa extremamente perturbada, tomada por sentimentos fortes, desnaturados; contudo, essa mesma pessoa, por permanecer desconhecida, mostrara uma assombrosa capacidade de autocontrole. Whicher considerou o silêncio frio de Constance um indício de que ela havia matado o irmão.

O confronto de Whicher com Constance a respeito da camisola talvez tenha sido planejado para testar seus nervos. Nesse caso, a atitude imperturbável e distante dela serviu para confirmar suas suspeitas. O que valia para os modos contidos valia para a camisola desaparecida: as pistas estão nas lacunas; os sinais, nas coisas escondidas. O que Whicher pensou ver em Constance era tão insignificante quanto o que o sr. Bucket percebia em madame Hortense, a assassina: "braços cruzados com compostura... [mas] algo em seu rosto sombrio pulsava como um relógio". E a convicção de Whicher sobre a culpa do suspeito era firme como a de Bucket: "Meu Deus do céu, logo me veio à mente [...] foi ela quem fez aquilo!". Ou, nas palavras do sargento Cuff, o detetive ficcional de Wilkie Collins inspirado em Whicher: "Não suspeito. Eu sei".

Mesmo antes da chegada de Whicher, o caso de Road Hill gerara muitos detetives amadores entre os leitores dos jornais ingleses. Eles mandavam dicas para a polícia. "Tive um sonho que me provocou muita inquietude", escreveu um homem de Stoke--on-Trent. "Sonhei ter visto três homens fazendo planos numa casa perto de Finished Building, a cerca de oitocentos metros da cena do crime [...] posso descrever minuciosamente os homens que apareceram em meu sonho." Uma jornaleira de Reading, em Berkshire, suspeitou de um homem que visitou sua loja no dia 4 de julho por ele ter perguntado "de modo trêmulo" se havia algo sobre o assassinato no *Daily Telegraph* da véspera.[17]

No dia em que Whicher chegou a Road, outro estranho visitou o vilarejo, apresentando-se como professor de frenologia. Ele se ofereceu para examinar a cabeça dos suspeitos do homicídio: ao sentir os contornos de seus cérebros, alegava, ele poderia determinar quem era culpado. Um calombo atrás da orelha indicava destrutividade; a parte do cérebro bem acima desta abrigava a dissimulação.[18] Provavelmente se tratava do mesmo frenologista que uma semana antes escrevera de Warminster, a oito quilômetros, oferecendo seus serviços à polícia. Ele praticava uma "ciência comprovada, desinteressada", garantiu: "Considero tão fácil quanto distinguir um tigre de uma ovelha[19] identificar a cabeça do assassino". A polícia recusou a oferta — em 1860 a frenologia já havia sido amplamente desacreditada como charlatanice. Mas, em certos aspectos, era prima próxima do esforço detetivesco. Grande parte da excitação pela investigação policial residia em sua novidade, seu mistério, sua aura de ciência, as mesmas características atribuídas inicialmente à frenologia. Poe escreveu sobre suas próprias histórias de detetives: "Esses contos de raciocínio devem boa parte de sua popularidade a um toque de novidade. Não quero dizer que não sejam engenhosos — mas as pessoas pensam que são mais engenhosos do que na verdade o são — por causa de seu método e impressão de método".

Era possível que as especulações de Whicher não tivessem mais base do que as feitas por qualquer outro observador do crime. Detetives, como frenologistas, podiam ser mestres da mistificação, homens que ocultavam o bom-senso na complexidade, que usavam a ciência para validar palpites.

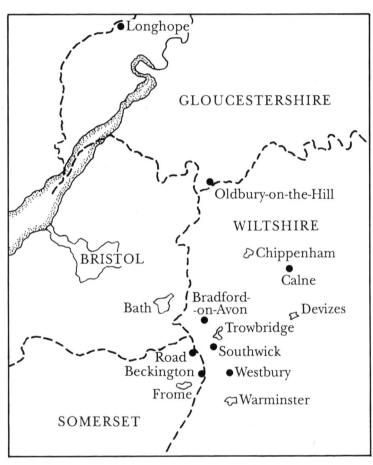

Mapa dos arredores de Road

7. Mudança de aparência
18 de julho

O calor prosseguiu na quarta-feira, embora à tarde algumas nuvens tivessem passado por West Country, obscurecendo o eclipse parcial do sol.[1] A polícia local manteve rigorosa vigilância na mansão de Road Hill e distribuiu mil panfletos anunciando uma recompensa de duzentas libras por informações que levassem à condenação do assassino de Saville.

Whicher ampliou as investigações. Pegou o trem de Trowbridge a Bristol e alugou um cabriolé por duas horas, para ir a Bath. Lá entrevistou policiais e o dono do hotel Greyhound a respeito de um episódio esquisito que ocorrera lá quatro anos antes, em julho de 1856.[2]

Os Kent na época residiam na mansão de Road Hill havia cerca de um ano. A segunda sra. Kent estava grávida de oito meses de Saville. Constance e William, com doze e onze anos, estavam em casa, de férias do internato, e Constance dizia sofrer de fraqueza no tornozelo. Um médico recomendou o uso de meias elásticas e a aconselhou a evitar exercícios. Quando a família visitou Bath por causa do festival das flores, no verão, ela circulava em cadeira de rodas.

Um dia, Constance e William fugiram. Na latrina oculta pelos arbustos, em 17 de julho, Constance vestiu roupas velhas de William, que havia ajustado e escondido para usar na fuga. Depois ela cortou o cabelo e o jogou, juntamente com o vestido e as anáguas, na fossa da privada. Ela e William planejavam ir para o mar como camareiros de navio, portanto seguiram para Bristol. Como Edward, o irmão mais velho, eles sonhavam fugir do país. Os dois caminharam dezesseis quilômetros até Bath naquela tarde. Quando tentaram se hospedar por uma noite num quarto do hotel Greyhound, o encarregado suspeitou que fossem fugitivos, por conta de seus modos e roupas finas, e os questionou com firmeza. Constance se mostrou "muito controlada, insolente até, em sua atitude e linguagem", Stapleton relatou, "mas William logo se descontrolou e começou a chorar". William foi posto na cama, no hotel, segundo Stapleton, e Constance foi entregue à polícia. Ela passou a noite no distrito, onde manteve "um silêncio decidido".

As reportagens sobre esse incidente nos jornais locais diferem do relato de Stapleton, que pode ter enfatizado a sensibilidade de William para ressaltar a atitude dominadora de Constance; a fonte para seu relato foi Samuel Kent, com certeza quase absoluta. Em um dos jornais, que caracterizou o episódio como "um momento de extraordinária afeição e ousadia aventureira", William não irrompeu em lágrimas, nem Constance foi rude. Ambos se mostraram "extremamente educados" quando interrogados pelo hoteleiro, repetindo apenas que pretendiam embarcar num navio. William foi levado à delegacia. Eles mantiveram o segredo até o amanhecer, quando um empregado da mansão de Road Hill chegou a Bath e identificou as crianças, reclamando que esfalfara três cavalos na busca pelos fugitivos.

William confessou à polícia ter fugido de casa, afirmando ter instigado a escapada:

Ele desejava ir para o mar, declarou, e sua acompanhante, a irmã menor, vestira roupas dele e cortara o cabelo para acompanhá-lo a Bristol, onde pretendiam ser aceitos como camareiros por algum capitão benevolente. Todo o dinheiro que possuíam era dezoito *pence*, mas nem a falta de recursos nem a distância foram capazes de deter a disposição do menino nem a afeição da menina.[3]

Outro relato também apresentou Constance no papel de coadjuvante, e William como protetor: "o menino queria ir para o mar e confiou o segredo à irmã [...] cuja profunda afeição a levou à decisão de acompanhá-lo na aventura".[4] Ela "permitiu que ele lhe cortasse o cabelo, que depois foi repartido de lado".

Stapleton e os repórteres de Bath concordaram sobre a incomum firmeza de Constance, embora a avaliassem de modos diferentes. De acordo com um dos jornais,

> A menina, pelo que soubemos, se comportou como uma jovem heroína, fazendo papel de garoto, causando admiração a todos os que a viram. Soubemos pelo inspetor Norris [...] que a srta. Kent mostrou muita astúcia e determinação. As roupas masculinas eram pequenas para ela, e ela portava uma pequena bengala, que usava como se estivesse acostumada a isso. Levou um bom tempo até ele desconfiar que ela era do sexo feminino, algo que só ocorreu por seu modo peculiar de sentar.[5]

O empregado levou as crianças para casa. Samuel estava fora, em viagem de serviço, inspecionando fábricas de Devonshire, mas voltou a Road naquela tarde. William logo "demonstrou profundo pesar e arrependimento, chorando desconsoladamente", segundo Stapleton. Mas Constance se recusou a pedir desculpas ao pai ou à madrasta. Ela só disse que "gostaria de ser independente".

Como observou o *Bath Express*, "foi uma circunstância muito estranha numa família honrada do mais fino trato".

Quando concluiu suas investigações em Bath, na quarta-feira, Whicher foi de trem para Warminster, a oito quilômetros de Road, para conversar com as colegas de classe de Constance.

Emma Moody, quinze anos, residia em Gore Lane com o irmão, a irmã e a mãe viúva. Todos trabalhavam com lã.[6] Whicher mostrou a Emma a flanela peitoral, mas ela disse que nunca a tinha visto. Ele perguntou se Constance alguma vez falara algo a respeito de Saville.

"Eu a ouvi dizer que não gostava do menino, e que o beliscava, mas falou de brincadeira", Emma disse. "Ela ria ao afirmar isso." Quando lhe perguntaram o que levava Constance a implicar com os irmãos menores, Emma disse: "Creio que por ciúme, e por causa do tratamento diferenciado que recebiam dos pais". Ela explicou:

> Certa ocasião, quando falávamos das férias — caminhávamos no sentido de Road —, eu disse: "Não vai ser ótimo ir para casa dentro de pouco tempo?". Ela respondeu: "Sim, talvez para a sua casa, mas a minha é diferente...". Ela explicou que a segunda família recebia um tratamento muito melhor que ela e o irmão William. Repetiu isso em diversas ocasiões. Conversávamos sobre vestidos, certo dia, e ela disse: "Mamãe não me deixa escolher nada que eu gosto. Se eu disser que quero um vestido marrom, ela me dá o preto, e vice-versa".[7]

Na visão de Constance, a madrasta sentia tanta raiva dela que lhe negava até a possibilidade de escolher entre marrom e preto. Como a camisola grosseira, as roupas rústicas definiam

Constance como a enteada maltratada e humilhada, uma Cinderela excluída do mundo das outras meninas.

Segundo o relatório de Whicher aos superiores, Emma alegava ter ouvido Constance expressar constantemente sua aversão a Saville com base no fato de ele ser protegido pelo casal Kent. Certa vez, Emma disse, ela censurou Constance por isso, "dizendo a ela que era errado desgostar da criança por algo que não era sua culpa". Ao que Constance retrucou: "Bem, talvez seja assim, mas como agiria se estivesse no meu lugar?".[8]

A tarefa de Whicher não era só revelar os fatos, mas ordená-los. O ponto crucial da detecção era a invenção de uma trama. Whicher acreditava que entendia o motivo de Constance: ela matara Saville por causa da "inveja ou rancor" que sentia dos filhos da madrasta, sentimentos que afetaram uma "mente de certo modo propensa" à insanidade. O tratamento dado à primeira sra. Kent pode ter levado a filha mais nova à vingança. A segunda sra. Kent, a mulher que criara Constance como se fosse sua filha, só passou a rejeitá-la depois que teve seus próprios filhos, e poderia ter sido o alvo da raiva da jovem.

A fuga das crianças para Bath sugeriu a Whicher que Constance e William eram peculiarmente infelizes e tinham condições de agir para superar a infelicidade. O episódio mostrou que eram capazes de elaborar planos secretos e pô-los em prática, podendo, portanto, dissimular e enganar. O mais importante é que indicava a latrina como esconderijo das crianças, pois lá Constance se livrou das provas e assumiu sua nova identidade. Em seus relatórios, Whicher chamou a atenção para "a circunstância de o corpo ter sido encontrado na mesma latrina em que ela jogou as roupas femininas e seu cabelo antes de fugir de casa [...] disfarçada de menino, tendo antes preparado um traje masculino para si, que manteve oculto numa sebe a certa distância da casa, até a data da partida". O dia em que ela fugiu de casa pode ser considerado um passo na direção do assassinato de Saville.

Whicher trabalhou sozinho naquela semana. Ele "se dedicava ativa e assiduamente à investigação", noticiou o *Somerset and Wilts Journal*, "sem confidentes, a não ser que se levasse em conta o sr. Foley. Avançava com dificuldade, visitando pessoalmente e conversando com todas as pessoas envolvidas nessa catástrofe, seguindo até o fim qualquer lampejo que pudesse ajudar a resolver o caso". O *Western Daily Press* descreveu a investigação do detetive como sendo "enérgica" e "engenhosa".

Whicher manteve silêncio a respeito das revelações obtidas nas entrevistas domiciliares. Declarou só à imprensa local que "tinha uma prova graças à qual o mistério seria brevemente elucidado", o que foi logo noticiado pelo *Bath Chronicle*. Era um exagero — o que ele tinha era só uma teoria —, mas havia a chance de desestabilizar o criminoso e levá-lo a confessar. O *Bristol Daily Post* se mostrou cético quanto à possibilidade de Whicher ser bem-sucedido: "Existe a esperança, mais do que a expectativa, de que sua sagacidade possa desvendar o mistério".

"Sagacidade" era a qualidade frequentemente atribuída a detetives pelos livros e jornais. O *Times* se referia à "costumeira sagacidade"[9] de Jack Whicher. Dickens elogiava a "espantosa perspicácia [...] conhecimento e sagacidade" de Charley Field. Uma história de detetives de Waters aludia à "sagacidade vulpina" do herói. O termo na época denotava mais intuição que sabedoria. Nos séculos XVII e XVIII uma besta "sagaz" tinha olfato desenvolvido: os primeiros detetives eram comparados, por sua rapidez e esperteza, a lobos e cães.

Charlotte Brontë descreveu um detetive como "*sleuthhound*",[10] um sabujo que usava o faro privilegiado para seguir as pistas ("*sleuth*") deixadas pela caça.* Nos contos de Waters da década de 1850, o herói era um amálgama de caçador e sabujo que acercava a presa: "a trilha estava quente ainda, depois de sua passagem", "eu o derrubei no chão", "eu estava na pista certa".[11] James McLevy, o célebre detetive de Edimburgo, escreveu:

> Se uma profissão atual pode ser alentada pela aventura, é a do policial detetive. Com o entusiasmo de um desportista, cuja meta é simplesmente derrubar e destruir animais quase sempre inofensivos, ele é impelido pelo motivo superior de beneficiar a humanidade, livrando a sociedade de suas pestes.[12]

Detetives urbanos caçavam suas presas nas ruas da cidade, deduziam as identidades dos arrombadores e estelionatários por seus sinais e assinaturas, que constituíam trilhas e pistas involuntárias. Londres era "uma imensa Mata ou Floresta", escrevera Henry Fielding um século antes, "na qual um Ladrão pode se Esconder com grande Segurança, como as Bestas selvagens fazem nos Desertos da África ou Arábia. Pois, ao vaguear de uma Parte a outra, mudando de pouso, ele praticamente evita a Possibilidade de ser descoberto".[13] Enquanto os exploradores vitorianos se espalhavam pelo império, mapeando novas terras, os detetives se moviam para dentro, até o centro das cidades, pelos bairros que eram estranhos como a Arábia às classes médias. Os detetives aprendiam a distinguir as diferentes escolas das prostitutas, punguistas, ladrões de lojas e arrombadores, e a segui-los até seus covis.

Whicher era especialista em mudança de aparência. Como a heroína de *The female detective*, de Andrew Forrester, ele "se envolvia com pessoas que usavam máscaras". Em 1847, por exemplo,

---

* A abreviatura "*sleuth*" foi usada como sinônimo de "detetive" pela primeira vez na década de 1870.

apanhou Richard Martin, vulgo Aubrey, vulgo Beaufort Cooper, também conhecido como capitão Conyngham, que encomendava camisas requintadas, fazendo-se passar por cavalheiro; no ano seguinte, capturou Frederick Herbert, um jovem na "última moda", que surrupiara o estojo para arma de fogo de um seleiro, duas pinturas em esmalte de um artista e a pele de dezoito beija-flores de um ornitólogo.[14] O equivalente ficcional de Whicher era Jack Hawkshaw, o detetive da peça de Tom Taylor, *The ticket-of-leave man* [O homem em liberdade condicional], 1863, cujo sobrenome sugere uma ave de rapina de visão primorosa. Hawkshaw era "o detetive mais arguto da força". Ele persegue um criminoso traquejado "cuja quantidade de disfarces é igual à de nomes falsos". "Você pode identificá-lo como malfeitor hoje, ou tirar o chapéu para o vigário amanhã", segundo Hawkshaw. "Mas eu o caçarei até arrancar todas as suas peles."[15]

Alguns dos jornais locais elogiaram a presença de Whicher em Wiltshire. "A habilidade de um detetive londrino, acostumado à sombria atmosfera criminosa da cidade, foi convocada para ajudar nossos dois capazes policiais", relatou o *Bath Chronicle* na quarta-feira. "Acreditamos que os investigadores estejam na pista certa." Contudo, o crime no simpático vilarejo levou Whicher a um território mais pantanoso que os existentes na cidade grande: aquela não era uma investigação sobre falsas identidades, mas sobre fantasias ocultas, desejos sufocados, personalidades secretas.

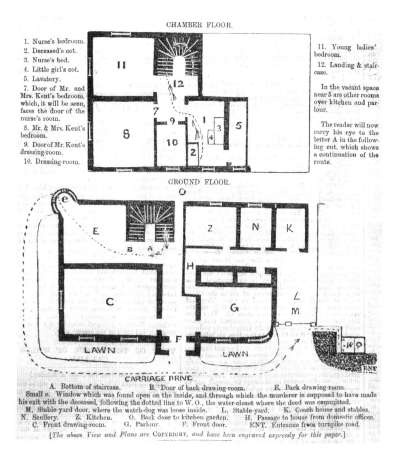

Planta baixa inexata da mansão de Road Hill, publicada pelo Bath Chronicle *em 12 de julho de 1860 (cortesia de Daniel Brown/ Bath in Time/ Biblioteca Central de Bath)*

8. Todos de boca fechada
19 de julho

Na quinta-feira, 19 de julho, Whicher conseguiu que as águas do Frome fossem represadas, para dragarem o rio. O Frome fazia a divisa da propriedade dos Kent, depois de um barranco íngreme, e as copas das árvores das margens formavam um dossel denso, plumoso. Depois de quase três semanas de seca, o rio não corria tão impetuoso quanto no início do mês, mas continuava revolto, inquieto. Para baixar seu nível, os homens bloquearam o curso da água, no dique rio acima, depois embarcaram nos botes para rastelar o fundo ou passar ganchos pelo leito, na esperança de localizar uma peça de roupa descartada ou a arma do crime.

A polícia escavou os canteiros de flores e o jardim em volta da casa. Vasculharam os campos para lá do quintal. Samuel Kent descreveu o terreno atrás de sua propriedade: "Nos fundos da casa há um quintal grande, e um campo gramado; este campo tem cerca de três hectares. O local é muito exposto; a construção é ampla e de fácil acesso".[1] Sua descrição de uma casa extremamente aberta, como se terminasse numa planície, registrava a sensação de vulnerabilidade após a morte de Saville. A privacidade da família fora destruída, seus segredos, descobertos, a casa, seus arredores e as vidas de todos, expostas ao público.

No início Samuel fez o possível para afastar a polícia dos quartos da família e dos serviçais. Como Elizabeth Gough, ele insistia que um invasor havia assassinado Saville. Talvez o assassino fosse um ex-empregado insatisfeito, sugeriu, que resolveu se vingar da família. Antes da chegada de Whicher, Samuel mostrou ao inspetor-chefe Wolfe os lugares onde um intruso poderia ter se escondido. "Há um quarto que não costuma estar ocupado", disse, mostrando um cômodo mobiliado. Wolfe ressaltou que um estranho não saberia que raramente usavam aquele quarto. Kent o levou ao quarto onde guardavam os brinquedos. Ninguém se esconderia ali, Wolfe argumentou, devido à possibilidade de entrar alguém para pegar um brinquedo. Quanto à água-furtada sob o telhado, Wolfe disse: "Havia uma considerável quantidade de poeira [...] e creio que eu teria visto pegadas, no caso de uma pessoa ter passado por ali."[2]

Alguns jornais especularam que um estranho poderia ter cometido o crime. "O conhecimento pessoal detalhado de todos os cômodos da mansão de Road Hill [...] nos convence de que teria sido perfeitamente possível que não só uma, como meia dúzia de pessoas, se escondessem em seu interior, sem risco de flagrante, naquela noite", relatou mais tarde o *Somerset and Wilts Journal*, com uma exposição que espantava pela quantidade de detalhes dos recantos privados do imóvel:

> Em nenhuma casa com dezenove cômodos que conhecemos há mais facilidades de esconderijo, pelo que lembramos. Um porão, dividido em seis compartimentos grandes e pequenos, é acessado por duas portas e escadas. Na metade da escada dos fundos há um armário grande vazio. Um quarto extra, ao lado da sala de estar, acomoda uma cama com dossel, uma penteadeira com cobertura

até o chão, dois guarda-roupas enormes e altos, um dos quais praticamente vazio, que pode ser trancado tanto por fora quanto por dentro. No mesmo piso há dois quartos pequenos, um abre para o outro, ambos usados para guardar trastes. No piso superior se encontra outro quarto extra, a cama tem dossel, e há mesa, cortinado e guarda-roupas como o do aposento do andar inferior [...] dois cômodos pequenos, um deles quase vazio, e outro onde o sr. Kent guarda seu equipamento de viagem; uma despensa comprida onde uma dúzia de homens poderiam ficar lado a lado; e um quartinho, sem janelas, com duas cisternas, além de uma escada que conduz ao sótão e ao telhado [...] Tudo isso nós vimos.

Muitos moradores do povoado já estavam familiarizados com os recessos e fendas da mansão de Road Hill, disse o repórter do *Journal*: "eles visitaram a casa de modo singular, nos dois anos em que esteve vazia, antes da ocupação pelo sr. Kent [...] isso era tão comum que, quando preparavam a mansão para ele, foi preciso pintar as escadas seis vezes, por causa da invasão maldosa dos meninos da vila".[3] O imóvel "era considerado praticamente uma área pública", disse o *Frome Times*, "pois as pessoas que resolviam entrar o faziam sem impedimento ou constrangimento".

Os Kent permaneceram dentro de casa na primeira semana de Whicher em Road, embora o cavalariço, Holcombe, tenha levado Mary Ann e Elizabeth de carruagem às lojas de Frome duas ou três vezes. Em Frome, ao contrário do que ocorria em Road ou Trowbridge, os membros da família Kent podiam em geral passar a tarde sem que fossem molestados com insultos e vaias.

Não existem descrições físicas de Mary Ann ou Elizabeth. Pelo jeito, elas se movimentavam como se fossem uma só pessoa. Só de relance — Elizabeth sozinha, em pé, olhando para o céu noturno, ou pegando a pequena Eveline no colo quando o corpo de Saville foi levado para a cozinha — elas adquiriam personalidades autônomas, fugazmente. Eram duas jovens reservadíssimas. Mary Ann sofreu um ataque de histeria quando foi convocada a comparecer em juízo. Elizabeth não permitia que os empregados tocassem em suas roupas, antes ou depois de serem lavadas: "A srta. Elizabeth prepara sua própria trouxa", disse Cox, "e eu nunca mexo nela". Como Mary Ann e Elizabeth tinham quase trinta anos, nenhuma das duas esperava se casar. As irmãs mais velhas — como Constance e William — se isolavam, o vínculo entre elas as desobrigava da necessidade de conversar com outras pessoas.

No fim da semana, Samuel começou a relatar a insanidade de Constance à polícia. Tendo negado a possibilidade de sua filha ser culpada, ele agora dava a impressão de insinuar isso. "O sr. Kent", publicou a *Devizes and Wilts Gazette* em 19 de julho, "não hesitou em sugerir — e do modo mais direto — que *sua própria filha cometera o homicídio!* E como razão ele alegou [...] que ela sofrera de anomalias na infância". Estaria incriminando a filha para se proteger? Tentava preservar outra pessoa da família? Ou salvar Constance da pena de morte, divulgando sua instabilidade? Rumores tenebrosos a respeito de Samuel circulavam: alguns diziam que ele e Mary Pratt haviam envenenado sua primeira esposa, e mesmo que ele havia assassinado os quatro filhos falecidos em Devonshire. Talvez a primeira sra. Kent não fosse louca furiosa, como a esposa trancada no sótão em *Jane Eyre*, e sim uma pobre inocente, como a heroína de *A mulher de branco*, trancada numa ala da casa para selar seus lábios.

Em público, Samuel evitava qualquer comentário sobre a saúde mental da falecida esposa: "Em relação à insanidade que acometeu no passado os dois lados da família", publicou o *Bath Chronicle* na quinta-feira, "o sr. Kent foi minuciosamente interrogado sobre esse ponto; e ele assegura que nunca consultou um médico a respeito dessa questão". Isso contradiz o que afirmara a Stapleton — que um médico de Exeter diagnosticara a demência de sua falecida esposa —, mas não chegou ao ponto de negar sua insanidade. Parsons e Stapleton, ambos amigos de Samuel, insistiram na natureza volúvel de Constance: "Os dois médicos [...] que a examinaram em consulta emitiram a opinião de que a srta. Constance possui um temperamento que tende a ser influenciado por repentinos ataques passionais". Samuel declarou abertamente a Whicher que a família da falecida esposa sofria de demência: "o pai [...] informou que a mãe e a avó [da srta. Constance] tinham mentes desequilibradas", escreveu o detetive, "e que seu tio, também pelo lado da mãe, fora confinado num asilo para loucos por duas vezes".

Whicher desenterrou um incidente peculiar ocorrido na mansão de Road Hill na primavera de 1859, quando Saville tinha dois anos. Certa noite a então babá de Saville, Emma Sparks, levou o menino para a cama, como sempre, calçado com meias tricotadas. Na manhã seguinte a babá descobriu que "*as roupas haviam sido tiradas da criança, e as duas meias também*". As meias foram achadas depois: uma sobre a mesa do quarto das crianças, outra no quarto da sra. Kent. Whicher suspeitou que Constance fora responsável, "*pois ela era o único adulto da família, com exceção da sra. Kent, presente na casa naquele momento*, o sr. Kent estava ausente de casa a serviço, e as duas irmãs mais velhas estavam fora, fazendo uma visita". Ele não mencionou William — talvez estivesse no internato. O incidente, uma brincadeira de mau gosto familiar, poderia ser considerado em retrospecto como ensaio para uma interferência mais selvagem. Repetia a terrível coerência do sutil e furtivo assassinato de Saville: o menino adormecido que foi delicadamente tirado da cama, carregado com cuidado para o térreo, levado para fora da casa e assassinado. Não sabemos se pessoas como Emma Sparks ou o sr. e a sra. Kent falaram a Whicher sobre as meias sumidas — ele interrogou os três a respeito.

O incidente das meias não valia como prova: "Eu não tenho como elaborar nada a partir disso", Whicher declarou a respeito da história. Contudo, considerou-a uma pista psicológica. Em *Experiences of a real detective*, 1862, de Waters, o inspetor "F" explica: "Planejei omitir certos fatos que, embora não valessem um tostão furado como indício legal, eram moralmente muito sugestivos".[4]

Em 1906, Sigmund Freud compararia a atividade detetivesca à psicanálise:

> Em ambos defrontamos com um segredo, alguma coisa oculta [...] O criminoso conhece e oculta esse segredo, enquanto o histérico não conhece esse segredo, que está oculto para ele mesmo [...] Nesse aspecto, portanto, é fundamental a diferença entre o criminoso e o histérico. A tarefa do terapeuta, entretanto, é a mesma do juiz de instrução. Temos de descobrir o material psíquico oculto, e para isso inventamos vários estratagemas detetivescos.[5]

De fato, Whicher reunia elementos da vida interior de Constance, seu material psíquico oculto, bem como os fatos obscuros do crime. O homicídio era tão denso em simbolismo que quase sobrepujava a interpretação. A criança fora atirada dentro da latrina dos empregados, como se fosse excremento. O agressor tentara matar o menino frenética ou ritualmente, não uma, mas quatro vezes: por sufocação, corte na garganta, facada no coração e submersão em fezes.

Samuel informou a Whicher outro fato moralmente sugestivo — o fascínio da filha pelo julgamento de Madeleine Smith por homicídio, no verão de 1857.

Smith, de 21 anos, filha de um arquiteto de Glasgow, foi acusada de assassinar o amante, um escriturário francês, dando a ele chocolate quente com arsênico.[6] Seu motivo, segundo as autoridades, era se livrar dele para casar com um pretendente rico. Depois de um julgamento sensacional e amplamente noticiado, o júri a absolveu por "falta de provas", um veredicto existente apenas nos tribunais escoceses. Smith era considerada culpada, e o fato de enfrentar o sistema jurídico com espantosa frieza só fez aumentar a atração que despertava. Henry James, por exemplo, a admirava — seu crime fora "uma rara obra de arte", escreveu. Ele ansiava por encontrá-la pessoalmente: "Eu daria muito por um retrato verdadeiro de seu rosto *na época*".

Samuel disse a Whicher que a segunda sra. Kent tomara a precaução de esconder de Constance exemplares do *Times* nos quais o julgamento fora noticiado — isso indicava que a moça exibira um interesse anormal pelo pavoroso crime já aos treze anos de idade. "Dada a peculiaridade do caso, os jornais em que havia notícias do processo foram cuidadosamente escondidos da srta. Constance", relatou Whicher, "e após o Julgamento foram guardados numa gaveta pela sra. Kent." Quando a sra. Kent abriu a gaveta, dias depois, os jornais haviam desaparecido. "Suspeitaram da srta. Constance e a interrogaram, mas ela negou saber de algo a respeito. Entretanto, ao revistarem seu quarto, localizaram os jornais, ocultos entre o colchão e a cama."

Talvez a leitura das reportagens sobre o julgamento e a absolvição de Madeleine Smith tenha instigado ideias criminosas em Constance, como ocorrera com John Thomson, um homem que disse, em dezembro de 1857, que o caso o inspirara a administrar ácido prússico a uma mulher que o desdenhara. Embora Saville não tenha sido envenenado, sua morte fora bem planejada, silenciosa, doméstica: um cobertor era uma arma tão inocente e reconfortante quanto uma xícara de chocolate quente. Madeleine Smith mostrou que, por ser astuciosa e imperturbável, uma assassina de classe média poderia se tornar uma figura cheia de encanto e mistério, uma espécie de heroína[7] (Thomas Carlyle usara a expressão para definir a assassina de Bermondsey, Maria Manning.) E que ela poderia evitar que a pegassem, se mantivesse a calma.

Parecia haver uma nova espécie de criminosa cujas paixões reprimidas se transformavam em violência. As paixões costumavam ser sexuais. Maria Manning e Madeleine Smith eram mulheres aparentemente respeitáveis cujo pecado original fora uma ligação ilícita; o segundo, o assassinato do amante, num gesto de violenta extinção do próprio desejo. Madame Fosco, em *A mulher de branco*, é levada ao crime pela paixão pelo influente conde, e "seu presente estado de opressão pode ter captado um elemento perigoso de sua natureza que costumava evaporar inofensivamente no ambiente livre de sua vida anterior". A assassina madame Hortense, em *A casa soturna*, inspirada em Maria Manning, estava "acostumada havia muito a reprimir emoções e desprezar a realidade". Ela "treinara para realizar seu propósito na escola destrutiva na qual os sentimentos naturais do coração são aprisionados como moscas no âmbar".

A vertiginosa expansão da imprensa na década de 1850 despertou temores de que os leitores fossem corrompidos, infectados e inspirados pelo sexo e pela violência dos artigos de jornal. A imagem dos novos jornalistas tinha muito em comum com a dos detetives: eram vistos alternadamente como cruzados ou abelhudos furtivos. Havia setecentos jornais sendo publicados na Grã-Bretanha em 1855, e 1100 em 1860[8] — dos jornais impressos nas proximidades de Road, o *Trowbridge and North Wilts Advertiser* fora fundado em 1855, assim como o *Somerset and Wilts Journal*, enquanto o *Frome Times*, assinado pelos Kent, havia sido fundado em 1859. Ocorreu um enorme aumento das reportagens sobre crimes, graças também à ajuda do telégrafo elétrico, e os leitores de jornais se deparavam com notícias de mortes violentas todas as semanas. Em *Grandes esperanças* (1861), quando o sr. Wopsle lê as notícias, "mergulha no sangue até o pescoço".

Pelo menos três degolamentos domésticos foram noticiados pelos jornais do país inteiro no mês anterior à morte de Saville. Em Shoreditch, na zona leste de Londres, um fabricante de cachimbos matou a companheira: "Sua garganta foi cortada com tanta força que a cabeça quase se separou do corpo", segundo o *Annual Register*. "Ela deve ter morrido instantaneamente, sem lutar, sem fazer barulho." Em Sandown Fort, na ilha de Wight, o sargento William Whitworth, da Artilharia Real, matou a esposa e seis filhos a navalhadas, deixando as gargantas "abertas de um modo tão horrível que apareciam as vértebras do pescoço". No andar de cima de uma loja de doces em Oxford Street, em Londres, um alfaiate francês decapitou a mulher com uma serra, depois foi até o Hyde Park e se matou. "Seu irmão declarou que ele adquirira o hábito de ir ao museu Dr. Kahn para estudar as artérias do pescoço e garganta, e principalmente se familiarizar com a posição da veia jugular." O alfaiate aprendeu a matar como autodidata, e qualquer leitor de jornal poderia fazer o mesmo.[9]

No meio da semana Whicher acompanhou os magistrados à mansão de Road Hill para realizar novo interrogatório de Constance. Ao responder suas perguntas, ela descreveu o relacionamento com pessoas da casa:

> Eu gostava muito de Saville [...] Ele não gostava muito de mim; nas férias, porém, parecia mais carinhoso. O menino não gostava

de mim porque eu o atormentava com brincadeiras. Mas nunca o belisquei nem bati nele [...] William é meu favorito, entre os irmãos e irmãs. Trocamos correspondência quando estou na escola [...] O cachorro não avançaria em mim se me reconhecesse. Ele me morderia, se não me conhecesse [...] tenho um gato, mas não me importo com ele [...] gosto da cozinheira, é a melhor empregada. Gosto da babá também, e bastante.

Ao ser questionada sobre suas características, ela respondeu: "Eu não sou considerada muito tímida. Não gosto de sair no escuro [...] poderia carregar o menino pela extensão desta sala, facilmente. Tem gente que me acha bem forte, na escola". Ela negou ter dito às colegas de escola que não queria ir para casa nas férias. Indagada a respeito do julgamento de Madeleine Smith, admitiu que pode ter inadvertidamente pego o jornal que o noticiava: "Ouvi dizer que o amigo de Madeleine Smith fora envenenado. Meu pai costumava comentar o caso". Ela contou a fuga para Bath, anos antes: "Uma vez cortei o cabelo e o joguei no mesmo lugar em que meu irmãozinho foi encontrado. Cortei um pouco do cabelo, meu irmão cortou o resto. Escolhi o lugar para jogá-lo. Eu e meu irmão William fomos para Bath por um caminho alternativo [...] fui por estar contrariada com um castigo. Convenci meu irmão William a ir comigo".[10]

Durante a semana rumores revelaram a extensão da incompetência da polícia local, e dos empecilhos de Samuel Kent. Em especial, circulava a história do que ocorrera na noite seguinte ao encontro do corpo de Saville.[11]

Na noite de sábado, 30 de junho, o inspetor-chefe Foley enviou o guarda Heritage, da polícia de Wiltshire, e o guarda Urch, da polícia de Somersetshire, para passar a noite na mansão de

Road Hill. "O sr. Kent o orientará sobre o que fazer", disse Foley. "Sejam discretos, pois o sr. Kent não quer que os empregados saibam que estão lá." Só a sra. Kent foi informada a respeito da presença dos policiais na residência. Já estava claro que Saville fora assassinado por um dos moradores da mansão de Road Hill, mas o curioso é que mesmo assim Foley passou o comando da operação policial noturna a Samuel Kent.

Por volta das onze horas, quando todos exceto Samuel já estavam na cama, Heritage e Urch bateram na janela da biblioteca, pedindo para entrar na casa. Samuel abriu a porta para eles e os conduziu à cozinha, onde mandou que permanecessem. A tarefa deles, informou, seria vigiar o local para evitar que alguém destruísse provas no fogão. Deu aos policiais pão, queijo e cerveja, trancando a porta ao sair. Os dois policiais ignoraram seu aprisionamento até as duas da manhã, mais ou menos, quando Heritage tentou sair. Ao descobrir que a porta estava trancada, bateu para chamar o sr. Kent. Como não obteve resposta, bateu novamente com um bastão.

"Você está fazendo muito barulho, vai acordar a casa inteira", alertou Urch.

"Estou trancado aqui e preciso sair", Heritage retrucou.

Quando Samuel o soltou, cerca de vinte minutos depois, Heritage lhe disse que não sabiam que estavam trancados lá dentro. "Eu saí para andar um pouco", Samuel respondeu, ignorando a queixa. Urch passou o resto da noite na cozinha, com a porta trancada. Samuel esteve com ele duas ou três vezes, e o guarda foi embora às cinco da manhã. "Passei parte da noite na biblioteca", Samuel disse mais tarde, "e saí de casa um par de vezes. Fui ver se as luzes estavam apagadas. Saí algumas vezes com o mesmo objetivo." Ele contornou a casa, alegou, para ver se as velas estavam acesas e se os pavios precisam ser aparados.[12]

Até ali a polícia mantivera silêncio a respeito do fato de dois policiais terem sido trancados na cozinha de Samuel Kent na noite seguinte ao homicídio. Essa "ocorrência extraordinária", nas palavras do *Somerset and Wilts Journal*, deixara qualquer pessoa livre no local, para destruir provas. As ações de Samuel indicavam desprezo pela polícia e a determinação de evitar a vigilância de sua casa. Por outro lado, seu comportamento pode ser considerado exemplar: a primeira responsabilidade de um pai era proteger a família.

Quando a polícia pediu a planta da mansão de Road Hill nos dias e semanas seguintes à morte do filho, Samuel reagiu de modo defensivo, como se alguém estivesse tentando arrancar o teto do imóvel. Ele se recusou a fornecer a planta e a permitir que medissem os cômodos. "Como explicação, basta dizer que o sr. Kent simplesmente se ressentia de intrusões descorteses", afirmou Rowland Rodway.

A vida familiar inglesa se alterara desde o início do século. A casa, antes local de trabalho e residência, se transformara num espaço autônomo, privado, exclusivamente doméstico. No século XVIII "família" significava "parentes", pessoas ligadas pelo sangue; depois, passou a indicar os moradores da casa, exceto empregados — ou seja, a família nuclear. Embora a década de 1850 tenha sido marcada por uma casa de vidro — o Palácio de Cristal da Grande Exposição de 1851 —, o lar inglês fechou portas e cortinas durante a década, o culto ao doméstico se somou ao culto ao particular. "Todo inglês… imagina um 'lar' com a mulher de sua escolha, um casal sozinho com seus filhos", escreveu o estudioso francês Hippolyte Taine depois de uma visita à Inglaterra em 1858. "Aquele é seu pequeno universo, fechado para o mundo."[13] A privacidade se tornara o atributo essencial da família vitoriana de classe média, e a burguesia se tornou perita em discrição [*se-*

crecy] (a palavra "discreto" [*secretive*] foi registrada pela primeira vez em 1853). Eles se isolaram dos estranhos, o interior de suas casas era quase invisível, exceto quando as abriam a visitas selecionadas e encenavam o espetáculo da vida familiar — um jantar formal, por exemplo, ou um chá.[14]

Todavia essa era doméstica também foi uma era da informação, de uma imprensa prolífica e voraz. No dia 7 de julho, um repórter do *Bath Chronicle* conseguiu infiltrar-se na mansão de Road Hill disfarçado de detetive, e tomou notas sobre a distribuição dos aposentos. Uma planta baixa imprecisa foi publicada pelo jornal, cinco dias depois. Quer Samuel Kent tenha gostado ou não, sua casa foi dissecada, exibida para a curiosidade pública, retalhada toscamente para expor cada cômodo à inspeção geral. O público assimilou as informações fornecidas pelas plantas. As imagens da casa adquiriram conotações emocionais: o porão trancado, o sótão empoeirado, os quartos de despejo cheios de camas e armários sem uso, a escada dos fundos em caracol. "O interior moral completo da casa precisa ser exposto ao olhar do público", argumentou o *Bath Express*.

Um assassinato assim poderia revelar o que andava ocorrendo dentro de uma casa de classe média protegida.[15] Dava a impressão de que a família nuclear, tão valorizada pela sociedade vitoriana, poderia abrigar a opressão de um miasma nocivo, tóxico, sexual e emocional. Talvez a privacidade fosse fonte de pecados, a condição que permitia a deterioração até o âmago do ambiente doméstico. Quanto mais a casa fosse preservada, mais poluído seu mundo interno poderia se tornar.

Algo apodrecera na mansão de Road Hill, num contraponto emocional às infecções aéreas que apavoravam os vitorianos. Um mês antes do crime, a *Devizes and Wiltshire Gazette* comentou a nova edição de *Notas sobre enfermagem*, de Florence Nightingale, publicado inicialmente em 1859, citando a passagem sobre o modo como a doença e a degeneração podiam proliferar nos lares fechados, respeitáveis. Nightingale conhecera casos graves de "piemia", ou envenenamento do sangue, em "casas de família maravilhosas", escreveu, e a causa era "o ar viciado [...] pois os quartos desabitados jamais eram expostos ao sol, limpos ou arejados; pois os armários eram sempre reservatórios de ar viciado; pois as janelas eram sempre bem fechadas à noite [...] e assim era comum encontrar uma raça degenerada, e com mais frequência ainda, uma família".[16]

No dia 19 de julho, quinta-feira, o *Bath Chronicle* publicou um editorial sobre o crime em Road Hill:

> Nenhum assassinato de que nos lembramos causou sensação tão singular e tão dolorosa nos lares deste país. Não é apenas o mistério que no momento circunda o feito que lhe confere terrível interesse [...] também a estranha característica do crime e o inocente desamparo da vítima tocam respectivamente a imaginação e o coração [...] as mães inglesas, pensando em seus pequeninos a dormir em paz na pureza, tremem perante o relato de uma criança, delicada e inocente como seus filhos, sendo arrancada do repouso em plena madrugada para o cruel sacrifício, e são as mães inglesas que escrevem mais revoltadas, mais indignadas, aos responsáveis pelos jornais, e exigem a investigação mais inclemente, o empenho mais rigoroso [...] em muitos lares onde a intensa afeição se combina com extremo nervosismo por parte do mais valioso membro da família, sua paz será perturbada por muitos dias, seus sonhos serão perturbados pela lembrança da terrível ocorrência de Road. Estranhas dúvidas, desconfianças difusas surgirão em sua mente [...] um feito que causa arrepios em todos os lares ingleses adquirirá uma importância social que justifica todas as atenções ao assunto.

Normalmente, num caso de homicídio sem solução, o público temia que o assassino voltasse a atacar. Neste, porém, o medo era de que ele ou ela fossem reproduzidos dentro de casa. O crime solapava a ideia de que uma casa trancada era segura. Até sua solução as mães inglesas dormiriam inquietas, atormentadas pela ideia de que seu lar abrigava um assassino de crianças — poderia ser seu marido, sua filha ou a babá.

Embora a possibilidade de que o chefe da casa, seu protetor, pudesse destruir o próprio filho para ocultar sua depravação representasse uma agressão ao ideal da classe média, a imprensa e o público foram surpreendentemente rápidos em acreditar na culpa de Samuel. Quase tão horrível — e ao que parece da mesma forma verossímil — era a ideia de que a babá o ajudara a matar o menino de quem deveria cuidar. A alternativa era o crime se voltar ao assassinato bíblico original, quando Caim matou Abel. No dia 19 de julho a *Devizes Gazette* insinuou que um dos irmãos de Saville era responsável por sua morte: "A voz do sangue de alguém inocente como Abel clamará desde a terra em testemunho contra seu assassino".*

No mesmo dia o *Bristol Daily Post* (fundado naquele ano) publicou a carta de um homem que acreditava no exame dos olhos de Saville como forma de revelar a imagem do assassino. A carta baseava sua sugestão nas experiências inconclusivas realizadas em 1857 nos Estados Unidos. "A imagem do último objeto visto em vida permanece impressa, digamos assim, na retina do olho", explicou, "e pode ser recuperada depois da morte." Segundo a hipótese, o olho seria uma espécie de placa de daguerreótipo, registrando impressões que poderiam ser reveladas como

---

* Diz o texto bíblico: "O Senhor perguntou a Caim: 'Onde está teu irmão Abel?'. Ele respondeu: 'Não sei. Acaso sou o guarda do meu irmão'. 'Que fizeste?', perguntou ele. 'Do solo está clamando por mim a voz do sangue do teu irmão.' "[Texto em português da Bíblia da CNBB.]

uma foto numa sala escura — até os segredos alojados nos olhos de um morto se encontravam ao alcance das novas tecnologias. A ideia radicalizava o conceito do olho como símbolo da detecção: ele não seria apenas o "grande detetive", como também o grande delator, o órgão denunciante. A carta foi reproduzida por jornais de toda a Inglaterra. Poucos a trataram com ceticismo. O *Bath Chronicle*, porém, descartou sua utilidade no caso, alegando que Saville dormia quando o assassino atacou, e que, portanto, poderia não haver imagem alguma em sua retina.

Na noite de 19 de julho uma tempestade desabou sobre Somersetshire e Wiltshire, pondo fim ao breve verão de 1860. O feno enfardado ainda não secara, e se perdeu em sua maior parte. Os campos de milho e trigo não haviam amadurecido por falta de sol, e ainda estavam verdes.[17]

9. Eu conheço você
20-22 de julho

Whicher relatou aos juízes leigos de Temperance Hall os progressos de sua investigação às onze da manhã de sexta-feira, 20 de julho. Disse-lhes que suspeitava ser Constance Kent a autora do homicídio.

Os juízes leigos conferenciaram e disseram a Whicher que queriam que ele prendesse Constance. Whicher hesitou: "Ressaltei que a atitude me deixaria numa posição desagradável perante a polícia local", explicou em seu relatório a Mayne, "especialmente porque eles defendem opiniões opostas às minhas a respeito de quem seria o culpado, mas eles (os juízes leigos) se recusaram a alterar suas determinações, alegando que consideravam estar o inquérito totalmente em minhas mãos, como era seu desejo". O presidente do conselho era Henry Gaisford Gibbs Ludlow, oficial comandante do 13º Corpo de Fuzileiros, representante de Somersetshire e rico proprietário rural, residente em Heywood House, Westbury, a oito quilômetros de Road, com a esposa e onze empregados. Dos outros juízes leigos os mais proeminentes eram William e John Stancomb, donos de lanifícios que haviam construído mansões em lados opostos de Hilperton Road, um novo e exclusivo bairro de Trowbridge. William fora o responsável pela pressão sobre o ministro do Interior para que conseguissem os serviços de um detetive.[1]

Pouco depois das três da tarde, Whicher se apresentou na mansão de Road Hill e pediu para ver Constance. Ela foi ao seu encontro na sala.

"Sou policial", declarou, "e tenho um mandado de prisão em seu nome, no qual é acusada de matar seu irmão Francis Saville Kent, e a informarei agora de seu teor."

Whicher leu o mandado, e ela começou a chorar.

"Sou inocente", protestou. "Sou inocente."

Constance informou que queria pegar a touca de luto e a capa em seu quarto. Whicher a seguiu e observou enquanto ela se vestia. Seguiram para Temperance Hall numa aranha, em silêncio. "Ela não fez mais nenhum comentário para mim",[2] disse Whicher.

Um grupo numeroso de moradores do vilarejo se reunira na frente de Temperance Hall depois de ouvir o rumor de que uma prisão fora efetuada na mansão de Road Hill. Muitos esperavam que Samuel Kent fosse conduzido perante os juízes leigos.

Em vez disso eles viram Elizabeth Gough e William Nutt se aproximarem do local no início da tarde — eles haviam sido convocados a depor —, e depois, às 15h30, levaram um susto ao ver os ocupantes descerem da aranha na frente do fórum: "Mas é a senhorita Constance".

Ela entrou no salão apoiada no braço de Whicher, de cabeça baixa, chorando. Usava luto pesado, o véu cobria seu rosto, rente à pele. Ela caminhava "com passo firme, mas chorava", relatou o *Times*. A multidão entrou atrás dela.

Constance sentou-se na frente da mesa dos juízes leigos, tendo Whicher de um lado e o inspetor-chefe Wolfe do outro.

"Seu nome é senhorita Constance Kent?", perguntou Ludlow, o presidente do conselho.

"Sim", ela murmurou.

Apesar do véu grosso atrás do qual Constance se ocultara e do lenço que mantinha pressionado contra o rosto, os repórteres deram uma descrição minuciosa de suas feições e de seus modos, como se prestar atenção a esses aspectos fosse revelar seus segredos mais profundos. O *Bath Express* publicou:

> Ela aparenta dezoito anos de idade, embora conste que tenha apenas dezesseis. É alta e corpulenta, tem rosto cheio, que estava muito corado, e testa sardenta, que parecia contraída. Seus olhos peculiares são muito miúdos e fundos na cabeça, o que pode dar uma impressão desfavorável na mente do observador. Em outros aspectos pouco há de notável em sua figura, a julgar pela aparência de ontem; ao mesmo tempo, o pavoroso crime pelo qual está sendo acusada sem dúvida modificou de alguma forma sua habitual expressão reservada, cuja característica predominante é a rabugice. A jovem usava vestido preto de seda e capa debruada em crepe, e manteve o véu abaixado durante os procedimentos. Sentou-se e fixou os olhos no chão, ocultando as lágrimas, e nem por um momento ergueu a vista. Na verdade, a julgar por seu comportamento, ela parecia temer acima de tudo sua posição terrível, embora não manifestasse emoções violentas desde o momento em que foi detida até sua soltura, no encerramento do inquérito.

O crepe que ornava os vestidos no período inicial do luto fechado era uma gaze fosca, feita de fios de seda torcidos com força, e preso com goma.

Constance tinha "gênio forte", segundo o *Western Daily Press*, "com rosto redondo bochechudo, que de pronto não transmite impressão de firme determinação ou intelecto ativo.

Era contida nos modos, e preservou a mesma expressão imutável durante o inquérito".

O repórter do *Frome Times* pensou ter detectado nela uma característica perturbadora: sexualidade ou raiva reprimidas. Ela parecia "um tanto peculiar", escreveu. "Embora tivesse um ar adolescente, sua figura é consideravelmente desenvolvida para a idade, apenas dezesseis anos. Seu semblante, muito corado, é agradável, embora ela exiba um olhar pesado, quase severo, que eu creio ser uma das características da família."*

Whicher fez sua declaração em juízo:

> Desde o último domingo venho me dedicando à investigação de todas as circunstâncias relacionadas ao assassinato de Francis Saville Kent, ocorrida na noite de 29 de junho passado, sexta-feira, na residência de seu pai, situada em Road, no condado de Wiltshire. Em companhia do capitão Meredith, do inspetor-chefe Foley e de outros membros da força policial, realizei um exame do local e acredito que o homicídio tenha sido cometido por um morador da casa. A partir das diversas investigações realizadas, e de informações recebidas, convoquei Constance Kent na segunda-feira passada, e examinei seu dormitório e as gavetas da cômoda, encontrando um rol de lavanderia dela, que ora apresento, no qual estão listados, entre outros artigos pessoais, três camisolas de dormir, como a ela pertencentes.

Ele leu as respostas de Constance para as perguntas sobre as camisolas. "Solicito agora à Corte a detenção preventiva da prisioneira, para permitir a coleta de provas da animosidade que a

---

* Segundo um rumor implausível, os Kent eram descendentes ilegítimos da família real. Os repórteres ocasionalmente mencionavam a semelhança entre Constance e a rainha Vitória.

suspeita mantinha em relação ao falecido, e a busca da camisola, que se existir poderá ser encontrada."

Os juízes leigos ouviram depoimentos sobre o desaparecimento e encontro de Saville, de Elizabeth Gough (que chorou) e de William Nutt. Depois eles perguntaram a Whicher de quanto tempo ele necessitava para reunir provas contra Constance. Ele pediu a detenção até quarta ou quinta-feira da semana seguinte.

"Até quarta-feira será um período adequado?", perguntou o reverendo Crawley.

"Em circunstâncias comuns", Whicher disse, "uma semana é o período de detenção."

Os juízes lhe deram uma semana, ordenando que Constance permanecesse detida até as onze da manhã da sexta-feira seguinte. Ludlow se voltou para ela: "Não estou exigindo que faça uma declaração", ele disse. "Mas, se tiver algo a dizer, pode se manifestar." Ela não falou nada.

Whicher e Wolfe escoltaram Constance para fora do salão e a levaram de *britzska* — uma carruagem comprida, de teto flexível — até a cadeia de Devizes, cerca de 25 quilômetros a leste de Road. Seguiram sob um céu anuviado, "e durante a jornada ela manteve um silêncio emburrado", escreveu Whicher, "sem revelar a menor emoção".

"O ser mais inocente da face da terra se sentiria aviltado em circunstâncias similares", apontou o *Bristol Daily Post*, "assim como (supondo-se que ela possuísse suficiente determinação) o mais culpado."

A multidão acompanhou em silêncio a partida da carruagem, afirmou o *Western Daily Press*. Segundo o *Trowbridge and North Wilts Advertiser*, Constance partiu sob "contínua aclamação". A maior parte dos moradores do vilarejo tinha certeza de sua inocência, segundo este último jornal. Ela era apenas "excêntrica", acreditavam: o verdadeiro assassino furtara sua camisola para incriminá-la.

Assim que Whicher e Constance partiram os juízes leigos mandaram buscar em Frome o dr. Mallam, padrinho de Saville, e também "uma mulher que residira antes com os Kent" — ao que tudo indica Emma Sparks, a babá anterior. Whicher deve ter mencionado seu depoimento aos juízes, que agora queriam ouvir os dois pessoalmente.

Os juízes leigos ordenaram que a mansão de Road Hill fosse revistada mais uma vez, para localizar a camisola. Samuel Kent permitiu que a polícia entrasse, e no final da tarde tudo que havia na casa fora "revirado e aberto, do porão ao sótão", segundo o *Frome Times*. Não encontraram a camisola.

Whicher deve ter esperado que a detenção provocasse uma confissão de Constance, graças ao choque. Um de seus truques favoritos era blefar quando não possuía provas, acusando com firmeza. Essa técnica desempenhou um papel importante na primeira prisão a ele atribuída — a empregada que usava boá no bordel de Holborn — e na história que relatara a Dickens sobre o ladrão de cavalos capturado num *pub* rural. "Não adianta", Whicher disse ao homem de quem suspeitava, mas que nunca havia encontrado. "Conheço você muito bem. Sou policial de Londres, e você está preso por roubo." Ele afastou os dois comparsas do ladrão fingindo ter a companhia de amigos. "Não estou sozinho, como podem ter pensado. Cuidem de sua vida, será melhor para os dois, pois também os conheço bem." O ladrão de cavalos e seus colegas acreditaram nele.[3] Constance não caiu em sua armadilha. Whicher dispunha agora de uma semana para arrumar provas que justificassem levá-la a julgamento.

De Trowbridge, Whicher enviou um telegrama de cinco xelins para a estação de telégrafo dia e noite em Strand, perto da Scotland Yard, pedindo ajuda a sir Richard Mayne. "Na data de hoje detive Constance Kent, a terceira filha, por força de mandado, e ela permanecerá presa por uma semana. Os juízes leigos deixaram o caso inteiramente em minhas mãos, e preciso de provas. Encontro-me em situação delicada e preciso de apoio. Por favor, mandem o sargento Williamson ou o Tanner." Williamson e Tanner eram os dois assistentes mais confiáveis. Quando Mayne recebeu o telegrama, mais tarde, naquele mesmo dia, escreveu na resposta: "Deixem o sargento Williamson ou Tanner partir imediatamente".

O sargento-detetive Williamson foi convocado com urgência à casa de Mayne, em Chester Square, em Belgravia, na tarde de sexta-feira. O comissário lhe deu instruções para se dirigir a Road, e Williamson alugou um cabriolé para ir ao posto telegráfico de Strand, de onde despachou um telegrama a Trowbridge, avisando a Whicher que estava a caminho.

Frederick Adolphus Williamson — "Dolly" — era protegido de Whicher. Haviam trabalhado juntos muitas vezes, e mais recentemente na captura de Emily Lawrence e James Pearce, os famosos ladrões de joias. Dolly era um sujeito inteligente e enérgico de 29 anos que estudava francês nas horas vagas. Tinha um rosto redondo, suave, e olhos meigos. O pai, inspetor-chefe de polícia, organizara a primeira biblioteca em uma delegacia.[4] Dolly dividia o alojamento de 1 Palace Place, na Great Scotland Yard, com outros dezesseis policiais solteiros.[5] Um deles, Tim Cavanagh, daria mais tarde um depoimento sobre o relacionamento de Dolly com um gato que morava na casa. O animal, Tommas, adquirira o hábito de "matar e devorar bichos locais", segundo Cavanagh, e os vizinhos da polícia queriam que fosse abatido.

> Para nossa imensa infelicidade, tivemos de amarrar uma pedra no pescoço do coitado e atirá-lo no rio. Aquilo foi um choque terrível para "Dolly", que gostava muito de Tommas, e se me permitem divulgar um segredo, havia treinado o "guerreiro" para seus ataques noturnos. Em mais de uma ocasião ele [Tommas] trouxera um pedaço de carne de cervo, uma lebre ou um coelho das redondezas.[6]

Fica claro a partir desse relato que Williamson era um sujeito ao mesmo tempo duro e delicado, capaz de treinar um gato para caçar e depois chorar sua morte. Com o tempo chegaria à chefia do departamento dos detetives.

Whicher não poderia saber se o público acreditaria ser uma adolescente capaz de cometer crime tão horrível e bem articulado como o homicídio da mansão de Road Hill. Mas sabia, por sua experiência nas favelas e cortiços londrinos, o que crianças perversas podiam tramar. Em 10 de outubro de 1837, durante o primeiro mês de Whicher na força, uma menina de oito anos foi apanhada dando um astucioso golpe perto do cortiço de St. Giles, em Holborn. Ela parava na calçada, chorando desconsolada, até conseguir reunir uma multidão à sua volta. Soluçando, explicava à plateia que perdera dois xelins, e tinha medo de regressar para casa, pois seria punida. Assim que recolhia as moedas atiradas pelo grupo, seguia adiante e repetia o ardil algumas quadras adiante. Um guarda da divisão E a viu fazer isso três vezes, antes de prendê-la. No fórum, perante os juízes leigos, ela voltou a alegar pavor dos pais; era difícil saber se ela estava se justificando ou repetindo a encenação. "A prisioneira, em prantos, disse que o pai e a mãe a mandavam à rua para vender pentes", noticiou o *Times*, e, "a não ser que levasse para casa dois xelins ou três *pence* todas as noites, eles a espancavam cruelmente. Como não havia vendido nada durante o dia, agira daquele modo para obter o dinheiro que dela exigiam". No dia seguinte, 11 de outubro, uma menina de dez anos foi acusada de ter quebrado uma vidraça durante o assalto a uma relojoaria de Holborn. Uma gangue de crianças de dez anos a acompanhou ao fórum. "Estavam vestidos de maneira espalhafatosa", noticiou o *Times*, "seus modos e sua aparência indicavam que eram larápios e prostitutas, apesar da tenra idade." Um dos meninos disse que estava ali para pagar a multa para a menina, três xelins e seis *pence*, que era o custo de reposição da vidraça. Ele atirou o dinheiro com desdém.

Crianças criminosas eram geralmente exploradas por alguém. Nas primeiras semanas em Holborn, Whicher viu inúmeros exemplos de desleixo ou exploração no tratamento que os pais davam aos filhos. Seu colega Stephen Thornton prendeu uma varredora de rua embriagada chamada Mary Baldwin (também conhecida como Bryant), da mais notória família de St. Giles, pois a viram tentando matar a filha de três anos. Ela enfiou a menina dentro de um saco e bateu o saco com força na calçada. Quando um transeunte ouviu os gritos da menina e censurou a mãe, Mary Baldwin correu para a rua e colocou o saco no caminho do ônibus. A criança foi salva pelos passageiros.[7]

Desde aquela época ficou claro que os filhos da classe média também podiam ser corrompidos ou traumatizados; por vezes era quase impossível distinguir uma coisa da outra, a vítima do culpado. Em 1859, uma menina de onze anos chamada Eugenia Plummer acusou o reverendo Hatch, seu professor particular e capelão da penitenciária de Wandsworth, de molestar sexualmente sua irmã de oito anos e a ela, quando estavam hospedadas na casa dele. A menor, Stephanie, confirmou a história. Depois de um julgamento sensacionalista, no qual Hatch (como réu) não pôde testemunhar,* ele foi condenado a quatro anos de prisão, com trabalhos forçados. Todavia, em maio de 1860, a poucas semanas do assassinato da mansão de Road Hill, Hatch processou Eugenia por perjúrio e ganhou a causa. Dessa vez ela era ré, e portanto não podia testemunhar. O júri declarou que ela havia inventado tudo. Eles aceitaram a alegação do advogado do cléri-

---

* Antes de 1898 um réu não podia depor em seu julgamento.

go, de que a acusação "não passava de completa ficção, resultado de uma imaginação lasciva e depravada".[8]

Em seu influente editorial sobre o assassinato de Road Hill, o *Morning Post* aludiu ao caso: "Se fosse uma criança [o assassino de Saville] seria incrível que Eugenie Plummer não nos houvesse ensinado até que ponto pode chegar a precocidade perversa de certas crianças". A precocidade de Eugenia era sexual, mas também dependeu de sua frieza para iludir, de sua compostura sob pressão, do retraimento e do direcionamento de seu desvio para as mentiras deslavadas. Se os leitores de jornais se sentiram horrorizados ao descobrir que um clérigo fora condenado por molestar sexualmente uma criança em 1859, devem ter sentido mais horror ainda ao saber, um ano depois, que a situação virara de cabeça para baixo, revelando que a criança era o agente do mal, uma criatura capaz de destruir a vida de um homem com sua imaginação doentia.* Mas nem mesmo isso era certo. Como apontou o *Blackwood's Edinburgh Magazine* em 1861, o único fato inegável foi que "um júri ou outro condenou uma pessoa inocente".

Na manhã de sábado Whicher viajou a Bristol, quarenta quilômetros a noroeste de Trowbridge, para visitar o inspetor-chefe John Hancock, que vivia na cidade com a esposa, quatro filhos e dois serviçais. Hancock havia sido colega de Whicher, patrulhara as ruas de Holborn a seu lado, quando ambos eram guardas, vinte anos antes. Whicher passou duas horas realizando diligências em Bristol e arredores, numa charrete, depois pegou um trem e viajou 32 quilômetros até Charbury, em Gloucestershire. Uma car-

---

* Se Eugenia estava mentindo, é de se perguntar o papel em sua vida do médico da família, o dr. Gay, de quem estava noiva — aos onze anos. O médico se referia a ela como sua "pequena esposa", e foi ele quem examinou seu corpo em busca de sinais de violência sexual. Gay observou "marcas sutis de violência".

ruagem o conduziu pelos 28 quilômetros restantes até Oldbury-on-the-Hill, residência de Louisa Hatherill, quinze anos, colega de escola de Constance.[9]

Louisa disse:

> Ela falou comigo a respeito dos irmãos menores, e contou que os pais os tratavam de maneira diferenciada. Disse que seu irmão William era obrigado a empurrar o carrinho dos menores, e que ele não gostava de fazer isso. Ela disse que ouvira o pai dizer, comparando o filho mais novo com o mais velho, que o menor daria um homem muito melhor [...] Ela nunca falou nada específico a respeito da criança que morreu.[10]

A partir do relato de Louisa, restava a impressão de que toda a raiva sentida por Constance se devia ao tratamento dispensado a William.

Louisa, como Emma Moody, confirmou a Whicher que sua amiga era uma jovem violenta. Ele observou em seu relatório que Constance era "muito robusta, forte, corpulenta, e que suas colegas de escola contaram que Constance gostava de praticar luta livre com elas, que vivia exibindo sua força, declarando o desejo de lutar na trupe de Heenan e Sayers". A luta de boxe de pesos-pesados entre o norte-americano John Heenan e o britânico Tom Sayers, em abril daquele ano, se tornara uma obsessão nacional, e acabou sendo a última disputada pelas regras tradicionais, sem luvas, com brutalidade. Heenan era quinze centímetros mais alto que Sayers, e 22 quilos mais pesado. Numa disputa sangrenta que durou duas horas e terminou empatada, Sayers fraturou o braço esquerdo ao bloquear um soco, e Heenan fraturou a mão esquerda, além de ficar quase cego por causa dos golpes nos olhos. As meninas disseram a Whicher que Constance se gabava de sua força, e que brigar com ela era "assustador para todas".

Na reportagem daquele sábado do *Somerset and Wilts Journal*, o mais simpático à visão de Whicher, foi sutilmente insinuada a cumplicidade de William no crime. O jornal repassou aos leitores o comentário de Gough: "o rapaz estava acostumado a usar a escada dos fundos por causa de suas botas pesadas". Isso reforçou a ideia de que o sr. e a sra. Kent desprezavam William, e o vinculou à escada de serviço, pela qual Whicher acreditava que o assassino tirara Saville de casa. O repórter sugeriu que o esfaqueamento de Saville "poderia ter sido obra de um cúmplice, se houve mesmo duas pessoas envolvidas, e que os dois talvez estivessem igualmente implicados". Enquanto Constance estava presa circulou o boato de que William também fora posto sob custódia.[11]

Em Bristol, e de volta a Trowbridge, Whicher passou aos repórteres detalhes da investigação, enfatizando a contrariedade de Constance e a insanidade familiar pelo lado da mãe. "A questão da provável insanidade é uma das privilegiadas nas diligências do sr. Whicher", publicou o *Trowbridge and North Wilts Advertiser*. A razão para isso, foi dito ao repórter, era que "existem, se tanto, raros casos de homicídio registrados, com a vítima sendo uma criança de poucos anos de vida, em que o assassino não agiu durante uma condição mental mórbida". Quanto ao motivo: "A criança falecida, pelo que nos foi dito, era a queridinha da família, e protegida pela mãe". O repórter soube que os empregados e filhos da primeira família eram tratados com severidade, pois a segunda sra. Kent "comandava tudo com mão firme, mantendo a casa sob rígido controle".

O sargento-detetive Williamson chegou a Trowbridge na tarde de 21 de julho. A edição daquele dia do *All the Year Round* publicava um texto de Wilkie Collins sobre a nova biografia do detetive francês Eugène Vidocq. Collins elogiava os "métodos de Vidocq, ousados, engenhosos e destemidos", seu "tratamento e capacidade de resistir durante a investigação e captura da caça humana", e sua "esperteza". O francês — um criminoso genial que se tornara chefe de polícia — era o herói detetivesco pelo qual seus colegas ingleses eram avaliados.

De seu quarto no Woolpack Inn, no domingo, 22 de julho, Whicher escreveu o segundo relatório a sir Richard Mayne, um documento de cinco páginas que esboçava a acusação contra Constance. Seu argumento se baseava, disse, na camisola desaparecida e no testemunho das colegas de escola de Constance. Ele listou outras circunstâncias suspeitas: o crime teve lugar logo depois de Constance e William voltarem do internato para casa; ela e William eram os únicos na casa que dormiam sozinhos; os dois haviam usado a privada como esconderijo antes. Ela era forte o suficiente para matar Saville, ele garantiu a Mayne, tanto física quanto psicologicamente — "ela dá a impressão de possuir uma mente muito forte". Whicher agradeceu a Mayne o envio de Williamson, e o lembrou de seu relacionamento problemático com a polícia local.

> Encontro-me numa situação deveras desagradável no que diz respeito à atuação com a polícia do condado, em consequência dos ciúmes naturais que eles alimentam em relação ao caso, pois suspeitam do sr. Kent e da babá, e se for comprovado no final que minhas opiniões estão corretas, eles serão considerados incompetentes, por tudo isso eu me empenho bastante em atuar em conjunto com eles, até onde é possível.

Whicher cuidava de se proteger da acusação de desrespeito por parte dos outros policiais envolvidos.[12]

Em seus relatos a Mayne, Whicher expunha as razões para rejeitar as conjecturas da polícia de Wiltshire. Ele defendeu a atitude de Samuel Kent logo depois do assassinato. Muitos suspeitavam dos motivos para Samuel abandonar a casa — se estivesse envolvido no crime, a ida a Trowbridge lhe daria a oportunidade de descartar qualquer prova que o incriminasse, além de poupá-lo de estar presente quando o corpo fosse descoberto. Mas havia explicações inocentes para seu comportamento: o desejo de garantir que o alarme fosse dado, a inquietude provocada pela ansiedade. Escreveu Whicher:

> No que diz respeito à suspeita contra o sr. Kent, por ele ter, depois da descoberta do crime, corrido a cavalo os seis quilômetros até Trowbridge, para alertar a polícia de que seu filho fora raptado, creio que isso é perfeitamente coerente com as circunstâncias, e a atitude mais natural para ele tomar, pois na minha opinião seria mais suspeito se ele tivesse permanecido em casa, uma vez que a busca parcial no interior da casa já vinha ocorrendo e continuou depois de sua partida.

Surgiram relatos contraditórios sobre o tempo que Samuel levou para fazer o percurso até Trowbridge, e se Peacock o alcançara antes ou depois de ele ter chamado Foley. Na versão do *Somerset and Wilts Journal* de 7 de julho, Peacock teria alcançado Kent antes de ele chegar a Trowbridge, e Kent retornado imediatamente, enquanto o clérigo seguiu até a cidade para pegar Foley e seus homens. Uma vez que Kent passou uma hora fora de casa, e Trowbridge se situava a seis ou sete quilômetros de Road, resta bastante tempo sem justificativa. Poderia Kent ter usado esse tempo para descartar a arma do crime ou outras provas? Um mês depois o *Journal* corrigiu a narrativa original: Kent estava voltando para Road quando Peacock o encontrou, e ele já teria informado Foley a respeito do sumiço da criança. Essa nova versão — compatível com a versão desses eventos publicada pela primeira vez pelo *Bath Chronicle* em 5 de julho — tornava a questão mais razoável.

Alguns moradores do vilarejo consideravam Kent um sujeito arrogante, mal-humorado, um patrão capaz de ser rude ou lascivo em relação aos serviçais. Mais de cem empregados teriam passado pela mansão de Road Hill desde sua mudança para o local. Mas Whicher o considerou um homem decente, até sentimental. Whicher escreveu:

> No que diz respeito a seu caráter moral, não pude descobrir nada que o desabonasse, e fui informado pelos Criados atuais da família, e pelos que deixaram o serviço, que ele e a sra. Kent viviam em perfeita harmonia, e um deles (a babá mensalista) o considerou indulgente e estupidamente apaixonado pela esposa, e muito amoroso em relação ao filho morto, *o que, temo, tenha provocado sua morte precoce.*

Outro suspeito era William Nutt, que deu a impressão de ter previsto que ele encontraria o corpo de Saville. Havia uma desavença entre ele e Samuel, que processara um membro de sua família por furtar maçãs do pomar de Road Hill. Alguns consideravam Nutt o amante secreto imaginado para Elizabeth Gough. "Não creio que haja elementos para a suspeita existente sobre a testemunha 'Nutt', que localizou a criança", escreveu Whicher, "pois parece muito natural ele ter feito comentário de 'procurar por uma criança, viva ou morta', pois naquele momento ele e Benger haviam procurado em outros lugares, e iam estender a busca à latrina." Quanto à sugestão de que

> ele mantinha um relacionamento impróprio com a Babá, não há a menor base para a suspeita, pois em primeiro lugar ela mal o conhecia, e em segundo, duvido que tenha algum dia trocado mais

do que algumas palavras com ele, caso o rapaz a admirasse, pois ela é uma moça de condição superior em posição social e aparência, enquanto "Nutt" não passa de um sujeito desleixado, sujo, fraco, asmático e inútil.

Whicher defendeu com firmeza a inocência de Gough. Disse não ter visto nada em sua conduta capaz de incluí-la entre os suspeitos. Ele ignorou as contradições a respeito do momento em que ela se deu conta da falta do cobertor de Saville: no início disse que notara sua falta antes da descoberta do corpo, depois que só percebera isso mais tarde. Mas, se fosse o caso de mentira e não de confusão, seria uma mentira desnecessária. Gough não precisava esconder o fato de saber que o cobertor fora levado — seria natural que ela checasse a cama com cuidado. Ao mudar a história ela só atraiu suspeitas para sua pessoa. Uma ambiguidade similar pairava sobre sua justificativa para não ter dado o alarme quando notou que Saville não estava na cama, às cinco da manhã: a demora parecia estranha; contudo, se fosse culpada, ela não teria dito nada em nenhum momento. Alguns consideraram suspeito que Gough não tivesse mencionado a falta de Saville a Emily Doel, sua assistente, pouco antes das sete da manhã do dia de seu desaparecimento; Whicher pensava que o silêncio "depunha a seu favor", indicando que ela de fato acreditava que a mãe do menino o levara para a cama dela, e que não havia motivo para alarme. Ele também apontou a inocência implícita nas palavras que usou quando acordou a sra. Kent, às 7h15: "As crianças já acordaram?".

A polícia de Isleworth, cidade natal de Gough, realizara a pedido indagações sobre seu caráter, e o relatório enviado no dia 19 de julho conferia com a percepção de Whicher: ela era "conhecida como pessoa respeitável, rápida, gentil, de bom temperamento e muito carinhosa com as crianças". Quanto a seu suposto amante, os detetives não encontraram sinais "de que mantivesse relacionamento com nenhuma pessoa do sexo masculino, fosse em Road ou nos Arredores".[13]

Alguns especularam que a sra. Holley destruíra a camisola de Constance para incriminá-la e proteger William Nutt, casado com uma de suas filhas — a versão integral dessa teoria identificava cinco conspiradores: Nutt, Holley, Benger (a quem Samuel Kent supostamente acusara de cobrança excessiva no fornecimento de carvão), Emma Sparks (a babá que testemunhara sobre as meias de dormir e que havia sido demitida por Samuel no ano anterior), e um sujeito não identificado que fora processado por Samuel por pescar no rio.[14] Havia poucos indícios contra qualquer um deles, além de desconfianças vagas e o fato levemente suspeito de a sra. Holler alegar ter ouvido um boato antes da segunda-feira, 2 de julho, sobre o desaparecimento de uma camisola. Whicher tinha explicação para isso: "O boato sobre a camisola [...] deve estar relacionado à camisola manchada de Mary Ann, que a polícia confiscou e examinou, mas que naquela manhã foi devolvida a ela".

No domingo, Samuel Kent recebeu permissão para visitar a filha na prisão. Foi acompanhado até Devizes, outra cidade industrial de lã de Wiltshire, por William Dunn, advogado viúvo nascido no leste de Londres e residente em Frome. (Rowland Rodway renunciara como representante legal de Samuel, pois acreditava que Constance fosse culpada; posteriormente, concordou em representar a sra. Kent, que tudo indica endossava sua opinião.) Esse caso estava muito além do escopo normal de Dunn. No mês anterior, perante o tribunal do condado, ele representara um homem a quem venderam um cortador de nabo defeituoso, e outro cuja vaca criara uma corcova grande como dois punhos, depois de ter sido "cutucada" com uma vara por um produtor de leite rival.[15]

Quando chegaram à penitenciária — em formato de roda de

carroça, com o escritório do diretor no centro e uma centena de celas que dele irradiavam —, Samuel não conseguiu encarar a filha e mandou Dunn à cela em seu lugar. Seus motivos eram inescrutáveis. O *Times* disse que "os sentimentos de pai o sufocaram, e ele se sentiu incapaz de realizar a visita", mas não deixou claro se eram sentimentos paternos de Samuel na condição de pai de Constance ou de Saville: ele pode ter sucumbido ao peso de sua piedade por Constance, ou do horror a ela. O *Bath Chronicle* registrou a incerteza também: "ele não conseguiu suportar a dor de um encontro com a filha, e portanto permaneceu na sala adjacente enquanto o advogado falava com a srta. Kent". Talvez Samuel quisesse evitar qualquer discussão sobre a morte do filho. Nas semanas seguintes ao crime, sua estratégia fora o silêncio, ao que tudo indica. "Comigo o sr. Kent nunca aludiu ao assassinato, do primeiro ao último dia", Elizabeth Gough declarou mais tarde. "As moças o comentaram, assim como a srta. Constance, mas não o sr. Kent. O jovem William chorava frequentemente por causa dele."

Quando Dunn visitou Constance em sua cela, ela declarou insistentemente sua inocência. O advogado mandou buscar num hotel local um colchão confortável, para tornar sua semana na prisão mais confortável, e conseguiu que lhe servissem refeições especiais.

Um guarda da penitenciária concedeu entrevistas aos repórteres que cobriam a visita. "Recebemos informações confiáveis de que o comportamento da srta. Kent na prisão é calmo e contido", disse o *Western Morning News*, "e que ela se mostra consciente de sua inocência e envergonhada por a terem feito chegar a esse ponto."

Disse o *Bath Chronicle*:

Constatamos que ela se manteve perfeitamente calma e controlada durante a entrevista, e que de fato tem permanecido assim desde o encarceramento, embora o sofrimento causado por sua posição terrivelmente crítica tenha, como é natural, provocado certa mudança em sua fisionomia; mesmo assim, sua atitude geral causou uma impressão tão forte nos guardas da Prisão que eles não hesitaram em declarar que sua atitude, em todos os momentos, transmite uma impressão de inocência no que diz respeito à horrível ocorrência.

10. Olhar uma estrela de relance
23-26 de julho

Quando foi designado para o assassinato em Road, Whicher já havia conduzido duas investigações sobre homicídios misteriosos de meninos pequenos. Um foi o caso do reverendo Bonwell e seu filho ilegítimo, que nessa época estava sendo julgado na Corte dos Arcos, suprema instância do tribunal eclesiástico de Londres. O outro ocorrera havia uma década, em dezembro de 1849, quando um inspetor-chefe da polícia de Nottinghamshire foi à Scotland Yard pedir ajuda aos detetives londrinos num caso de suspeita de infanticídio. Whicher foi encarregado do caso.

Um homem em North Leverton, Nottinghamshire, informou à polícia que recebera, pelo correio, uma caixa contendo o cadáver de uma criança. O menino usava camisola, chapéu de palha, meias e botas, e estava embrulhado em um avental com os dizeres "S Drake". O homem declarou à polícia que a esposa tinha uma irmã chamada Sarah Drake, que trabalhava como cozinheira e governanta em Londres.

Whicher e o inspetor-chefe de Nottinghamshire foram diretamente à casa onde Sarah Drake trabalhava, em 33 Upper Harley

Street, e a acusaram de matar a criança. "Como sabem disso?", ela perguntou. Eles mencionaram o avental marcado com seu nome. Ela sentou e começou a chorar.

Naquela mesma noite, no distrito policial, Drake confessou à "revistadora" chamada para examinar suas roupas e seus pertences que matara o menino, cujo nome era Louis. Era seu filho ilegítimo, contou à revistadora, e durante os dois primeiros anos de sua vida ela conseguira manter o emprego de doméstica, pagando outra mulher para tomar conta dele. Mas atrasou o salário dela, e a babá contratada mandou Louis de volta para ela, furiosa. Temendo perder sua "posição" em Upper Harley Street, que lhe pagava cerca de cinquenta libras por ano, Sarah Drake estrangulara o filho com um lenço. Depois o embrulhou, guardou numa caixa e despachou para a irmã e o cunhado, no interior, contando que eles o enterrassem.

Whicher reuniu provas para confirmar a confissão de Drake. Foi uma tarefa lamentavelmente fácil. No quarto dela encontrou três aventais idênticos ao existente na caixa, e uma chave que abria a fechadura da caixa. Interrogou a sra. Johnston, a babá que cuidara de Louis desde que o menino tinha três meses, por cinco xelins por semana. Ela disse que em 27 de novembro devolvera Louis para a mãe, em Upper Harley Street. Quando Drake implorou que cuidasse de Louis por mais uma semana, ela se recusou. Gostava do menino, disse, mas a mãe sempre atrasava os pagamentos, e estava devendo vários meses. Ao deixar Louis em Upper Harley Street, a sra. Johnston insistiu que Sarah Drake tomasse conta do filho.

> Eu lhe disse que ele estava muito bem, que crescera e se tornara um menininho saudável. Depois expliquei que seria melhor ficar com o chapéu e a peliça [peça de vestuário forrada de pele] ou ele poderia se resfriar quando saísse. Ela fez isso. Havia um pequeno

lenço em volta do pescoço dele, e ela me disse: "Isso lhe pertence, é melhor você levar embora". Respondi: "Sim, é meu, mas fique com ele para manter o menino aquecido quando sair". Eu também avisei que logo ele precisaria comer alguma coisa, e ela perguntou: "Tudo bem; ele come de tudo?". Falei: "Sim", e fui embora da casa.

Quando estava saindo, Drake a chamou e perguntou quanto lhe devia, no total. A sra. Johnston respondeu que eram nove libras e dez xelins, mas Drake não comentou nada.

A sra. Johnston contou a Whicher que ao visitar Sarah Drake na sexta-feira seguinte, para ver Louis, ela alegou que o filho estava morando com uma amiga. "Pedi-lhe que desse um beijo no menino por mim." Ela disse: "Farei isso".

Whicher entrevistou os empregados de 33 Upper Harley Street. A cozinheira se recordou de que na noite de 27 de novembro Drake lhe pedira para levar uma caixa de seu quarto até a despensa do mordomo: "Não consigo carregar sozinha". O mordomo declarou que Drake pediu a ele para endereçar a caixa e despachá-la para a estação de Euston Square na manhã seguinte. O mensageiro confirmou ter levado a caixa até a estação, onde foi pesada, tinha quase vinte quilos, e a despachou para Nottinghamshire ao preço de oito xelins.

A sra. Johnston acompanhou a polícia até North Leverton, para identificar o corpo. Ela confirmou que era de Louis. "O lenço que deixei no pescoço dele, a peliça e a capa estavam lá também". O médico responsável pela autópsia disse não ter certeza de que o lenço fora apertado com força suficiente para matar o menino; encontrara sinais de espancamento, que seriam a mais provável causa da morte.

No julgamento, Sarah Drake fixou os olhos no chão e ficou balançando o corpo para a frente e para trás, entrando ocasionalmente em convulsão. Mostrou sinais de profunda angústia. O juiz informou ao júri que, embora ela não apresentasse histórico de insanidade, os membros deveriam deduzir se, perante o choque e o terror de receber o filho subitamente, ela havia perdido ou não a razão. Ele os alertou que "deviam ponderar bem antes de decidir [...] pois não pode nem nunca poderá ser direito ou correto que os júris infiram insanidade apenas pela atrocidade do crime". Os jurados consideraram Sarah Drake inocente por insanidade temporária. Ela desmaiou.[1]

Muitos filhos ilegítimos eram mortos por mães pobres e desesperadas na Inglaterra vitoriana: em 1860, os assassinos de crianças apareciam quase diariamente nos jornais. Em geral as vítimas eram recém-nascidos, e os assassinos, suas mães. Na primavera de 1860 ocorreu uma reprise macabra do crime de Sarah Drake. Sarah Gough, governanta e cozinheira em Upper Seymour Street, a um quilômetro e meio de Upper Harley Street, matou seu filho ilegítimo, empacotou o corpo e o despachou por trem para um convento perto de Windsor. Foi facilmente localizada: no pacote havia uma folha de papel com o nome de seu patrão.[2]

Os jurados demonstravam compaixão por mulheres como Sarah Drake e Sarah Gough, preferindo considerá-las insanas a depravadas. Nisso eram auxiliados por novos conceitos médicos e jurídicos. Nos tribunais a "lei McNaghten" permitia, desde 1843, que a "insanidade temporária" fosse usada pela defesa. (Em janeiro de 1843 um torneiro de madeira, Daniel McNaghten, atirou no secretário de sir Robert Peel, acreditando tratar-se do primeiro-ministro.) Psiquiatras detalhavam os tipos de loucura passíveis de acometer pessoas de aparência equilibrada: uma mulher poderia sofrer de mania puerperal pouco antes ou pouco depois do parto; qualquer mulher poderia sofrer de histeria; qualquer um poderia ter um ataque de monomania, uma forma de loucura que mantinha o intelecto intacto — a vítima, embora mentalmente perturbada, revelava frieza e astúcia.[3] Por esses critérios, qualquer crime anormalmente violento poderia ser considerado resultado de insanidade. O *Times* apontou o dilema com precisão, num editorial de 1853:

> Nenhuma definição pode ser mais imprecisa do que a linha de demarcação entre a sanidade e a insanidade [...] Se a definição for muito rígida, perde o sentido; se for ampla demais, a raça humana inteira é apanhada em sua rede. Em última análise, somos todos loucos quando damos vez a paixões, preconceitos, vícios, vaidades; mas, se todos os apaixonados, preconceituosos e vaidosos fossem trancados como doidos, quem ficaria com a chave do asilo?[4]

A suspeita de que Constance Kent ou Elizabeth Gough fossem dementes vivia pipocando na imprensa. Chegaram a sugerir que a sra. Kent matara o filho durante um ataque de mania puerperal.[5] Enquanto Constance esperava na prisão, um certo sr. J. J. Bird escreveu ao *Morning Star* para sugerir que o assassinato de Saville fora obra de um sonâmbulo. "Muita gente sabe com que precisão e cuidado os sonâmbulos caminham", afirmou. "Os suspeitos devem ser vigiados à noite por algum tempo." Ele citou um caso no qual um sonâmbulo que sofria de alucinações, com olhos fixos arregalados, esfaqueou uma cama vazia por três vezes. Se os sonâmbulos eram capazes de cometer violências, inconscientemente, disse, então era possível que o assassino de Saville não tivesse consciência da própria culpa. Talvez o homicida tivesse dupla consciência.[6] A ideia de que a loucura pudesse assumir tal forma, de que diversas personalidades pudessem habitar o mesmo corpo, fascinava os psiquiatras e leitores de jornais em meados do século XIX. A carta de Bird foi reproduzida por diversos jornais do interior na semana seguinte.

No dia 23 de julho, Whicher detalhou os progressos da investigação a Dolly Williamson. Ele o levou até Bath, Beckington e Road. Na terça, Whicher pendurou uma placa na porta de Temperance Hall: "Recompensa de cinco libras — desapareceu da residência do sr. Kent uma camisola feminina, possivelmente atirada no rio ou vendida nas imediações. A recompensa acima será paga à pessoa que encontrar a camisola e a trouxer até a delegacia de polícia em Trowbridge". No mesmo dia ele preparou as provas que reunira contra Constance — Henry Clark, oficial de justiça dos juízes leigos, descreveu os indícios em quatro páginas de papel almaço. Na quarta-feira Whicher foi até Warsminster para intimar sua testemunha-chave, Emma Moody, e mandou Williamson para o internato de William em Longhope, Gloucestershire, para ver o que era possível descobrir sobre o rapaz.

Quando começou a chover os dois detetives percorreram a área da mansão de Road Hill em busca da camisola.

No capítulo daquele fim de semana de *A mulher de branco* — o 34º —, o herói descobriu o segredo que sir Percival Glyde tanto tentara ocultar, um episódio vergonhoso em seu passado familiar. Saber, contudo, não bastava; para apanhar o vilão ele precisava de provas. O problema de Whicher era similar. No caso de Sarah Drake ele havia conseguido a confissão necessária ao confrontar a suspeita com o avental; se pudesse localizar a camisola de Constance, poderia garantir o mesmo resultado: prova concreta e confissão de uma só vez.

Dupin, personagem de Poe, observa: "A experiência tem mostrado, e a verdadeira filosofia sempre demonstrará, que uma vasta porção da verdade, talvez sua maior parte, provém de algo aparentemente irrelevante".[7] Eventos que não chamavam a atenção estavam registrados em histórias ocultas, se a pessoa soubesse fazer a leitura. "Realizei uma investigação particular na semana passada", comenta o sargento Cuff, em *A pedra da Lua*. "Numa ponta do inquérito havia um assassino, e na outra uma mancha de tinta numa toalha de mesa que ninguém sabia explicar. Em toda a minha experiência com os caminhos mais imundos deste mundo corrupto, até hoje não me deparei com tamanha ninharia."[8]

Como não conseguia localizar a camisola, Whicher retornou ao momento de seu desaparecimento. Perguntou a Sarah Cox, a empregada, quando a enviara para a lavanderia. Ela informou que havia sido na segunda-feira após o assassinato, pouco antes do inquérito. Por volta das dez da manhã do dia 2 de julho, ela havia recolhido a roupa suja da família nos quartos. "A roupa da srta. Constance geralmente era jogada no chão do quarto ou no patamar da escada, parte no domingo, parte na segunda." A camisola de Constance estava no patamar, pelo que Cox se lembrava. Não estava manchada, disse, apenas um pouco encardida, como de costume. "Dava a impressão de suja, como uma peça usada por quase uma semana, pela srta. Constance." Cox levou as roupas ao quarto de despejo do primeiro andar para separar as peças. Depois de fazer isso ela pediu a Mary Ann e Elizabeth que registrassem os itens no rol da lavanderia, enquanto ela colocava as roupas nos cestos que seriam recolhidos pela sra. Holley. Ela se lembra de ter acondicionado três camisolas — da sra. Kent, de Mary Ann e de Constance — e se lembra de ter visto Mary Ann registrar isso no caderno da lavanderia. (Elizabeth fazia uma trouxa separada com suas roupas, e as listava num caderno diferente.)

Quando Whicher questionou Cox mais detalhadamente, ela se lembrou de que Constance havia entrado na sala de despejo quando organizavam a roupa suja. A empregada já havia empacotado as roupas — "Eu já tinha guardado tudo, menos os panos de pó" — e Mary Ann e Elizabeth já haviam saído, deixando lá o rol da lavanderia. Constance "deu um passo para dentro do quarto [...] ela me perguntou se eu podia verificar se ela havia deixado a carteira num bolso da saia". Cox revirou o cesto até encontrar a saia, tirou-a para fora e checou o bolso. "Eu disse a ela que a carteira não estava lá. Em seguida ela me pediu para descer e buscar um copo d'água. Foi o que fiz. Ela me seguiu até o alto da escada dos fundos quando saí do quarto. Ao voltar com a água encontrei-a no mesmo lugar em que a deixara ao sair." Constance bebeu a água, deixou o copo de lado e foi para seu quarto. Cox juntou os panos de pó ao restante das roupas e terminou o serviço cobrindo um dos cestos com uma toalha de mesa e o outro com um vestido da sra. Kent.

Cox e Elizabeth Gough saíram às onze horas para testemunhar no Red Lion, por exigência do juiz de instrução. Cox deixou o quarto de despejo destrancado, ela informou a Whicher, sabendo que a sra. Holley passaria por lá para apanhar as roupas em uma hora.[9]

Whicher levou em consideração o relato de Cox. "Quando estou muito perplexo", diz o narrador de *Diary of an ex-detective* (1859), uma obra ficcional, "costumo ir para a cama e lá ficar deitado até resolver minhas dúvidas e perplexidades. De olhos fechados, mas completamente desperto, sem nada que me distraia, consigo resolver meus problemas".[10] Desde o início se imaginou o detetive como um pensador solitário, que precisava se retirar do mundo sensível para penetrar no universo livre e fantástico das suas hipóteses. Ao reunir as informações obtidas, Whicher compilou uma história para a camisola.

Ele calculou que Constance pediu a Cox para procurar a carteira como meio de levá-la a desfazer a trouxa, permitindo que ela visse onde a camisola havia sido colocada. Depois, quando Cox desceu para buscar a água, Constance correu para dentro do quarto, pegou a camisola e a escondeu, talvez sob as saias (a moda das saias rodadas chegou ao auge em 1860.*) Importante notar que não era a camisola ensanguentada, que na opinião de Whicher Constance já havia destruído, mas uma outra, limpa, que ela vestira no sábado. A razão para pegar a camisola de volta era matemática: se faltasse uma camisola sem manchas, aparentemente perdida pela lavadeira, a falta da camisola ensanguentada com que Constance matara Saville não seria sentida.

Whicher escreveu:

> Sou da opinião de que a camisola usada por ela quando se deu o homicídio foi posteriormente queimada ou escondida, *mas ela continuava apreensiva, pois a polícia poderia perguntar-lhe quantas camisolas possuía ao chegar do internato,* e se preparou para essa contingência, portanto creio que ela recorreu a um estratagema ardiloso para dar a impressão de que a camisola faltante fora perdida pela lavadeira, na semana seguinte ao assassinato, o que acredito ter sido feito da seguinte maneira.
>
> A roupa suja da família foi recolhida como de costume na segunda-feira (dois dias) depois do assassinato, e no meio dela se encontrava uma camisola pertencente à srta. Constance, a camisola que teria vestido depois do crime. Depois que a roupa foi recolhida e levada ao quarto de despejo, a Empregada contou as peças, e o registro no Rol da Lavanderia foi feito pela filha mais velha. Em seguida a Doméstica guardou tudo em dois cestos de roupa, *mas antes que saísse do quarto a srta. Constance entrou* e pediu que abrisse os cestos [...] para ver se havia deixado a carteira no bolso da saia [...] *isso, creio, fazia parte do estratagema* para descobrir em qual cesto estava sua camisola, *pois ela imediatamente pediu à*

---

* Naquele mês, segundo o *News of the World*, uma operária de fábrica de armações de aço para vestidos em Sheffield faleceu quando ficou presa nas partes móveis da máquina, e o eixo a puxou para a morte.

Doméstica que descesse a escada para buscar um copo d'água, o que foi feito, deixando-a ao lado da porta do quarto, onde ela estava quando a Doméstica chegou com a água, *e durante este intervalo, na minha opinião, ela conseguiu se apoderar da camisola*, que havia sido relacionada no rol da lavanderia, e a pôs novamente em uso, e que até o final da semana, quando a roupa voltasse lavada, dariam por sua falta, e a culpa seria da Lavadeira, e que isso explicaria a falta de uma camisola *quando a interrogassem sobre o assunto*.

Para ocultar a destruição das provas, Whicher acreditava, Constance planejou tudo para parecer que uma camisola sem manchas fora perdida por outra pessoa que não ela. A irmã e a empregada jurariam que a camisola seguira com o resto da roupa do cesto; e também que não continha manchas de sangue. Ela desviou a atenção da camisola ensanguentada da casa. Era um desvio, uma ocultação do homicídio por deslocamento.

Como o sr. Bucket diz em *A casa soturna*, quando se depara com a espertza de um assassino: "Trata-se de um belo caso — um belo caso". Depois ele se corrige, lembrando que se dirige a uma jovem respeitável: "Quando digo belo caso, senhorita", prossegue, "estou falando só do meu ponto de vista".[11]

O serviço do detetive era reconstruir a história a partir de indícios, pistas e resquícios minúsculos. Esses traços eram caminhos, tanto quanto restos: pistas que conduziam a um evento palpável do passado — nesse caso, um homicídio — e pequenos fragmentos do evento, recordações. Como os historiadores naturais e arqueólogos da metade do século XIX, Whicher tentava encontrar um relato que unisse os fragmentos coletados por ele. A camisola era o elo perdido, um objeto imaginado que dava sentido às outras descobertas, o equivalente ao esqueleto que Charles Darwin precisava para provar que o homem evoluíra dos macacos.[12]

Dickens comparou os detetives aos astrônomos Leverrier e

Adams, que em 1846 descobriram Netuno, isolada e simultaneamente, ao observar desvios na órbita de Urano. Esses cientistas, segundo Dickens, descobriram um novo planeta de modo tão misterioso quanto os detetives descobriam novas formas de crime.[13] Em seu livro sobre Road Hill, Stapleton também relacionou astrônomos a detetives. "O instinto detetivesco, abrilhantado pelo gênio", escreveu, "marcou com precisão a localização do planeta desaparecido que nenhum olho conseguia ver, e cujo único registro se encontrava nos cálculos astronômicos." Leverrier e Adams obtiveram suas pistas a partir da observação, mas realizaram a descoberta por dedução, adivinhando a existência de um planeta por conta de sua possível influência sobre outro planeta. Foi um trabalho de lógica e imaginação, como a teoria da evolução de Darwin e a teoria de Whicher sobre a camisola de Constance.

"Olhar uma estrela de relance, vê-la de soslaio", diz Dupin nos *Crimes da rua Morgue*, "significa observar claramente essa estrela."

A polícia de Wiltshire, enquanto isso, realizava uma discreta campanha para desacreditar Whicher. Sua teoria sobre o assassinato se opunha à deles, e ele pode ter deixado claro sua opinião de que a investigação fora desastrada na quinzena que antecedeu sua convocação e vinda de Londres. Seus modos — na melhor das hipóteses discretos e autossuficientes, na pior, desdenhosos — talvez os tenha irritado ainda mais. As coisas só fizeram piorar com a chegada de seu jovem e talentoso colega, Dolly Williamson.

Na quarta-feira, 25 de julho, o inspetor-chefe Wolfe e o capitão Meredith foram até a escola de Constance, em Beckington, para entrevistar as colegas Williams e Scott, como Whicher havia feito uma semana antes. Eles deram declarações sucintas ao *Bath Chronicle* a respeito da visita. Os professores

> falaram de Constance nos termos mais elogiosos possíveis, dizendo que ela era uma aluna bem-comportada em todos os aspectos [...] e que ela, de tão assídua nos estudos, se tornara uma bem-sucedida finalista no exame do meio do ano, conquistando o segundo lugar. Esse fato, temos certeza, elimina a possibilidade de ela ter premeditado o terrível ato, como tem sido insinuado por certas pessoas, antes de retornar ao lar para as férias.

Wolfe declarou ao *Bath Chronicle* e ao *Trowbridge and North Wilts Advertiser* que havia pesquisado a vida de Constance desde a infância, sem descobrir sinais de insanidade, "tendo sido sua infância das mais racionais". "O rumor infundado, tão habilmente disseminado, dando conta de que o menino morto sentia forte antipatia pela srta. Constance é tão falso quanto maldoso", disse o *Chronicle*.

O *Frome Times* minimizou a importância da fuga de William e Constance para Bath, e da loucura em seu lado materno. Em vez disso, repetiu a informação de "uma amiga íntima da família" de que Constance e Saville se davam muito bem, "como pode ser provado pelo fato de que na própria véspera do lamentável passamento ele a presenteou com um anel de contas que havia feito para ela". O *Bristol Post* repetiu a teoria de que o verdadeiro assassino tentava culpar a "alegre e travessa" Constance.

Diversos jornais manifestaram seu ceticismo a respeito das acusações contra Constance. "O novo episódio na história do caso é considerado apenas uma suposição por nós", disse o *Bath Chronicle* na quinta-feira, "e depois de levá-lo em consideração, não estamos nem um pouco inclinados a declarar que o inquérito avançou materialmente." Não havia "nem uma partícula de prova inédita".

O *Manchester Examiner* mostrou ceticismo similar: "Esse passo indica a disposição por parte de um detetive londrino de incriminar alguém, como forma de dar uma satisfação à opinião pública".

Na quarta-feira um certo sr. Knight Watson, de Victoria Street, uma nova via que cortava Pimlico, compareceu à Scotland Yard e pediu para falar com um detetive. Ele conhecia uma mulher chamada Harriet, disse, que havia trabalhado para os Kent e poderia fornecer informações importantes sobre a família a Whicher. O sargento-detetive Richard Tanner se ofereceu para interrogar a mulher, no momento empregada doméstica em Gloucester Terrace, perto de Paddington. Dick Tanner trabalhava regularmente com Whicher desde que entrara para a divisão, em 1857. O comissário Mayne o autorizou a ir adiante.

No dia seguinte Tanner escreveu um relatório a Whicher a respeito de seu contato com Harriet Gollop. Ela havia trabalhado para os Kent como doméstica, fazendo limpeza e atendendo a porta, por quatro meses, em 1850, ele informou, quando eles residiam em Walton-in-Gordano, em Somersetshire.

> Naquela época a primeira "sra. Kent" estava viva, mas durante o tempo em que prestou serviços à família a "sra. Kent" nunca dormiu com o "sr. Kent", ela sempre ocupou um aposento de dormir distinto, e durante o período em que ela (Harriet Gollop) trabalhou lá, a "sra. Kent" lhe pareceu muito infeliz e desolada. Na época a "srta. Pratt" era a governanta da família, e seu quarto ficava próximo ao do "sr. Kent", e além disso os empregados da casa acreditavam que ocorria uma intimidade imprópria entre ela e o "sr. Kent", e a esposa dele também pensava isso. A srta. Pratt citada era agora a "sra. Kent", mãe da criança que havia sido assassinada.

Gollop alegou que a srta. Pratt tinha "controle total sobre todos os filhos, e que o 'sr. Kent' ordenou a todos os empregados que considerassem a 'srta. Pratt' sua patroa". A ex-empregada obviamente não gostou do arranjo. 'Harriet Gollop' disse que a primeira 'sra. Kent' era uma ótima pessoa e que a considerava perfeitamente equilibrada".

Whicher recebeu a carta na manhã de sábado. O testemunho de Gollop deu peso ao rumo de que Samuel Kent e Mary Pratt eram amantes enquanto a primeira sra. Kent vivia, e que isso formava um quadro sombrio da vida na casa dos Kent. Mas Whicher não queria usar isso. As lembranças da empregada enfraqueciam o argumento contra Constance — se a primeira sra. Kent era mentalmente sã, reduziam-se as chances de sua filha ser louca —, e poderiam dar substância à ideia de que Samuel, adúltero confirmado, teria assassinado o filho quando ele o surpreendeu na cama com Gough.

Na vida doméstica vitoriana os serviçais costumavam ser temidos, por serem estranhos suspeitos de espionagem, sedução e até agressão. Pelo lar dos Kent, com alta rotatividade de empregados, passaram muitos criados perigosos. Emma Sparks e Harriet Gollop serviram de informantes sobre os pecadilhos e a vida sexual da família. Samuel Kent listou dois empregados entre os suspeitos: uma cozinheira que mandara prender e uma babá que despedira sem pagar o salário, pois ela tinha o hábito de beliscar as crianças. As duas, segundo as investigações, estavam a mais de trinta quilômetros de Road na noite do assassinato.

Samuel alegou que uma empregada deixara a mansão de Road Hill no início de 1860, jurando vingança contra a sra. Kent e seus "filhos horríveis", em especial Saville. O menino provavelmente a denunciara: talvez fosse a babá que beliscava, talvez fosse a babá que Samuel expulsara por se encontrar com o namorado nos chalés perto da casa. "Ela foi embora furiosa, ameaçando", disse Samuel. "E se mostrou insolente demais." E no seio da família estava uma ex-empregada que se transformara em patroa, a governanta que seduzira o dono da casa, o levara a trair a primeira mulher e menosprezar os filhos do primeiro casamento.

As empregadas podiam corromper tanto os filhos quanto os pais. Em *Governess life: Its trials, duties, and encouragements* [Vida de governanta: esforços, deveres e estímulos], um manual publicado em 1849, Mary Maurice alertava para

> a revelação de momentos, nos quais ela, a quem se confiara o cuidado dos jovens, em vez de proteger suas mentes puras e inocentes, se tornava a corruptora — ela pode ser a primeira a iniciar as crianças no pecado, insinuar e promover intrigas, e finalmente ser o instrumento da destruição da paz familiar.[14]

Forbes Benignus Winslow, eminente psiquiatra, em 1860 descreveu tais mulheres como "fontes de contaminação moral e deterioração mental, contra as quais os pais mais vigilantes nem sempre são capazes de proteger seus filhos".[15]

A teoria predominante sobre o assassinato de Saville também considerava uma empregada a serpente da casa. Elizabeth Gough, por esse relato, levara o pai a uma traição tão grande que culminara no assassinato do próprio filho. Nos jornais, Gough, com sua falha nos dentes, se tornou objeto de fantasia sexual. O repórter do *Western Daily Press* considerou sua aparência "sem dúvida agradável e muito superior a sua posição social". O *Sherborne Journal* a descreveu como "jovem extremamente formosa, que à noite costumava se deitar [...] numa cama com dossel sem cortinado, perto da porta do quarto". Ela estava perigosamente misturada à família, a um passo do quarto dos patrões.

O detetive era outro membro das classes populares cuja imaginação perniciosa poderia conspurcar um lar de classe média.[16] Em geral, como no caso de Sarah Drake e seu filho morto, suas investigações se restringiam aos aposentos dos empregados. Ocasionalmente, como em Road, ele se aventurava nos andares superiores. Um artigo de *Household Words*, em 1859, atribuía as deficiências da força policial à origem de seus membros: "Nunca é sábio ou seguro pôr autoridade arbitrária ou poder nas mãos das classes subalternas".

A segunda semana de investigação de Whicher não produzira nenhuma prova inédita — apenas uma nova ideia: reflexão sobre uma camisola.

11. Quanta coisa entra em jogo nisso

27-30 de julho

Os juízes leigos se reuniram em Temperance Hall às onze horas da manhã de sexta-feira, 27 de julho, para interrogar Constance Kent. A tarefa era avaliar se ela deveria ser julgada por uma corte superior. Vinte e quatro profissionais da imprensa aguardavam do lado de fora. Antes do início dos procedimentos, Whicher conversou em particular com Samuel Kent. Disse a ele que acreditava em sua inocência e que se dispunha a dar uma declaração a respeito. Kent recusou a oferta — "por questão de prudência", disse seu advogado. As nuances do relacionamento entre pai, filha e detetive eram delicadas; Samuel poderia ser prejudicado se parecesse aliado ao acusador de Constance.

Havia outros sinais de que Whicher não estava seguro do êxito de seu argumento contra Constance. Naquela manhã ele contratou um grupo de trabalhadores braçais para desmontar a latrina na qual Saville fora encontrado, para examinar a fossa e o dreno. Foi uma tentativa de última hora de localizar a camisola e a faca desaparecidas. A busca fracassou. Whicher deu aos homens seis xelins e seis *pence* e mais um xelim para refrescos.

Constance chegou a Road às 11h30, escoltada pelo diretor da penitenciária de Devizes. Depois de um pequeno atraso no início da sessão, durante o qual esperou na casa de Charles Stokes, o seleiro, ela entrou no salão. "Estava vestida como antes", reportou o *Times*, "de luto fechado, com véu grosso que protegia seu semblante dos olhares ávidos da maioria dos espectadores reunidos do lado de fora." O véu era tido como sinal de modéstia e decoro. No caso de uma senhora, ocultar o rosto e defender a privacidade da família não era algo sinistro, mas recatado. Além de torturante. Num romance de 1860, *A skeleton in every house*, Waters cita "os segredos sombrios que palpitam e tremem atrás dos frágeis véus".

"Ao ser conduzida ao salão", prosseguiu o *Times*, "a srta. Constance Kent abraçou e beijou o pai. Depois se acomodou no assento a ela destinado e rompeu em prantos." O *Somerset and Wilts Journal* descreveu como trêmula sua entrada no salão de audiência: "caminhava com passo incerto, e ao se aproximar do pai lhe deu um beijo trêmulo".

Em contraste com sua fragilidade, a multidão era forte e ardente. O salão ficou "instantaneamente lotado", segundo o *Times*. Os espectadores chegavam "com intensa avidez, ocupando cada centímetro disponível", segundo o *Journal*. Só coube a metade da multidão; o resto esperou do lado de fora pelas notícias. Três fileiras de repórteres se estendiam pelo salão. Seus relatos da sessão, detalhados, literais, foram publicados por jornais de toda a Inglaterra no dia seguinte.

Os juízes leigos se acomodaram em sua tribuna, ao lado dos detetives Whicher e Williamson, do capitão Meredith, do inspetor-chefe Wolfe e de Henry Clark, escrivão dos juízes leigos. Clark examinaria Constance por ordem da corte.

Numa mesa na frente da tribuna estavam Samuel Kent e seu advogado, William Dunn, de Frome, e na frente deles o causídico contratado para defender Constance: Peter Edlin, de Clifton, Bristol. Ele tinha "olhos brilhantes, pronúncia distinta e uma expressão sisuda algo cadavérica", relatou o *Somerset and Wilts Journal*.

Constance baixou a cabeça e não se mexeu nem falou. Passou o dia sentada de cabeça baixa, imóvel. "Os eventos do mês anterior haviam abalado a jovem violentamente", disse o *Somerset and Wilts Journal* "pois em seu rosto pálido mal se reconhecia a moça robusta, corada, de cinco semanas antes. A mesma expressão severa desagradável, contudo, caracterizava sua fisionomia."

Samuel apoiou o queixo nas mãos e ficou olhando para a frente. Parecia "muito deprimido", para o *Bath Express*, "e seu rosto exibia inegáveis sinais de profundo pesar [...] depois da prisioneira, ele e o sr. Whicher dividiam a atenção do público." Nenhum dos três teria participação formal na audiência daquele dia — estavam ali para observar e serem observados. A lei impedia o depoimento de Constance, a acusada.

Elizabeth Gough foi chamada primeiro, e os juízes leigos retomaram o interrogatório da sexta-feira anterior. "Ela aparentava considerável esgotamento", segundo o *Somerset and Wilts Journal*. O repórter desse jornal parecia pensar que as mulheres suspeitas nesse caso definhavam perante seus olhos, como se a avidez com que o público as analisava as consumisse lentamente.

Clark perguntou a Gough sobre o cobertor. "Eu não dei por falta do cobertor do menino até ele ser trazido com o corpo", ela declarou.

Edlin perguntou à babá a respeito do relacionamento entre sua cliente e o meio-irmão menor. "Nunca ouvi Constance dizer palavras rudes a ele", Gough declarou. "Nunca a vi comportar-se de maneira que não fosse carinhosa em relação a ele." Ela não confirmou que Saville dera um anel de contas a Constance no dia de sua morte, ou que Constance tivesse dado um quadro a Saville.

William Nutt foi chamado. Edlin perguntou a respeito de sua "previsão" de que Saville seria encontrado sem vida, e Nutt repetiu a declaração dada no inquérito: só quis dizer que temia pelo pior.

A colega de escola de Constance, Emma Moddy, foi interrogada a seguir.

"Alguma vez ouviu a prisioneira usar expressões negativas ao se referir ao falecido?", Henry Clark perguntou.

"Ela antipatizava com ele por ciúmes", Emma declarou.

Ao que Edlin protestou. "Esta não é uma resposta à pergunta. O que a prisioneira disse exatamente?"

Emma repetiu parte do que havia dito a Whicher: Constance admitira provocar e beliscar Saville ou Eveline, não gostava de passar férias em casa e achava que os pais protegiam os irmãos mais novos.

Clark perguntou se ela se lembrava de Constance ter dito algo específico a respeito de Saville. Embora Emma houvesse declarado a Whicher que certa vez censurara Constance por ela dizer que odiava o meio-irmão, a jovem não repetiu o diálogo. "Não me lembro de nenhuma outra conversa com ela a respeito da criança morta. Só ouvi referências vagas a ele."

"Você ouviu mais alguma coisa a respeito do irmão falecido?", insistiu Clark, mas Edlin protestou.

"Ressalto que isso está errado; o interrogatório é dos mais inusitados e impróprios... a linha de questionamento é inusual e inédita."

"Só estou tentando esclarecer os fatos", rebateu Clark.

"Reconheço seu sincero empenho no cumprimento da tarefa", respondeu Edlin, "mas seu empenho involuntariamente ultrapassou demais os limites."

Henry Ludlow interrompeu a discussão para defender seu funcionário. "Explique de que maneira isso foi feito, pois trata-se de uma expressão muito forte."

"Peço sua licença para explicar isso com todo o respeito", Edlin disse.

"Creio que o senhor Clark extrapolou sua função, dando a impressão de que se equivocou quanto a ela. Ele tem à sua frente uma colega de escola da prisioneira, e em vez de se restringir às perguntas, e se dar por satisfeito com as respostas, ele realizou uma reinquirição metódica, em vez de adotar a linha que vem sendo utilizada em geral, fundamental num caso de natureza tão importante." O pessoal aplaudiu no salão, o que levou Ludlow a pedir silêncio, irritado.

"Se acontecer outra manifestação desse tipo", ele alertou, "os juízes leigos ordenarão que o recinto seja evacuado." Ele se dirigiu a Edlin: "Talvez seja melhor fazer uma objeção específica, senhor Edlin, em vez de considerações de natureza genérica".

Clark acrescentou: "Se a testemunha não compreende o que está sendo perguntado, não sei como obter informações, a não ser fazendo a pergunta de novo".

"O senhor a repetiu, e repetiu outra vez, portanto sua tarefa foi cumprida."

Clark se dirigiu a Emma: "Ouviu a prisioneira dizer algo referente ao irmão falecido?".

"Essa questão foi repetida uma e outra vez", Edlin disse, "e recebeu resposta negativa, portanto não adianta insistir." Edlin fazia a mesma coisa que acusara Clark de fazer: usar a repetição como meio de intimidação.

Ludlow assumiu a função do oficial de justiça: "Desejamos que você explique o que de fato aconteceu", disse a Emma, "nas conversas que manteve com a prisioneira, e não coisas ouvidas de segunda mão. Não queremos nada que seja ilegal e incorreto. Talvez nunca tenha estado numa corte de justiça antes, certamente não em ocasião tão solene; por isso vou perguntar se manteve alguma conversa com a prisioneira, na escola, que tratasse de seus sentimentos a respeito do falecido."

"Eu não me lembro de mais nada."

Na reinquirição, Edlin fez perguntas detalhadas sobre as visitas de Whicher a Warminster. "Ele esteve uma vez em nossa casa", disse Emma, "e outra vez na casa do senhor Baily, um cavalheiro reservado; ele é casado. Eu o conheço; vive do outro lado da rua. A senhora Baily, ao me ver no quintal da minha mãe, me chamou e eu fui lá e vi o senhor Whicher, não me surpreendi, pois a senhora Baily estava interessada no caso, e me fez perguntas a respeito." Ela testemunhou que Whicher lhe mostrara a flanela peitoral.

A linha de questionamento de Edlin levava a crer que Whicher era furtivo e insinuante — para obter provas de Emma Moody, inferia, Whicher a vigiara, mandara um emissário da casa em frente para atraí-la, mostrara uma peça íntima feminina e a persuadira a revolver as lembranças para prejudicar a colega de escola.

Durante o interrogatório, Whicher os interrompeu para fazer uma pergunta direta a Emily: "Gostaria de lembrar a você a importância de dizer a verdade, nada mais que a verdade", esperando, com esse lembrete, encorajá-la a dar o testemunho que desejava.

Edlin tentou minimizar o apelo. "Isso nós consideramos resolvido", disse a Whicher.

"Eu prefiro ouvir da boca da prisioneira", disse Whicher. (Emma não era prisioneira, mas testemunha — o deslize de Whicher mostrava sua frustração com a jovem.)

Emma admitiu que Whicher a orientara a dizer a verdade.

Ludlow perguntou mais uma vez se ela se lembrava de outras conversas com Constance a respeito de Saville. Ela disse que não.

"A pergunta foi repetida de novo", insistiu Edlin.

"Você censurou a prisioneira por causa de coisas ditas por ela?", Ludlow perguntou.

"Sim, senhor", Emma respondeu, finalmente em conformidade com a conversa que relatara a Whicher. Mas Edlin levantou uma objeção imediata. O juiz não podia fazer perguntas do gênero, alegou; por uma questão humanitária, pedia que Emma fosse liberada.

Depois de conversar em particular com Edlin, os juízes leigos concordaram em liberar Emma Moody.

Joshua Parsons apresentou conclusões da autópsia, que repetiram suas declarações no inquérito: "Conheci o pobre menino que foi morto, e muito bem", acrescentou. O médico testemunhou que vira uma camisola bem limpa na cama de Constance na manhã do crime. Em resposta a Edlin, reconheceu que "*poderia* ter sido usada por uma semana", e que "uma grande força" teria sido necessária para desferir a facada no coração de Saville. Não lhe perguntaram se, em sua opinião, Constance era maníaca.

Quando Henry Clark interrogou Louisa Hatherill, outra colega de escola de Constance, ela repetiu o que Constance lhe dissera sobre a primazia concedida à nova família, e o menosprezo a William.

Sarah Cox falou sobre a camisola perdida: descreveu como Constance havia visitado o quarto onde preparavam a roupa suja na manhã após o homicídio, e a comoção na casa quando deram por falta da camisola. Contudo, Clark deixou de apresentar a teoria de Whicher que explicava como Constance conseguira recuperar uma camisola comum para ocultar a destruição da outra, que a incriminaria.

Cox não demonstrou hostilidade ou suspeita em relação a Constance. "Não observei nada inusitado nos modos ou no comportamento da prisioneira depois do crime, a não ser sofrimento normal", declarou. "Nunca a vi falar ou fazer nada que fosse rude ou indigno em seu comportamento com o falecido."

A sra. Holley foi a última depoente. Foi questionada sobre a camisola desaparecida. Nos cinco anos em que trabalhara lavando a roupa dos Kent, disse, só sumiram duas coisas, antes: "um pano de pó velho e uma toalha velha".

Edlin começou sua fala final pedindo aos juízes leigos que liberassem Constance Kent imediatamente. "Não há um fragmento de prova contra esta jovem." Com extraordinária ousadia, ele igualou a investigação ao próprio crime: "Sei que um assassinato atroz foi cometido, mas temo que tenha sido seguido por um assassinato judicial cujo caráter é quase tão atroz".

"Jamais se esquecerá", continuou, "que esta jovem foi arrancada de seu lar e enviada como se fosse uma criminosa comum — uma vadia — para a penitenciária de Devizes. Afirmo, portanto, que esse passo só deveria ter sido dado depois das considerações mais maduras e depois de haver provas concretas, e não com base no sumiço de uma camisola insignificante — que o inspetor Whicher sabia estar na casa, e que o senhor Foley examinou com o médico no dia seguinte ao assassinato, ao verificar as gavetas da jovem." Edlin chamava a atenção para os homens que haviam revirado a roupa íntima de Constance. De propósito ou não, ele confundiu a teoria de Whicher sobre o modo como a destruição da camisola acontecera. Se a camisola não estava manchada, perguntou Edlin, qual o objetivo ao retirá-la? Ele insistia que o desaparecimento da camisola "fora esclarecido de modo satisfatório para todos os que ouviram as informações naquele dia, e não resta dúvida de que esse pretexto irrisório, sobre o qual uma terrível acusação repousa, foi derrubado.

"Eu afirmo que arrancar esta jovem de seu lar daquele jeito e naquele momento, quando seu coração já estava apertado pela morte do querido irmão menor, é mais do que suficiente para despertar a simpatia e a compaixão de todos os habitantes deste condado, e não somente deles, como de todos os homens sem preconceitos deste país que ouviram — e poucos deixaram de ouvir — falar nesse terrível homicídio."

Nesse ponto Samuel e Constance Kent começaram a chorar, escondendo o rosto entre as mãos. Edlin continuou:

"A atitude tomada é capaz de arruinar sua vida — todas as esperanças se perdem, no que diz respeito a esta jovem... e onde estão as provas? O único fato — e me envergonha fazer-lhe referência nesta terra de liberdade e justiça — é a *suspeita* do senhor Whicher, um homem sôfrego para apanhar o assassino, e ansioso para receber a recompensa oferecida... eu não quero acusar o senhor Whicher desnecessariamente, mas creio que, na atual situação, seu zelo profissional na busca do criminoso o levou a seguir o caminho mais inadequado para provar o motivo; e não posso deixar de aludir à vileza — digo vileza inegável, como poderia dizer infâmia, e estava a ponto de dizer desonra, mas não quero dizer nada que possa deixar uma impressão desfavorável; e direi que foi indescritível a vileza com que caçou duas colegas de escola e as trouxe aqui para que dessem seus depoimentos. Que a responsabilidade e a desonra de tais procedimentos caiam sobre quem trouxe essas testemunhas até aqui!... Parece-me que ele se permitiu ser estranhamente manipulado nesse caso. Estava atônito, irritado por não conseguir pistas, e se ateve a algo que não era sequer uma pista."

O causídico concluiu: "Jamais foi apresentado a uma corte de justiça, em nenhum lugar, um caso mais impróprio, mais improvável, mais injusto no que diz respeito aos fatos apresentados como provas, para formar uma acusação de natureza muito séria e impingi-la a uma jovem com a posição que ocupa na sociedade a senhorita Constance Kent".

A fala de Edlin foi interrompida por aplausos da plateia. Ele terminou pouco antes das sete da noite. Os juízes leigos conferenciaram, e quando os espectadores voltaram ao salão de audiências Ludlow anunciou que Constance estava livre, com a condição de que seu pai depositasse em juízo duzentas libras, como garantia de que ela compareceria ao tribunal novamente, se isso fosse exigido.

Constance saiu de Temperance Hall acompanhada por William Dunn. A multidão reunida do lado de fora abriu caminho para sua passagem.

Quando Constance chegou à mansão de Road Hill, noticiou o *Western Daily Press*, "suas irmãs e parentes a rodearam, comovidos e excitados, e a abraçaram com imenso carinho; os abraços e soluços prosseguiram por um período considerável. A certa altura cessaram, e desde então a jovem apresentou um comportamento discreto e contemplativo". Ela retomou o silêncio.

Por qualquer critério o argumento de Whicher era fraco. Havia várias razões práticas para seu fracasso: ele foi chamado muito tarde à cena do crime, sabotado por policiais locais incompetentes e hostis, pressionado a prender alguém e mal representado no tribunal — ele enfatizou, em seu relatório a Mayne, *"não havia um profissional para conduzir o caso em nome da promotoria".* Samuel Kent, que em circunstâncias normais providenciaria um advogado para auxiliar a promotoria no processo contra o assassino de seu filho, dificilmente financiaria um ataque contra a filha. Whicher tinha certeza de que um advogado profissional teria explicado melhor a questão da camisola perdida, e persuadido Emma Moody a repetir o que ela lhe dissera a respeito do ressentimento que Constance nutria por Saville; esses dois aspectos podem ter feito muita diferença. Os juízes leigos não precisavam decidir se Constance era culpada, no final das contas, e sim se havia indícios suficientes para julgá-la pelo crime.

A virada contra Whicher naquele dia culminou com o discurso de Edlin, que descreveu o detetive como um sujeito vulgar, ganancioso, inescrupuloso, decidido a arruinar a vida de uma jovem. Acrescentou insinuações de caráter sexual, uma sugestão de que o policial queria conspurcar a virginal inocência de Constance por ser um rude membro das classes inferiores. O público se empolgou com a análise de Edlin. Embora os moradores de Road estivessem propensos a acreditar que a filha adolescente esquisita e infeliz de Samuel Kent tivesse matado o irmão pequeno, a maior parte do público inglês, masculino e feminino, descartava a ideia, julgando-a grotesca. Era quase inconcebível que uma moça respeitável fosse tomada por uma fúria emocional suficiente para levá-la a matar, e que fosse capaz da frieza exigida para acobertar seu ato. O público preferia a maldade do detetive, atribuindo a ele a corrupção moral.

A investigação de Jack Whicher lançara uma luz sobre a casa sombria, abrira as janelas para o ar entrar. Mas, ao fazer isso, expusera a família à lasciva imaginação do mundo exterior. Havia uma sordidez indispensável nos procedimentos policiais: seios eram medidos, trajes noturnos examinados em busca de sinais de sangue e suor, perguntas indelicadas eram feitas a jovens de boa família. Em *A casa soturna*, Dickens imagina os sentimentos de sir Leicester Dedlock quando sua casa é revistada: "a nobre casa, os retratos de seus antepassados, sendo invadida por estranhos, por policiais que rudemente tratavam as heranças mais preciosas, milhares de dedos apontados para ele, milhares de rostos a desprezá-lo". Enquanto a ficção policial das décadas de 1830 e 1840 escolhera os cortiços londrinos, o crime sensacional da década de 1850 começava a invadir a classe média, na ficção e na vida real. "Coisas muito estranhas ocorridas no seio das famílias chegam ao nosso conhecimento", diz Bucket. "[...] mesmo em famílias nobres, em famílias de alto crédito, em grandes famílias [...] e o senhor não tem ideia [...] de quanta coisa entra em jogo nisso!"*

Durante as investigações de Whicher, o *Frome Times* realizou

---

* As traduções de trechos de *A casa soturna*, de Charles Dickens, neste livro, são de Oscar Mendes. Rio de Janeiro: Nova Fronteira, 1986.

"um protesto indignado contra a conduta de alguns representantes da imprensa. Fomos informados por fonte confiável de que uma pessoa disfarçada de detetive penetrou na casa — enquanto outra teve a audácia de impingir sua presença ao sr. Kent, e pedir a ele detalhes do crime de seu filho! Em nossa opinião, a audácia e a insensibilidade dessa pessoa quase se equiparam às do vilão que perpetrou o pavoroso crime".[1] Essa retórica, também empregada por Edlin, se tornava possível graças à sensibilidade vitoriana à "exposição", ao escândalo e à perda da privacidade. As investigações em casas de classe média, pela imprensa e acima de tudo pelos detetives, eram percebidas como uma série de agressões. A exposição podia destruir, como o assassinato deixava claro — quando os pulmões, artérias, dutos e o coração eram subitamente expostos ao ar, eles entravam em colapso. Stapleton descreveu a morte de Saville nos seguintes termos: o habitante da "casa da vida" fora "rudemente raptado por um invasor violento e não autorizado".

A palavra "detectar" deriva do latim *de-teger*, ou "destelhar", e a figura original do detetive era a de um diabólico e revoltante Asmodeu, o "príncipe dos demônios", que arrancava o telhado das casas para espionar seus moradores. "O diabo Asmodeu é o Demônio da Observação", descreveu o romancista francês Jules Janin. Em seu livro sobre o crime de Road Hill, Stapleton usou a figura de Asmodeu, "perscrutando a privacidade" da residência da família Kent, para representar o fascínio do público pelo caso.[2]

"Se todos os aposentos de uma casa forem investigados por um observador secreto", escreveu o detetive escocês McLevy em 1861, "teríamos um espetáculo mais cativante que o de um circo ambulante."[3] Um policial à paisana era o observador secreto, um homem com licença para espionar. O herói detetive poderia a qualquer momento se transformar, revelando a face terrível, a de *voyeur*.

"Anjo e demônio, alternadamente, hein?", comenta o sr. Bucket.

Depois que Constance foi solta, Whicher disse a Ludlow que não via razão para permanecer em Wiltshire. "Não tenho esperanças de encontrar novas provas se prolongar minha permanência", escreveu em seu relatório, "pois a única prova adicional seria a camisola que suponho ter sido destruída." Ludlow concordou que chegara a hora da partida. Ele garantiu a Whicher estar convencido da culpa de Constance, e pretendia escrever cartas a sir George Cornwall Lewis, ministro do Interior, e a Mayne. Henry Clark redigiu as cartas imediatamente:

> Fomos convocados pelos juízes leigos [...] a transmitir os agradecimentos aos serviços do inspetor Whicher e do sargento Williamson. Embora não tenha havido comprovação da culpa da pessoa detida, os juízes leigos ficaram impressionados com a possibilidade de ser a srta. Constance a culpada, e esperam que surjam indícios para levar quem cometeu o crime aos tribunais. Eles ficaram plenamente satisfeitos com as investigações conduzidas pelos policiais supramencionados.

Whicher e Williamson regressaram a Londres no dia seguinte. Whicher levou consigo lembranças da investigação: as duas camisolas restantes de Constance, seu rol de roupa suja, o pedaço de jornal ensanguentado. Na nova edição de *All the Year Around*, o herói de *A mulher de branco* também encerrou suas investigações no interior. O episódio acabava assim: "Meia hora depois eu estava voltando a Londres pelo trem expresso".

Naquele final de semana houve várias tempestades nas proximidades de Road, com trovoadas. Os relâmpagos clareavam os campos, o rio Frome subiu quase um metro e o granizo fustigou o milho.

Durante os procedimentos em Temperance Hall, a sra. Kent entrara em trabalho de parto. "A agitação e o suspense de esperar a reinquirição foram fortes demais para ela", relatou o *Bath Chronicle*, "e como consequência ocorreu um nascimento prematuro." Correu o boato de que o bebê falecera durante o parto, o que não se confirmou. A sra. Kent deu à luz um menino na segunda-feira, 30 de julho, um mês após o assassinato de seu filho, e escolheu como nome do bebê Acland Saville Kent.[4]

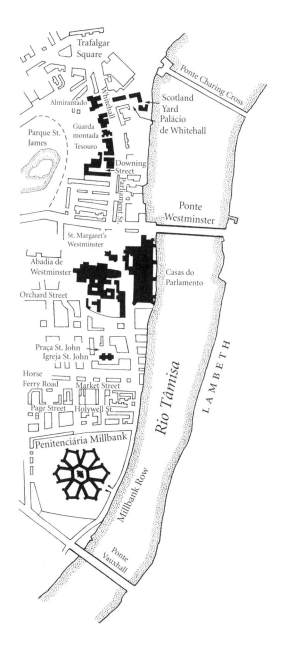

Mapa do centro de Londres

12. Febre detetivesca

Londres, julho-agosto de 1860

Whicher chegou à estação de Paddington na tarde de sábado, 28 de julho, e contratou uma aranha para levá-lo, com a bagagem, para Pimlico — provavelmente para Holywell Street, 31, perto de Millband Row. Naquela casa a sobrinha, Sarah Whicher, dona de casa de trinta anos, alugava um quarto, e ele daria o endereço como sendo seu três anos depois.* Na década de 1850

---

* Embora seu nome não apareça no censo de 1861, há indicações de que Whicher residia nessa casa em 1860. Numa circular da polícia de 1858, ele pedia a colegas que o informassem, na Scotland Yard, se tinham visto um cavalheiro de 24 anos, desaparecido, "mente supostamente afetada"; duas semanas depois um anúncio particular foi publicado no *Times*, pedindo notícias do mesmo homem, que teria "rosto cheio muito pálido", oferecendo uma recompensa de dez libras — presume-se que tenha sido posto por Whicher, mas indicava que as informações deveriam ser passadas a um certo "sr. Wilson", de Holywell Street, 31. O pseudônimo ocultava o fato de que a polícia procurava o homem pálido. "Os truques dos detetives da polícia são infinitos", observa o narrador de *The female detective*. "Sei que muitos anúncios supostamente inocentes se referem a investigações policiais." Um ano depois o Comissariado divulgou um pedido de informações a respeito de um cão branco que desaparecera da Holywell Street, 31. Procurar cachorros perdidos não costumava ser tarefa da Scotland Yard —

seu amigo e colega Charley Field residia no número 27 da mesma rua, com a mulher e a sogra, e a sobrinha de Whicher, Mary Ann, trabalhava como empregada doméstica de uma família de tapeceiros no número 40.[1]

O bairro se transformava velozmente. A oeste, a estação ferroviária de Victoria estava quase pronta, e ao norte, o gótico palácio de Westminster, de sir Charles Barry, também recebia os retoques finais. O relógio Big Ben fora instalado no ano anterior, mas ainda tinha só um ponteiro e faltava seu carrilhão. Na nova ponte de Westminster, treze lâmpadas de óxido de cálcio haviam sido instaladas no verão: funcionavam por uma série de pequenas explosões de oxigênio e hidrogênio que aqueciam bastões de cálcio para obter uma luz forte esbranquiçada.[2] Dickens visitou Millbank num dia quente de janeiro de 1861, e seguiu para oeste, acompanhando o rio:

> Caminhei sem parar por *quatro quilômetros e meio*, numa ampla e esplêndida esplanada à margem do Tâmisa, com fábricas imensas, ferrovias e outros prédios que se sucediam, enquanto estranhos inícios e finais de ruas dos abastados começavam e terminavam praticamente dentro do Tâmisa. Quando eu remava naquele rio só via terrenos baldios e valas, um ou outro bar, uma velha fábrica e uma chaminé alta. Não percebi ali nenhuma transição, embora me considere um conhecedor desta grande cidade tão bom quanto qualquer outro.[3]

A parte de Millbank em que Whicher vivia era um bairro barulhento, industrial, na beira do rio, com ladeiras estreitas amareladas, dominada pela flor de seis pétalas da penitenciária de

---

talvez o mastim branco pertencesse à senhoria de Whicher (Charlotte Piper, viúva de 48 anos com renda própria), ou ao próprio detetive.

Millbank. O romancista Anthony Trollope descreveu a área como "extremamente enfadonha, e que se poderia até chamar de feia". Holywell Street era separada do muro da prisão apenas pelos gasômetros, uma serraria e uma marmoraria. O número 31 dava fundos para esta última, e frente para a cervejaria e o cemitério. A fábrica de pianos Broadwood ficava a uma quadra no sentido norte, e a destilaria do gim Seager's, uma quadra ao sul. Pouco adiante da destilaria as barcaças de carvão ancoravam nos cais, e na outra margem do rio havia grandes fábricas de cerâmica e as pútridas indústrias de Lambeth, que moíam ossos. Barcos a vapor, com pás, transportavam os londrinos para o trabalho e de volta para casa, agitando o esgoto lançado ao Tâmisa — o ar pesava com o mau cheiro exalado pelo rio.[4]

Na segunda-feira, 30 de julho, Jack Whicher seguiu para seu escritório na Scotland Yard, um quilômetro e meio ao norte de Holywell Street, seguindo pela margem do Tâmisa pelos insalubres cortiços da "Quadra do Demônio" e pelos prédios altos de Westminster e Whitehall. A entrada para o público à sede da polícia se situava na Great Scotland Yard, embora seu endereço fosse Palácio de Whitehall, 4. Havia um grande relógio na parede que dava para o pátio e um catavento no telhado, além de cinquenta cômodos. O local abrigava a administração da Polícia Metropolitana desde 1829, e a força de detetives (três salas pequenas) desde sua formação, em 1842. O alojamento que Dolly Williamson dividia com outros policiais solteiros se localizava numa esquina da Great Scotland Yard, atrás da peixaria Groves. Na outra esquina havia um *pub*, em cuja porta uma mulher embriagada vendia pés de porco nas noites de sábado. Ao norte do largo ficava Trafalgar Square, e ao sul, o rio.[5]

Sir Richard Mayne, cujo escritório também se situava na Scotland Yard, considerava Whicher mais capacitado que todos os outros policiais: no final da década de 1850, "os casos importantes eram postos em suas mãos por sir Richard", relatou Tim Cavanagh em suas memórias. O comissário Mayne, com 66 anos, "media cerca de um metro e setenta e era esguio, mas forte", descreveu Cavanagh; tinha "rosto magro, boca muito apertada, cabelos grisalhos e suíças, olhos de águia e coxeava levemente, devido a uma inflamação reumática nos quadris, creio". Era "respeitado e temido por todos na corporação". Quando Whicher e Williamson voltaram ao trabalho, Mayne aprovou suas despesas sem restrições, inclusive os pedidos de diárias por trabalho fora da cidade (onze xelins por dia para o inspetor, seis xelins para o sargento). O comissário entregou a Whicher um maço de cartas de cidadãos com propostas de solução para o caso de Road Hill. As cartas, endereçadas a Mayne ou ao ministério do Interior, continuaram a chegar durante o mês.[6]

"Eu gostaria de lhe dar uma ideia que surgiu em minha mente e que pode ajudar a resolver o mistério", escreveu um sr. Farrer. "Eu a envio em confiança absoluta, e espero que mantenha sigilo total quanto a meu nome, como seu autor... Eliz Gough, a babá, talvez tenha passado a noite com William Nutt, e quando o menino (F.S. Kent) acordou, e por temerem que ele acordasse os pais com seu choro, eles o estrangularam; enquanto Nutt levava o corpo para a latrina, ela arrumou a cama." O sr. Farrer acrescentou um pós-escrito: "Como Willm Nutt tem vínculos de parentesco com a família da Lavadeira, pode ter sido fácil subtrair a camisola, de modo a lançar suspeitas sobre outra pessoa".

A teoria de que Nutt e Gough mataram o menino era de longe a mais popular. Um escritor que considerava Constance "cruelmente usada como bode expiatório" argumentou que os dados médicos mencionavam uma "faca *de ponta torta*" como arma do crime — "muito semelhante às facas que os sapateiros *costumam usar*". Nutt era sapateiro. "*A garganta foi cortada de uma orelha a outra, dividida em duas partes, até a espinha*, clara indicação da força e determinação de um homem, e não de uma adolescente nervosa de dezesseis anos", e "sapateiros costumam usar *duas* facas, e uma delas poderia *estar no fundo da fossa*". Um remetente de Mile End tinha opinião similar, assim como o capelão do asilo para pobres da Bath Union, em Bath, o mestre do asilo de Axbridge, Somersetshire, o sr. Minot, de Southwark, e o sr. Dalton, que escreveu de um hotel em Manchester. Um alfaiate de Cheshire queria ver Gough "sob estrita vigilância".

Um cura de Lancashire, também juiz leigo, mandou uma explicação completa da teoria:

> Embora as suspeitas que estou a ponto de mencionar tenham sido muitas vezes discutidas em minha família desde o início do inquérito, eu acharia injusto divulgá-las amplamente se a imprensa (o *Morning Post*) não houvesse citado o nome do indivíduo — refiro-me ao caso do assassinato nos Kent.
> Não é possível que a babá tivesse um amante, fosse na casa ou de fora, que conhecesse muito bem o local e tivesse acesso a seu interior durante a noite [...] claro, pelo que ouvi a suspeita recai imediatamente sobre Nutt [...] se ele era admirador da moça, o exame médico não deveria estabelecer se ela recebeu uma visita noturna? Ele possuía os meios necessários — facas etc. — e teve a noite inteira para fazer tudo. Ele mantém vínculos com a lavadeira, e se ela sabia do relacionamento entre os dois, uma suspeita perpassou por sua mente, sobretudo por ele ter encontrado o corpo com tanta facilidade — caso não tenha sido ela a responsável pela ocultação da camisola, para assim mudar imediatamente qualquer suspeita que pudesse haver a respeito deles, para transferi-la à excêntrica srta. Kent, que há algum tempo fugiu usando trajes masculinos. Tudo isso não passa de suspeita — mas quando tudo parece tão vago e longe do alvo — pode-se pensar que as pessoas empregadas foram

trabalhar com uma visão já formada do caso, e rejeitaram ou pelo menos negligenciaram o que não combinava com suas suspeitas [...] com minha pequena experiência judicial num distrito violento aprendi a estudar os possíveis motivos das pessoas, mais do que teria feito em outra situação.

No início de agosto, sir George Cornewall Lewis, ministro do Interior, recebeu duas cartas identificando Elizabeth Gough e seu amante como assassinos. Uma era de um advogado de Guildford, que escreveu desdenhando os esforços de Whicher: "Um policial pode ser competente para descobrir um *criminoso*: mas é preciso um intelecto e uma mente ampliada pela observação para detectar um *crime* e resolver um mistério". A outra carta foi mandada por sir John Eardley Wilmot, de Bath, um baronete e ex-advogado, que desenvolveu tamanho interesse pelo caso que convenceu Samuel Kent a permitir sua visita à mansão de Road Hill e conversas com alguns moradores. Horatio Waddington, o formidável subsecretário de Estado permanente do ministério do Exterior, repassou as cartas a Mayne. "Esta é a teoria favorita, agora", Waddington escreveu em um dos envelopes, em tom agressivo. "Eu gostaria de ouvir os comentários do inspetor Whicher a respeito destas duas cartas, pois se a babá tinha um amante, certamente alguém sabia ou ao menos desconfiava disso." Quando Whicher o atendeu, enviando um relatório em que resumia seus argumentos contrários ("desconfio que sir John não tenha conhecimento suficiente dos fatos"), Waddington concordou com ele: "Eu me inclino a aceitar a opinião do policial".

Quando Eardley Wilmot mandou outra carta, dessa vez sugerindo que Gough namorava um soldado, Waddington escreveu no envelope: "Nunca ouvi falar no *soldado* antes. Não sei de onde ele tirou isso". O subsecretário rabiscou comentários na torrente de cartas do baronete: "A mim parece haver uma es-

tranha atração"; "Este cavalheiro desenvolveu monomania pelo tema"; e "Ele quer emprego de detetive, ou o quê?".[7]
As pessoas que escreviam cartas tinham outros suspeitos. George Larkin, de Wapping, confidenciou:

> Senhor, por três semanas seguidas eu não tirei o assassinato de Frome da Mente, assim que acordo, não posso evitar pensar nisso. O fato de o sr. Kent ser o assassino surgiu para mim da seguinte maneira, e que sua oferta de recompensa é uma manobra diversionista (Tolice) minha impressão é que o sr. Kent foi ao quarto da babá por algum Propósito, a criança acordou e reconheceu seu Pai, e o Pai, por Medo de ser Desmascarado na Família, o estrangulou no Quarto, depois que a Babá foi dormir ele carregou o menino para a Latrina e cortou a Garganta.

Um residente de Blandford, Dorset, escreveu: "Acredito firmemente que a *sra. Kent* matou o filho em Road", enquanto Sarah Cunningham, da zona oeste de Londres, alegou "que, passo a passo, posso vincular o assassinato ao *irmão* de William Nutt e ao genro da sra. Holly, a lavadeira".

O tenente-coronel Maugham escreveu de Hanover Square, Londres:

> Permitam-me o favor de sugerir [...] que seja investigado se clorofórmio era guardado naquela casa onde a criança foi assassinada [...] se não, se alguém comprou o produto na vizinhança, ou nas cidades e vilarejos onde os filhos da família Kent frequentavam a escola [...] e sugiro também que verifiquem se alguma arma foi adquirida ou levada *de alguma escola das proximidades*.

Em nota a Mayne, Whicher observou que Joshua Parsons não detectara traços de clorofórmio no cadáver de Saville. "Quanto à sugestão de que uma arma tenha sido adquirida nas redondezas ou trazida da Escola pela srta. Kent, já realizamos investigações nesse sentido."

Na maioria das cartas recebidas do público, Whicher rabiscava "Não há nada aqui que possa ajudar na investigação", e uma vez ou outra entrava em detalhes, impaciente: "todos os pontos foram detalhadamente considerados por mim", ou "Estive com todas as pessoas citadas quando me encontrava no local, e fiquei convencido de que não tiveram ligação com o crime".

A única carta que fornecia informações, e não especulações, era de William Gee, de Bath: "Quanto ao sr. Kent, eu soube pela viúva de um diretor de escola meu amigo que há quatro anos sua situação financeira era tão complicada que ele deixou de pagar a escola do filho, quinze ou vinte libras por semestre. Não entendo como ele pode ocupar uma mansão tão imponente (segundo os vizinhos), com um modo que [ilegível] um professor". A falta de pagamento da escola do filho sugere que ele estava sem dinheiro, como insinuara Joseph Stapleton; também revelava negligência em relação ao bem-estar do filho William.

As cartas para a Scotland Yard eram fruto de uma recente obsessão inglesa pela decifração de crimes. O público estava fascinado pelos homicídios, especialmente quando domésticos e misteriosos, e começava a se ocupar também das investigações.[8] "Gosto de um bom assassinato que não pode ser desvendado", diz a sra. Hopkinson em *The semi-detached house* [A casa geminada], 1859, de Emily Eden. "Sei que é extremamente chocante, mas gosto de ouvir a história." O caso de Road Hill alçou o entusiasmo nacional por crimes desconcertantes a um novo patamar. Em *A pedra da Lua*, Wilkie Collins chamou esta mania de "febre detetivesca".

Embora condenassem as especulações impertinentes e lascivas de Whicher, a imprensa e o público faziam as suas livremente. O primeiro detetive da literatura de língua inglesa era, como eles, um detetive de poltrona: Auguste Dupin, de Poe, solucionava os casos sem procurar pistas na cena do crime, usando apenas notícias dos jornais. A época do detetive profissional da polícia mal começava, mas a era dos amadores havia desabrochado plenamente.

Num folheto barato anônimo impresso em Manchester, com dezesseis páginas, chamado *Quem cometeu o assassinato de Road? Ou: seguindo o rastro do sangue*, um "discípulo de Edgar Allan Poe" escarnecia da investigação de Whicher. "Até agora o esforço do brilhante 'Detetive' se resumiu a associar a camisola à srta. Constance Kent; a provar que sua culpa estava embrulhada ali! E a tentar localizar a camisola. Tudo errado! Vejo inocência dela nessa perda; e, na perda, outra culpa. A ladra pegou a camisola para se proteger, para lançar suspeitas sobre *alguém do mesmo sexo*." O folheto já havia absorvido um princípio da ficção policial: a solução deve ser sempre labiríntica, indireta, paradoxal. A camisola perdida significa o oposto do que mostram as aparências: "Vejo a inocência dela nessa perda".

O autor quer saber se o vilarejo foi inteiro vasculhado na busca pela peça de roupa manchada de sangue, se as chaminés da mansão de Road Hill foram examinadas para ver se havia vestígios de provas incineradas, se os registros dos vendedores de facas locais foram consultados. Ele ou ela usou sua imaginação criativa duvidosa para argumentar que o assassino devia ser canhoto, pois a garganta fora cortada da esquerda para a direita: "Tracem uma linha imaginária no corpo de uma criança rechonchuda... Uma pessoa comum, ao cometer tal crime (em condições rotineiras), colocaria a mão esquerda no peito da criança e cortaria no sentido de seu corpo, com a mão direita".

Os jornais também teceram suas conjecturas. O *Globe* culpava William Nutt, o *Frome Times* acusava Elizabeth Gough, o *Bath Ex-*

press insinuava a culpa de William Kent. O *Bath Chronicle*, em artigo que provocou um processo por difamação, se fixou em Samuel:

> Se tiver fundamento a hipótese de que a moça mantinha um relacionamento ilícito, e que o outro envolvido neste relacionamento preferia cometer um assassinato a ser exposto, infelizmente somos levados a procurar uma pessoa para quem a revelação provocaria a ruína, ou no mínimo provocaria um estado de coisas tão terrível para si que, num momento de incontrolável terror, ele lançou mão dos mais pavorosos meios de evitar o escândalo. A quem esses termos se aplicam? [...] naquela hora estranha da pálida madrugada, quando temos todas as faculdades do pensamento quase dolorosamente nítidas, mas estamos desprovidos da vontade e da sábia sensatez que surge quando nos levantamos e nos preparamos para os deveres do dia [...] Um homem fraco, ruim, apavorado, violento, vê uma criança entre ele e a ruína — e o ato medonho é cometido com desvario.

Até ali a identidade do "homem violento" era um pouco ambígua, mas nas frases finais do artigo o autor praticamente acusa Samuel Kent:

> Uma criança some do quarto, mas não de um quarto exposto, e sim do primeiro andar, nos recessos da mansão, numa hora em que nenhum invasor externo poderia ter se aproximado do quarto, e um homem que nutria por aquela criança grande afeição, um homem que poderia se mostrar muito determinado e prático em suas pesquisas depois do feito, adota a ideia frívola dos leitores de romances, alegando que a criança havia sido raptada por ciganos! Se ele tivesse dito que os anjos a levaram para o céu, nessas circunstâncias, a sugestão não teria soado mais ridícula.

Reinava o consenso de que o sexo motivara o crime — particularmente que a catástrofe ocorrera porque o menino testemunhara uma transgressão sexual. Na visão de Whicher, Constance se vingou do caso entre seu pai e a ex-governanta, destruindo o resultado daquela ligação. Na visão popular, Saville flagrou um ato sexual e foi morto por causa disso.

A postura dominante na imprensa era de espanto. Muito se sabia, e no entanto pouco se podia concluir: as colunas de cobertura só ampliavam o mistério. "Aqui se encerra nosso conhecimento", dizia um editorial do *Daily Telegraph*. "Aqui nossas investigações chegam a um impasse. Tropeçamos no umbral, e a vasta vista do crime se estende para o outro lado, de todo camuflada." A história por trás do assassinato era grave, mas escondida das vistas. A mansão de Road Hill poderia ser revirada do porão ao sótão, mas, simbolicamente, estava trancada.

Na falta de uma solução, a morte de Saville se tornou pretexto para especulações ilimitadas; libertou um tipo de imaginação fértil. Não se sabia que identidades ocultas poderiam emergir naquela "hora estranha da pálida madrugada". Os personagens do caso ganharam dupla personalidade: Constance Kent e Elizabeth Gough eram anjos da casa, ou verdadeiros demônios; Samuel era o pai amoroso, arrasado pelo sofrimento e pelos insultos, ou um tirano sexual implacável; Whicher era um visionário, ou não passava de um tolo vulgar.

Um editorial do *Morning Post* revelava como a suspeita ainda recaía sobre todos na casa, e sobre várias pessoas de fora. Samuel ou William poderiam ter assassinado Saville, dizia o texto, ou a sra. Kent poderia ter cometido o crime, "sob alucinações de que mulheres em sua condição [gravidez] por vezes sofrem". Saville poderia ter sido morto por "um ou mais jovens da família, num ataque de ciúme, ou por qualquer um que pretendesse atingir os pais em seu ponto mais fraco". O autor reflete a respeito dos antecedentes de Sarah Kerslake, das facas de William Nutt, das mentiras de Hester Holley. Sua imaginação o leva às profundezas e vazios da mansão de Road Hill, a seus pontos fracos. "Os poços, lagos, fossas, chaminés, pontos de terra fofa nos jardins e troncos das árvores foram examinados?"

"Por mais obscuro que seja o mistério", escreveu, "somos instigados a pensar que gira em torno da camisola e da faca."

Poucos dias depois de voltar a Londres, Jack Whicher e Dolly Williamson foram destacados para investigar um novo caso de homicídio, outro espetáculo de horror doméstico em que havia camisolas e facas. "Não demorou para que soubéssemos da ocorrência de um assassinato cruel e atroz", publicou o *News of the World*, "e que não havia muitas chances de esclarecimento, portanto vemos atônitos que a impunidade vem causando seu resultado usual, e homicídio após homicídio surgem por todos os lados, como se ocorresse uma terrível epidemia." Um crime sem solução parece ser infeccioso. Por não conseguir capturar um assassino, o detetive pode liberar uma horda de outros homicidas.

No dia 31 de julho, terça-feira, a polícia foi chamada a uma casa em Walworth, um bairro ao sul de Londres, entre Camberwell e o rio. O dono e um inquilino ouviram um grito e um baque, logo depois de amanhecer. Quando chegaram ao local, os policiais viram um rapaz baixo, muito pálido, de camisola, parado na frente dos cadáveres da mãe, dos dois irmãos (de seis e onze anos) e de uma mulher de 27 anos. Todos usavam roupas de dormir. "Isso foi obra de minha mãe", disse o rapaz. "Ela se aproximou da cama onde meu irmão e eu dormíamos. Ela o matou a facadas e me feriu. Em legítima defesa arranquei a faca de suas mãos e a matei, agora ela está morta." O sobrevivente do massacre era William Youngman. Quando foi detido como suspeito do crime, disse: "Muito bem".

Whicher e Williamson foram designados para auxiliar o inspetor Dann, da divisão Lambeth. Ao contrário de Foley, Dann era um policial competente e continuou responsável pela investigação. A polícia logo comprovou que Youngman estava noivo da moça morta, Mary Streeter, e que fizera um seguro de vida para ela no valor de cem libras, seis dias antes de sua morte. Whicher descobriu que os proclamas para o casamento dos dois já haviam sido feitos na paróquia local. Revelou-se que Youngman adquirira a arma do crime duas semanas antes dos homicídios — ele alegou que a comprara para cortar pão e queijo.

Havia semelhanças entre os assassinatos de Road e Walworth: a compostura dos principais suspeitos, a extrema violência contra parentes próximos, os sinais de loucura. Mas o *Times* considerou que as diferenças eram grandes. O assassinato de Londres tinha "uma originalidade e literalidade repulsivas", argumentou, considerando que o motivo de Youngman para o assassinato da família era puramente financeiro. "A mente do público não é atormentada pelo suspense, nem excitada pela incerteza." A solução era óbvia demais, e o crime não tinha outro sentido além de seu próprio horror repulsivo. Não faltava nada. O caso de Road, em contraste, apresentava um enigma irresistível, e sua solução era uma questão urgente, pessoal, para muitas famílias de classe média.

O *News of the World* concordou que havia aspectos do assassinato de Road Hill que "pareciam situá-lo à parte, numa classe única". Contudo, o jornal viu uma perturbadora ligação entre os diversos assassinatos cruéis de 1860 — em todos praticamente inexistia um motivo: "surpreende, de imediato, a brutalidade do crime e a irrelevância do motivo". Tanto o assassino de Road quanto o de Walworth pareciam quase ou bastante doidos: ferocidade desproporcional a qualquer possível ganho, combinada com um plano cuidadosamente executado para cometer e depois esconder a autoria do crime. O jornal comentou, sobre os assassinatos de Walworth: "Ou esse crime indica um acesso de insanidade, ou é o mais horrível e chocante assassinato já cometido por mãos humanas".

Pouco mais de uma quinzena depois do início da investigação, Youngman foi julgado na corte criminal londrina de Old Bailey. Ele "aparentava perfeita indiferença", relatou o *Times*, "exibindo a mais extraordinária calma e controle, e [...] não demonstrou nenhuma emoção". Quando o júri o condenou por homicídio, ele disse: "Não sou culpado", virou-se e "desceu do banco dos réus com passo firme". As alegações de insanidade foram rejeitadas, e o condenaram à morte. Assim que Youngman chegou à cela, pediu o jantar. Comeu com apetite. Enquanto aguardava a execução, na cadeia, uma senhora lhe enviou um texto religioso, sublinhando as passagens que julgava adequadas ao caso. "Preferia que ela tivesse mandado algo de comer", declarou. "Eu queria muito um frango e um pouco de porco em conserva."[9]

A participação de Whicher no caso Walworth passou praticamente despercebida pela imprensa, que continuou a publicar críticas indignadas a sua investigação em Road Hill. Como comentou nas respostas às cartas que chegavam à Scotland Yard, ele precisava manter silêncio nas discussões públicas sobre sua conduta.

Em 15 de agosto, antes do julgamento de Youngman, Whicher foi denunciado no Parlamento. Sir George Bowyer, o porta-voz dos católicos na Câmara dos Comuns, se queixou da qualidade dos inspetores policiais britânicos, usando Whicher como exemplo. "A recente investigação referente ao assassinato de Road apresentou provas contundentes da incapacidade de alguns dos atuais policiais", disse. "Um inspetor chamado Whicher foi enviado para investigar o caso. A partir da mais tênue das pistas, a mera falta de uma camisola, o policial prendeu uma jovem que vivia na casa onde foi cometido o crime e assegurou aos juízes leigos que em poucos dias estaria pronto a apresentar provas que levariam a sua condenação por homicídio." Ele acusou Whicher de ter agido "do modo mais questionável. Como não apresentou as provas cabais anunciadas, a jovem foi libertada pelos juízes leigos". Sir George Cornwall Lewis, ministro do Interior, defendeu timidamente o detetive, argumentando que "o policial estava correto na conduta adotada".

O estado de ânimo nacional, porém, tendia a dar razão a Bowyer. "Podemos definir sem hesitar o sentimento público", alegou o *Frome Times*. "Um policial capaz de brincar de modo irresponsável com uma acusação pesada como o homicídio doloso, e capaz de prometer coisas que sabidamente não pode cumprir, só pode ser visto com desconfiança." "A teoria de Whicher desapontou, não lançou nenhuma luz sobre as pesadas trevas desse horrível mistério", publicou o *Newcastle Daily Chronicle*. "Uma nova pista precisa ser descoberta para que a justiça saia do labirinto de Road." O *Morning Star* destacou os "depoimentos frívolos, os mexericos totalmente insípidos das colegas de escola" nos quais Whicher se baseou.

O *Bath Chronicle* criticou "as vagas especulações que foram reunidas com precariedade e apresentadas como prova [...] a experiência feita, terrivelmente cruel". Num ensaio para *Cornhill Magazine* o famoso advogado sir James Fitzjames Stephen argumentou que o custo da tentativa de solucionar o assassinato — os danos causados pela exposição, a intrusão policial — eram por vezes altos demais: "As circunstâncias do crime de Road são extremamente curiosas, pois permitem exemplificar o valor tão exato desse preço que, se tivessem sido criadas de propósito, dificilmente seriam mais adequadas". Como não foi encontrado nenhum outro culpado, Whicher acabou acusado pelas confusões e mistérios de Road. O "discípulo de Edgar Allan Poe" jogou com as associações sinistras de seu nome, quando escreveu no folheto que "Constance foi considerada inocente, embora a feitiçaria [*witchery*] metropolitana a tenha posto em perigo no início".

Uma das acusações mais prejudiciais lançadas contra Jack Whicher foi que ele agiu por ganância. Os primeiros detetives costumavam ser descritos como malandros fascinantes, a um passo apenas dos vilões que perseguiam. O bandido francês que virou detetive, Eugène Vidocq, cujas memórias profundamente ficcionais foram traduzidas para o inglês, adaptadas ao teatro e encenadas em Londres em 1852,[10] trocou sem problemas a vida criminosa pela policial quando isso atendeu a seus interesses financeiros.

As recompensas que os detetives poderiam receber provinham do "dinheiro sangrento" do século XVIII, pago a caçadores de recompensas e informantes. Em agosto de 1860 o *Western Daily Press* aludiu com desprezo ao "empenho aguçado pela oferta de uma bela recompensa" de Whicher. Certa carta de um "Juiz" ao *Devizes and Wiltshire Gazette* comparava Whicher a Jack Ketch, um carrasco famoso pela incompetência, que infligia terríveis sofrimentos a suas vítimas: Whicher era "totalmente irresponsável", escreveu o "Juiz", "tentado pela recompensa de duzentas libras, ele prendeu uma jovem de quinze anos e a encarcerou numa cadeia comum durante uma semana". Como muitos correspondentes, o "Juiz" manifestava sua contrariedade em relação ao elemento das classes subalternas que se metia nos assuntos da classe média. Os detetives eram gananciosos e pelo visto ineptos por não serem cavalheiros. Talvez Whicher tenha sido condenado com tanta veemência por fazer de fato o que legiões de novos leitores de jornal faziam mentalmente — espionar e vigiar, investigar e ponderar sobre os pecados e sofrimentos alheios. Os vitorianos viam no detetive um retrato seu, e numa repulsa coletiva ao reflexo que viam, o expulsavam.[11]

Poucas vozes se ergueram em defesa de Whicher.[12] O sempre

leal *Somerset and Wilts Journal* criticou o "logro engenhoso de Edlin", e o "truque esperto" pelo qual distorceu a teoria a respeito da camisola. O *Daily Telegraph* concordou:

> Não podemos endossar as ardentes denúncias de crueldade do sr. Edlin sobre a prisão dessa jovem [...] A crer no raciocínio *ad captandum* [para cativar] do advogado da jovem, o ponto importante referente à peça de roupa desaparecida foi satisfatoriamente esclarecido; no entanto, parece que ocorreu o oposto. Onde está a camisola? [...] *Teria sido muito diferente se uma camisola manchada com sangue aparecesse.* Alguns de nossos leitores se lembrarão do pavoroso caso do lençol ensanguentado na história de Beatrice Cenci. Aquele elo completaria uma série de provas que logo conduziriam ao cadafalso.

Beatrice Cenci foi uma nobre romana no século XVI executada pelo assassinato do pai; no século XIX ela se tornou uma espécie de heroína romântica, a formosa vingadora que reagiu a um incestuoso brutal e violento. Um lençol ensanguentado provou sua culpa. Shelley retratou Beatrice como uma rebelde passional em seu drama em versos *Os Cenci* (1819). Um personagem de Nathaniel Hawthorne em *O fauno de mármore* (1860) a descreve como "um anjo caído, mas imaculado".

O *Northern Daily Express* ressaltou que "a camisola de Constance Kent, com babados simples — sua dona ainda não havia atingido a idade dos bordados e rendas —, tende a se tornar tão famosa quanto os rufos da rainha Elizabeth e de Shakespeare, o traje cor de rapé do dr. Johnson, o barrete de dormir de Cowper pintado por Romney ou o colete listado de Burns".

Henry Ludlow, chefe dos juízes leigos de Wiltshire, continuou a dar seu apoio a Whicher. "A conduta do inspetor Whicher no caso do Assassinato de Road tem sido muito criticada", escreveu numa carta a Mayne. "O sr. Ludlow sentiria muito prazer em testemunhar a favor de seu bom julgamento e habilidade na condução do caso. Concordo plenamente com o sr. Whicher quanto à identidade do perpetrador desse crime tão misterioso [...] as atitudes que tomou foram plenamente justificadas." Talvez Ludlow se sentisse culpado pelo papel que desempenhou, encorajando Whicher a deter Constance. Todas as acusações do caso recaíram sobre o detetive.

"Volto a relatar", começou Whicher na segunda-feira, 30 de julho, "a informação referente ao assassinato de 'Francis Saville Kent', em Road Wilts, na noite de 29 de junho, para sir R. Mayne, que a reinquirição de 'Constance Kent' ocorreu em Temperance Hall, Road, na sexta-feira."

Em dezesseis páginas, com sua caligrafia escandida, Whicher listou seus argumentos para o caso. Ele descartou irritado as diversas teorias rivais oferecidas em cartas e reportagens jornalísticas. Expressou sua frustração com as investigações da polícia local: as provas contra Constance "teriam sido bem mais conclusivas", disse, "se a Polícia houvesse determinado, assim que eles chegaram, *quantas camisolas ela deveria ter* em seu poder". Se Foley tivesse pelo menos "aceitado a *informação dada*" por Parsons quanto à camisola da cama de Constance parecer muito limpa, e a "interrogado imediatamente a respeito de *quantas havia em seu poder*, creio que teriam *na mesma hora* dado falta da camisola, *e provavelmente a encontrariam*. O advogado de Constance, queixou-se Whicher, havia dito que "o mistério do sumiço da camisola *fora esclarecido*, mas não foi o caso, pois uma das três que ela levou da escola para casa *continua desaparecida* e as duas restantes estão no momento comigo".

Ele suspeitava de que uma confissão seria obtida logo, mas "seria sem dúvida feita a alguém da família, e provavelmente não chegaria ao nosso conhecimento."

Whicher assinou mas não enviou o documento. Pouco tempo depois ele o assinou e acrescentou: "Peço licença para relatar adicionalmente que..." e escreveu mais duas páginas, expandindo e esclarecendo suas conclusões. Nove dias depois disso, ainda incapaz de deixar o assunto morrer, ele o retomou: "Peço licença para incluir os seguintes comentários e explicações". O relatório enviado a Mayne em 8 de agosto — com 23 páginas no total — tinha muitos trechos sublinhados à tinta, correções, ajustes, inserções, asteriscos, asteriscos duplos e trechos cortados.

13. Juntar isso e aquilo pelo lado errado

Agosto-outubro de 1860

No começo de agosto, com a permissão do ministro do Interior, a polícia de Wiltshire exumou o corpo de Saville Kent. Disseram que esperavam encontrar a camisola escondida dentro do caixão. Era como se a polícia, em sua frustração, não pudesse fazer mais nada a não ser voltar ao ponto de partida. Os policiais abriram a cova e desaparafusaram a tampa, mas encontraram apenas o cadáver de Saville, com seu traje mortuário. Os gases que emanaram do caixão eram tão intensos que o inspetor-chefe ficou doente e precisou de vários dias para se recuperar.

Guardas vigiavam a mansão de Road Hill dia e noite. Vasculharam de novo o esgoto que ia da casa ao rio. Os chefes de polícia informaram a polícia local sobre seus esforços incansáveis: "A afirmação de que a polícia local não prestou ao sr. Whicher a devida assistência para investigar as circunstâncias desse caso misterioso é de todo infundada", publicou o *Bath Chronicle*, "pois os policiais lhe forneceram todas as informações previamente obtidas, além de acompanhá-lo em todas as ocasiões em que isso foi necessário. Não resta dúvida de que as atitudes precipitadas do sr. Whicher no final aumentaram, em larga medida, as dificuldades que a polícia do condado encontrou para realizar as investigações".

A polícia continuava recebendo cartas do público. Um homem de Queenstown, na Irlanda, informou que Constance Kent cometera o crime; se lhe enviassem a passagem, acrescentou, apresentaria a camisola perdida. A polícia recusou a oferta.

Na estação ferroviária de Wolverton, em Buckinghamshire, no dia 10 de agosto, sexta-feira — um dia depois da data em que Saville Kent completaria quatro anos —, um sujeito atarracado, de rosto vermelho, abordou o sargento Roper, da polícia ferroviária da North-Western, e confessou o assassinato: "Fui eu quem o matou". O homem declarou ser pedreiro em Londres, e que ganharia um soberano (cerca de uma libra esterlina) se matasse o menino. Recusou-se a identificar o suposto mandante, ou a fornecer o próprio nome — disse que não queria que a mãe soubesse onde ele estava. Entregara-se, justificou, por ver a criança morta andando na frente dele onde quer que fosse. Estava a ponto de deitar a cabeça nos trilhos e deixar que o trem passasse por cima, mas acabou resolvendo se entregar, em vez de fazer isso.

Na manhã seguinte a polícia o levou até Trowbridge de trem. A notícia de sua chegada fora enviada pelo telégrafo, e centenas de pessoas foram para a beira da ferrovia, de Wolverton, passando por Oxford e Chippenham. Numa das paradas um homem pôs a cabeça para dentro do vagão e perguntou quem era o assassino. O pedreiro ergueu o punho cerrado e confidenciou ao policial que o acompanhava: "Tenho vontade de dar um soco na barriga dele". Quando chegaram ao distrito policial de Trowbridge os juízes leigos ordenaram que o prisioneiro ficasse ali até segunda-feira. Ele tinha "pele rosada", segundo o *Somerset and Wilts Journal*, e "cabeça grande, singularmente chata no topo. Queixava-se muito de dores de cabeça, e recusou comida".

Na segunda-feira o pedreiro começou a jurar inocência. Ele

forneceu um álibi para a noite de 29 de junho — estava numa pousada em Portsmouth, disse, lavando um furúnculo com água com açúcar — e escreveu seu nome para os juízes leigos: John Edmund Gagg. Quando lhe perguntaram o que o levara a confessar um crime que não havia cometido, ele disse: "Confessei porque estava arruinado, e achei que seria melhor se me enforcassem. Estou doente, cansado da vida". Em sua história abundavam carbúnculos, tombos, espasmos, "excesso de sangue na cabeça", mas ele não parecia louco. O peso de um assassinato sem solução poderia desestabilizar um homem frágil que já sofria pressões. Como muitos outros, Gagg vivia assombrado pelo crime. Sua decisão de confessar levava a ambição do detetive amador ao extremo: ele resolvia o caso alegando culpa.

Os juízes leigos enviaram uma mensagem para Jack Whicher, na Scotland Yard, pedindo-lhe para localizar a mulher de Gagg em Londres. Whicher os informou que ela "era uma senhora das mais respeitáveis, vivia às próprias custas, com a mãe e os filhos". Os álibis de Gagg em Portsmouth foram confirmados. Na quarta-feira, 22 de agosto, ele foi libertado e os juízes leigos pagaram sua passagem até Paddington.

Naquela semana, Elizabeth Gough informou aos Kent que pretendia deixar o serviço. O *Somerset and Wilts Journal* explicou que ela "sofria com a desagradável vigilância dentro de casa". Mais tarde foi divulgado pelo jornalista Albert Groser, de Frome, numa carta ao *Times*, que após a morte de Saville os Kent não mais deixaram que as meninas pequenas, Mary Amelia e Eveline, dormissem no quarto de Gough. Na segunda-feira, 27 de agosto, ela partiu da mansão de Road Hill com o pai e seguiu com ele para Isleworth, em Surrey, para morar com a mãe, duas irmãs mais novas e dois irmãos também menores. Pretendia trabalhar na padaria da família.

Em 29 de agosto o caso do reverendo Bonwell, que Whicher

investigara em 1859, chegou à conclusão: a Igreja Anglicana destituiu Bonwell de suas funções sacerdotais, como punição pelo caso escandaloso e pela tentativa de esconder o nascimento e a morte de seu filho. Uma semana depois, em 5 de setembro, mais de 20 mil londrinos se reuniram para ver o enforcamento de William Youngman, o assassino de Walworth, na frente da penitenciária de Horsemonger Lane. Foi o maior público para um enforcamento desde que Frederick e Maria Manning haviam sido executados no mesmo local, em 1849. No dia de sua morte, Youngman tomou café da manhã composto de pão com manteiga e chocolate quente. Lá fora as crianças brincavam de pular carniça debaixo da forca, e o *pub* de frente para o "evento" se encheu de gente. Quando Youngman desceu pelo alçapão, "tremendo e balançando as pernas no ar", noticiou o *News of the World*, "várias pessoas, de ambos os sexos, que bebiam desde cedo, começaram a chorar descontroladamente".[1] Mal se passara um mês do quádruplo assassinato da mãe, dos irmãos e da noiva de Youngman. No capítulo final de *A mulher de branco*, a descrição da Inglaterra pelo conde Fosco como "uma terra de felicidade doméstica" pareceu inconfundivelmente irônica.

As últimas espigas de trigo e milho foram colhidas com segadeiras, nos arredores de Road, em setembro. No começo do mês duas petições chegaram às mãos do ministro do Interior — uma organizada pelo *Bath Express*, outra pelo *Somerset and Wilts Journal* —, solicitando a criação de uma comissão especial para investigar o assassinato de Road. Sir George Cornewall Lewis, ministro do Interior, recusou os pedidos, mas por sugestão dos juízes leigos de Wiltshire ele nomeou E. F. Slack, advogado de Bath, para conduzir uma investigação discreta. A origem da nomeação de Slack não ficou clara de início, e William Dunn, agindo em nome dos Kent, expressou a relutância da família em cooperar:

"pelo que sabemos, o senhor *pode* estar agindo por instrução do policial detetive cujos procedimentos anteriores no caso receberam a condenação do país inteiro". Slack acabou revelando que trabalhava para o governo. O *Bath Express*, entre outros, criticava o modo como o governo liberal de lorde Palmerston conduzia o inquérito — o jornal descrevia Cornewall Lewis como tímido, receoso das críticas e absurdamente reservado.

Slack ouviu todos os envolvidos no caso. Realizou entrevistas privadas durante três semanas, em seu escritório de Bath, num *pub* de Beckington e na sala de estar da mansão de Road Hill. A certa altura ele soube que havia um pedaço do quintal conhecido como "o jardim da srta. Constance", e ordenou que fosse escavado. Nada de relevante foi encontrado. Ele tentou entrevistar Mary Amelia Kent, de cinco anos, mas foi impedido por Dunn, que argumentou que a filha de seu cliente era jovem demais para ser interrogada. Dunn depois descreveu como se comprovou que ela não tinha condições de testemunhar: ao perguntarem sua idade, ela se enganou e disse quatro anos; declarou que a família ia à igreja diariamente, embora a Christ Church não abrisse todos os dias; e ela não sabia soletrar o nome do irmão Saville: "Perdão, senhor, mas ainda não aprendi a fazer isso".

Na segunda-feira, 24 de setembro, Slack encerrou seu inquérito, divulgando amplamente que acreditava na completa inocência de Constance Kent.[2] A carteira dela, disse, foi achada atrás de sua cômoda, o que respaldava a alegação de que estava procurando por ela quando pediu a Sarah Cox que examinasse os cestos de roupa suja no dia do inquérito. A pedido de Slack, o inspetor-chefe Wolfe deteve Elizabeth Gough em Isleworth.

Na segunda-feira, 1º de outubro, Gough foi levada perante os juízes leigos da corte criminal de Trowbridge. A família Kent chegou num cabriolé, "e tiveram a sorte de entrar sem que os vissem", disse o *Bristol Daily Post*, "e portanto sem nenhuma demonstração desagradável das pessoas que se reuniram no local".

No tribunal, Gough sentou com as mãos erguidas na altura da garganta, como se orasse. Estava "mais magra, pálida e cansada", segundo o *Bristol Daily Post*, e acompanhou os trabalhos nos quatro dias seguintes com "ansiedade febril".

O promotor encarregado de acusar Gough alegou que ninguém poderia ter raptado e assassinado Saville sozinho, e que duas pessoas cometeram o crime, sendo uma delas a babá, com toda a certeza. Ele questionou a credibilidade das declarações de Gough até aquele momento. Por que ela presumiu que a mãe de Saville havia apanhado o filho naquela manhã, se não conseguia levantá-lo por estar grávida? Por que mudou a história a respeito do momento em que notou o sumiço do cobertor? Como conseguira ver que Saville não estava no berço sem levantar da cama?

Quando Samuel Kent subiu ao banco das testemunhas, perguntaram-lhe por que relutara tanto em permitir que alguém fizesse a planta da casa, por que fora para Trowbridge na manhã do desaparecimento do filho e por que trancara os dois policiais na cozinha naquela noite. Ele hesitou em relação aos eventos no dia da morte de Saville: "minha mente está tão perturbada que em relação a muitas coisas não tenho a clareza que gostaria de ter". Sobre o encarceramento dos guardas na cozinha, ele disse: "Tranquei a porta para a casa continuar como era, para ninguém saber que havia polícia no local". Perguntaram a Foley a respeito do incidente. "Eu não queria que ele os trancasse", disse o inspetor-chefe. "Fiquei muito surpreso quando soube disso." Ele tentou minimizar sua parte na desastrada investigação com um trocadilho sem graça, mas ferino: "Eles deviam ter acesso a todas as dependências da casa, mas dependiam mesmo era da cozinha". Samuel chorou quando repassou o momento em que Peacock contou que seu filho estava morto.

O depoimento do resto da família Kent se destacou pela insipidez. Mary Kent ergueu com relutância o grosso véu preto para testemunhar; mal se podia ouvi-la, e foi preciso pedir reiteradamente que falasse mais alto. Ela declarou a respeito de Gough: "Esta moça, até onde sei, era bem gentil com o menino, e parecia gostar muito dele; Saville gostava muito dela; não sei dizer se ela estava muito angustiada naquela manhã; eu estava muito ocupada com meus sentimentos e com os de meu marido [...] O menino era gentil, brincalhão, bem-humorado, tagarela, mimado por todos; que eu saiba, ninguém nutria ressentimentos contra minha família ou meu filho".

Mary Ann Kent disse: "O pobrezinho que foi morto era meu irmão". Elizabeth disse: "Eu sou... irmã do pobrezinho que foi assassinado". Eles informaram pouca coisa além do horário em que foram para a cama e acordaram, na noite do crime.

Constance, que manteve o véu sobre o rosto, declarou que Saville "era um menino alegre, de boa índole, travesso. Eu estava acostumada a brincar muito com ele. Naquele dia havíamos brincado juntos. Ele parecia gostar de mim, e eu gostava muito dele". William, que fora convocado a comparecer à audiência, veio do internato próximo a Gloucester e respondeu às perguntas que lhe fizeram com "Sim, senhor" e "Não, senhor" — "um jovem de aparência débil", comentou o *Bristol Daily Post*. Elizabeth levou Mary Amelia, de cinco anos, ao tribunal, para testemunhar, mas houve uma discussão sobre sua capacidade de fazer isso: ela conhecia o catecismo e compreendia o que era um juramento? No final, ela foi retirada do recinto sem ser inquirida.

Os empregados da mansão de Road Hill fizeram tentativas engenhosas — e comoventes — de ajudar Gough a mostrar que um estranho poderia ter levado Saville. Na terça-feira, Sarah Kerslake, a cozinheira, disse ao tribunal que ela e Sarah Cox, a empregada doméstica, haviam conferido a janela da sala de estar naquela manhã. Queriam verificar se alguém do lado de fora poderia ter aberto a janela quinze centímetros a contar do chão, condição em que foi encontrada no dia da morte de Saville. "As pessoas dizem que não se pode abrir a janela por fora, Cox e eu resolvemos conferir se era possível ou não; descobrimos que podia ser facilmente aberta pelo lado de fora." O juiz leigo responsável ressaltou que, mesmo se elas tivessem razão, continuava sendo impossível que a janela tivesse sido aberta por fora no dia do evento.

Quando Sarah Cox foi convocada, no dia seguinte, ela disse ao tribunal que realizara outra experiência depois, tentando ajustar as folhas da janela da sala de estar pelo lado de fora da casa, mas fora malsucedida por causa do vento forte. O inspetor-chefe Wolfe a contestou: acompanhara o teste, declarou, mas o vento não teve nada a ver com o fracasso. Ele acrescentou que conduzira sua própria experiência naquela manhã, e confirmara sua teoria de que Gough não poderia ter notado a falta da criança do modo descrito. No experimento de Wolfe, a sra. Kent levou Eveline, agora com um ano e oito meses, para o quarto das crianças, e Elizabeth Kent a deitou no berço de Saville. Elza, mulher do guarda Dallimore, de altura similar à de Gough, se ajoelhou na cama da babá para testar se conseguia ver a criança. Ela relatou que só avistara um pedacinho do travesseiro.

Mas foi a atividade de detetive amadora de Eliza Dallimore que provocou a maior desaprovação do tribunal. Quando subiu à tribuna, ela forneceu um relato detalhado de suas conversas com Gough enquanto a babá esteve no distrito policial, no início de julho.

Em certa ocasião, segundo Eliza Dallimore, Gough perguntou: "Senhora Dallimore, sabe que uma camisola sumiu?".

"Não — de quem era?"

"Da senhorita Constance Kent", disse Gough. "Pode crer que a identificação do assassino depende dessa camisola."

Edward Kent, início da década de 1850

Mary Ann Windus em 1828, um ano antes de se tornar a primeira sra. Kent

Mansão de Road Hill vista de frente

Mansão de Road Hill vista dos fundos, com as janelas da sala de estar à direita

Samuel Kent, cerca de 1863

A segunda sra. Kent, cerca de 1863

Retrato de Elizabeth Gough em 1860

Constance Kent, cerca de 1858

Gravura da mansão de Road Hill em 1860, vista do alto

Gravura da mansão de Road Hill em 1860, vista dos fundos

Adolphus "Dolly"
Williamson, detetive da polícia,
na década de 1880

Richard Mayne,
comissário da Polícia
Metropolitana, nos anos 1840

Vista de Trowbridge, em Wiltshire, em meados do século XIX

Centro de Trowbridge no final do século XIX

Lápide de túmulo no cemitério de East Coulston, em Wiltshire

*Depoimento de Katharine Gream na corte de juízes leigos
de Trowbridge em abril de 1865*

Duas fotos da mansão Road Hill no século XIX. A origem dessas imagens é discutida no pós-escrito na página 356

Etiqueta colada no verso das fotos acima

Detalhe da foto à esquerda mostrando a janela da sala de visitas

Constance Kent em 1874 *William Saville Kent na década de 1880*

*William Saville Kent fotografando peixes e corais
na Grande Barreira de Corais, cerca de 1890*

Algumas fotos de peixes feitas por William Saville Kent, publicadas em seu livro
The Naturalist in Australia (1897)

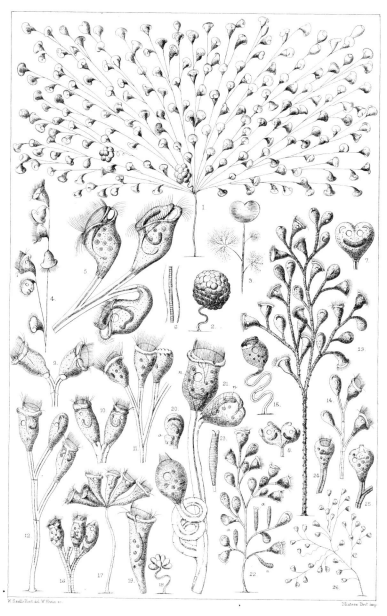

Uma das ilustrações de William Saville Kent em
A manual of the infusoria, *1880-2*

Aquarela de equinodermos da Grande Barreira de Corais, por William Saville Kent, 1893

*Aquarela de corais da Grande Barreira de Corais,
por William Saville Kent, 1893*

100 years old: once she nursed lepers

Emilie Kaye em Sidney, Austrália, 1944

Detalhe do piso de mosaico da catedral de St. Paul, em Londres, feito pelas detentas da penitenciária de Woking na década de 1870

Em outra ocasião a sra. Dallimore perguntou se Constance poderia ser a assassina. "Não creio que a senhorita Constance Kent fosse capaz de fazer aquilo", Gough disse. Quando ela perguntou se William poderia ter ajudado a moça a cometer o crime, Gough exclamou: "Ah, o jovem William está mais para menina que para menino". Quanto ao sr. Kent: "Não, nem por um momento acredito que ele tenha cometido o crime. Ele é apegado demais aos filhos".

A sra. Dallimore perguntou novamente a Gough, certa noite: "Acha que a senhorita Constance cometeu o assassinato?".

"Nada posso dizer a respeito", respondeu a babá, "mas vi a camisola no cesto de roupa suja."

William Dallimore entrou e, tendo ouvido o final da conversa, perguntou: "Então você viu a camisola sendo posta no cesto, babá, assim como Cox?".

"Não", Gough disse. "Eu não tenho nada a declarar a esse respeito. Já tenho problemas suficientes para enfrentar." Dizendo isso, segundo Eliza Dallimore, ela foi para a cama.

A sra. Dallimore também reproduziu os comentários que Gough fez para ela, alguns suspeitos — por exemplo, a previsão de que o encanador não encontraria nenhuma prova na latrina, e sua descrição de Saville como delator.

O advogado de Gough, o sr. Ribton, tentou desqualificar o testemunho da sra. Dallimore, fazendo sarcásticas alusões a sua "memória maravilhosa", e zombando dela. A sra. Dallimore mencionou que as flanelas peitorais eram usadas tanto por mulheres jovens quanto por mulheres maduras ou doentes: "Eu mesma uso uma". Isso provocou muitas gargalhadas, que retornaram quando Ribton retorquiu: "Então devo tomar a liberdade de indagar sua idade, madame".

A sra. Dallimore ficou revoltada com a leviandade dos presentes. "Não creio que um assunto tão sério deva ser ridicularizado", ela disse. "Sinto-me horrorizada ao pensar nisso."

"A senhora é muito irritadiça, não é mesmo?", Ribton perguntou.

"Sim, sou. E talvez o senhor também o seja."

"Então não descreva seus horrores", Ribton disse. "E quanto à flanela peitoral, ela lhe serve bem?"

"Sim, senhor."

"Serve mesmo?"

"Sim, senhor."

"E por acaso andou usando a flanela?" A frase provocou novas risadas.

"Trata-se de uma questão muito séria, senhor, quem praticou o crime."

A sra. Dallimore era a versão na vida real de uma heroína ficcional do século XIX: a detetive amadora, que aparece em *Revelations of a lady detective*, 1861, de W. S. Hayward, e *The female detective*,[3] 1864, de Andrew Forrester. Suas investigações, como as da sra. Bucket em *A casa soturna*, foram tão determinadas e profundas quanto as realizadas pelo marido policial e os colegas dele. O inspetor Bucket, contudo, se refere à esposa, respeitosamente, como "uma senhora com gênio detetivesco natural", enquanto a sra. Dallimore foi tratada como tola e fofoqueira. Em teoria, a investigação era tida como um talento próprio das mulheres — elas tinham oportunidade de "observação da intimidade", disse Forrester, e instinto para decifrar o que viam. Na prática, uma mulher que se aventurava a investigar era tida como irmã da sra. Snagsby de *A casa soturna*, cuja curiosidade invejosa a leva a "exames noturnos dos bolsos do sr. Snagsby; leituras ocultas das cartas do sr. Snagsby [...] espionagens na janela, escutar por trás das portas, chegando a conclusões disparatadas".

Em sua argumentação final na quinta-feira, Ribton disse que ele "raramente vira tanta infâmia numa testemunha quanto nesta mulher, Dallimore, num depoimento destinado a provocar o horror em todos, e fazer que temam por suas vidas, sua liberdade, seu caráter". A sra. Dallimore ocupou o lugar de Whicher como espião encarnado. Ribton tratou das contradições de Gough em relação ao cobertor sugerindo que ela havia notado seu sumiço no início do dia, e depois esquecido disso, por causa da confusão e da tensão daquela manhã. Ele descartou o fato de que a flanela servia nela, argumentado que a peça não tinha relação com o crime.

Os magistrados soltaram a babá, com aplausos entusiasmados do público, com a condição de que sua família depositasse uma fiança de cem libras como garantia de que ela voltaria a depor, se fosse necessário. O valor foi pago por um tio de Gough, que viera buscá-la. Eles pegaram o último trem para Paddington, via Chippenham, que saía de Trowbridge às 19h50. Em todas as paradas do percurso as pessoas se amontoavam na plataforma para espiar através das janelas do vagão.

Dois dias depois da soltura de Elizabeth Gough, o *Times* comentava:

> Se o falecido Edgar Poe[4] se sentasse para criar uma história de mistério, ele não teria imaginado um conto tão estranho e surpreendente [...] o caso continua tão obscuro como antes. Se três ou quatro pessoas se encontrarem, é quase certo que apresentarão teorias diferentes [...] as pessoas estão inquietas [...] tem havido um desejo incontrolável de chegar ao fundo do assassinato daquela criança em Road.

A inquietação e a desordem se manifestaram em Road no dia seguinte. No domingo, 7 de outubro, seis homens bem-vestidos, de bigode, entraram no terreno da mansão de Road Hill rindo, fumando e fazendo brincadeiras. Um sujeito de cabelo cor de areia montava um cavalo negro e usava terno preto e boina escocesa; um outro, num cavalo cinza, tinha cabelos claros e crespos. Viram uma jovem na janela e gritaram para ela: "Olha lá a Constance". Quando Samuel Kent os encarou, eles fugiram.

Quando o sr. e a sra. Kent seguiam para Christ Church no mesmo dia um grupo grande os vaiou e gritou para eles: "Quem matou o menino? Quem matou a criança?". Ao ouvir isso, a sra. Kent quase desmaiou de vergonha. Quando a vigilância policial na mansão de Road Hill foi suspensa, na semana seguinte, o *Somerset and Wilts Journal* noticiou que "pessoas curiosas" passaram a penetrar na propriedade dos Kent. Segundo o *Western Daily Press*, dois policiais continuaram a acompanhar Samuel à Christ Church todos os domingos.

O *Manchester Examiner*, identificando outro tipo ávido por emoções, alegou que Constance Kent havia recebido diversas propostas de casamento. O *Somerset and Wilts Journal* negou isso: "Ela recebeu algumas propostas de desconhecidos que desejavam visitá-la, e alguns pertenciam à aristocracia". O jornal, apesar de insinuar que Constance era culpada, repetia o conceito de que a acusação contra ela, feita por Whicher, era um crime muito pior que o homicídio. "Se a opinião do sr. Whicher estava errada, então não resta dúvida de que um crime infinitamente mais hediondo que o assassinato de Francis Saville Kent foi cometido, por conta do qual Constance, a pobre moça, sofrerá até o dia de sua morte."

A polícia local continuou a perseguir Elizabeth Gough. No final de outubro, o inspetor-chefe Wolfe passou para a Scotland Yard um boato dando conta de que ela havia sido demitida de um emprego em Knightsbridge por "receber soldados". Whicher respondeu sucinto que a informação de Wolfe "parecia incorreta" — não havia indícios de que a enfermeira algum dia houvesse trabalhado naquela parte de Londres. Poucas semanas depois veio a público que uma empregada chamada Elizabeth Gough, na qual faltava um dente da frente, fora demitida por "má conduta" de uma residência de Eton, Berkshire. O patrão de Eton foi até a padaria da família em Isleworth para identificá-la, Whicher relatou, mas descobriu que não se tratava de sua antiga serviçal.

Quando Gough foi acusada pela corte de juízes leigos de Wiltshire, Samuel Kent foi indiretamente inculpado também: "Mesmo que o sr. Kent ainda não tenha recebido acusação formal neste julgamento", notou Joseph Stapleton, "ele foi submetido à mesma infâmia pela conveniente associação a Elizabeth Gough". Depois da libertação da babá, tanto Joshua Parsons quanto a sra. Kent — sentindo que a hostilidade contra Samuel Kent estava mais forte do que nunca — deram declarações à imprensa em sua defesa. A sra. Kent disse que Samuel não havia saído do seu lado na noite da morte de Saville; disso ela tinha certeza, por conta de seu sono leve, consequência da gravidez. Parsons afirmou que "a mente de Samuel fora muito afetada pela excitação intensa, e pela perseguição sofrida por ele, a ponto de não se poder confiar nem um pouco nas declarações que houvessem sido feitas nessas circunstâncias". Ele considerava sua condição mental "muito precária". Stapleton também isentou o amigo: Samuel ficara "bestificado e confuso" por causa da morte do filho, o cirurgião argumentou, de modo que "sua mente parecia perambular de maneira irregular, errática e instável por vastidão".

Dickens acreditava que Gough e seu patrão fossem os assassinos. O romancista perdera a fé nos poderes dedutivos dos detetives. Numa carta a Wilkie Collins, em 24 de outubro, ele esboçou sua teoria: "O sr. Kent se envolveu com a babá, o filho, coitadinho, acordou no berço, sentou-se, contemplando os procedimentos prazerosos. A babá o estrangula ali mesmo, no ato. O sr. Kent retalha o corpo, para iludir os investigadores, e o esconde".[5]

A imprensa andava desiludida com a investigação. O *Saturday Review* de setembro desprezou até as histórias de Poe, como "delírios de esperteza", "jogos de xadrez da mão direita contra a esquerda". Quanto aos detetives da vida real, "eles são pessoas muito comuns, que não valem nada quando são levadas além de sua rotina."[6] O consenso em Road, segundo o *Western Daily Press*, era que só uma confissão poria um fim à incerteza, e que uma confissão poderia demorar um bom tempo. "Sabe", previam os moradores do vilarejo, "isso é coisa para o leito de morte."

Espalhou-se a noção de que a Inglaterra se tornara campo fértil para explosões de violência insensata. Alguns culpavam o clima. "Como é possível que os diários estejam repletos de horrores, bem agora?", indagou a revista *Once a Week*. Os jornais dedicavam de dezesseis a vinte colunas diárias a assassinatos. "Muitos [...] disseram [...] que o mau tempo prolongado — a eterna penumbra — a chuva incessante dos últimos doze meses, em certa medida instilou o enfado e a amargura na alma de nossos compatriotas."[7]

Uma forte tempestade atingiu Wiltshire no final do ano. Em 30 de dezembro de 1859 um furacão devastou Calne, trinta quilômetros a nordeste de Road, destruindo uma faixa de terra de nove quilômetros em cinco minutos: o tornado arrancou árvores da terra e as quebrou como palitos de fósforo, virando os troncos de cabeça para baixo, enterrando os galhos; destruiu os telhados das casas e os soprou para longe; atirou uma carroça numa sebe. Enormes pedras de gelo caíram do céu e feriram as mãos de quem tentou pegá-las; os pedaços de gelo tinham formato de cruzes, cravos e lanças, segundo uma moradora local, e um deles assumiu o formato de uma criança pequena. Em janeiro os turistas chegaram para conhecer o local da tempestade, como vinham no final do ano para ver o lugar onde Saville Kent falecera.[8]

14. Mulheres! Segurem a língua!
Novembro-dezembro de 1860

Nos primeiros dias gelados de novembro teve início o mais esquisito dos inquéritos, em Temperance Hall. Thomas Saunders, advogado e juiz leigo em Bradford-upon-Avon, Wiltshire, se convencera de que os moradores de Road estavam de posse de importantes informações sobre o assassinato, e resolveu extraí-las. Embora agisse inteiramente por sua iniciativa, seu status de juiz leigo de Wiltshire lhe dava uma evidente autoridade, e de início ninguém contestou seu direito de investigar o caso.

De 3 de novembro em diante, Saunders convocou uma série de pessoas da região para apresentar suas ideias e observações, algumas ilustrativas da vida no vilarejo e na mansão de Road Hill, mas quase todas irrelevantes para o crime. Era o material peneirado por Whicher nas duas semanas que passou em Road, o imenso banco de rumores e detalhes periféricos que a investigação policial levantou, e que em geral não chegava ao público. Saunders divulgou de um modo curiosamente inopinado: "os indícios, se os pudermos chamar assim, foram apresentados do modo mais singular e desrespeitoso", disse o *Bristol Daily Post*. "Em diversas ocasiões, os presentes não sentiram necessidade de disfarçar o riso que os procedimentos provocavam, e pareciam considerar que o espetáculo fora montado para sua diversão, e não para elucidar um crime terrível e misterioso."

As duas semanas seguintes em Road se assemelharam aos intervalos cômicos numa peça trágica, com Saunders no papel de bufão que tropeçava no palco, para atrapalhar e confundir tudo que o precedera. Ele iniciava e encerrava procedimentos por capricho, esquecia o nome dos depoentes e se promovia com misteriosas alusões a "segredos dentro do peito", enquanto entrava e saía de Temperance Hall com uma garrafa de líquido que, segundo o *Bristol Daily Post*, "tinha aparência de *brandy*". Saunder disse que era um remédio para tratar do resfriado que apanhara em consequência do vento que entrava pela janela do local (ele censurou o encarregado do salão, Charles Stokes, por causa do precário isolamento térmico). O juiz leigo bebia sua poção durante as audiências, enquanto mordiscava biscoitos. Interrompia as testemunhas a toda hora para ordenar que bebês chorões fossem retirados do hall, ou que as mulheres se calassem: "Mulheres! Segurem a língua!".

Uma típica testemunha foi a sra. Quance, uma dama idosa que vivia nos casebres nas proximidades da mansão de Road Hill. Na terça-feira Saunders a interrogou a respeito de um boato. Ela teria dito que o marido, que trabalhava num lanifício em Tellisford, vira Samuel Kent num campo às cinco da manhã de 30 de junho. Ela negou isso categoricamente, queixando-se de que a polícia já a ouvira a respeito.

"Creio que foi feito com muita esperteza, não descobrirão nada", acrescentou, "exceto pelos delatores."

"O que foi feito com muita esperteza?", Saunders indagou.

"O assassinato da criança." A sra. Quance levantou-se abruptamente, caminhou para a saída e disse: "Meu Deus, assim não dá, estou a ponto de perder a cabeça", e saiu, provocando gritos de apoio dos presentes.

James Fricker, o encanador e vidraceiro, declarou que fora pressionado a consertar a lanterna de Samuel Kent na última semana de junho: "No início não me pareceu estranha a pressa no conserto da lanterna em pleno verão, mas desde então venho achando isso esquisito".

Antes de iniciar o inquérito, Saunders passou alguns dias em Road, bisbilhotando, e apresentou suas observações ao tribunal. Certa noite, disse, ele e um policial viram uma jovem vestida de preto, de saia branca, andando na direção da mansão de Road Hill. Ela parou no portão, seguiu um pouco adiante, voltou e entrou. Minutos depois Saunders viu uma moça, provavelmente a mesma, penteando o cabelo numa janela do andar superior. Seu relato desse incidente banal provocou queixas da família Kent, e durante a semana ele se desculpou, reconhecendo que a "ligeira inquietude" exibida pela jovem poderia ter sido causada pelas "duas pessoas estranhas que observavam seus movimentos". Alguém do público gritou que a moça era Mary Ann.

A última testemunha interrogada por Saunders foi Charles Lansdowne, trabalhador, "cujo depoimento revelou que ele não havia visto nada, ouvido nada e sabido nada a respeito dos acontecimentos na mansão de Road Hill, na noite de 29 de junho".

Os jornalistas que cobriam o caso desde julho ficaram espantados com o inquérito de Saunders. O repórter do *Morning Star*, assombrado com os "absurdos procedimentos" do "confuso desmiolado", disse que ele ficou dividido entre o "deslumbramento pela audácia [de Saunders] e desprezo por sua irresponsabilidade". O *Bristol Mercury* chamou o juiz leigo de "monomaníaco". Saunders era uma sátira involuntária, uma caricatura do detetive amador que achava sentido em todas as banalidades, nas circunstâncias mais triviais, e que acreditava ser capaz de desvendar sozinho um mistério que desafiara os profissionais. Sentia-se no direito de espionar, no dever de especular. Tinha uma aguda "sensibilidade para a profunda importância das declarações impertinentes", comentou o *Somerset and Wilts Journal*, e tratava com imenso respeito as cartas recebidas do público: "cada uma delas contém elementos de grande importância". Leu várias cartas no tribunal, inclusive a de um colega advogado que observou: "Você é um velho idiota intrometido e incapaz".

Mesmo assim o inquérito levantou um fato relevante. A carta de James Watts, sargento da polícia de Frome, levou Saunders a interrogar diversos policiais a respeito de uma descoberta feita pela polícia na mansão de Road Hill no dia do crime, e que depois fora escondida. Em Temperance Hall, no dia 8 de novembro, quinta-feira, ele questionou o guarda Alfred Urch a respeito, e na sexta interrogou o sargento James Watts e o inspetor-chefe Foley.

O público soube que, por volta das cinco da tarde do dia 30 de junho, Watts encontrara uma camisa feminina de linho, embrulhada em jornal, na fornalha da cozinha, que ficava embaixo da chapa. Urch e o policial Dallimore também a viram: "Estava seca, senhor", Urch disse a Saunders, "mas muito suja [...] como se tivesse sido usada durante muito tempo [...] havia um pouco de sangue nela [...] eu não a toquei. O sargento Watts a abriu, examinou-a e a levou para a cocheira". Era grosseira ou fina?, Saunders quis saber. "Creio que pertencia a uma das empregadas [...] notamos, os dois ou três que estávamos ali, que era pequena."

Uma camisa feminina era usada sob o vestido, durante o dia, ou para dormir, sozinha. Podia chegar até o joelho, a canela ou o tornozelo; suas mangas costumavam ser curtas, e o estilo, simples. Uma camisola em geral era um traje maior, que chegava até o chão, de manga comprida, enfeites de renda ou bordado na gola, barra e punho. Havia certa confusão entre uma camisola bem simples e uma camisa. No mínimo, era possível que a peça na fornalha fosse a camisola desaparecida.

"Era uma camisa para uso diurno ou uma camisa de dormir?", Saunders perguntou a Urch, provocando risos no público.

"Bem, senhor, era uma camisa."

"O senhor possui conhecimento suficiente a respeito de camisas?" Ao ouvir isso, os presentes caíram na gargalhada. "Silêncio!", gritou Saunders. "Silêncio!"

Watts examinou a camisa na cocheira. Estava "manchada de sangue", falou. "Já havia secado, e tive a impressão de que as manchas eram antigas... Havia um pouco de sangue na frente e um pouco nas costas. Eu enrolei a camisa de novo, e estava saindo quando vi o senhor Kent do lado de fora do estábulo, perto da porta, no quintal. Ele me perguntou o que eu havia encontrado, e disse que precisava ver o que era, e que o doutor Parsons também. Eu não deixei o senhor Kent ver a camisa, e a entreguei ao senhor Foley."

Foley ocultou imediatamente a descoberta da camisa. Ele "tremeu" só de pensar que "o homem que a encontrara fora tão tolo a ponto de expô-la". Tinha certeza de que as manchas eram inofensivas, e que a camisa fora escondida por uma empregada envergonhada. Um médico — Stapleton — confirmara sua impressão de que as manchas tinham "causas naturais" (ou seja, eram marcas de sangue menstrual).

Saunders perguntou a Foley: "Ele [Stapleton] a examinou no microscópio?".

Foley retrucou, indignado: "Não, é claro que não!".[1]

O inspetor-chefe havia passado a peça de roupa para o policial Dallimore, que a levou de volta para o distrito policial, em Stallard Street.

Em setembro Watts encontrou Dallimore na feira de queijo e gado de Road Hill, e perguntou onde estava a camisa. Dallimore lhe disse que devolvera a camisa para a cozinha na segunda-feira, dia do inquérito. Ele pretendia guardá-la de volta na fornalha, mas foi surpreendido pela cozinheira ao entrar na área de serviço, e por isso a jogou do lado da fornalha. Pouco depois a babá, que voltava de um passeio com as duas meninas menores, sugeriu que verificassem o telhado, em cima da cozinha, e foi o que ele fez — precisou subir por uma janela coberta de hera. Quando voltou à cozinha, meia hora depois, a camisa havia desaparecido, ao que parece fora levada por sua dona.

Se a distinção entre tipos de roupa feminina era um território inóspito para policiais, o mesmo vale para tipos de sangue. A identificação dos trajes femininos e do sangue menstrual era vaga, e no caso foi pior ainda, pois os itens acabaram sendo examinados apressadamente. Grande parte da confusão sobre as manchas e roupas era causada pelo constrangimento.

Na quinta-feira em que a história da fornalha da cozinha foi divulgada, numa curiosa coincidência, o investigador particular Ignatius Pollaky chegou a Road para acompanhar os procedimentos de Saunders. O húngaro Pollaky era "inspetor-chefe" de um escritório de investigação aberto por Charley Field, amigo de Charles Dickens e Jack Whicher, quando ele se aposentou da Polícia Metropolitana em 1852. Agentes particulares de investigação, como os chamavam, era uma novidade, e alguns eram detetives aposentados, como Field. (A aposentadoria da polícia foi suspensa por um breve período, na década de 1850, por uso impróprio da antiga qualificação de inspetor-detetive na atividade particular.) A principal atividade desses agentes era levantar material comprometedor para processos de divórcio — o divórcio fora legalizado em 1858, mas se um homem quisesse se livrar da esposa precisava provar adultério; para a mulher, a prova exigida para encerrar um casamento era de crueldade.

"O misterioso sr. Pollaky", como o *Times* o chamava, inicialmente se recusou a falar com Saunders ou com a polícia. No final de semana, foi visto em Bath e em Bradford. Na semana seguinte visitou Frome, Westbury e Warminster, fez uma viagem a Londres (ao que parece para relatar suas descobertas e pedir instruções adicionais) e depois regressou a Road. "Há boas razões para acreditar que seu objetivo direto não era deter o assassino", publicou o *Bristol Daily Post*; em vez disso, segundo o repórter do jornal levantou, o investigador estava lá para ficar de olho em Saunders. Outros jornais confirmaram esta versão: a tarefa dele era intimidar, mais do que investigar. Talvez Field tivesse mandado Pollaky até Road como gentileza a Whicher, cujas conclusões Saunders estava decidido a depreciar. Pollaky tomava notas sempre que Saunders dava declarações particularmente excêntricas, e conseguiu enervar o juiz leigo. O *Frome Times* noticiou que "fomos informados de que o sr. Saunders teve uma conversa com o cavalheiro citado [...] e perguntou se era verdade que sua missão era reunir provas para uma declaração de insanidade. Pelo que sabemos, o sr. Pollaky se recusou a responder". Até os investigadores do assassinato de Road Hill temiam acusações de insanidade, agora. O inquérito de Saunders foi suspenso no dia 15 de novembro.

Sem querer, Saunders reforçara os argumentos de Whicher. Quando a notícia da camisola ensanguentada saiu no *Times*, Whicher enviou um memorando a sir Richard Mayne, chamando a atenção para a novidade. "Já vi", escreveu Mayne no memorando no dia seguinte.

O perigo era que a investigação do assassinato ajudasse mais a esconder que a revelar a solução. "As consciências dos que podem conhecer o segredo não tendem a ficar mais impressionáveis, ou a mostrar menos pendor a inventar versões no decorrer dos numerosos procedimentos realizados", observou o *Times*. "Cada investigação inútil representa um ganho para o culpado;

mostra-lhe que lacunas precisam ser preenchidas e que contradições evitar." O autor se preocupava com a falta de método no trabalho dos detetives — sua confiança na imaginação, intuição, adivinhação — e ansiava por uma conduta menos passional:

> Sabe-se que os detetives começam por presumir a culpa de alguém, e depois tentam comprovar se sua hipótese se encaixa nas circunstâncias. Ainda resta espaço para a aplicação de um processo mais científico, pois pode ser que os fatos, se forem investigados com mais calma e imparcialidade, contem sua própria história.

O *Saturday Review* concordou, exigindo um "processo dedutivo mais baconiano", a partir de dados empíricos: em vez de começar pela teoria, o detetive deveria simplesmente fazer "um registro do fenômeno, rígido, imparcial e desapaixonado". O detetive perfeito, pelo jeito, não era um cientista, mas uma máquina.

O sentimento negativo persistente contra Samuel Kent, subjacente ao inquérito de Saunders, ficou evidente no folheto vendido por seis *pence*, escrito por um anônimo "Advogado Habilitado". O autor se identificava com o "detetive amador, o indivíduo sagaz, o leitor de questões forenses nos jornais, o inquisidor local e com o desocupado atento", listando quinze questões sobre o comportamento de Samuel Kent no dia do assassinato (por exemplo, "Por que ele mandou sua carruagem buscar um policial distante, se um outro morava ali perto?"), bem como nove sobre Elizabeth Gough ("Ela podia, de sua cama, ver o menino no berço?") e uma sobre Constance ("O que aconteceu com a camisola?").[2]

Rowland Rodway, o advogado de Trowbridge, saiu em defesa de Samuel, protestando numa carta ao *Morning Post* que "a imprensa, com raras exceções, tenta impingir ao sr. Kent o assassinato do filho e provoca em torno dele uma tempestade de indignação pública que arruinou a posição social de sua família e agora ameaça sua segurança pessoal". Não restava agora a menor chance de Samuel se tornar inspetor pleno, como pretendia. Seus colegas tiveram de realizar as inspeções nas fábricas. Um deles escreveu:

> Seria praticamente impossível para Kent visitar fábricas em Trowbridge no momento, tal é o sentimento das classes populares em relação a ele [...] o sr. Stapleton [...] levou um cavalheiro com ele à fábrica Brown & Palmer, a quem o pessoal da unidade de tecelagem confundiu com Kent. A gritaria começou, e só parou quando o erro foi esclarecido.

O inspetor acrescentou que a hostilidade contra Kent era maior nas classes trabalhadoras: "Não creio que as pessoas bem informadas e respeitáveis de Trowbridge o considerem culpado". Outro inspetor escreveu ao ministro do Interior, argumentando que a antipatia contra Kent, "acusado injustamente, era tão forte que ocorre não só em sua região, como em toda parte". Portanto, nem uma transferência resolveria o problema. Ademais, "por um bom tempo, será muito difícil para o sr. Kent sair de casa à noite e depois voltar". A frase mostra o quanto a família Kent estava sofrendo naquele inverno: em estado de alta ansiedade, talvez até de pavor mútuo, o pai evitava sair de casa depois que escurecia. Cornewall Lewis escreveu sua resposta no envelope: "Não creio que Kent seja culpado, mas, quer seja, quer não, vem sendo objeto de suspeitas públicas que o impedem de desempenhar suas tarefas — ele poderia ser provisoriamente afastado". Duas semanas depois, em 24 de novembro, Samuel recebeu uma licença de seis meses.[3]

No final de novembro, Jack Whicher escreveu ao ex-colega John Hancock, da polícia de Bristol, reiterando sua teoria sobre a camisola desaparecida.

Depois de tudo o que foi dito a respeito desse caso, e das diferentes teorias apresentadas, há em meu humilde julgamento apenas uma solução para ele; e, se você tivesse feito as investigações que eu fiz, tenho certeza de que teria chegado à mesma conclusão. Mas você, como outros, talvez tenha sido iludido pelo que ouviu, sobretudo com referência à teoria de serem o sr. Kent e a babá cúmplices no homicídio, simplesmente por causa de uma vaga suspeita de que ele tenha estado no quarto dela etc. Agora, em minha opinião, se alguém merece mais piedade, se alguém foi muito caluniado, este alguém foi o sr. Kent. Não bastasse ver o filho querido assassinado com tanta crueldade, ele acabou sendo acusado de assassinato, o que foi ainda pior; e, de acordo com o estado atual da opinião pública, ele carregará essa injusta mancha até o dia de sua morte, salvo se ocorrer uma confissão da pessoa que eu creio firmemente ter cometido o crime. Pouca dúvida me resta de que a confissão teria sido feita se a srta. Constance permanecesse detida por mais uma semana. Minha opinião é que [...] o fato de haver duas famílias [...] foi a causa inicial do crime; e que o motivo foi ciúme em relação ao filho do segundo casamento. O falecido era o filho favorito, e o ressentimento contra os pais, e à mãe em particular, foi para mim a razão que levou Constance Kent a agir [...] a srta. Constance possui uma mente extraordinária.

A contrariedade de Whicher com o tratamento dado a Samuel pode ter sido aguçada pelo fato de que ele também passaria o resto da vida estigmatizado pelo caso. Ambos eram inspetores governamentais que se tornaram objeto de inspeção profundamente crítica.

Em sua carta, Whicher mencionou que um dos juízes leigos de Wiltshire fora visitá-lo para conversar sobre a camisa que a "estupidez" policial deixara escapar. Whicher desconfiava que a polícia pusera a camisola de volta à fornalha como isca, para apanhar sua dona em flagrante — isso poderia explicar o posicionamento dos guardas na cozinha na noite de 30 de junho. "Foley jamais revelaria isso para mim [...] o sr. Kent disse em seu depoimento que Foley contou que era para ver se alguém ia tentar destruir alguma coisa." Quando a camisola sumiu, Whicher concluiu, a polícia armou "um conluio para o ocultamento".[4]

Após as revelações do inquérito de Saunders, os juízes leigos de Wiltshire investigaram o problema da camisa na fornalha da cozinha. Em 1º de dezembro ele realizou uma audiência pública na qual tanto Cox quando Kerslake negaram que a camisa fosse delas. Watts descreveu a peça de roupa encontrada: "Estava lá dentro [...] como se servisse para acender o fogo [...] empurrada tanto quanto possível para o fundo". Isso quer dizer que a camisa deve ter sido escondida depois das nove da manhã, quando Kerslake apagou o fogo. Watts disse que a camisa era fina, com "uma aba de amarrar na frente e outra atrás", e que estava muito gasta — havia buracos no local das axilas. O sangue "praticamente cobria a frente e a traseira. Não havia marcas de sangue acima da cintura; o sangue se espalhava por cerca de quarenta centímetros a partir da barra. Dava a impressão, pela aparência, de que o sangue vinha de dentro para fora".

Eliza Dallimore disse acreditar que a camisa fosse de Kerslake, pois "estava muito suja e era muito pequena... não chegaria aos meus joelhos". A cozinheira lhe dissera que "sua roupa de baixo era muito suja, pois ela trabalhava demais". Dallimore observou que nem Kerslake nem Cox usavam camisa limpa no sábado da morte de Saville — percebera isso quando elas experimentavam a flanela peitoral.

O detalhamento interessado com que a sra. Dallimore descreveu as roupas íntimas das empregadas contrastava fortemente com o desagrado de Foley pela questão. O inspetor-chefe disse que não havia discutido a descoberta da camisa com os juízes leigos por sentir "muita vergonha". "Eu não a mantive comigo nem um minuto. Não gostei de tocar naquilo", disse.

> Entende, era uma camisa suja nojenta, e eu a deixei de lado [...] considerei que seria indecente e impróprio expor aquilo publicamente. Já vi muitas roupas manchadas. Duvido que algum homem tenha visto um número maior. Numa manhã de domingo revistei 52 camas em Bath, e podem pensar que vi coisas incríveis por lá [...] mas nunca vi uma roupa mais suja que aquela.

Ele declarou que gostaria de "interrogar" a dona da camisa.

Os juízes leigos criticaram Foley, mas o perdoaram, e o descreveram como um policial "astuto, inteligente", cujo erro fora provocado por sentimentos de decoro e respeito.

Por instrução de Henry Ludlow, o oficial de justiça leu uma carta de Whicher: a camisa escondida na cozinha, disse o detetive,

> jamais foi mencionada a mim por nenhum elemento da polícia durante a quinzena em que estive com eles em Road, auxiliando no inquérito, nem nos contatos diários com o inspetor-chefe Foley e seus assistentes [...] se, portanto, os juízes leigos se sentem contrariados por lhe terem escondido a questão, gostaria de ressaltar que não tive participação nenhuma nisso [...] gostaria que soubessem que não posso ser responsabilizado por isso de forma alguma.

O livro de Joseph Stapleton sobre o crime cita uma carta posterior de Whicher, na qual ele argumenta que a camisa e a camisola desaparecida eram a mesma coisa. Ele escreveu:

> Quando a peça de roupa ensanguentada foi encontrada na fornalha, e o "lamentável segredo" que fora mantido vazou, senti-me plenamente convencido de que era a camisola usada quando o cri-

me foi cometido [...] não tenho dúvida de que foi posta lá como esconderijo temporário, e que a polícia, posteriormente, por certa negligência, a deixou vazar por entre os dedos. Daí a necessidade de sigilo anterior e também posterior, quando a história vazou.

A repetição do verbo "vazar" por Whicher é admirável. Ele parece assimilar de forma intensa, visceral, o sangue que quase conseguiu tocar com as mãos, e que se repete em sua imagem da peça escorrendo por entre os dedos do policial, como um líquido.

PARTE TRÊS
A elucidação

Não era em direção à claridade que eu parecia flutuar, mas sim a uma escuridão ainda maior, e, em um minuto, acudiu-me do fundo de minha própria compaixão o alarme assustador de que ele poderia ser inocente. Foi ao mesmo tempo desconcertante e insondável, pois se ele era inocente, que diabos seria eu? Paralisada, enquanto durou, pelo mero roçar da questão...
De *A volta do parafuso* (1898), de Henry James.[*]

---

[*] Tradução de Marcelo Pen, em *Contos de horror do século XIX*. São Paulo: Companhia das Letras, 2005.

Lady Audley e um psiquiatra, do folhetim de Mary Elizabeth Braddon, Lady Audley's secret, no London Journal, 1863

15. Como um covarde
1861-4

As investigações sobre o assassinato de Road Hill aos poucos foram diminuindo. No começo de 1861 o ministro da Justiça recusou uma proposta de abertura de novo inquérito para apurar a morte de Saville Kent, descartando alegações de que o juiz de inspeção agira com impropriedade ao deixar de examinar Samuel.[1] A polícia de Bath recolheu mais algumas pistas, ou rumores de pistas, que chegaram a ser noticiadas pelos jornais de janeiro, mas não deram em nada: um par de galochas de borracha natural fora avistado no pé da escada dos fundos logo depois do assassinato; um par de meias sumira. Joseph Stapleton alegava que meias molhadas e sujas haviam sido localizadas num armário, debaixo da escada dos fundos. O *Frome Times* disse que Constance Kent, quando estava na escola da srta. Ducker, em Bath, muitos anos antes, "em retaliação a um suposto menosprezo, destruiu e jogou na latrina um objeto pertencente a sua governanta". Na escola, foi noticiado em outro lugar, ela havia tentado causar uma explosão, abrindo o gás.

Numa carta a um amigo suíço, em 1º de fevereiro, Charles Dickens detalhou sua teoria sobre os culpados.

Vocês comentam o assassinato de Road até em Lausanne, suponho. Nem todos os policiais detetives existentes poderiam me persuadir a abandonar a hipótese que as circunstâncias aos poucos fizeram tomar forma em minha mente. O pai estava na cama com a babá: viram o filho sentado na caminha, olhando, e evidentemente ele ia "contar para a mamãe". A babá saltou da cama e na mesma hora o sufocou, na presença do pai. O pai cortou a garganta do filho, para desviar as suspeitas (o que de fato ocorreu), e levou o corpo para fora, deixando-o onde foi encontrado. Quando saiu para buscar a polícia, ou quando a polícia ficou trancada em sua casa, ou nas duas ocasiões, ele se livrou da faca e de outras provas. Agora, muito provavelmente a verdade nunca será descoberta.[2]

Talvez seja como Poe sugeriu em "O homem na multidão" (1840): "Há certos segredos que não se deixam contar [...] mistérios que não estão sujeitos à revelação. De quando em quando, lamentavelmente, a consciência de um homem carrega um fardo tão cheio de horror que só pode ser descarregado na cova".

Joseph Stapleton estava reunindo material para seu livro em defesa de Samuel. Em fevereiro ele escreveu para William Hughes, o inspetor-chefe da polícia de Bath, pedindo formalmente que ele refutasse rumores de que o sr. Kent "levava uma vida desregrada" com as empregadas. No dia 4 de março Hughes respondeu, confirmando que interrogara mais de vinte pessoas sobre o assunto: "todos afirmaram com muita ênfase que não há a menor base para tais boatos. A partir de tudo que pude reunir sobre a questão, estou convencido de que sua conduta em relação às empregadas domésticas era o *oposto da familiaridade*, e que ele as tratava sempre com altivez indevida, sem permitir intimidades".

Mais tarde, naquele mês, Samuel solicitou ao ministro do Interior aposentadoria antecipada do serviço público — acabara de passar da metade de seu período de licença de seis meses.

Pediu uma pensão de 350 libras, seu salário anual integral. Ele explicou:

> Em junho de 1860 fui vítima de uma enorme calamidade, o assassinato de meu filho, uma calamidade que não só me amargurou pelo resto da vida, como me esmagou com o preconceito e a calúnia popular, devido a notícias deturpadas da imprensa [...] Minha família é grande, minha renda, limitada, e não posso renunciar a minha pensão oficial sem passar por enormes privações.

Como resposta, Cornewall Lewis observou que aquela era "a proposta mais estranha que já recebi — informe-o que seu pedido não poderá ser atendido".[3] Os jornais noticiaram o boato de que Constance confessara a um parente, em março, que havia assassinado Saville, mas os detetives que trabalharam no caso consideraram "inoportuno" reabrir a investigação.

Em 18 de abril de 1861, quinta-feira, os Kent mudaram de Road. Constance foi enviada para completar seus estudos numa escola em Dinan, cidade medieval cercada de muralhas no norte da França, e William voltou para a escola de Longhope, internato que abrigava cerca de 25 rapazes de sete a dezesseis anos. O resto da família se mudou para Camden Villa, em Weston-super-Mare, estância balneária na costa norte de Somersetshire. A sra. Kent estava grávida de novo.

Os Kent instruíram o leiloeiro de Trowbridge a vender todos os seus bens.[4] Dois dias depois da partida ele abriu a mansão de Road Hill para visitação pública. Já recebera tantas consultas que tomou a medida inédita de vender catálogos, a um xelim cada, e limitá-los a um por pessoa — vendeu setecentos. No sábado, às onze da manhã, uma multidão invadiu o prédio. Na sala de estar os visitantes se revezavam para levantar da janela da sacada para testar seu peso, e no quarto das crianças eles avaliaram se Elizabeth

Gough poderia ter visto Saville no berço, de sua cama (o consenso foi que podia). Examinaram minuciosamente escadas e portas. O inspetor-chefe John Foley, chamado para manter a ordem, foi assediado com pedidos de moças que queriam ver a latrina, onde ainda havia marcas de sangue no chão. Os visitantes mostraram menos interesse pela mobília à venda. Na apresentação o leiloeiro concordou que o conteúdo da casa não era "de feitio muito elegante", mas argumentou que era de boa qualidade, "e pude observar que os bens têm não só valor material, mas histórico. Testemunharam um crime que espantou, aterrorizou e paralisou o mundo civilizado".

Os valores obtidos pelas pinturas foram decepcionantes — um óleo de Mary, rainha da Escócia, de Federico Zuccari, pelo qual Samuel Kent alegava ter recusado cem libras, foi arrematado por catorze. Mas a esplêndida cama espanhola com dossel do sr. e sra. Kent conseguiu sete libras e quinze xelins; um lavatório com as peças de louça do quarto deles, sete libras. O leiloeiro também vendeu 250 onças de peças de prata, mais de quinhentos livros, várias caixas de vinho, incluindo xerez *pale* e *golden*, um microscópio luminoso (quando usado com lâmpada a gás, projetava imagens ampliadas na parede), dois telescópios, vários móveis de jardim em ferro e um potro de raça. Os vinhos do Porto de 1820 (um vintage excepcionalmente precioso e doce) saíram por vinte xelins a garrafa, a égua por onze libras e quinze xelins, a carruagem, por seis libras e a vaca de raça Alderney (um animal pequeno, fulvo, que produzia leite cremoso) por dezenove libras. O órgão de câmara foi adquirido por uma capela metodista de Beckington. O sr. Pearman, de Frome, pagou uma libra cada pelas camas de Constance, Elizabeth Gough e pelo berço de Eveline, que Saville usara quando bebê, elevando o total da venda para mil libras. O berço do qual Saville fora tirado não entrou no leilão, por medo de que fosse parar na câmara dos horrores do museu de cera de Madame Tussaud.

Durante o leilão um punguista furtou a bolsa de uma mulher,

com quatro libras, no meio da multidão. Embora os homens de Foley tenham trancado as portas da mansão de Road Hill, realizado uma busca e detido um suspeito, o ladrão não foi encontrado.*

O último filho de Samuel e Mary Kent, Florence Saville Kent, nasceu na nova residência costeira em Somersetshire, no dia 19 de julho de 1861. Durante o verão os comissários de fábrica discutiram sobre o lugar para onde mandariam Samuel. Surgiram vagas em Yorkshire e na Irlanda, mas eles temiam que Samuel não conseguisse exercer sua autoridade naquelas áreas, onde a hostilidade contra sua pessoa era grande. Em outubro, porém, surgiu uma vaga de subinspetor de fábricas no norte do País de Gales, e a família Kent se mudou para Llangollen, no vale do Dee.[5]

Uma senhora inglesa que residiu em Dinan em 1861 escreveu mais tarde para o *Devizes Gazette* a respeito de Constance Kent: "Nunca a vi, mas todas as minhas amigas a conheciam e a descreviam assim: moça ruiva, feia, nem estúpida nem inteligente, rosto comum, nem animada nem apática, possuidora de um único traço memorável, a extrema gentileza e ternura por crianças pequenas [...] na escola seria a última a ser notada se reunissem a turma inteira". Constance fazia o possível para ficar invisível, e era conhecida na escola pelo segundo nome, Emily, mas as colegas conheciam sua identidade. Era vítima de perseguições e mexericos. No final do ano Samuel a transferiu para a escola de freiras do convento de la Sagesse, no alto de um rochedo que dominava a cidade.

---

* Na década seguinte a mansão de Road Hill foi rebatizada de Langham House, por causa da fazenda vizinha. Em 1871 a proprietária era Sarah Ann Tuberwell, viúva de 66 anos, que residia lá com seis empregados: mordomo, camareira, governanta, arrumadeira, cozinheira e lacaio. No século XX os limites dos condados foi alterado, por isso a casa se situa hoje em Somerset, bem como o resto do vilarejo, cujo nome também mudou, de Road para Rode.

Por vários meses Whicher se escondeu das vistas do público, trabalhando apenas em casos que não chamavam a atenção.[6] Apenas um dos que resolveu recebeu cobertura jornalística em profundidade — a captura de um clérigo que levantara 6 mil libras fraudando o testamento do tio.[7] Um jovem colega de Whicher, Timothy Cavanagh, na época escriturário no Comissariado, alegou que o crime de Road Hill fora resolvido pelo "melhor homem que o Departamento de Detetives já teve". O caso "quase partiu o coração do pobre Whicher" — ele "voltou ao quartel-general completamente abatido. Foi um golpe imenso para ele [...] o comissário e outros perderam a fé em sua capacidade pela primeira vez". Segundo Cavanagh, o caso de Road Hill mudou Dolly Williamson, também. Quando regressou de Wiltshire, Williamson perdera o bom humor, deixando de lado sua inclinação para fazer brincadeiras perigosas e pregar peças nos colegas. Tornou-se calado, distante.

No verão de 1861, Whicher foi encarregado de investigar um homicídio, o primeiro desde Road Hill.[8] Parecia um caso simples. Em 10 de junho uma mulher de 55 anos chamada Mary Halliday foi encontrada morta numa casa paroquial em Kingswood, perto de Reigate, em Surrey, onde trabalhava como caseira enquanto o vigário viajava. A sra. Halliday, pelo jeito, fora vítima de um arrombamento malsucedido — uma meia enfiada em sua boca, provavelmente para impedir que gritasse, a sufocou. O intruso, que poderia estar acompanhado, deixara pistas: um porrete de faia, alguns metros de uma corda de cânhamo incomum usada para amarrar os punhos e tornozelos da vítima e uma pilha de papéis. Entre estes constava a carta de uma famosa cantora de ópera alemã, uma carta pedindo auxílio assinada por "Adolphe Krohn" e documentos de identificação em nome de Johann Carl Franz, da Saxônia.

A polícia obteve a descrição de dois estrangeiros que passaram pela região naquele dia, um baixo e moreno, outro alto e claro; eles foram vistos num *pub*, em descampados perto da casa paroquial e numa loja de Reigate, onde compraram corda do mesmo tipo encontrado na cena do crime. A descrição do mais alto coincidia com os detalhes dos documentos de identidade. Uma recompensa de duzentas libras foi oferecida pela captura do par cujos nomes seriam Krohn e Franz.

Whicher enviou o sargento-detetive Robinson para interrogar mademoiselle Thérèse Tietjens, a famosa cantora lírica cuja carta fora encontrada na casa paroquial, em sua residência em St. John's Wood, perto de Paddington. Ela disse que um jovem alemão alto, de cabelo claro, batera em sua porta uma semana antes, alegando pobreza e pedindo ajuda para regressar a Hamburgo. Ela prometera pagar as despesas dele, e lhe dera uma carta dizendo isso. Whicher pediu a Dolly Williamson que verificasse as partidas para Hamburgo e realizasse diligências nas embaixadas e consulados da Áustria, Prússia e Liga Hanseática.

Policiais foram enviados ao distrito açucareiro de Whitechapel, no East End, onde muitos alemães itinerantes se hospedavam. Vários alemães desocupados foram detidos para averiguações. Whicher os descartou, um por um. "Embora ele se assemelhe à descrição de um dos homens envolvidos no assassinato da sra. Halliday", relatou sobre um suspeito em 18 de junho, "não creio que seja um deles."

Na semana seguinte, porém, Whicher disse a Mayne que havia encontrado Johann Franz: um vagabundo alemão de 24 anos capturado em Whitechapel alegava que seu nome era Auguste Salzmann. No início, Whicher não conseguiu uma testemunha ocular para confirmar que ele era um dos alemães de Kingswood. Pelo contrário:

> Ele foi examinado por três pessoas de Reigate e Kingswood que avistaram os dois estrangeiros na região na véspera e no dia pos-

terior ao crime, mas elas não o reconheceram. Embora as pessoas não os tenham identificado, não me resta dúvida de que ele seja "Johann Carl Franz", dono do livro deixado no local, e como sei de outras pessoas que viram os estrangeiros por lá, sugiro que o sargento Robinson os mande a Londres para identificar o prisioneiro.

A segurança de Whicher — e sua determinação — valeram a pena. No dia 26 de junho as testemunhas do *pub* e da loja de Reigate concordaram que ele era o alemão alto e claro que passou pela cidade. Whicher se declarou "totalmente seguro" de ter solucionado o caso.

Ele mandou fotografias dos documentos de identificação a policiais da Saxônia, que confirmaram sua autenticidade, acrescentando que o elemento tinha passagem pela polícia. Whicher também descobriu que dois dias após o assassinato o suspeito dera ao senhorio uma camisa azul xadrez, para que fosse guardada. A camisa coincidia com a descrição da roupa usada por um dos homens em Kingswood, e estava atada com um pedaço de corda idêntico ao que servira para amarrar o corpo da vítima. Os detetives localizaram o fabricante da corda, que confirmou ter feito as cordas usadas para amarrar a camisa e o tornozelo da sra. Halliday: "São do mesmo lote. Disso tenho absoluta certeza". Outras testemunhas oculares confirmaram ter visto o prisioneiro em Surrey. Até o policial Peck disse acreditar agora que o suspeito era um dos homens encontrados por ele em Sutton. Whicher reunira uma série de provas circunstanciais muito fortes. Em 8 de julho o prisioneiro admitiu ser Franz. Foi enviado a julgamento.

A história que o alemão contou à defesa pareceu falsa do início ao fim. Depois de desembarcar de um vapor em Hull, no mês de abril, ele passou a andar com outros dois desocupados alemães, Wilhelm Gerstenberg e Adolphe Krohn. Gerstenberg, que se parecia com Franz no porte e na cor dos cabelos, o pressionou a ceder documentos de identificação para ele. Franz recusou o pedido. Certa noite de maio, quando Franz dormia atrás de um monte de feno, perto de Leeds, seus dois companheiros o roubaram, levando não só seus documentos como também a mala e as roupas, feitas com o mesmo pano do traje que usava ao ser preso. Isso explicava a semelhança entre a camisa dele e aquela vista em Kingswood, e sua semelhança com Gerstenberg justificava a impressão das testemunhas que alegaram ter encontrado Franz em Surrey. Franz, sem sua bagagem, voltara a Londres sozinho. Quando chegou à cidade soube que um alemão chamado Franz era procurado por homicídio, e logo adotou um novo nome. Quanto à corda em seu quarto, ele a encontrara na calçada, na frente de uma tabacaria perto de sua pensão. A defesa, portanto, era alegar que suas roupas haviam sido roubadas, bem como os documentos usados pelo vagabundo alemão parecido com ele, e que mudara o nome por medo de ser confundido com o assassino. A corda fora apanhada na rua em Londres e, por coincidência, era igual à que estava na cena do crime.

Tudo parecia invenção de um sujeito culpado, em desespero. Mas nos dias que antecederam o julgamento surgiram vários fatos que pareciam corroborar a versão de Franz. Um andarilho em Northamptonshire entregou à polícia alguns papéis do pacote que Franz dizia ter sido roubado dele — disse ter encontrado as folhas numa cabana de beira de estrada. Isso sugeria que pelo menos parte dos documentos de Franz se extraviara, como ele alegava. Quando mademoiselle Tietjens foi visitar o prisioneiro, jurou que ele não era o rapaz que a procurara no início de junho pedindo ajuda. Surgia a possibilidade de realmente haver outro alemão claro ligado a Krohn, o moreno. E descobriram que o distribuidor londrino da corda de cânhamo vendida em Reigate e encontrada no corpo de Mary Halliday ficava em Whitechapel, a pouca distância da calçada onde Franz disse ter encontrado o pedaço com que atou sua camisa.

O inquérito estava escapando ao controle de Whicher. Ele procurou Krohn como um louco, pois estava convencido de que a captura dele reforçaria o caso contra Franz. De tão ansioso para encontrar o alemão sumido, chegou a expressar a convicção de que quase o apanhara: "Tenho poucas dúvidas de que o homem descrito como Adolphe Krohn seja um jovem judeu polonês de nome Marks Cohen", escreveu a Mayne. Enganara-se. Logo depois ficou "profundamente impressionado" com outro sujeito que julgava ser Krohn, e mais uma vez se equivocou. Whicher não conseguiu localizá-lo.

No julgamento do assassinato de Mary Halliday, em 8 de agosto, o advogado de Franz alegou, numa apaixonada sustentação verbal, de quatro horas, que as provas circunstanciais do caso precisavam, mais do que serem compatíveis com a culpa, serem incompatíveis com a inocência. Foi dito que dez dos doze jurados entraram na sala do júri convencidos de que Franz era o assassino, mas quando saíram eles o declararam inocente. A embaixada da Saxônia pagou sua passagem de volta para casa.

O *Times* do dia seguinte, claramente convencido de que Franz matara a sra. Halliday, ressaltou que as provas circunstanciais eram sempre — teoricamente — compatíveis com a inocência. Essas provas nunca eram conclusivas: "são apenas uma hipótese relativa a certo conjunto de fatos, embora seja às vezes uma hipótese que, por uma lei da natureza, nos leva a crer, em determinados casos, que seja a correta".

A investigação de Kingswood se desenrolou como uma piada de mau gosto, uma zombaria da capacidade dos detetives.[9] Serviu para lembrar que o trabalho detetivesco dependia de boa sorte, tanto quanto da precisão. "Se eu não era o mais esperto, e disso tenho sérias dúvidas, com certeza era o mais sortudo dos detetives", declarou o inspetor "F", narrador de *Experiences of a real detective* (1862), de Waters. "Eu só fiz deixar a boca aberta, e a melhor parte caiu lá dentro por sua própria conta."[10] A sorte de Whicher parecia ter acabado. Ele provavelmente tinha razão a respeito da identidade do assassino de Kingswood, mas quando Franz foi inocentado, a confiança do detetive deu uma impressão diferente — arrogância, talvez, ou obsessão e delírio. Foi seu derradeiro caso de investigação de homicídio.

No século XIX ganhou terreno a ideia de que o testemunho humano (confissão ou testemunho ocular) era subjetivo demais para merecer confiança. Jeremy Bentham, em *A treatise on judicial evidence* (1825), por exemplo, argumentou que o testemunho necessariamente devia ser acompanhado por provas materiais. Só *coisas* resolviam: o botão, o boá, a camisola, a faca. Como o inspetor "F" de Waters dizia: "Creio que o conjunto de provas circunstanciais no qual não há contradições materiais... [é] o testemunho mais confiável sobre o qual o julgamento humano pode se basear — uma vez que a circunstância não pode ser perjúrio nem falso testemunho".[11] A mesma preferência pode ser identificada na prosa de Edgar Allan Poe: "ele prenuncia a literatura analítica e científica nas quais as coisas desempenham um papel mais importante que as pessoas", observaram os escritores franceses Edmond e Jules de Goncourt em 1856. Os objetos eram incorruptíveis em seu silêncio. Testemunhas mudas da história, fragmentos — como os fósseis de Darwin — capazes de cristalizar o passado.

Contudo, os casos de Kingswood e Road Hill revelaram o caráter fugidio das coisas, deixando claro que os objetos, como as lembranças, estavam abertos a intermináveis interpretações. Darwin teve de decifrar seus fósseis. Whicher precisou ler as cenas dos crimes. Um conjunto de provas era construído, não escavado. O detetive de Forrester explica: "O valor do detetive não reside tanto na descoberta dos fatos quanto em uni-los e revelar seu significado".¹² O corpo mutilado de Road Hill poderia servir como indício de fúria, ou da representação da fúria. A janela aberta poderia indicar a rota de fuga ou a astúcia de um assassino ainda escondido dentro de casa. Em Kingswood, Whicher encontrou o tipo de prova mais definitivo: um pedaço de papel com o nome e a descrição física da pessoa. Mesmo assim, mostrou-se que a prova poderia apontar para o lado oposto — o furto de uma identidade, em vez da identificação.

Um novo espírito tomava conta da Inglaterra. Em contraste com o vigor esperançoso dos anos 1850, a década seguinte se caracterizaria pelo desconforto, pela dúvida. A mãe da rainha Vitória morrera em março de 1861, e seu adorado esposo, o príncipe Alberto, em dezembro. A rainha ficou de luto, e o resto da vida se vestiu de preto.

No início da década de 1860, as emoções despertadas pelo assassinato de Road Hill saíram de cena, deixaram as páginas dos jornais para reaparecerem, disfarçadas e ampliadas, nos livros de ficção. Em 6 de julho de 1861, quase um ano exato após o crime, saiu o primeiro capítulo de *Lady Audley's secret*, de Mary Elizabeth Braddon, na revista *Robin Goodfellow*. O romance, um imenso sucesso editorial quando publicado em livro, em 1862, contava com uma madrasta malvada (a governanta que casara com um cavalheiro), um assassinato brutal misterioso numa casa de campo elegante e um corpo jogado no poço; seus personagens estavam fascinados pela insanidade e pelo trabalho detetivesco, além de apavorados com a exposição.¹³ A história de Braddon deu vazão à inquietude e à excitação que o assassinato de Saville Kent despertara.

Constance Kent foi retratada em todas as mulheres do livro: a angelical e provavelmente insana assassina, lady Audley; a filha traquinas e espirituosa, Alicia Audley; a impassível criada da madame, Phoebe Marks ("Silenciosa e discreta, ela parecia guardar a si mesma dentro de si. E não receber influência do mundo exterior [...] eis uma mulher capaz de guardar segredo"); e a passional e solitária Clara Talboys, irmã do homem assassinado:

> Cresci num ambiente de repressão [...] tenho sufocado e reprimido os sentimentos naturais de meu coração, até que eles se tornaram desnaturados em sua intensidade; não me permitem ter nem amigas nem namorado. Minha mãe morreu quando eu era muito pequena [...] não tenho ninguém, exceto meu irmão.

Jack Whicher ressurge na figura do atormentado detetive amador Robert Audley, que conduz uma "investigação retroativa", uma jornada ao passado do suspeito. O inspetor Bucket de *A casa soturna* é suave, detentor de conhecimentos secretos, mas Robert Audley vive atormentado pela culpa e pelo temor de ser louco. Quem é o monomaníaco, ele se pergunta: a mulher infantilizada de quem suspeita de loucura e homicídio, ou ele, que ao se fixar nela está apenas provando ser escravo de um delírio obsessivo?

> Seria aviso ou monomania? E se eu estiver errado, no final das contas? E se o conjunto de provas que montei ponto a ponto for uma invenção de minha mente? E se esta toalha de horror e suspeita for apenas um trabalho de crochê — frutos da imaginação nervosa de um solteirão hipocondríaco? [...] Ah, meu Deus, se for em mim que a desgraça tem habitado, esse tempo todo?

A série de provas que Whicher obteve em Road poderia mostrar a culpa do suspeito escolhido ou seu próprio delírio, assim como foi demonstrado por suas provas em Kingswood. Incerteza assim era tortura: "Será que jamais chegarei perto da verdade", pergunta Robert Audley, "e passarei o resto da vida atormentado por dúvidas vagas e suspeitas desprezíveis, que crescerão em mim até eu me tornar um monomaníaco?". Não obstante, se ele conseguir resolver o mistério, isso talvez apenas amplie o terror: "por que devo tentar desembaraçar a meada, encaixar as peças desse terrível quebra-cabeça, e reunir os fragmentos que, juntos, podem formar um conjunto tão medonho?".

Lady Audley's secret foi um dos primeiros e melhores romances de "sensação" ou "enigma" que dominaram a cena literária da década de 1860, caracterizados por relatos labirínticos de sofrimentos domésticos, ardis, loucura e intrigas. Tratavam do que Henry James chamou de "os mistérios mais misteriosos, os mistérios que estão na nossa porta [...] os terrores da pacata casa de campo, das vibrantes pensões londrinas".[14] Seus segredos são exóticos, e os cenários reconhecíveis — acontecem na Inglaterra, no presente, uma terra de telegramas, trens e policiais. Os personagens desses romances estão à mercê de seus sentimentos que, exacerbados, se manifestam diretamente na carne: as emoções compelem as pessoas a enrubescer, empalidecer, escurecer, tremer, estancar, se contorcer; seus olhos queimam, brilham e se apagam. Os livros, temia-se, agiam da mesma maneira nos leitores.

Em 1863 o filósofo Henry Mansel descreveu tais romances como "indicadores da corrupção disseminada, da qual são em parte efeito e em parte causa: criados para satisfazer a ânsia do apetite doentio, contribuindo para disseminar a doença, para estimular o desejo que aplacam". Mansel se expressou com força incomum, mas sua visão era amplamente compartilhada. Muitos temiam que o romance sensacionalista fosse um "vírus" capaz de criar a depravação que descrevia, formando um círculo de excitação — sexual e violenta — que percorria todos os estratos da sociedade. Esses livros, os primeiros suspenses psicológicos, eram vistos como agentes do colapso social, até no modo como eram consumidos — lidos na copa e na sala de estar, por serviçais e patroas. Aludiam a crimes reais, como o caso de Road Hill, para dar um toque de autenticidade. "Existe algo de indescritivelmente revoltante no ávido apetite pela podridão", Mansel escreveu, "um instinto predatório que fareja a recente massa de depravação social, e corre para devorar a iguaria asquerosa antes que o cheiro evapore." Romances sensacionalistas estimulavam nos leitores sensações brutais, apetites animais; ameaçavam as crenças religiosas e a ordem social de um modo similar ao darwinismo. Mansel notou que a típica ilustração de capa desses romances era "uma jovem pálida de vestido branco, com uma adaga na mão" — a cena que Whicher evocara em Road.[15]

O livro de Joseph Stapleton sobre o assassinato, *The great crime of 1860*, foi publicado em maio de 1861, com endosso de Rowland Rodway.[16] Stapleton estava fantasticamente bem informado: conhecia os suspeitos do caso e ouvira os mexericos locais. Henry Clark, oficial de justiça dos juízes leigos, lhe fornecera informações sobre os inquéritos dos juízes leigos e sobre as investigações policiais, e Samuel Kent contara a história da família. Stapleton fez uma insinuação pesada da culpa de Constance. Contudo, o tom de seu livro com frequência é frenético e estranho — as sugestões sombrias que ele lançava não diziam respeito apenas à identidade do assassino, mas também à decadência e colapso da sociedade inglesa, uma catástrofe racial.

Em prosa tão inflamada quanto a dos romances sensacionalistas, Stapleton incitava os leitores a "pensar nos corações humanos que pulsavam" nos lares da nova classe média, "das paixões humanas que se revoltam [...] das transgressões familiares, dos conflitos familiares, das desgraças familiares, cobertas apenas pelo fino verniz dourado das boas maneiras, que explodem aqui e ali, espasmódicas, numa súbita e devoradora chama inextinguível". Comparava tais famílias a vulcões: "em muitos lares ingleses as amenidades da vida social costumam vestir com elegância uma crosta fina e rugosa. A tempestade [...] ganha força nos recessos profundos onde a cratera é o instinto em chamas; e [...] eles explodem, em sua fúria completa, para atirar pais, filhos e empregados numa destruição compartilhada, inevitável e promíscua".

O público fora corrompido pelo assassinato de Road Hill, Stapleton sugeria. "Conforme o mistério ligado ao crime se aprofundava e prolongava, suspeitar tornou-se uma paixão." Ele fez um relato lúgubre dos espectadores do inquérito de Saville, comparando-os às mulheres nas touradas. "As mulheres se amontoavam no salão para ouvir como a garganta fora cortada", escreveu, "e carregavam filhos pequenos no colo, para observar a relíquia ensanguentada." Como se o anjo doméstico da fantasia vitoriana momentaneamente desse lugar a um espectro sedento de sangue:[17] "Sua solidariedade com os sofredores será suspensa até que os instintos tenham sido aplacados; e, quando a curiosidade e a paixão pelo monstruoso tiverem sido saciadas, a mulher inglesa se recuperará de seu eclipse e voltará ao nosso seio com o brilhantismo de seus melhores atributos". Aos olhos de Stapleton, os observadores de uma investigação de assassinato sofriam transformações, temporariamente alterados pela visão da violência. Embora tente de várias maneiras atribuir o gosto pelo sangue às mulheres da classe trabalhadora do vilarejo, e compará-las a estrangeiras, por via das dúvidas, a curiosidade mórbida nesse caso se estendeu a todas as classes da sociedade inglesa, e a ambos os sexos. Ele mesmo demonstrou sua avidez por questões ligadas ao crime, como seu livro deixou claro.

Stapleton sugeriu que o assassinato comprovou a "decadência nacional": "A proclamada degradação da raça se tornou entre nós uma vergonha nacional", escreveu, "pois reconhecemos nela as consequências naturais e a expressão de uma longa série ancestral de prazeres degradantes, ocupações humilhantes e pecados aviltantes."[18] Ele se referia à teoria da degradação racial: se os seres humanos eram capazes de evoluir, como defendia Darwin, por certo seriam capazes de regredir. O passado decadente de uma família poderia refletir-se nos filhos, provocando a regressão da raça. Mansel também citou o crime de Road Hill como exemplo de degeneração, juntamente com a disseminação do alcoolismo, consumismo, histeria, corrupção, prostituição e adultério.[19] Stapleton, embora ansioso para absolver Samuel do homicídio, deixou implícito que a corrupção e as pretensões do antigo colega haviam devastado sua família. A dipsomania podia marcar a prole, disse o médico, assim como outros tipos de intemperança, como a cobiça pelo dinheiro e o excesso de desejo sexual.

O assassinato impune de Road refletia a visão que os romances sensacionalistas passavam da Grã-Bretanha. O caso não transmitia uma lição, apenas um choque, como a eletricidade. Sua influência era evidente no romance *The trial* [O julgamento], 1863, de Charlotte Yonge, sobre um adolescente de classe média acusado de homicídio, e do anônimo *Such things are* [As coisas são assim], 1862, sobre moças com chocantes histórias criminosas: "Houve um tempo [...] em que a moça inglesa era considerada, em casa e no exterior, como a encarnação de tudo que havia de puro e inocente, mas as coisas mudaram". As repercussões do caso podiam ser vistas nos livros que apresentavam um policial rude a macular uma situação doméstica refinada — Grimstone, da Yard, por exemplo, com seu "bloco de anotações ensebado", e "toco de lápis" em *Aurora Floyd*[20] (1863), de Mary Elizabeth Braddon.

A romancista Margaret Oliphant punha toda a culpa nos detetives. A ficção sensacionalista, dizia, "era a institucionalização literária dos hábitos mentais da nova força policial". O "detetive literário", escreveu em 1862, "não é um colaborador a quem recebemos com prazer na república das letras. Sua aparição não ajuda a aprimorar nem o gosto nem a moral".[21] Um ano depois ela se queixava do "detetivismo", do "aspecto policialesco da ficção moderna".[22]

Na esteira do assassinato de Road Hill, os detetives foram considerados, nas palavras de Robert Audley, "maculados pelos vínculos aviltantes, e indignos da companhia de cavalheiros honestos". Audley desprezava a imagem de detetive que ele mesmo adotara: "Sua natureza generosa se revoltava contra o ofício para o qual se sentira atraído — o ofício de espionar, de coletar fatos macabros que conduziam a horríveis deduções [...] adiante no caminho repugnante — o atalho fraudulento da intromissão e da suspeita".

Na figura inconstante de Robert Audley, compelido a buscar algo que teme, "sensação" e "investigação" se fundem. O detetive pode ser visto como viciado em sensações também, ávido pelos terrores e vibrações do crime. James McLevy, o detetive de Edimburgo cujas memórias em dois volumes fizeram sucesso em 1861,[23] admitiu a perturbadora excitação de seu trabalho. Ele descreve o desejo de recuperar mercadorias furtadas como uma ânsia animal, igual ao impulso que leva o ladrão a roubar:

> Dificilmente se pode imaginar os sentimentos de um detetive ao tirar de uma sacola misteriosa as coisas que deseja. Nem o gatuno, quando seus dedos se fecham trêmulos na rápida subtração de um colar de diamantes, sente um deleite tão grande quanto o nosso ao recuperar o relógio dos mesmos dedos, agora cerrados num espasmo nervoso.

McLevy disse que o perigo e o mistério o atraíam a "locais onde atividades secretas aconteciam". A ânsia que sentia pelo sujeito "procurado" era física: "cada olhar [...] parecia lançar uma energia negativa pelo meu braço, criando uma espécie de anseio de agarrá-lo em meus dedos". Com estoicismo macabro, McLevy comparou a captura de um vilão com a conquista de uma mulher:

que sensação gloriosa senti ao pegá-lo [...] eu não a trocaria pelo toque da mão de uma noiva, com a aliança de casamento em seu dedo [...] tamanha foi minha fraqueza quando vi Thomson se debatendo inutilmente nos braços do policial, o bandido que eu desejara tantas vezes em segredo ser apanhado em plena luz [...] senti um desejo quase incontrolável de abraçar o ousado líder da quadrilha.

McLevy se considerava um homem cujas energias eram desviadas e as emoções distorcidas pela obsessão com os casos em que trabalhava, com os bandidos que perseguia. Como Jack Whicher e como muitos detetives ficcionais desde então, ele era solteiro, sendo a solidão o preço da excelência.

A imprensa subiu o tom dos ataques contra Whicher e seus colegas. "O detetive moderno é geralmente malvisto", declarou o *Dublin Review* — pois o caso de Road Hill acabara de "abalar a confiança pública" em sua "sagacidade e visão a longo prazo [...] O sistema de detetives do país é essencialmente baixo e vil."[24] A expressão *clueless* [sem pistas] foi registrada pela primeira vez em 1862.[25] A revista *Reynolds* comparou a Polícia Metropolitana a "um gigante desajeitado e covarde que [...] libera toda a insensatez e malignidade de sua natureza sobre as criaturas débeis e indefesas que atravessam seu caminho".[26] Havia ali ecos da "malignidade" demonstrada por Whicher ao deter a indefesa Constance Kent. Uma paródia do *Punch*, de 1863, referia-se ao inspetor Watcher da "Polícia Necropolitana". No *Saturday Review*, James Fitzjames Stephen atacou a apresentação romântica do policial na ficção — "o culto ao detetive" —, argumentando que na realidade eles eram inúteis para a solução de crimes de classe média.[27]

No verão de 1863, Samuel e William Kent visitaram Constance em Dinan, e no dia 10 de agosto ela regressou à Inglaterra para viver como pensionista no lar de St. Mary, em Brighton. O estabelecimento, fundado pelo reverendo Arthur Douglas Wagner em 1855, era o mais próximo que a Igreja Anglicana[28] podia oferecer de um convento. Um grupo de noviças, supervisionadas pela madre superiora, mantinha um hospital e uma hospedaria para mães solteiras, ajudadas por cerca de trinta penitentes. Wagner era discípulo de Edmund Pusey, líder do movimento de Oxford, também conhecido como tractariano, que defendia a volta dos trajes, do incenso, das velas e da confissão sacramental à Igreja Anglicana. Ao aderir à comunidade que Wagner fundara em St. Mary, Constance substituía sua família natural pela religiosa, libertando-se dos laços de sangue. Adotando a grafia francesa para seu nome do meio, ela passou a ser Emilie Kent.

Em Londres, a vida de Jack Whicher definhava. Pouco restou do antigo "príncipe dos detetives" dos jornais. Seu amigo, o inspetor-detetive Stephen Thornton, morreu de apoplexia em sua casa de Lambeth, em setembro de 1861, aos 58 anos, abrindo caminho para que Dolly Williamson fosse promovido a inspetor em outubro. Williamson se tornou o responsável pelo departamento.[29]

Depois de Kingswood, Whicher só aparece uma vez nos registros de casos importantes da Polícia Metropolitana. Em setembro de 1862, ele e um colega, o inspetor-chefe Walker,[30] foram enviados a Varsóvia, a pedido do governo russo da cidade, para dar consultoria a respeito da formação de uma força de detetives na cidade. Os russos estavam preocupados com os insurgentes poloneses, que haviam cometido tentativas de assassinato contra a família do tsar.[31] "Tudo parece muito tranquilo", os policiais ingleses relataram do Hotel Europe em 8 de setembro, "e até agora não ocorreram novas tentativas de assassinato, embora [...] o governo demonstre constante apreensão. Nossa missão aqui vem sendo mantida em absoluto sigilo [...] pois nossa segurança pessoal poderia sofrer se houvesse uma compreensão equivocada do objetivo de nossa visita". Depois da missão os russos foram muito corteses em relação aos convidados — "os dois Policiais [...] satisfizeram completamente as expectativas de Sua Alteza, pela propriedade e sagacidade de seus comentários" — mas não acataram as sugestões. Em março de 1863, quando os soldados russos fuzilavam insurgentes em Varsóvia, foram levantadas questões na Câmara dos Comuns sobre aspectos éticos da missão secreta dos detetives.

Em 18 de março de 1864,[32] Jack Whicher deixou a Polícia Metropolitana aos 49 anos, com uma pensão anual de 133 libras, seis xelins e oito *pence*. Ele voltou a seu quarto da Holywell Street, em Pimlico. Nos papéis de dispensa constava, como estado civil, solteiro, e como parente mais próximo William Wort, um proprietário de carruagens de Wiltshire que, em 1860, se casou com uma das sobrinhas do detetive, Mary Ann. Na dispensa os motivos para a aposentadoria precoce de Whicher foi "congestão do cérebro". O diagnóstico era aplicado a todos os tipos de enfermidade, como epilepsia, ansiedade e demência vascular. Um ensaio de 1866 descrevia os sintomas como cefaleia lancinante, rosto inchado e vermelho e olhos congestionados, atribuindo a causa à "tensão mental prolongada".[33] Era como se os pensamentos de Whicher tivessem sido tão obsessivos com o enigma do assassinato de Road Hill que sua mente "esquentara demais", como a de Robert Audley. Talvez a congestão do cérebro ocorresse quando o instinto de detetive fosse frustrado, quando a sede pela solução não fosse satisfeita, quando a verdade não pudesse ser separada da aparência.

"Nada neste mundo permanece oculto para sempre", escreveu Wilkie Collins em *No name* [Sem nome] (1862).

A areia vira traidora, denuncia os passos de quem passou por ali; a água devolve à superfície reveladora o corpo afogado [...] o ódio rompe a prisão dos pensamentos, por meio da porta dos olhos [...] Para qualquer lugar que olhemos, a inevitável lei da revelação é uma das leis da natureza: a preservação eterna de um segredo é um milagre a que o mundo ainda não assistiu.

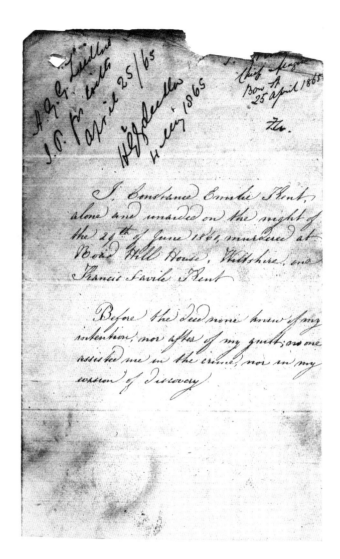

Confissão de Constance Kent, abril de 1865

16. Melhor que ela seja louca
Abril-junho de 1865

Na terça-feira, 25 de abril de 1865,[1] Constance Kent, agora com 21 anos, embarcou em um trem de Brighton para Victoria Station, debaixo de sol forte, depois pegou uma carruagem de aluguel até a corte dos juízes leigos de Bow Street, em Covent Garden. O reverendo Wagner a acompanhava, em trajes eclesiásticos, além de Katharine Gream, madre superiora de St. Mary, com hábito de gala (um manto negro longo com gola alta e babados). Constance usava um véu discreto. Estava "pálida e pesarosa", descreveu o *Daily Telegraph*, "mas perfeitamente composta". Quando chegaram ao fórum, pouco antes das quatro da tarde, ela disse aos funcionários da recepção que queria confessar um homicídio.

O fórum de Bow Street, a primeira e mais famosa corte de juízes leigos de Londres, ocupava duas casas geminadas de alvenaria com fachada rebocada e varanda no mal-afamado bairro em torno do mercado e do teatro de ópera de Covent Garden. Um policial montava guarda na porta, sob um lampião de gás e o brasão real. Constance e seus acompanhantes foram conduzidos através de um corredor estreito até o salão de audiências, um prédio térreo atrás do edifício principal. O salão era um entrecruzamento de grades metálicas e plataformas de madeira; o sol entrava por uma claraboia no teto; um relógio e diversas telas cobriam as paredes desbotadas.[2] Sir Thomas Henry, chefe dos juízes leigos de Bow Street, presidia a sessão. Constance lhe entregou a carta que trouxera consigo. Sentou-se. O salão fechado, naquela tarde de abril, estava quente e abafado como se fosse alto verão.

Henry leu a carta, escrita em papel de carta fino, em caligrafia floreada e confiante:

> Eu, Constance Emilie Kent, sozinha e sem auxílio, na noite de 29 de junho de 1860, assassinei Francis Saville Kent na mansão de Road Hill, em Wiltshire. Antes que o crime fosse cometido ninguém sabia de minhas intenções, nem depois descobriram minha culpa. Ninguém me ajudou a cometer o crime, nem a evitar que eu fosse descoberta.

O juiz leigo encarou Constance. "Pelo que entendi, senhorita Kent", ele perguntou, "está se entregando por sua livre e espontânea vontade por este crime?"

"Sim, senhor." Constance falou com "voz firme e triste", disse o *Times*.

"Qualquer coisa que disser aqui será registrada, e poderá ser usada contra sua pessoa. Compreende isso perfeitamente?"

"Sim, senhor."

"Esta carta que me foi entregue foi escrita de seu próprio punho, por sua livre e espontânea vontade?"

"Sim, senhor."

"Então que a confissão seja registrada em suas próprias palavras." O meirinho copiou os termos num formulário azul, perguntando a Constance como soletrar seu nome do meio, "Emily" ou "Emilie".

"Não faz a menor diferença", ela respondeu. "Eu escrevo às vezes de um jeito, às vezes de outro."

"Vejo que no texto que declara ser de seu próprio punho está escrito 'Emilie'."

"Sim, senhor."

Henry perguntou se ela ia assinar a confissão. "Devo alertá-la novamente", acrescentou, "que esse é o crime mais sério que se pode cometer, e que sua declaração será usada contra sua pessoa no julgamento. Ordenei que suas palavras fossem copiadas neste formulário, mas não quero que assine nada, a não ser que seja esta a sua vontade."

"Farei o que for necessário", Constance disse.

"Não é de forma alguma necessário", Henry disse a ela. "Não há razão para assinar esta confissão, a não ser que queira fazer isso. Sua carta será anexada ao formulário, e eu volto a perguntar se a escreveu por livre e espontânea vontade, sem indução de quem quer que seja, para se entregar."

"Sim."

Henry se voltou para o reverendo Wagner e pediu-lhe que se identificasse. Wagner era uma figura conhecida, um cura educado em Eton e Oxford que usara sua fortuna para construir cinco igrejas em Brighton, cujas janelas e altares enfeitados foram encomendados a artistas como Edward Burne-Jones, Augustus Pugin e William Morris. Ele fez da cidade costeira de Brighton a sede do movimento anglocatólico. Alguns o consideravam papista, uma ameaça à Igreja Anglicana.[3]

"Sou clérigo pelas ordens sagradas e cura perpétuo da igreja de St. Paul, em Brighton", Wagner respondeu. O vigário tinha um rosto vistoso, cheio, emoldurando olhos miúdos e atentos. "Conheço Constance Kent há dois anos — desde o verão de 1863."

Constance o interrompeu: "Em agosto".

"Cerca de 21 meses?", Henry indagou.

"Correto", disse Wagner. "Pelo que me lembro, uma família inglesa escreveu pedindo sua admissão em St. Mary... em consequência de ela não possuir um lar, ou por conta de alguma dificuldade relativa a ela. A 'casa', ou 'hospital' como a chamam agora, é um abrigo para senhoras religiosas, vinculado à igreja de St. Mary. Ela chegou naquela época, como visitante, e lá tem residido até o presente."

"Certo. Senhor Wagner", disse Henry, "é meu dever perguntar se algum incentivo foi feito à prisioneira para que confessasse."

"Nenhuma iniciativa ocorreu da minha parte. A confissão dela é um ato inteiramente voluntário, até onde sei. Pelo que me recordo, há uma quinzena o caso chegou ao meu conhecimento. A iniciativa de se apresentar a um juiz leigo partiu dela, que propôs vir a Londres com esse objetivo. A natureza da confissão que ela fez a mim é a mesma, em substância, da que consta na declaração de próprio punho, copiada no formulário processual."

Wagner acrescentou que ao mencionar a confissão de Constance ele se referia a sua declaração pública, e não a relatos em particular.

"Eu não pretendo esmiuçar esse ponto aqui", Henry respondeu. "Talvez seja abordado no julgamento, em profundidade." Ele se dirigiu a Constance outra vez, claramente constrangido com o papel do padre na apresentação da jovem. "Espero que compreenda que tudo que disser deve ser declarado de modo voluntário e livre, e que nenhum incentivo que lhe tenha sido dado deve ter efeito em sua mente."

"Nenhum incentivo foi feito, senhor."

"Espero que pondere com muita seriedade a esse respeito."

Wagner se manifestou: "Gostaria de mencionar que muitos têm o hábito de vir a mim para confessar, como prática religiosa, mas eu nunca a incentivei ou induzi a fazer uma confissão pública."

"Sim", Henry disse, meio ríspido. "Foi bom ter mencionado isso. No início, ela foi incentivada a fazer a confissão ao senhor?"

"Não, senhor. Eu não tentei de forma alguma fazê-la confessar. Ela mesma tomou a iniciativa."

"Se acredita que a confissão que ela está fazendo agora foi provocada por qualquer coisa que ela tenha dito ao senhor, ou por algo que disse a ela, preciso saber agora."

"Nunca recomendei esse ato", Wagner insistiu. "Eu me mantive neutro. Acredito que ela esteja agindo corretamente, e não a dissuadi."

"Mas disse que não a persuadiu, tampouco."

"Disse."

Henry ergueu a carta com a confissão de Constance. "Esta é a carta que deseja entregar como sua declaração?", ele perguntou. "Ainda não é tarde demais... não precisa dar nenhuma declaração, se não deseja fazer isso."

O meirinho perguntou se o documento era de próprio punho.

"Sim", ela respondeu. "É."

Henry perguntou a Wagner se ele conhecia a caligrafia da srta. Kent, e ele respondeu que não, pois nunca a vira escrever.

O meirinho leu a confissão de Constance para ela, que confirmou sua exatidão e a assinou, usando a grafia original de seu nome do meio, Emily. Quando Henry explicou que ela seria julgada, Constance suspirou, como se sentisse alívio, e voltou a sentar em sua cadeira.

No decorrer do interrogatório, o inspetor-chefe Durkin e o inspetor Williamson entraram no recinto, pois haviam sido chamados na Scotland Yard.[4]

"O delito foi cometido em Wiltshire", observou Henry, "e o julgamento deve ser realizado naquele condado. Portanto será necessário enviá-la para ser interrogada pelos juízes leigos de lá.

O inspetor Williamson estava presente no inquérito inicial, sabe o que aconteceu e quem eram os juízes leigos."

"Sim, senhor", disse Dolly Williamson. "Eu sei."

"E onde residem os juízes leigos?"

"Um deles mora em Trowbridge."

"O juiz de paz pode abrir o caso em primeira instância", Henry disse. Ele perguntou onde estava o inspetor-detetive Whicher, e Williamson explicou que ele se aposentara.

Williamson levou Constance Kent e a srta. Gream até a estação ferroviária de Paddington, onde pegou o trem das 8h10 da noite para Chippenham, acompanhado pelo sargento-detetive Robinson, que trabalhara no caso Kingswood. Durante a viagem Constance manteve silêncio, mesmo quando o inspetor tentou fazer perguntas amigáveis, para que ela falasse. Constance estava retornando a Wiltshire pela primeira vez desde 1861. Encontrava-se em estado de "profundo abatimento", segundo Williamson. O grupo chegou a Chippenham pouco antes da meia-noite, e ele pegou uma *post-chaise*, carruagem coberta tipo coupê, de quatro rodas — para Trowbridge, a cerca de 24 quilômetros. Williamson tentou novamente persuadir Constance a conversar, perguntando se ela sabia a que distância estavam da cidade, mas ela permaneceu calada. O cocheiro se perdeu nas estradinhas vicinais e eles só chegaram a Trowbridge às duas da madrugada. No distrito policial Constance ficou sob os cuidados da sra. Harris, esposa do novo inspetor-chefe (John Foley havia morrido no mês de setembro anterior, aos 69 anos).[5]

A imprensa recebeu perplexa a confissão de Constance. Vários jornais relutaram em aceitar a validade de sua declaração. Afinal de contas, pessoas perturbadas cometiam crimes; outros, como o pedreiro transtornado que alegou ter assassinado Saville Kent, estavam mentindo, talvez pela esperança de que a confissão de um crime aliviasse o sentimento de culpa e a aflição mórbida difusa. Talvez Constance fosse "louca, mas não culpada", sugeriu o *Daily Telegraph*; os últimos cinco anos de "lenta agonia" poderiam ter afetado seus sentidos, incitando-a a uma falsa confissão. "Seria cem vezes melhor se ela fosse maníaca em vez de assassina." Contudo, a lucidez e a "terrível coragem" de suas palavras, admitia o jornal, "não passam nenhuma impressão de insanidade". O *Morning Star* sugeriu que Constance assassinara o meio-irmão por "atração passional" por William. As amizades quase românticas entre irmãos e irmãs eram conhecidas do público vitoriano — na família de classe média enclausurada, protegida, um irmão ou irmã podia ser o único relacionamento íntimo com o sexo oposto. O *London Standard* viu algo de suspeito na confissão de Constance, que ela supostamente teria redigido: "Tem a mão de um advogado naquilo". O *London Review*, insinuando que forças papistas sinistras estavam interferindo, viu "na linguagem do documento indicações palpáveis de mão estrangeira e influência estranha".

O *Times*, todavia, aceitou a palavra de Constance e ofereceu uma explicação para o crime, segundo a qual atribuía sentimentos profundos como o ódio violento a metade da população inglesa:

> Dos doze ou catorze até os dezoito ou vinte anos temos o período da vida no qual o fluxo da afeição natural se reduz ao mínimo, deixando o corpo e o intelecto libertos e estimulados para a tarefa do desenvolvimento, permitindo que o coração se abra para as paixões extremas e preferências avassaladoras que depois o tomarão de assalto [...] lamentavelmente, é o sexo frágil em especial quem atravessa um período de quase absoluta insensibilidade.

As moças eram mais "duras e egoístas" que os rapazes; na preparação para a paixão sexual que logo viria, seus corações se esvaziavam de toda a ternura. E quando ocorria de uma moça ter uma "tendência peculiar para a meditação, invenção e imaginação

[...] o sonho cresce e se torna sua vida interior, imune ao sentimento social e à atividade externa, até que uma ideia qualquer, igualmente desprovida de causa, mas plena de maldade, contamina a alma". O jornal, desafiando o conceito vitoriano da mulher como "anjo doméstico",[6] sugeria que a maior parte das adolescentes cultivava desejos assassinos: "Constance Kent, pelo que se sabe, apenas fez o que uma infinidade de jovens de sua idade e sexo apenas desejam que aconteça por ação de terceiros, e não delas".[7]

Alguns jornais noticiaram que Constance já havia escrito ao pai no País de Gales, para poupá-lo do choque de saber de sua confissão pelos jornais. Mas um caso contado no *Somerset and Wilts Journal* contradiz a versão. Um conhecido de Samuel Kent notou que ele estava de bom humor quando visitou a cidade galesa de Oswestry, perto de onde Samuel residia, Llangollen, na manhã de 26 de abril, quarta-feira. Por volta das duas da tarde ele foi visto comprando um jornal na estação ferroviária. Enquanto lia o jornal, que publicara uma notícia da confissão de sua filha em Bow Street na véspera, ele ficou "temporariamente paralisado"; depois atravessou a rua correndo, entrou num hotel para chamar uma carruagem e seguiu na mesma hora para casa. Ele não compareceu a uma reunião marcada para aquela tarde em Oswestry.

Williamson, que recebera a tarefa de cuidar sozinho do caso, reuniu diversos juízes leigos no salão da polícia de Trowbridge às onze da manhã de quarta-feira. Como antes, Henry Ludlow presidia o conselho. Henry Clark, oficial de justiça dos juízes leigos, também estava presente, assim como o capitão Meredith, chefe de polícia de Wiltshire, o inspetor-chefe Harris, Joseph Stapleton e os dois advogados contratados por Samuel Kent em 1860, Rowland Rodway e William Dunn. Os procedimentos atrasaram por causa da demora na chegada de uma testemunha-chave, o reverendo Wagner. Centenas de pessoas que não conseguiram lugar esperaram do lado de fora, sob o sol.

Wagner chegou à estação de trem de Trowbridge ao meio-dia, acompanhado pelo sargento-detetive Thomas, e seguiu direto para o salão lotado onde se instalara o tribunal. Sentou-se, de olhos semicerrados, pousando a mão carnuda no cabo do guarda-chuva e o queixo nas mãos.

Constance entrou no salão com passos "calmos e firmes", segundo o *Daily Telegraph*. Era uma moça vigorosa de peso médio, segundo o repórter do jornal, e parecia "gozar de boa saúde [...] seu rosto exibia uma expressão sadia, que não passava aos presentes a impressão de que ela sofria com as acusações de sua consciência. Nos primeiros minutos ela parecia alguém posto em situação constrangedora". A srta. Gream sentou a seu lado, rígida, nervosa.

O oficial de justiça começou pela leitura da declaração de Wagner e depois Ludlow, que presidia a sessão, perguntou a Wagner: "É verdade?". "Sim", ele respondeu. Ludlow se dirigiu a Constance: "Você tem alguma pergunta a fazer ao depoente?". "Não, senhor, não tenho." O juiz leigo falou a Wagner: "Pode se retirar".

Williamson subiu ao banco e o oficial leu seu depoimento. Conforme a confissão era lida na audiência, Constance perdia a compostura. Quando a palavra "assassinado" foi dita, começou a chorar e quase caiu de joelhos, apoiando-se na srta. Gream enquanto soluçava amargurada. A madre superiora chorou junto com ela. Embora tenham oferecido a Constance *vinaigrette* — uma caixa de sais para cheirar —, iniciativa de uma senhora sentada perto dela, e um copo d'água, ela estava agitada demais para aceitar qualquer coisa. Quando o inspetor terminou de depor, Ludlow disse a Constance que ela estava detida por uma semana. Naquele mesmo dia a conduziram à penitenciária de Devizes.

Williamson mandou uma carta para sir Richard Mayne, pedindo-lhe autorização para localizar Elizabeth Gough, e no dia seguinte enviou um telegrama para Dick Tanner solicitando que procurasse a babá. O detetive-inspetor Tanner, que em 1860 interrogara a ex-empregada dos Kent, Harriet Gollop, a pedido de Whicher, havia sido elogiado pela solução do caso da North London Railway em 1864, o primeiro assassinato a ocorrer num trem inglês (ele chegou ao assassino, Franz Muller, graças a um chapéu encontrado no vagão, e o seguiu de vapor até Nova York). Embora a imprensa divulgasse o rumor de que Gough se casara com um fazendeiro australiano que criava ovelhas, Tanner descobriu que ela residia na casa de sua família em Isleworth, a trinta quilômetros de Londres. Jack Whicher, que ainda morava em Pimlico, foi convidado por Mayne para ir com Tanner entrevistar a mulher que defendera com tanta veemência em 1860, inutilmente. Os dois descobriram que ela trabalhava como costureira, fazendo serviços temporários em ateliês de alfaiataria, quase na miséria.[8]

Williamson, enquanto isso, fazia diligências em Road e Frome, onde entrevistou William Dunn e Joshua Parsons — o médico mudara de Beckington para lá em 1862 e mantinha uma clínica concorrida. O inspetor voltou para Londres no sábado, e no domingo visitou Gough pessoalmente, levando Whicher consigo.

O ex-detetive e o antigo pupilo trabalharam juntos naquela semana. Em seguida o jovem policial pediu reembolso de cinco libras, sete xelins e seis *pence* para "despesas de viagem e outras" de seu ex-chefe. Fazia pouco mais de um ano que Whicher se aposentara do departamento, humilhado e repudiado. Alguns jornais comentaram a injustiça do tratamento que lhe fora dado. O *Times* publicou uma carta de lorde Folkestone: "Permitam que eu manifeste, para fazer justiça ao detetive Whicher [...] que as últimas palavras dele ditas a um amigo meu na época foram: 'Grave minhas palavras, senhor, a partir de agora nada se saberá a respeito do assassinato, até que a srta. Constance Kent confesse'". O *Somerset and Wilts Journal* lembrou aos leitores "a condenação implacável e praticamente universal" que o "policial experiente e capaz" recebera. Mas o fato de Constance confessar não foi considerado um sinal de que o detetive triunfara; como as palavras no túmulo de Saville prometeram, Deus triunfou onde o homem — com sua ciência e investigação — havia falhado.

No dia 1º de maio, segunda-feira, Samuel Kent visitou a filha na prisão de Devizes, acompanhado por Rowland Rodway. Constance estava sentada à mesa, escrevendo. Levantou-se para cumprimentar Rodway, mas ao ver o pai começou a chorar, recuou e cambaleou na direção da cama. Samuel a amparou nos braços. Quando os homens estavam saindo, Constance disse ao pai que "o caminho adotado por ela se devia a ele e a Deus".

O *Standard* relatou que Samuel ficou "completamente atônito" ao encontrar a filha: "Ele anda e fala como um autômato". Visitou a filha todos os dias, naquela semana, e providenciou para que o pessoal do Hotel Bear, de Devizes, fornecesse as refeições dela. Para passar o tempo na prisão ela lia, escrevia e costurava.

Na quinta-feira Constance seguiu para nova audiência em Trowbridge. O chefe dos juízes leigos, Henry Ludlow, tinha a mesma tarefa de 1860: determinar se havia provas suficientes para enviar Constance a julgamento numa instância superior. Por volta das onze da manhã, cerca de trinta repórteres entraram correndo pelo estreito corredor que conduzia ao abafado salão do tribunal e ocuparam seus lugares. O banco tosco feito para acomodar a imprensa no primeiro inquérito do assassinato de Road continuava no lugar, mas nele não cabiam todos; alguns pegaram lugares reservados aos advogados, o que provocou repreensão furiosa por parte dos policiais que tentavam manter a ordem. Havia lugar em pé apenas para uma fração da multidão aglomerada do lado de fora.

Embora Constance no início exibisse calma, assim que assumiu seu lugar no banco dos réus "seu colo arfante revelava a agitação interna", disse o *Somerset and Wilts Journal*. As testemunhas entraram e saíram, como haviam feito cinco anos antes, repetindo o pouco que sabiam: Gough, Benger, Parsons, Cox (agora Sarah Rogers, casada com um fazendeiro de um vilarejo de Wiltshire chamado Steeple Ashton), a sra. Holley e sua filha Martha (agora Martha Nutt, casada com um dos Nutt de Road Hill), o sargento da polícia James Watts. A alguns, as imagens do crime ainda era nítidas — Benger revelou que, ao puxar o corpo de Saville da latrina, "o sangue estava empoçado nas dobras de seu pijaminha". Parsons, alterando ligeiramente suas conclusões de 1860, disse que acreditava ter sido a incisão na garganta a causa da morte de Saville, mas que ele poderia ter sido parcialmente sufocado antes de ser cortado. Ele repetiu que era impossível uma navalha ter causado o ferimento no peito, que "só poderia ter sido feito com um faca comprida, forte, pontuda […] havia um chanfrado num dos lados, como se a faca tivesse sido retirada em trajeto distinto daquele em que fora enfiada". Ele disse que, ao examinar a camisola na cama de Constance, em 30 de junho de 1860, notou que os punhos ainda estavam engomados, duros.

Depois de todos os depoimentos, perguntaram a Constance se ela queria fazer alguma pergunta. "Não", murmurou. Ela manteve o véu sobre o rosto e os olhos baixos durante os procedimentos, erguendo a cabeça apenas para olhar de relance para uma testemunha ou responder a uma questão formulada pelo juiz leigo.

Whicher subiu à tribuna. Ao dar seu depoimento, apresentou os objetos que guardara: as duas camisolas confiscadas no quarto de Constance, cinco anos antes, o rol de roupa suja feito por Constance, manuscrito, e o mandado de prisão contra ela — pelo jeito, ele esperava que aquele dia chegasse. ("Você deveria ter sido policial, detetive", lady Audley disse a Robert Audley, seu perseguidor. Ele responde: "Por vezes penso que teria sido um bom detetive." "Por quê?" "Porque sou paciente.") O relato de Whicher sobre a investigação de Road Hill em 1860 repetiu, quase palavra por palavra, o que ele havia declarado aos juízes leigos na época. Era como se a história se transformasse num encantamento. Ele não demonstrou nenhuma emoção com o rumo tomado pelos acontecimentos — nem rancor, nem triunfo, nem alívio. Ludlow lhe deu a oportunidade de esclarecer que a polícia local ocultara dele a descoberta da camisa manchada de sangue na fornalha da cozinha.

"Soube de alguma peça de roupa encontrada?", o juiz leigo perguntou.

"Nenhuma comunicação a respeito foi feita a mim por algum integrante da força policial", Whicher disse. "Nunca ouvi uma palavra sobre o assunto até três meses, quando li o relato nos jornais."

Katharine Gream depôs em seguida, e a tensão no salão cresceu. Ela começou pedindo à corte respeito às confidências feitas a ela por Constance, pois eram segredos entre mãe e filha: "Desde o início ela veio a mim como filha". Em seguida explicou que Wagner contara, na Semana Santa, transcorrida naquele ano entre 9 e 16 de abril, que Constance confessara o assassinato e queria tornar pública sua confissão. A srta. Gream tocou no assunto com ela, sem jamais pronunciar a palavra "assassinato". Ela perguntou se Constance "compreendia plenamente o que significava" se entregar. Constance disse que sim. Na semana seguinte, Constance disse à srta. Gream que carregara Saville para baixo enquanto ele dormia, que saíra de casa pela janela da sala de estar, e que usara uma navalha obtida na mala do pai "para fazer aquilo". Ela disse que "aquilo" foi feito como "vingança contra a madrasta, e não por desgostar da criança". Mais tarde ela disse à srta. Gream que tirara uma camisola do cesto de roupa suja, como Whicher deduzira.

Ludlow, que procurava estabelecer se a confissão da moça resultava de alguma pressão, perguntou a Katharine Gream o que levara Constance a fornecer detalhes adicionais sobre o assassinato. "Creio ter perguntado a ela se a criança pediu clemência", disse a srta. Gream. Ludlow quis saber o que haviam conversado antes disso. "Eu ia ressaltar a imensidão do pecado perante os olhos de Deus, e descrevia os fatores que agravavam o pecado aos olhos de Deus."

"Depois de tanta conversa", Ludlow perguntou, "você de alguma forma a incentivou a se entregar?"

"Nunca!", disse a srta. Gream. "Nunca."

Quando Wagner subiu ao banco das testemunhas, ele cruzou os braços sobre o peito e pediu ("em tom lamurioso", segundo o *Somerset and Wilts Journal*) para ler uma rápida declaração de sua autoria. Ludlow disse que não poderia permitir isso antes de seu depoimento. Mesmo assim, depois que o depoimento começou, Wagner declarou: "Todo o contato que tive com a senhorita Constance ocorreu sob segredo de confissão, e portanto devo declinar de responder a qualquer pergunta que possa envolver uma quebra desse segredo."

Era um problema sério. A Igreja Católica Apostólica Romana considerava a confissão sagrada, mas a Igreja Anglicana se submetia às regras do Estado. Os espectadores manifestaram sua desaprovação.

Ludlow o avisou: "O senhor jurou perante Deus, senhor Wagner, que diria a verdade, toda a verdade e nada mais que a verdade neste inquérito".

"Meu dever para com Deus", rebateu Wagner, "proíbe que eu divulgue qualquer coisa dita na confissão." A plateia vaiou novamente.

Só o que poderia revelar, Wagner disse, era que três ou quatro semanas antes Constance lhe pedira para comunicar a sir George Grey, que substituíra Cornewall Lewis como ministro do Interior em 1861, que ela era culpada do assassinato de Road. Ele insistiu que em nenhuma oportunidade a induziu a confessar. Ludlow não contestou o desafio de Wagner com referência à confissão — isso poderia esperar até o julgamento.

Pouco depois das seis da tarde o último depoente foi liberado, e perguntaram a Constance se ela queria dizer alguma coisa. Ela balançou a cabeça de leve. Ludlow pronunciou a ré, que silenciosamente deixou o banco. Constance seguiu de volta para a prisão de Devizes às sete horas.

Quase três meses transcorreram antes de Constance ser julgada por assassinato. Nesse ínterim, Williamson continuou a convocar testemunhas e provas para o caso de ela mudar a alegação. No final de maio o dr. Mallam, padrinho de Saville, escreveu à Scotland Yard, de Holloway, no norte de Londres, se oferecendo para conversar com os detetives. Quando Williamson o entrevistou, Mallam declarou ter presenciado a maneira como os filhos de Samuel Kent com a primeira mulher eram maltratados pelo pai e pela madrasta. Se a polícia quisesse corroboração, que ouvisse Mary Ann. Ele também descreveu a conversa que manteve com Parsons, Stapleton e Rodway depois do funeral de Saville, na qual todos concordaram que Constance era culpada. "O doutor Mallam também me informou", escreveu Williamson, "que ouvira falar que um homem chamado Stephens, hoje residente em Frome, que antigamente trabalhava como jardineiro da família do sr. Kent, declarara que a srta. Constance, em determinada ocasião, dezoito meses antes do crime, perguntou a ele como tirar uma navalha da mala de viagem de seu pai." Essa informação implausível poderia ter algum fundamento, pois um sujeito chamado William Stevens estava entre as poucas testemunhas convocadas para o julgamento de Constance em julho.

Williamson foi a Dublin em 29 de junho para intimar Emma Moody. Duas semanas depois viajou a Oldbury-on-the-Hill para convocar Louisa Long, Hatherill quando solteira, a outra colega de Constance entrevistada por Whicher em 1860.

O reverendo Wagner, em vez de receber elogios por ter ajudado a resolver o crime, se tornou bode expiatório para a imprensa e para o público. Foi recriminado pelos jornais ingleses, na Câmara dos Comuns e na dos Lordes (lorde Ebury disse que o "escândalo" do envolvimento com Constance Kent revelava o quanto a Igreja Anglicana estava sendo "sabotada e destruída"). Ao se apresentar como guardião dos segredos de Constance, Wagner levou alguns a delírios frenéticos de frustração. Grupos de Brighton arrancaram notícias religiosas da igreja de St. Paul, onde Wagner pregava, insultavam-no na rua e jogavam objetos nas janelas do lar de St. Mary. No dia 6 de maio enviaram uma carta anônima para o *Standard*, perguntando o que acontecera com a herança de mil libras recebida por Constance em seu 21º aniversário, em fevereiro. O advogado de Wagner respondeu que Constance tentara entregar oitocentas libras da herança para St. Mary, mas o clérigo recusara a oferta. Na noite anterior à viagem para Bow Street, ela colocou o dinheiro numa caixa de coleta em St. Paul. Wagner o encontrou e notificou o ministro do Interior no dia seguinte. Essa história foi confirmada por Rowland Rodway, que escreveu aos jornais para dizer que Wagner entregara o dinheiro a Samuel Kent, para que fosse usado na defesa da filha.

O caso de Road Hill se transformou no campo de batalha para a grande controvérsia religiosa do século, a disputa entre o alto e o baixo clero da Igreja Anglicana. O reverendo James Davies argumentou em um folheto que a confissão de Constance Kent provara o valor das instituições monásticas anglo católicas. St. Mary, disse, inspirara a jovem a confessar. "A vida devota, a disciplina de abnegação que via em torno de si, e a própria atmosfera respirada no interior daquele retiro sagrado, serviram como preparação, pois a subjugaram, enterneceram e amoldaram. Quando o coração se *aplaca*, ele precisa se *abrir*." Os tons semieróticos com que Davies descreveu a rendição a Deus lembrava mais os enlevos das santas católicas do que a sóbria piedade das heroínas protestantes.

Em resposta o ministro congregacional Edwin Paxton Hood publicou um folheto em que lançava dúvidas sobre as famílias religiosas substitutas das originais, às quais uma jovem poderia "submeter-se" sem a concordância de sua família natural — as práticas do alto clero poderiam solapar a autoridade do lar vitoriano. Paxton Hood se mostrava impaciente com a romantização que cercava Constance Kent:

> Não há nada de maravilhoso em seu crime, nem nos cinco anos de silêncio e na confissão, a não ser que ela foi muito cruel, muito fechada e muito insensível. E muito do que foi ela continua sendo. A confissão não a exalta; e nos recusamos a aceitá-la como penitente-modelo, como tentaram fazê-la passar, ou como heroína. Ela é tão somente uma jovem muito perversa.[9]

Alguns sustentavam que Wagner encorajara Constance a confessar por querer divulgar suas opiniões a respeito da santidade da confissão. Suspeitava-se de que o fervor do alto clero houvesse forçado a jovem a uma falsa confissão. James Redding Ware reimprimiu seu folheto de 1862, no qual insinuava que Elizabeth Gough cometera o crime durante uma crise de sonambulismo, acrescentando "outros argumentos" que lançavam dúvidas sobre a admissão de culpa de Constance. Ele alegava que a Igreja "romanizada" cultivava a ideia de autoimolação: "Se a confissão da srta. Constance Kent mostra mais um 'estilo' do que outro, é o de atrair para si, enfaticamente, todo o ódio relacionado à morte do irmão".[10]

Um pároco de Wiltshire que visitou Constance na cadeia em maio tentou determinar o estado de sua alma. Quando entrou na cela ele a encontrou escrevendo à mesa, que estava coberta de livros. Ela era "muito comum e atarracada", disse ao *Salisbury and Winchester Journal*, "e tem as maçãs do rosto bem cheias". Seus modos eram "perfeitamente compostos, duros e frios". O pároco perguntou se ela acreditava que Deus a havia perdoado. Ela disse: "Eu não estou certa de que meu pecado foi perdoado, pois ninguém deste lado do túmulo pode ter certeza disso". Ela não demonstrava autopiedade nem arrependimento.

De sua cela, Constance escreveu a seu advogado, Rodway:

> Tem sido declarado que meus sentimentos de vingança foram exaltados em consequência de tratamento cruel. Nada mais falso. Eu era tratada com imenso carinho pelas duas pessoas acusadas de me maltratar. Nunca senti hostilidade por nenhum deles por causa de seu comportamento em relação a mim, que sempre foi gentil. Serei grata se usar esta declaração para que o público seja esclarecido a respeito.[11]

Parecia tudo direto e claro, mas deixava a questão do motivo de Constance mais misteriosa do que nunca. Os jornais continuavam a torcer que ela estivesse louca. Nesse caso, ela poderia ser desculpada, suscitar compaixão, ser apaziguada. "A teoria insana é a que resolve todas as dificuldades", observou o *Saturday Review* em 20 de maio.

Mulheres acusadas de assassinato costumavam alegar insanidade na esperança de que as cortes as tratassem com indulgência, e teria sido fácil para Constance e seus representantes afirmar que ela sofrera um ataque de monomania homicida quando matou o irmão.* Seu aparente equilíbrio não seria impedimento para o

---

* Para demonstrar a lógica perversa da monomania homicida, Stapleton recordou a horrível história de um rapaz sossegado que desenvolveu obsessão por moinhos de vento e passava dias inteiros a fitá-los. Em 1843, alguns amigos tentaram distraí-lo de sua fixação e o levaram para uma área onde não havia moinhos. Ali o rapaz dos moinhos atraiu um menino para o bosque, depois o matou e mutilou. Seu motivo, explicou, era a esperança de que sua punição fosse ser levado a um lugar onde houvesse um moinho.

apelo — como Mary Braddon escreveu em *Lady Audley's secret*, "lembre-se de quantas mentes devem tremer no limite estreito entre a razão e insanidade, entre loucura hoje e sensatez amanhã, entre louco ontem e normal hoje". A insanidade herdada, argumentava o psiquiatra James Prichard, poderia permanecer latente até ser despertada por circunstâncias específicas e rapidamente hibernar. As mulheres estavam mais propensas à insanidade, pensava-se, como resultado da menstruação interrompida, excesso de energia sexual ou perturbações da puberdade. Num artigo de 1860, o médico James Crichton-Browne argumentou que a monomania era mais comum na infância. "Impressões, criadas pela fértil imaginação de uma criança [...] logo passam a ser consideradas reais, e se tornam parte da existência psicológica da criança. Tornam-se, na verdade, delírios factuais." As crianças, escreveu em outro veículo, "são edições grosseiras de seus ancestrais remotos, cheias de impulsos e caprichos selvagens". Muitos médicos enfatizavam que a loucura, o desvio ou mesmo a perversidade podiam florescer nos jovens — nem todos os vitorianos aceitavam santificar ou suavizar a figura da criança.[12]

De todo modo, quando o famoso psiquiatra Charles Bucknill examinou Constance na penitenciária, ele insistiu que ela era saudável, tanto na época do crime quanto naquele momento. O médico a interrogou sobre seu motivo para matar Saville, perguntando por que não atacara o real objeto de sua raiva, a madrasta. Constance respondeu que isso teria sido "pouco". Bucknill entendeu que, ao matar Saville, ela queria causar uma tortura prolongada à mulher que odiava, e não uma rápida extinção. Mais tarde, Bucknill disse ao ministro do Interior que Constance "herdara uma forte tendência à insanidade", mas que ela "se recusara a permitir" que ele declarasse sua opinião em público, pois desejava proteger os interesses do pai e do irmão.[13] Rodway explicava a postura de Constance em termos similares: "Uma alegação de insanidade na época do crime poderia ser tentada com sucesso, creio", disse ao ministro do Interior, "mas ela, temendo que a alegação prejudicasse as chances do irmão na vida, exigiu com firmeza que isso não fosse feito em sua defesa".[14] Ela estava decidida a proteger William da pecha da loucura.

Depois de conversar com Constance, Bucknill aceitou seu desejo e a declarou saudável, dando porém aos jornais pistas de suas opiniões. Como Whicher, ele encontrou a chave para a perturbação de Constance em sua frieza. O sensacionalismo do assassinato contrastava estranhamente com a muda contemplação da moça. "A única peculiaridade que chamou a atenção de Bucknill", relatou o *Salisbury and Winchester Journal*, "foi sua extrema calma — a completa ausência de qualquer sintoma de emoção."

Cartão-postal de Constance Kent, impresso em 1865

17. Meu amor mudou
Julho-agosto de 1865

Na noite de 18 de julho, Constance foi transferida para a prisão do condado, em Salisbury. Normalmente os prisioneiros eram transportados de uma cidade a outra de trem, mas o diretor da penitenciária de Devizes levou Constance de *post-chaise* através da planície de Salisbury, uma viagem de sessenta quilômetros. Ela se juntou a cerca de 45 homens e cinco mulheres na prisão de Fisherton, na periferia da cidade. Naquela quarta-feira — dois dias antes do julgamento —, Rowland Rodway a visitou para dizer que os advogados acreditavam que, apesar da confissão, ela seria absolvida caso se declarasse inocente. Rodway insistiu que ela fizesse as pazes com Deus em particular: seu arrependimento espiritual, argumentou, não dependia da confissão pública e da condenação. Constance reiterou sua intenção de se declarar culpada; era "seu dever puro e simples", disse ao advogado, "o único meio de satisfazer sua consciência", e o único capaz de desviar as suspeitas dos outros.

Salisbury se encheu de visitantes. Samuel, Mary, Mary Ann e William Kent ocuparam quartos no White Hart, um elegante hotel georgiano, na frente da catedral. Williamson estava na cidade, assim como Whicher, que talvez tenha se hospedado com a sobrinha Mary Ann e o marido, William Wort, na nova casa deles em New Street. Mais de trinta testemunhas da promotoria estavam disponíveis, para o caso de necessidade. Entre elas se encontrava Louisa, colega de escola de Constance. Emma Moody, porém, não pudera viajar da Irlanda para lá por estar doente.

John Duke Coleridge, advogado da Coroa, era um dos causídicos mais bem-sucedidos de sua geração, e foi designado para defender Constance. Na quinta-feira ele se encontrou com Mary Ann e William Kent para discutir o caso da irmã, "e depois", anotou em seu diário, "fiquei acordado até as três horas, preparando a argumentação".[1] Ele redigiu uma carta para enviar a sua cliente: "Se declarar Inocência, então usarei todos os recursos ao meu alcance para libertá-la. Se declarar Culpa, tudo que puder ser dito para livrar os outros será dito. Mas eu não aconselho a adoção de nenhuma posição intermediária". Constance respondeu na manhã de sexta-feira, 21 de julho, dia do julgamento: "Estou convencida de que nada poderá livrar completamente os inocentes, a não ser minha condenação".[2]

A polícia de Wiltshire ergueu barreiras na frente do fórum e convocou guardas do condado inteiro. Uns trinta repórteres apareceram, e ficaram furiosos ao descobrir que nada especial havia sido preparado para eles — as autoridades locais não construíram o balcão de imprensa prometido. Só havia catorze lugares reservados para a imprensa; os outros repórteres teriam de disputar lugar com o resto da multidão, quando as portas fossem abertas, às nove horas.

O juiz era sir James Willes, um homem alto, de suíças, sobrancelhas e cabelos pretos abundantes, nariz pontudo e olhar duro, melancólico. Era reservado e cortês nos modos, e sua voz tinha um leve sotaque irlandês — nascera em Cork, de pais protestantes, em 1814. Assim que ele e os 24 juízes leigos que formavam o júri ocuparam seus lugares, Constance foi levada ao tribunal. Usava véu preto grosso, capa preta lisa, touca preta adornada com contas de vidro e luvas pretas de punho largo. Falou rapidamente com Rodway, atrás do banco dos réus, em seguida ergueu o véu e se acomodou. Seu rosto, a crer no repórter do *Daily Telegraph*, era "cheio, largo e desinteressante", com uma "expressão de inércia estúpida". "Ela tem olhos vivos, que às vezes traem uma impressão de suspeita em relação aos que a rodeiam, e que podem ser mais bem descritos como a visão de soslaio de alguém que sente medo." O *News of the World* a descreveu como "pesada e obtusa, de testa baixa, olhos pequenos e tendência a engordar, havendo nela uma completa ausência de qualquer traço de vivacidade em seu ar composto".

O oficial da corte leu a acusação e perguntou: "Constance Kent, você se declara culpada ou inocente?".

"Culpada", ela disse em voz baixa.

Willes se dirigiu a ela. "Tem noção de estar sendo acusada de ter assassinado seu irmão, deliberada, intencional e cruelmente?"

"Sim."

O juiz fez uma pausa. "E se declara culpada disso?" Constance manteve silêncio.

Após alguns instantes, Willes a pressionou: "Qual é a sua resposta?". Ela continuou calada. Apesar da determinação em se declarar culpada, o silêncio e o hábito do segredo pareciam exercer ainda forte influência sobre ela.

"Você está sendo acusada de ter assassinado seu irmão, deliberada, intencional e cruelmente", Willes repetiu. "Você é culpada ou inocente?"

Ela por fim declarou: "Culpada."

"A confissão deve ser registrada", disse Willes. O silêncio reinava na sala enquanto o oficial de justiça registrava a acusação.

Coleridge se levantou e falou à corte em nome de Constance: "Eu gostaria de dizer duas coisas antes que a sentença da corte seja pronunciada". Ele era magro, de rosto comprido, olhos vivos e compreensivos, e sua voz melodiosa. "Em primeiro lugar, a prisioneira, de forma solene, na presença de Deus Todo-poderoso, e como pessoa que valoriza sua alma, deseja que eu diga que a culpa foi apenas dela, que seu pai e outros sofreram por muito tempo com suspeitas cruéis e injustas, pois são inteira e absolutamente inocentes. Ela deseja que eu diga também que não foi impelida a agir, como se especulou, por nenhum tipo de tratamento indelicado em seu lar. Lá ela não recebeu nada além de afeição e cuidados, e espero que não seja inadequado acrescentar que sinto um prazer melancólico em servir como porta-voz dessas declarações, pois acredito por minha honra que sejam verdadeiras."

Coleridge sentou-se. O oficial perguntou a Constance se ela poderia dar alguma razão para que a sentença de morte não fosse pronunciada contra sua pessoa. Ela não respondeu.

O juiz Willes colocou o barrete negro, preparando-se para declarar a sentença de morte, e dirigiu-se a Constance: "Não me resta dúvida, depois de ter lido o processo e considerá-lo à luz de suas três confissões do crime, de que sua alegação de culpa é a de uma pessoa culpada. Você deve ter fomentado o sentimento de ciúme — "Ciúme, não!", Constance gritou. O juiz prosseguiu — "e ódio em seu peito até que finalmente eles a dominaram com o poder e a influência do mal."

Nesse momento a voz de Willes ficou embargada. Fez uma pausa, incapaz de pronunciar as palavras, Constance ergueu os olhos para ele e, ao perceber sua comoção, tampouco conseguiu se conter. Desviou o rosto do júri, tentando ocultar as lágrimas. Willes chorava sem disfarçar. Prosseguiu com muita dificuldade. "Seria presunção minha tentar antecipar se Sua Majestade, a quem cabe a prerrogativa da clemência, exercerá ou não essa prerrogativa em seu caso, levando em conta o fato de ser muito jovem quando o assassinato foi cometido, o fato de ter confessado espontaneamente e o fato de sua confissão livrar a outros de suspeitas. Por enquanto cabe a você viver o que lhe resta de vida como alguém que está para morrer, e procurar um perdão mais duradouro pela contrição profunda e sincera, bem como pela confiança na redenção divina." Ele pronunciou a sentença de morte, encerrando com a frase, "e que Deus tenha piedade de sua alma".

Constance permaneceu completamente imóvel por um momento, depois baixou o véu. Foi conduzida para fora do salão de audiências por uma guarda da prisão cujo rosto estava banhado em lágrimas. O julgamento havia durado vinte minutos.

O grito de Constance — "Ciúme, não!" — foi a única declaração espontânea feita por ela em público nos meses transcorridos entre confissão e julgamento. Ela admitia raiva, admitia assassinato, mas se recusava a aceitar que tivesse sentido inveja. Talvez tenha objetado por um motivo simples: se matara Saville por raiva, podia imaginar-se a heroica vingadora da mãe natural e de William; mas, por ciúme, seria uma jovem egoísta, infantil, vulnerável. Se fosse invejosa, não sentiria apenas raiva da madrasta e do pai; ela ansiava pelo amor deles.

Assim que a sentença de morte foi pronunciada, começaram a surgir folhetos com baladas a respeito do assassinato de Road Hill. Eram relatos simples dos crimes, elaborados conforme fórmulas tradicionais, escritos às pressas e impressos em grandes quantidades para declamação e venda nas ruas a preço baixo. Seu papel fora em grande parte usurpado pelos jornais, que narravam os crimes por preço menor, com mais detalhes, a uma população cada vez mais alfabetizada. A maior parte das baladas populares eram escritas na primeira pessoa, na forma de confissão e lamento:

Cortei sua garganta de uma orelha a outra,
Embrulhei o menino no cobertor, de roupa,
E o levei para o banheiro, a tampa abri
Daquele odioso buraco, e o joguei ali.

Apesar das enfáticas negativas de Constance, os compositores de baladas não tinham dúvidas quanto a seus motivos:

Meu pai casou pela segunda vez
O que me encheu o peito de fel

Nas palavras de outro autor, ela "sentia ciúme da madrasta". Mais de um baladeiro descreveu o fantasma de Saville, que estaria assombrando Constance: "Não tenho descanso, noite e dia, vejo meu irmão à revelia". Alguns ressaltavam a excitação lasciva da confissão que a levaria à forca:

Vejo o carrasco à minha frente
Para executar a pena de morte
Ah, todos verão agora a sorte
De uma moça na longa corda[3]

Mas os poetas populares estavam pondo o carro à frente dos bois. O público exigia que Constance Kent fosse poupada da pena de morte. Um juiz leigo de Devonshire se apresentou para declarar a demência da primeira sra. Kent, alegando que ele e outros vizinhos dos Kent haviam testemunhado acessos de loucura na década de 1840.[4] No domingo posterior à condenação de Constance, o reverendo Charles Spurgeon, o pregador mais popular de seu tempo, pronunciou um sermão a mais de 4 mil pessoas no Tabernáculo Metropolitano, em Elephant & Castle, comparando o crime de Constance Kent ao do dr. Edward Pritchard, outro assassino condenado naquele mês, em Glasgow. Pritchard foi preso quando identificaram traços de veneno nos corpos de sua mulher e de sua sogra. As duas haviam morrido pouco depois de descobrirem seu caso amoroso com uma empregada doméstica de quinze anos. Ele não conseguiu. Mesmo depois de ter sido declarado culpado, tentou culpar outros pelos assassinatos: "É como se vivesse numa espécie de loucura desde minha ligação com Mary McLeod". Constance, em contraste, fizera uma admissão voluntária de culpa para livrar pessoas próximas de suspeita. O reverendo Spurgeon achava que ela merecia clemência. Rowland Rodway, o dr. Bucknill e o reverendo Wagner se uniram a ele no pedido de poupá-la da execução, enviado ao ministro do Interior, assinado também pelo juiz Willes.* Os jornais estavam de pleno acordo. Para uma infanticida a sangue-frio, Constance conquistara um nível extraordinariamente alto de compaixão. Em poucos dias sir George Grey recomendou à Rainha que a sentença fosse comutada para prisão perpétua, o que significava, na prática, vinte anos de detenção.

Na manhã de 27 de julho, quinta-feira, Vitória concordou em poupar a vida da jovem. O diretor da penitenciária de Fisherton correu à cela de Constance para lhe dar a notícia, que ela recebeu com a costumeira calma: "Ela não demonstrou a menor emoção."[5]

Naquela semana, Joseph Stapleton escreveu uma carta ao *Times*, convidando os leitores do jornal a contribuir para um fundo que criara para ajudar Elizabeth Gough, no North Wilts Bank, em Trowbridge. Por "cinco longos anos" ela "foi excluída da atividade

---

* James Willes se separou da mulher em 1865 e se mudou para uma casa na margem do Colne, em Essex. Nos anos seguintes, segundo o *Dictionary of national biography*, ele passeou pela beira do rio com seus três cães e alimentou as trutas. Embora tivesse sido pescador formidável na juventude, criou um apego tão grande pelos peixes que proibiu pescaria em sua propriedade. Em 1872, sofrendo de insônia, falta de memória e depressão, matou-se com um tiro de revólver no peito.

doméstica remunerada" por causa da suspeita de envolvimento com o crime de Road. Ele atestou sua "modéstia permanente e pureza de caráter, a fidelidade ao patrão e à família, sua coragem inabalável e sinceridade natural durante seu período de provações e julgamento". Stapleton também deu atenção aos problemas de William Kent. "Esse rapaz, agora com 21 anos, é bom filho, irmão devotado, amigável e talentoso, muito acima do nível usual dessas qualidades; mas a pesada nuvem negra do interminável sofrimento de sua família paira sobre ele, impedindo sua entrada na vida. Será que ninguém chamará a atenção do governo para William Kent? Terá o governo coragem de resistir a um apelo a seu favor, para um emprego adequado a sua formação e seus hábitos?"

Como Constance se declarara culpada, a recusa de Wagner em revelar tudo que ela lhe dissera nunca foi discutida em juízo (na verdade, Willes decidira defender o direito de Wagner se calar sobre o assunto — ele disse a Coleridge, depois, que estava convencido de que havia "um privilégio legal de um padre em guardar o que lhe fora revelado durante a confissão").[6] O clérigo permaneceu leal a Constance. Ele e Katharine Gream a visitavam regularmente na prisão.

Em agosto a efígie de Constance Kent foi moldada pelos artesãos do museu de cera de madame Tussaud para ser exibida na Câmara dos Horrores do museu, ao lado de novas aquisições, as estátuas de outros dois assassinos: dr. Pritchard, o envenenador, e John Wilkes Booth, que matara Lincoln na semana em que Constance fizera sua confissão a Wagner; no dia em que ela foi levada para a cadeia em Devizes, ele estava sendo caçado na Virgínia. Foi cercado num celeiro e morto a tiros.*

---

* No caso, o museu de madame Tussaud só inaugurou a exibição da estátua de Constance Kent depois da morte de Samuel Kent — talvez por respeito a seus sentimentos. Segundo o catálogo do museu, ficou em exibição de 1873 a 1877.

No dia 4 de agosto os juízes leigos de Wiltshire escreveram a sir Richard Mayne para sugerir que Whicher e Williamson recebessem as cem libras de recompensa que o governo oferecera em 1860 por provas que levassem à condenação do assassino de Road Hill. Isso serviria, afirmaram, "como um reconhecimento parcial da imensa sagacidade e capacidade mostrada por eles em sua difícil tarefa". A sugestão foi ignorada.

Pouco antes de sair de Brighton, rumo à corte dos juízes leigos de Bow Street, em abril, Constance escreveu uma carta a sir John Eardley Wilmot, o baronete que em 1860 mostrara tanto interesse em ajudar os Kent a limpar seu nome. Um trecho da carta, no qual ela relata os motivos que a levaram ao assassinato, foi enviado em julho a Peter Edlin, que preparava o caso para a defesa. Como não houve defesa, a carta permaneceu inédita. O trecho que chegou a nós diz o seguinte:

> O assassinato que cometi foi para vingar minha mãe, cujo lugar tinha sido usurpado por minha madrasta. Esta última vivia com a família desde meu nascimento. Ela me tratava com a gentileza e a afeição de uma mãe (pois minha própria mãe nunca me amou nem se importou comigo) e eu a amava como se fosse minha mãe.
> Aos três anos e pouco comecei a perceber que minha mãe ocupava uma posição secundária, tanto como esposa quanto como patroa. Era a Outra quem realmente mandava. Ouvi muitas conversas sobre o assunto, quando era considerada muito pequena para compreender a situação, e delas me lembrei anos depois. Naquele tempo eu sempre tomava partido contra minha mãe, de quem falavam com desprezo, e a quem eu também desprezava. Conforme crescia eu compreendi que meu pai amava a Outra, tratando minha mãe com indiferença, e minha opinião se alterou aos poucos. Passei a

sentir uma antipatia secreta por ela quando falava de modo insolente ou desdenhoso de minha mãe.
Mamãe morreu. Daquele momento em diante meu amor se transformou no ódio mais profundo. Mesmo depois de sua morte continuavam a falar dela com desprezo. Nesses momentos minha raiva crescia tanto que eu não conseguia permanecer na sala. Jurei uma vingança terrível, reneguei a fé na religião e me dediquei de corpo e alma ao Espírito do Mal, invocando sua ajuda para meu plano de vingança. No começo, pensei em matá-la, mas isso me pareceu pouco. Eu queria que ela sentisse minha vingança. Ela havia roubado de minha mãe a afeição que era de seu pleno direito, portanto eu tiraria dela o que mais amava. A partir daí me tornei um demônio, sempre buscando o mal, conduzindo os outros para o mal, sempre tentando encontrar uma ocasião adequada para pôr em prática meu plano maligno. E a encontrei.
Quase cinco anos se passaram, nos quais eu estive em estado de espírito exaltado ou contente quando fazia o mal, ou tão desgraçada que poderia ter posto fim a minha vida com os meios disponíveis no momento. Sentia ódio de todos e desejava tornar suas vidas tão horríveis quanto a minha.
Finalmente chegou a mudança. O remorso atormentava minha consciência. Desgraçada, desconfiada, desolada, era como se habitasse no Inferno. Então resolvi me confessar.
Estou pronta agora a realizar a reparação que estiver ao meu alcance. Uma vida por uma vida é tudo que posso dar, pois o Mal que foi feito jamais poderá ser compensado.
Não tive misericórdia, não deixe que ninguém a peça em meu nome e, de todo modo, todos devem me olhar com imenso horror.
Não ouso pedir perdão aos que feri tão profundamente. Odiei, portanto o ódio deles é minha justa retribuição.

Foi uma expiação extremamente bem redigida. A justificativa de Constance para o assassinato de Saville — causar à madrasta a dor que ela provocara em sua mãe — era horripilante, ao mesmo tempo louca e lógica, assim como o crime em si havia sido metódico e passional. A narrativa exibia um controle macabro: seu furioso ataque contra uma criança era tratado como abstração; ela buscava uma oportunidade para fazer o mal, e disse: "Eu a encontrei".

Depois do julgamento, Dolly Williamson enviou um relatório a sir Richard Mayne com sua caligrafia clara, curvilínea. Soubera, disse, que Constance afirmara ter tencionado matar a madrasta em duas oportunidades, mas que "foi impedida pelas circunstâncias, e depois pensou que, antes de matá-la, iria assassinar a criança, para provocar agonia suplementar, e que foi com esses sentimentos no coração que ela voltou de férias da escola para casa, em junho de 1860". Seu informante foi provavelmente o dr. Bucknill, que discutira o crime em detalhe com Constance. Só no final de agosto o psiquiatra, em carta aos jornais, divulgou o relato de como ela matou Saville:

> Poucos dias antes do assassinato ela conseguiu pegar uma navalha na mala verde que o pai deixara no guarda-roupa, e a escondeu. Foi o único instrumento usado por ela, que também guardou uma vela e fósforos no canto da latrina no quintal, onde o crime foi cometido. Na noite do crime ela se despiu e deitou na cama, pois esperava que as irmãs entrassem em seu quarto. Ficou acordada, esperando, até perceber que todos na casa dormiam, e pouco depois da meia-noite saiu do quarto, foi para o andar térreo, abrindo a porta da sala de estar e as folhas da janela. Depois seguiu para o quarto das crianças, tirou o cobertor que estava entre a colcha e o lençol e o deixou ao lado do berço. Tirou a criança do berço e a carregou para baixo, até a sala de estar. Vestia a camisola, e na sala calçou galochas. Com a criança em um dos braços, ela ergueu a vidraça da janela, usando a outra mão; deu a volta na casa e entrou

na latrina, acendeu a vela e a colocou sobre o assento da privada. A criança, enrolada no cobertor, ainda dormia, e enquanto estava nessa posição ela fez o ferimento na garganta. Ela disse que pensou que o sangue não fosse sair, que a criança não estivesse morta, por isso enfiou a navalha com força do lado esquerdo e jogou o corpo enrolado no cobertor no buraco da fossa. A vela apagou. A flanela que usava havia sido arrancada de uma peça de flanela velha, deixada no lixo, que ela havia recolhido fazia tempo e costurado para usar quando se lavava. Retornou ao quarto, examinou a camisola e encontrou apenas duas manchas de sangue. Lavou as manchas na pia e jogou fora a água, que estava um pouco avermelhada, na bacia onde lavava os pés à noite. Vestiu outra camisola e foi para a cama. De manhã a camisola original já estava seca nos locais lavados. Ela a dobrou e guardou na gaveta. As três camisolas foram examinadas pelo sr. Foley, e ela acredita que o dr. Parsons também as viu, era o médico da família. Ela achava que as manchas de sangue haviam desaparecido na lavagem, mas ao erguer a camisola contra a luz, um ou dois dias depois, viu que as manchas continuavam visíveis. Escondeu a camisola, trocando-a frequentemente de lugar, até queimá-la em seu próprio quarto, jogando as cinzas no fogão da cozinha. Ela queimou a camisola cinco ou seis dias depois da morte da criança. Na manhã de sábado, depois de limpar a navalha, aproveitou uma oportunidade para voltar a guardá-la na mala do guarda-roupa. Ela tirou a camisola do cesto de roupas quando a empregada foi buscar um copo d'água. A peça manchada que encontraram na fornalha da cozinha não tinha ligação com os eventos descritos. Quanto ao motivo de seu crime, embora ela tenha sentido por algum tempo muito carinho pela atual sra. Kent, como muitos comentários foram feitos em diversas épocas, insultando em sua opinião membros da família original, ela engoliu tudo e decidiu se vingar. Não sentia nada de ruim pelo menino, afora o fato de ser um dos filhos de sua madrasta.

Ela me disse ter decidido confessar quando a babá foi acusada, e que resolvera cometer suicídio se fosse condenada. Disse que se sentia sob a influência do demônio antes de cometer o crime, mas que não acreditava, como não acredita, que o demônio tenha mais a ver com seu crime do que com qualquer outro ato maldoso. Passou um ano sem rezar, antes do assassinato, e depois dele até fixar residência em Brighton. Ela disse que a circunstância que reviveu os sentimentos religiosos em sua mente foi a possibilidade de receber os sacramentos quando de sua Crisma.

Bucknill terminou a carta observando que, embora em sua opinião Constance não fosse louca, desde criança possuía uma "disposição peculiar", bem como "grande determinação de caráter"; isso indica que sua vida futura, "para o bem ou para o mal, seria notável". Se posta em confinamento solitário, alertou, sucumbiria à insanidade.[7]

Emocionalmente, a explicação que Constance dera a Bucknill tinha o distanciamento sinistro que o crime exigia. A metodologia do assassinato suplantava qualquer sentimento a seu respeito. No momento da morte de Saville, sua atenção se transferiu do corpo jogado na fossa para a vela sobre a tampa da privada: "A vela apagou".

Apesar da aparência de fria precisão, porém, o relato era estranhamente impreciso. A história de Constance para o homicídio não fazia sentido — como a imprensa logo apontou. Como ela dobrou e alisou a roupa de cama do berço enquanto segurava com um braço um menino grande, de quase quatro anos, adormecido? Como conseguiu levantar a vidraça da janela da sala de estar, quase ao rés do chão, com ele no braço? Como conseguiu passar pelo vão, sem acordar o menino, e acender a vela na latrina para onde o levou? Por que levou a flanela para a latrina, e por que ninguém a notou em seu quarto antes? Como ficaram poucas manchas de sangue na camisola, se ela esfaqueou o menino? Como os responsáveis pela busca na casa, após o assassinato, não viram as manchas na camisola nem notaram a falta da navalha de Samuel Kent? Como ela conseguiu desferir golpes fundos com uma navalha, coisa que os médicos disseram ser impossível? Contudo, alguns detalhes eram persuasivos, mesmo que complicassem a cena: por exemplo, o pânico de Constance quando parecia que o sangue "não fosse sair" era muito específico e terrível para ter sido inventado.

O *Times* observou, com assombro, que o crime "não se reduzia em perplexidade e estranheza quando elucidado passo a passo. É evidente que não obtivemos ainda o relato completo de todas as circunstâncias". Mesmo agora, depois da confissão de assassinato, ainda parecia haver segredos. "Recebemos apenas alguns esclarecimentos", disse o *News of the World*. As explicações de Constance apenas acrescentaram uma "nova pontada de horror".

Quarenta anos depois, Freud fez uma afirmação esplendidamente confiante sobre o modo como seres humanos impotentes traíam a si mesmos, como seus pensamentos podiam ser lidos de modo seguro. "Quem tem olhos para ver e ouvidos para ouvir fica convencido de que os mortais não conseguem guardar nenhum segredo. Aqueles cujos lábios se calam denunciam-se com as pontas dos dedos; a denúncia sai por todos os seus poros."[8] Como um escritor sensacionalista ou um superdetetive, Freud supunha que os segredos das pessoas acabariam por subir à superfície, quando ruborizavam ou empalideciam, ou abrir caminho até o mundo por meio do tamborilar dos dedos. Talvez em algum ponto das confissões e omissões de Constance a história suprimida do crime e sua motivação esteja oculta, pronta para se revelar.

*Detentas da penitenciária de Millbank nos anos 1860
(de* Memorials of Millbank, *de Arthur Griffiths)*

18. Não resta dúvida de que nosso detetive autêntico está vivo

1865-85

Em outubro de 1865 Constance foi transferida de Salisbury para Millbank, uma penitenciária com mil celas na beira do Tâmisa — "um prédio grande, escuro, com torres", escreveu Henry James em *The princess Casamassima*, "que ali se erguia, dominando a vizinhança inteira com suas muralhas nuas, marrons, sem janelas, com seus pináculos truncados, e um caráter indescritivelmente triste e severo [...] havia muros dentro dos muros e galerias sobre galerias; até a luz do dia perdia sua cor, e não se podia imaginar que horas eram". As prisioneiras ocupavam uma ala conhecida como Terceiro Pentágono. Era possível a um visitante da prisão vê-las "se erguer de repente, espectrais, com toucas deselegantes, em cantos e recessos sombrios do labirinto fustigado pelo vento". O *Penny Illustrated Paper* enviou um repórter para ver em que condições Constance estava confinada. Ele descreveu Millbank como "um quebra-cabeça geométrico", "um labirinto excêntrico", com 4,5 quilômetros de "passagens tortuosas", "cantos escuros" e rodeios abafados, subterrâneos, com "portas com trancas duplas, abrindo em ângulos estranhos, levando às vezes a pontos cegos, e frequentemente a escadas de pedra que [...] pareciam ter sido *escavadas* na alvenaria".

Constance foi instalada numa cela equipada com bico de gás, banheira, urinol, prateleira, canecas de estanho, saleiro, prato, colher de madeira, Bíblia, lousa, lápis, rede, roupa de cama, pente, toalha, vassoura e uma abertura gradeada. Como outras detentas, ela usava vestido de sarja marrom. O café da manhã era meio litro de chocolate com melado; no almoço, comia carne, batata e pão; o jantar era meio litro de sopa com pão. Durante os primeiros meses de sua sentença ela não podia falar com outras prisioneiras nem receber visitas — o reverendo Wagner e a srta. Gream pediram permissão especial para vê-la, que foi negada. Ela limpava a cela todos os dias, depois ia para a capela. Normalmente, depois disso, trabalhava, costurando roupas, meias e escovas para as outras detentas. Tomava um banho por semana e podia ler um livro da biblioteca, se quisesse. Como exercício, ela caminhava em fila única, a dois metros de distância da presa da frente, em volta do campo barrento entre os prédios da prisão. Ela via a abadia de Westminster ao norte e sentia o cheiro do rio a leste. A casa de Jack Whicher se situava a uma quadra dali, invisível do outro lado das altas muralhas de Millbank.[1]

Whicher, nesse meio-tempo, retomou sua vida. Casou-se em 1866 com sua senhoria, Charlotte Piper, uma viúva três anos mais velha que ele. Se chegou a casar legalmente com Elizabeth Green, mãe de seu falecido filho, ela devia estar morta naquela altura. A cerimônia foi realizada em 21 de agosto, na igreja de St. Margaret, uma linda capela do século XVI no complexo da abadia de Westminster, onde ovelhas pastavam nos gramados.[2]

Elizabeth Gough também se casou naquele ano. Na igreja de St. Mary Newington, em Southwark, no dia 24 de abril de 1866, quase um ano depois da confissão de Constance Kent, ela desposou John Cockburn, negociante de vinhos.

No início do ano seguinte, Whicher trabalhava como investigador particular. Não precisava de dinheiro — sua pensão era adequada, e a nova sra. Whicher tinha renda própria. Todavia, depois de a justiça ter sido feita, sua mente se desanuviou, a congestão sumiu e seu gosto pela investigação retornou.

Agentes privados de investigação, como Charley Field e Ignatius Pollaky,[3] eram considerados os elementos mais sinistros entre os detetives. Sir Cresswell Creswell, juiz que presidia a corte de divórcio, descompôs, em 1858, "pessoas como Field": "de todos os povos do mundo, o povo inglês tem a maior objeção a qualquer tipo de espionagem sistemática. Ter homens em seu encalço onde quer que andem, tomando notas de todas as suas ações, é algo que causa profundo incômodo. Qualquer coisa do gênero é profundamente detestada neste país". Em *Armadale*, de Wilkie Collins, publicado em 1866, o detetive particular é

> [...] uma criatura vil que as necessidades mais vis da sociedade criaram para seu uso. Lá vai ele — o Espião Confidencial dos tempos modernos, cuja atividade está em franca expansão, cujos Escritórios de Investigações Particulares são cada vez mais requisitados. Lá vai ele — o indispensável Detetive [...] um sujeito profissionalmente pronto a se esconder debaixo de nossas camas à mais leve suspeita (se a leve suspeita for remunerada), e a olhar pelo buraco da fechadura da nossa porta; um homem que [...] sacrificaria com justiça sua situação se, sob quaisquer circunstâncias, ele fosse pessoalmente suscetível a um sentimento de pena ou vergonha.

O serviço era bem pago, embora duvidoso: em 1854 Field recebeu quinze xelins por dia, mais despesas, para espionar uma certa sra. Evans, e seis xelins extras por dia caso obtivesse as provas de adultério que o marido precisava para pedir o divórcio.[4]

Em sua nova atividade, Whicher tomou parte na mais longa e famosa batalha judicial do final do século XIX: o caso do Reclamante Tichborne.[5] No final de 1866 um sujeito rechonchudo e alegre apareceu em Londres alegando ser sir Roger Tichborne, baronete católico e herdeiro da fortuna da família. Sir Roger desaparecera num naufrágio em 1854, e seu corpo nunca havia sido encontrado; o Reclamante disse que fora resgatado e levado para o Chile, de onde conseguiu ir para a Austrália. Ele vivia em Wagga Wagga, em Nova Gales do Sul, sob o nome de Thomas Castro, até ouvir falar da viúva lady Tichborne, uma francesa excêntrica que insistia em afirmar que o filho estava vivo e que havia publicado um anúncio na imprensa australiana querendo saber seu paradeiro.

Lady Tichborne, a rica viúva, reconheceu o Reclamante como sendo seu filho; amigos, conhecidos e ex-empregados também assinaram documentos atestando sua identidade. Até o médico da família afirmou que atendera o sujeito quando era menino, fornecendo uma peculiaridade sobre seus órgãos genitais (quando flácido, o pênis ia para dentro da pelve, como o de um cavalo). Contudo, muitos que haviam conhecido sir Roger disseram que o Reclamante era um impostor inepto. Em certos aspectos seus conhecimentos impressionavam — ele notou que um quadro na propriedade dos Tichborne fora limpo na sua ausência, por exemplo —, mas cometia erros elementares, e se esquecera completamente de sua primeira língua, o francês.

Um dos céticos, lorde Arundel de Windsor, aparentado com Tichborne, contratou Whicher para desmascarar o Reclamante. Disse ao detetive que ele seria pago regiamente em caso de total dedicação à solução do problema. Nos sete anos seguintes a investigação tomou não apenas toda a atenção de Whicher, como a do país inteiro. O enigma, de tão complexo, criou uma espécie de paralisia nacional. "Ele pairava sobre a mente do público como um espectro",[6] escreveu um advogado em 1872; "nenhum assunto ocupou tanto espaço na mente humana", comentou o *Observer* em 1874.

Whicher tinha duas décadas de experiência naquele tipo de investigação: seguir pessoas, descobrir testemunhas, derrubar mentiras e meias-verdades, extrair informação de participantes refratários, usar fotografias como meio seguro de identificação, avaliar personalidades. Agindo a partir da dica de um detetive australiano, ele começou a fazer pesquisas no bairro de Wapping, um distrito pobre do leste de Londres, perto das docas. Descobriu que no dia de Natal de 1866, poucas horas antes de chegar à Inglaterra, o Reclamante visitara o *pub* Globe em Wapping High Street, pedira um xerez e um charuto, e perguntara sobre a família Orton. Ele alegava ser emissário de um certo Arthur Orton, açougueiro, que conhecera na Austrália. Whicher suspeitava que o Reclamante era o próprio açougueiro.

Whicher perambulou durante meses pelas ruas de Wapping. Ele abordou dezenas de pessoas que haviam conhecido Orton — donos de bar, doceiras, veleiros e outros — a acompanhá-lo à residência do Reclamante, em Croydon, no sul de Londres. Um por um, eles encontraram o detetive na estação da London Bridge, pegaram o trem para Croydon e esperaram na porta da casa do Reclamante até ele sair ou poder ser visto através da janela. Em sua maioria (mas não todos) eles afirmaram que o Reclamante era Arthur Orton. Whicher se escondia se o Reclamante saía de casa. Segundo uma testemunha, "ele disse que não ajudaria em nada se fosse visto por ali — levantaria suspeitas e provavelmente levaria o suspeito a se esconder". Whicher localizou a ex-namorada de Orton, Mary Ann Loder, que jurou ser o Reclamante o homem que a abandonou em 1852 para tentar a vida no estrangeiro. Ela se tornou uma testemunha importante — o chocante foi sua declaração de que Arthur Orton possuía pênis incluso.

O relatório de Whicher foi amplo. Ele não apenas buscou

provas contra o Reclamante como tentou persuadir seus apoiadores a abandoná-lo. Em outubro de 1868 ele visitou o sr. Rous, proprietário de Swan em Alresford, Hampshire, e um dos principais conselheiros do Reclamante. Depois de pedir uma dose de grogue (rum com água) e um charuto, o detetive perguntou a ele: "Acredita que ele seja o herdeiro?".

"Com certeza", disse Rous. "Não tenho dúvidas de que ele é a pessoa certa, embora seja um tolo."

"Senhor Rous, não acredite nisso. Vá por mim, ele não é quem diz ser. O que tenho a lhe contar talvez o faça se sentir muito constrangido." E Whicher passou a desfiar a história do Reclamante.

O Reclamante — que pesava 140 quilos quando chegou à Inglaterra — engordava cada vez mais. Seus fãs da classe trabalhadora o consideravam um herói que estava sendo punido pela aristocracia e pela Igreja Católica devido aos plebeísmos adquiridos no interior da Austrália. Mais uma vez Whicher trabalhava para a elite, contra sua classe de origem — ele era o renegado, o policial arquetípico.

Quando o Reclamante abriu um processo requerendo os bens da família, em 1871, os Tichborne contrataram sir John Duke Coleridge, que defendera Constance, para representar seus interesses. No decorrer do processo, como no caso de Road Hill, a outra parte tentou desacreditar Whicher e suas descobertas. Os advogados do Reclamante se queixaram de que seu cliente fora "assombrado" por detetives, e por um deles em particular. Disse um dos advogados:

> Creio que a história de Arthur Orton emanou do cérebro de um deles, e creio que logo descobriremos como tudo isso foi montado. Não gosto de gente dessa laia. Eles são totalmente irresponsáveis, não pertencem a uma profissão reconhecida, não prestam contas de sua conduta. Não fazem parte da polícia oficial, são amadores, e

muitos são policiais aposentados que ganham a vida honestamente, realizando investigações particulares. Sem querer imputar ao honrado grupo que eles inventam provas, devo dizer que existem maneiras de distorcer as provas para que pareçam em tudo diferentes do que são na verdade.

Em 1872 o Requerente perdeu a causa, e a Coroa prontamente o processou por perjúrio. De novo os advogados do Requerente — nessa época liderados pelo causídico irlandês Edward Kenealy — tentaram desonrar Whicher, acusando-o de subornar e pressionar testemunhas. Kenealy fazia comentários ferinos às testemunhas de acusação, quando elas subiam à tribuna: "Suponho que você e Whicher saíram muitas vezes para beber e discutir este caso, não é?".

Desde Road Hill, Whicher aprendera a descartar calúnias, a adotar uma visão mais ampla. Ele havia recuperado a antiga segurança. Em 1873 ele escreveu a um amigo: "Você deve ouvir insultos frequentes a mim, por conta do caso Tichborne, mas se vou viver (como no caso do assassinato de Road) para superar as insinuações e calúnias de Kenealy, não sei, mas tenho tanta certeza de que o Requerente é Arthur Orton como tenho de ser quem sou — Seu Velho Amigo, Jack Whicher".[7]

O Requerente foi declarado culpado em 1874, sentenciado a catorze anos de prisão, e acabou em Millbank. Embora o advogado dos Tichborne tenha instado a família a pagar a Whicher um bônus de cem guinéus pela investigação genial que resolveu o caso, não há registro de que o tenham feito.

Jack Whicher ainda vivia com Charlotte em Page Street, 63, perto de Millbank Row — antiga Holywell Street, 31, que fora rebatizada e recebera nova numeração. Sua sobrinha Sarah havia mudado de lá em 1862, quando se casou com um sobrinho de Charlotte, James Holliwell, condecorado com uma das primeiras Cruzes da Vitória por sua coragem na Revolta dos Sipais de 1857: durante o sítio a uma casa em Luknow, segundo a citação da comenda, ele se comportou "do modo mais admirável, encorajando outros nove homens que estavam desesperados a continuar lutando [...] Seu entusiasmo e sua capacidade de persuasão prevaleceram e eles conseguiram defender uma casa em chamas enquanto o inimigo atirava nas quatro janelas". James e Sarah viviam em Whitechapel, no leste de Londres, com três filhos. Jack e Charlotte, que não tinham filhos, ajudavam a cuidar das crianças — Amy Gray, nascida em Camberwell, por volta de 1856, era visita costumeira desde os cinco anos, e Emma Sangways, nascida em Camberwell, por volta de 1863, foi registrada como tutelada dos Whicher em 1871. A natureza do vínculo do casal com a moça era um mistério, mas durou até a morte.[8]

Em janeiro de 1868, quando Whicher procurava testemunhas em Wapping, o primeiro capítulo de *A pedra da Lua*, de Wilkie Collins, foi publicado em *All Year Round*. Alcançou sucesso imediato. "Era uma história muito curiosa", disse Dickens, "selvagem e ao mesmo tempo familiar." *A pedra da Lua*, fábula fundadora da ficção detetivesca, adotou muitas características da investigação real de Road: a casa no campo onde o criminoso residia; as vidas secretas sob o verniz do decoro; a polícia local, incompetente e pomposa; o comportamento que parece apontar para uma coisa, mas indica o oposto; inocentes e culpados que agem de modo suspeito, pois todos têm algo a esconder; "pistas e pseudopistas" espalhadas, como disse um resenhista (o termo "*red herring*" — algo que se põe no caminho para tirar sabujos da pista — só seria usado para "pseudopistas" em 1844). Em *A pedra da Lua*, como em Road Hill, a fonte do crime era um mal causado na geração anterior: os pecados do pai recaíam sobre os filhos, feito uma maldição. As ideias foram usadas por muitos autores de livros policiais que sucederam Collins, assim como o suspense dos romances, o que um dos personagens chama de "atmosfera de mistério e suspeita em que todos vivemos agora".

A história diluía o horror de Road Hill: em vez do assassinato de uma criança, um roubo de joia; em vez de manchas de sangue, pingos de tinta. Contudo, a trama emprestava muitos aspectos específicos do caso de Road: a camisola manchada desaparecida; o rol de lavanderia que provava sua perda; o policial, detetive renomado, que ia de Londres para o interior; uma família avessa à invasão; e a indelicadeza de um homem das classes subalternas, que acusa uma jovem de classe média. O mais significativo foi transformar Whicher no protótipo do detetive herói, "o famoso Cuff" (*"cuff"*, na gíria da época, era "algemar"). Robert Louis Stevenson, quando leu o romance, aos dezessete anos, escreveu para a mãe: "O detetive não é o máximo?".[9]

O sargento Cuff, fisicamente, é um sujeito antiquado, seco, aquilino, muito diferente de Whicher. Em termos de personalidade, porém, são parecidos. Cuff é melancólico, sagaz, enigmático, oblíquo — sua atuação é "sinuosa" e "clandestina", ele usa ardis para levar as pessoas a revelar mais do que pretendiam. Seus olhos "tinham um truque desconcertante quando se fixavam nos olhos de alguém, davam a impressão de esperar mais da pessoa do que ela mesma se achava capaz". Cuff corre atrás de segredos inconscientes, bem como dos fatos escondidos de propósito. Ele funciona como um contraponto ao sensacionalismo do romance, uma máquina de pensar que interpreta as palpitações e pulsações dos outros personagens. Ao se identificar com Cuff, os leitores se isolam das emoções que buscam — a emoção descontrolada, o tremor de raiva. A febre do sentimento se transforma na "febre detetivesca" que consome os personagens e leitores do romance, torna-se uma compulsão para resolver o enigma. Dessa maneira, o romance de detetive domestica o romance sensacionalista, enquadrando a selvageria emocional numa estrutura formal elegante. Havia loucura, mas era dominada pelo método. Foi o sargento-detetive Cuff quem tornou *A pedra da Lua* um novo tipo de literatura.

Cuff, porém, ao contrário dos detetives que inspirou, chega à solução errada: "Assumo que fiz besteira", ele diz. Engana-se ao acreditar que o criminoso é a filha dos donos da casa — a reservada, "egoísta e diabólica", "esquisita e descontrolada" srta. Rachel. Ela se revela mais nobre do que a natureza do policial lhe permite compreender. Na medida em que reflete os eventos de Road Hill, o romance ignora a solução oficial — a culpa de Constance Kent —, e em vez disso dá espaço para o desconforto que ainda rodeava o caso. Divulga noções de sonambulismo, atos inconscientes e duplas personalidades que surgiram em Road, num redemoinho estonteante de perspectivas que desabam sobre a investigação. A solução que Collins dá ao mistério da pedra da Lua é que a bizarra e descontrolada srta. Rachel atraiu as suspeitas para si, de modo a proteger outra pessoa.

Em 1927, T. S. Eliot comparou *A pedra da Lua* à ficção de Edgar Allan Poe e Arthur Conan Doyle, favoravelmente:

> A história de detetive, como criada por Poe, é especializada e intelectual como um problema de xadrez, considerando que a melhor ficção detetivesca inglesa se apoia menos na beleza do problema matemático e muito mais no elemento humano intangível [...] os melhores heróis da ficção detetivesca inglesa têm sido, como o sargento Cuff, falíveis.[10]

Em vida, Collins era frequentemente desvalorizado, considerado um mestre da trama, mas pouco apto a dissecar o íntimo de seus personagens. Comparado a escritores como George Eliot, ele criava a história de fora para dentro, e não o oposto. Henry

James as caracterizou como "monumentos da arte do mosaico", depois emendou: "Não são bem obras de arte", disse, "mas obras científicas".[11]

Em maio de 1866, Samuel Kent renovou ao ministério do Interior seu pedido de aposentadoria com salário integral, agora no valor de quinhentas libras, pois completara trinta anos de serviço em abril. Desde a morte de Saville, explicou na carta, "sua família sofrera dores e angústias indescritíveis, imensamente agravadas pelas revelações que o arrependimento levara a filha Constance a fazer". As tentativas de identificar o assassino e proteger a família o deixaram endividado. A saúde da segunda esposa fora "profundamente abalada" — a sra. Kent estava perdendo a visão e sofria cada vez mais de "uma paralisia incurável", de modo que ele precisava cuidar dela e dos quatro filhos pequenos.

Em agosto, para sua decepção, o ministério do Interior deu a Samuel uma pensão de 250 libras, metade do que pedira e o máximo que a lei permitia. Ele tentou recuar, desesperadamente, implorando que sua exoneração fosse ignorada — continuaria a trabalhar, disse; não tinha intenção de se aposentar, apenas fizera uma consulta; não conseguiria viver com tão pouco dinheiro. O ministério do Interior questionou se ele estava capacitado a exercer sua função. Sim, respondeu no final de agosto: não precisava mais cuidar da mulher — Mary Kent, em solteira Pratt, morrera no início do mês, aos 46 anos, de congestão pulmonar.[12]

O ministério do Interior permitiu que Samuel continuasse a trabalhar como subinspetor. No verão ele ganhou 350 libras por danos morais do *Daily News* de Edimburgo, pelo artigo que retratava a segunda esposa como uma mulher vulgar e cruel.[13] Com os quatro filhos sobreviventes do segundo casamento — Mary Amelia, Eveline, Acland e Florence — Samuel foi para o norte, morar numa cidadezinha chamada Denbih, no País de Gales, onde contratou uma governanta australiana e mais dois empregados. Suas filhas mais velhas, Mary Ann e Elizabeth, mudaram juntas para Londres. William também seguiu para a capital, com as mil libras de herança que recebera ao completar 21 anos, em julho.

Durante o inverno de 1867,[14] William frequentou um curso noturno no King's College, onde estudou a "nova ciência" fundada por Darwin e outros. A paixão de William era o microscópio, e no final do ano ele foi eleito membro da Sociedade do Microscópio. O biólogo Thomas Huxley, um dos cientistas mais influentes da época, se tornou orientador de William. Estimulou o jovem a pesquisar o que na época chamavam de infusórios, bactérias aquáticas unicelulares visíveis apenas com auxílio de ampliadores. Eram incluídos nessa categoria os atuais protistas e alguns nematoides, briozoários e rotíferos.

Huxley era conhecido como "o buldogue de Darwin", por sua ardente defesa das ideias do historiador natural. Ele deu o nome de "profecia retrospectiva" ao processo de imaginar o passado a partir da observação do presente. Um historiador natural buscava ver no passado o que o profeta tentava ver no futuro. "Deveria haver uma palavra como 'retrofeta'!", disse Huxley.[15] Numa conferência a trabalhadores, em 1868, ele pegou um pedaço de giz que segurava como ponto de partida para a história geológica da Terra. "Um pequeno começo", concluiu, "nos levou a um grande final." A partir do pequeno o mundo poderia se expandir.

William Kent sentia uma curiosidade entusiasmada pelo minúsculo, uma convicção de que seres pequenos guardavam grandes segredos. Nos cinco anos seguintes ele desenvolveu suas pesquisas no museu zoológico de Cambridge, depois na coleção de invertebrados do Colégio Real de Cirurgiões, e no departamento de zoologia do Museu Britânico, onde seu salário foi aumentado para trezentas libras. Lá descobriu os corais — declarou-se "deslumbrado por eles". Corais são pequenos animais marinhos cujos esqueletos calcários criam recifes nos mares tropicais. Graças a sua "atividade", nas palavras de William, "novas ilhas e países se erguem do leito do oceano" — eles uniam zoologia e geologia, o vivo e o morto.

Charles Dickens morreu em 1870, deixando uma obra inacabada, *O mistério de Edwin Drood*. Devido à morte do autor, esse romance se tornou o mais genuíno tipo de história de assassinato, aquela cuja tensão jamais se dissolve. "Provavelmente o único entre os autores de histórias de detetive que não viveu para destruir o mistério", escreveu G. K. Chesterton.

> Edwin Drood pode ter morrido ou não; mas Dickens com certeza não morreu. Não resta dúvida de que nosso detetive autêntico está vivo e voltará nos dias finais da Terra. Pois um relato inacabado pode dar a um homem imortalidade no sentido leve e literário; mas um relato inacabado sugere outra imortalidade, mais essencial, mais estranha.[16]

Em 1865, Dickens e muitos outros foram forçados a questionar sua crença de que Samuel Kent e Elizabeth Gough haviam cometido o assassinato de Road Hill. Como se revisse o caso, seu último romance apresenta um casal de irmãos que lembram Constance e William Kent. Os exóticos órfãos Helena e Neville Landless vivem fugindo de seu lar infeliz. Neville diz sobre a irmã:

> Nada em nossa desventura a subjugou, embora com frequência me intimidasse. Quando fugíamos [...] a fuga era sempre planejada e liderada por ela, que sempre se vestia de menino e demonstrava a coragem de um homem. Creio que tínhamos sete anos quando

fugimos pela primeira vez; eu me lembro de ter perdido o canivete com o qual ela pretendia cortar o cabelo, e tamanho foi seu desespero que ela tentou arrancá-lo com puxões e dentadas.

Helena liderava, mas Neville admitia ter uma "mente jovem deformada" e impulsos homicidas. Equilibra-se com a irmã em ódio e astúcia: "Tenho sentido, senhor, desde a mais longínqua lembrança, a necessidade de suprimir um ódio mortal e agudo. Isso me tornou furtivo e vingativo".

Dickens personificou o suspense nos dois personagens, morenos, estranhos. Eles eram "esguios, flexíveis, de olhos rápidos e vívidos; meio tímidos, meio desafiadores; olhares ferozes; uma espécie de pausa indefinida surgia e sumia em sua figura, tanto no rosto quanto no corpo, que pode ser comparada à pausa antes do salto ou do bote".

Em janeiro de 1872, Samuel Kent ficou seriamente doente do fígado, e William seguiu de trem para o País de Gales. Do leito do pai, ele escreveu uma carta a seu supervisor no Museu Britânico, que lhe emprestara cinco libras para a viagem: "Pode imaginar o quanto sou grato pela oportunidade de passar alguns dias com ele, pois há inúmeras pequenas coisas que posso fazer para aumentar seu conforto". No dia 5 de fevereiro ele escreveu em outra carta: "Tudo *terminado*! Em função do sofrimento por que todos estamos passando, serei certamente desculpado por mais alguns dias de ausência". Samuel foi enterrado ao lado da segunda esposa, em Llangollen. Deixou seu dinheiro para os filhos do segundo casamento, para ser administrado num fundo até que atingissem a idade de 21 anos. William e o proprietário do *Manchester Guardian* — provavelmente um amigo da família — seriam os cotestamenteiros.[17]

Quatro meses depois da morte do pai, William se casou com Elizabeth Barrett, de 22 anos, filha de um advogado, e mudou para Stole Newington. A pedido de William, seu sogro fez uma petição ao governo pela soltura de Constance, sem sucesso. Em 1873 William foi nomeado biólogo residente no aquário de Brighton, inaugurado no ano anterior, uma espetacular galeria gótica erigida na alameda que saía do píer. Ele e Elizabeth fixaram residência em Upper Rock Gardens, uma rua de casas geminadas perto do mar.

A paixão popular pelos aquários deu aos cientistas oportunidades sem precedentes de estudar criaturas marinhas vivas, mas William alegava que os empresários que financiavam o projeto de Brighton consideraram um naturalista residente "uma extravagância desnecessária" e o tratavam com hostilidade. Ele se desentendeu com os colegas também. Acusou um dos mais novos de sabotá-lo, e depois foi acusado de conduta rude por um colega pesquisador. A dupla testemunhara a cópula de dois polvos e combinara escrever um artigo conjunto sobre o caso. Quando algumas observações de William saíram numa carta ao *Times*, o colega o acusou de fraude. William, indignado, renunciou ao posto. Ele tinha um lado altivo, insensível, efeito colateral da paixão maníaca com que tratava o trabalho.

No ano seguinte, William foi nomeado curador e naturalista do novo aquário de Manchester. Ele reconstruiu o tanque, colocou anteparos para bloquear os olhares do público, instalou um sistema de circulação de água e resolveu o problema de como manter algas marinhas de grande porte vivas em condições artificiais. No guia oficial sobre as criaturas sob seus cuidados, publicado em 1875, ele descreveu um mundo submarino dramático de grande amplitude, no qual observava vítimas e predadores com fascínio inflexível e terno. Escreveu sobre os "expressivos olhos brilhantes" dos blênios do tanque 13, um "pequeno cavalheiro corajoso" que protegia as "esposas"; das "espantosamente belicosas" aranhas-

-do-mar do tanque 6, que arrancavam os membros de outros da espécie; e do cação pintado do tanque 10, cuja segunda pálpebra permanecia durante o dia "inteiramente fechada sobre o olho verdadeiro. Quando a escuridão era completa, o diafragma se retraía completamente, deixando a órbita ocular livre, reluzente".

No aquário de Manchester, William descobriu que os cavalos-marinhos usavam sons para se comunicar:

> O conhecimento dessa notável circunstância ocorreu da seguinte maneira: no início do mês de maio passado chegaram do Mediterrâneo a maioria dos espécimes daquela bela coleção de peixinhos singulares [...] entre eles havia vários exemplares notáveis pelas cores brilhantes, alguns eram vermelhos, outros rosados, amarelos, quase inteiramente brancos [...] Alguns foram mantidos pelo autor num aquário separado, para permitir a oportunidade de um rápido esboço colorido. Uma redoma de vidro comum, invertida, foi usada para abrigá-los inicialmente, enquanto os indivíduos "separados conforme a semelhança" viveram por algum tempo isolados num recipiente de vidro menor. Numa dessas ocasiões, um estalido curto e seco foi ouvido a intervalos breves e regulares, proveniente do vidro maior da mesa lateral, e que recebeu resposta imediata e similar de um exemplar semelhante, mais próximo. A surpresa e a admiração foram enormes quando descobri que vinham da boca do peixinho, normalmente considerado mudo, e uma inspeção mais detalhada revelou que o som era produzido por uma complexa contração muscular seguida da súbita expansão do maxilar inferior.

Em 1875 a esposa de William, Elizabeth, morreu subitamente, aos 25 anos, de obstrução do intestino.[18] Em um ano ele se casou de novo — sua segunda esposa foi Mary Ann Livesey, uma mulher bonita, de rosto quadrado, com trinta anos — e eles mudaram para Londres, onde ele se tornou curador do Aquário Real, uma magnífica construção na frente do palácio de Westminster. Nos anos seguintes, William conquistou a reputação de especialista em biologia marinha. Em 1882 ele publicou o terceiro e último volume de seu *A manual of the infusoria*, com novecentas páginas, contendo cinquenta ilustrações de sua autoria que retratavam criaturas aquáticas microscópicas. Em St. Stephen's Avenue, 87, sua esposa deu à luz um menino natimorto.[19]

 Jack e Charlotte Whicher mudaram para o lado sul do rio, por volta de 1880, para uma pequena casa geminada num canto de Lavender Hill, em Battersea. O distrito, a um quilômetro e meio de Westminster, era conhecido por seu mercado de flores, como o vilarejo em que Whicher crescera, mas os canteiros de flores e estufas estavam desaparecendo conforme aumentavam as fileiras de residências suburbanas. A casa dos Whicher, em Cumberland Villas, 1, tinha um jardim grande nos fundos — o maior da quadra — com vista para a ferrovia. A partir de janeiro de 1881, bondes puxados por cavalos passavam pela frente da casa. Do outro lado da rua o sr. Merryweather mantinha um viveiro de plantas, o derradeiro a sobreviver numa elevação que poucos anos antes era famosa pelos campos de alfazema.[20]

 No verão de 1881 Whicher ficou doente, sofrendo de gastrite e úlcera estomacal, e no dia 29 de junho faleceu quando a parede do estômago foi perfurada. Tinha 66 anos. Sua tutelada, Amy Gray, agora uma costureira de 25 anos, estava a seu lado no leito de morte; no atestado de óbito ela aparecia como sobrinha. Whicher deixou a Amy 150 libras em testamento, além de um relógio suíço de ouro. Para Emma Sangways deixou cem libras, era a outra moça de quem ele e Charlotte cuidaram, e trezentas libras para a sobrinha Sarah Holliwell. Ele destinou 150 libras, um relógio de ouro e sua corrente, além de um anel de sinete, para um amigo chamado John Potter, inspetor que trabalhava no palácio de Whitehall, e cem libras para seu protegido Dolly Williamson, na ocasião inspetor-chefe geral da Scotland Yard. Os dois últimos foram nomeados testamenteiros. O restante de seu espólio — cerca de setecentas libras — foi para a esposa.[21]

Um obituário de três linhas de Jonathan Whicher saiu na *Police Gazette*. Estava praticamente esquecido. Apesar do brilhantismo com que investigou o assassinato de Road Hill, Whicher não conseguira dar ao público a certeza esperada, ou livrá-los dos males que ele viu. Foi punido por sua falha. Dali em diante, os detetives heróis da Inglaterra seriam encontrados apenas no reino da ficção.*

Após a morte de Jack, Charlotte mudou para a casa de John Potter em Saunders Road, em Notting Hill. Amy Gray e Emma Sangways foram com ela. Charlotte faleceu em janeiro de 1883, aos 69 anos, deixando a maior parte dos bens para Amy e Emma. Ela havia nomeado Dolly Williamson como único executor do testamento.[22]

Williamson era um "senhor de meia-idade, calmo, despretensioso", relatou o historiador policial e diretor de presídio major Arthur Griffiths,

> que caminhava tranquilamente por Whitehall, equilibrando um chapéu um pouco grande, solto na cabeça, mordiscando com frequência um talo de flor ou uma flor presa nos lábios. Era por natureza muito reticente; nenhum estranho conseguia arrancar dele detalhes

---

* Seis anos depois, em 1887, Arthur Conan Doyle criou a primeira das histórias de Sherlock Holmes, que fariam muito sucesso. Ao contrário de Jack Whicher, o detetive fictício de Conan Doyle era amador e aristocrata, além de sempre ter razão — "a máquina de raciocínio e observação mais perfeita que o mundo já conheceu", disse seu companheiro, o dr. Watson, em *Um escândalo na Boêmia*.

sobre os muitos casos importantes que "resolvera". Sua conversa, por opção, recaía sempre na jardinagem, sua paixão perfeita; suas flores ficaram famosas na região onde passava as horas de lazer.[23]

O inspetor-chefe geral recebera o apelido de "filósofo", por causa de seus modos distraídos, intelectuais, e consta que conduzia as operações de seu gabinete como se fossem partidas de xadrez.[24] Um colega o descreveu como

> escocês do alto da cabeça à sola dos pés, leal, trabalhador, perseverante, fleumático, obstinado, indiferente, corajoso, sempre tinha opinião, nunca temia expressá-la, lento para captar uma nova ideia, cético quanto a sua eficácia, vendo sempre as desvantagens antes das vantagens, mas no geral tão lúcido, honesto e compreensivo em relação a erros que se tornou um servidor público dos mais sérios e valiosos.[25]

Williamson era a antítese do antigo parceiro de Whicher, Charley Field, que gostava da proximidade com o submundo do crime. Os dois homens ladearam Whicher, definiram o espectro do que poderia ser um detetive vitoriano. Field — que na década de 1870 estava quase reduzido à pobreza[26] — lembrava os caçadores de recompensas do século XVIII, enquanto Williamson sinalizava os prudentes comandantes do século XX.

Em um famoso julgamento de 1877, vários homens de Williamson foram condenados por corrupção, confirmando a desconfiança pública de que os detetives profissionais eram gananciosos e enganadores. Williamson teria ficado desolado com a traição. Ele assumiu o Departamento de Investigação Criminal quando foi fundado, no ano seguinte. Embora tenha comandado o departamento durante as investigações dos assassinatos das prostitutas de Whitechapel, em 1888, por "Jack, o Estripador", estava debilitado demais para participar ativamente do caso. Segundo um comissário de polícia, ele "decaiu antes do tempo por causa da constante tensão de um serviço extenuante".[27] Morreu em 1889, aos 58 anos, deixando mulher e cinco filhos. O caixão de Williamson foi coberto com flores e carregado até a igreja de St. John, na frente de sua casa em Smith Square, Westminster, por seis inspetores-detetives.[28]

"A maioria dos detetives proeminentes de hoje aprenderam seu ofício com Williamson", escreveu Griffiths em 1904. "Butcher, o inspetor-chefe [...] é tão apaixonado pelas flores quanto seu mestre, tornou-se conhecido pelo botão de rosa na lapela." O amor pelas flores começou com o pai de Whicher, jardineiro em Camberwell, e foi passando de homem para homem nos primeiros sessenta anos da força de detetives.

Constance Kent ia de um presídio para outro — de Millbank a Parkhurst, depois para a ilha de Wight e em seguida para Woking, em Surrey, antes de voltar para Millbank. Em Parkhurst ela fazia mosaicos, quebra-cabeças geométricos sobre bases de madeira, e os despachava para que fossem instalados nos pisos das igrejas do sul da Inglaterra: St. Katherine, em Merstham, Surrey; St. Peter, em Portland, Dorset; St. Swithun, em East Grinstead, Sussex. Era exímia na confecção de mosaicos. Quando estava presa em Woking, trabalhou na cripta da catedral de St. Paul, em Londres.[29] Como o irmão William, sentia-se atraída por miudezas, por fragmentos que contavam histórias. Entre as imagens no piso da cripta de St. Paul, havia um rosto gorducho de um menino pequeno, com olhos arregalados, como se estivesse assustado, e asinhas nos lados da cabeça.

Em Millbank, Constance trabalhou na cozinha, lavanderia e enfermaria — um conjunto de "câmaras despojadas e gradeadas", escreveu Henry James, banhadas por uma "luz mortiça". O major Arthur Griffiths,[30] na época diretor-assistente do presídio, elogiou seu serviço com os doentes: "ninguém a superava na atenção devotada aos doentes, em suas tarefas de enfermeira". Ele se recordou dela em suas memórias como:

> Uma criatura miúda feito um camundongo, com muito da prontidão do camundongo ou da lagartixa, assustada, pronta a desaparecer quando alarmada. A aproximação de um rosto desconhecido que ela temesse ter a intenção de espioná-la e observá-la constituía uma ameaça real para Constance Kent. Quando alguém chegava a ponto de perguntar: "Qual delas é Constance?", ela já estava escondida em algum lugar, com admirável rapidez e habilidade. Era misteriosa em todos os aspectos. Era quase impossível acreditar que aquela pessoinha insignificante e inofensiva tivesse cortado a garganta do irmão pequeno em circunstâncias de extrema atrocidade. Sem dúvida havia traços em sua fisionomia que o antropólogo criminal poderia identificar como indicativos da criminalidade — maçãs altas no rosto, testa baixa, proeminente, olhos fundos, miúdos; mas seus modos eram cativantes, e sua inteligência, da mais alta ordem.

Griffiths retornou em outro trecho de suas memórias à jovem que se escondia tão bem: "Constance Kent era como um espectro em Millbank; circulava silenciosamente, quase invisível... Não falava com ninguém, ninguém falava com ela, seu desejo de viver discretamente sempre foi respeitado, e jamais mencionavam seu nome."[31]

Em 1877 Constance fez uma petição[32] a Richard Cross, ministro do Interior no governo conservador de Benjamin Disraeli, por uma antecipação da soltura. O ex-sogro de William, Thomas Bennett, também escreveu a Cross em defesa dela. Os pedidos foram negados. Naquele verão o médico responsável por Millbank recomendou que Constance fosse poupada das tarefas na cozinha (eram pesadas, e as cozinhas, frias e escuras), devendo fazer trabalhos de tricô. As autoridades deviam considerar a possibilidade de transferi-la para outra penitenciária, pois sua saúde se deteriorava e ela se beneficiaria com uma "mudança de ares" — mas não recomendavam sua volta a Woking, por causa "da grande repulsa que, por um motivo ou outro, ela nutria por aquela prisão". Mais tarde, naquele ano, ela foi transferida para uma penitenciária feminina em Fulham, no sudoeste de Londres, que abrigava quatrocentas mulheres.

Da cela 29 de Fulham ela escreveu novamente a Cross, em 1878. Em seu esforço de obter clemência, ela invocou a pouca idade na época em que matou Saville, seu arrependimento, a natureza voluntária da confissão, o bom comportamento no presídio. Tentou explicar o que a levara ao assassinato em termos insistentes, desconexos:

> a insuperável aversão a alguém que lhe ensinara a desprezar e a deixar de amar a mãe, que roubou de sua mãe a afeição tanto do marido quanto da filha, a revolta contra o mal feito a sua mãe que se tornou mais intenso após sua morte, a sucessora que nunca se referia à mãe a não ser com sarcasmo desafiador; ela portanto buscou retaliar sua autora, para que sofresse a agonia mental que sua mãe sofrera.

A petição foi recusada. Ela voltou a pedir clemência novamente em 1880, 1881 e em 1882, quando acrescentou à lista de atribulações a visão precária (tinha uma infecção ocular), e as "companhias degradantes" a que era submetida no presídio. Os apelos foram recusados pelo novo ministro do Interior, sir William Vernon Harcourt, membro do governo liberal de William Gladstone. O reverendo Wagner escreveu cartas em seu favor, e conseguiu que outros religiosos — como o bispo de

Bloemfontein — fizessem o mesmo. Constance apelou novamente para Harcourt, sem êxito, em 1883 e 1884, quase desesperada. Ela havia cumprido quase duas décadas de pena, implorou,

> […] sem um raio de esperança de melhorar uma vida que, desde as mais antigas lembranças, foi passada em confinamento, na escola, no convento e na prisão, e agora, à sua frente, resta apenas um futuro de sombria velhice, após uma juventude de terrível espera, de decepções de cortar o coração, de completo isolamento de tudo que faz a vida valer a pena, em ambiente inóspito no qual sua mente e seu corpo definham.

Novamente Harcourt anotou "*nil*" em sua petição.

Só depois de cumprir até o último dia de sua sentença de vinte anos, em 18 de julho de 1885, Constance foi libertada.

Mapa da Austrália

19. Mundos de fantasia reais
1884-

Em 1884 William e a segunda esposa viajaram para a Tasmânia. Ele aceitou um emprego de superintendente e inspetor de colônias de pesca, com salário de 350 libras. Adotou o nome do meio como parte do sobrenome, e passou a ser conhecido como William Saville-Kent. Sua meia-irmã Mary Amelia, com 29 anos, viajou com eles; ela havia trabalhado como governanta de duas meninas numa fazenda de Wiltshire. Dois anos depois receberam em Hobart, capital da ilha, os outros três meio-irmãos de William; primeiro Acland (então com 26 anos, até a data vendedor de tecidos em Manchester), depois Eveline, 28 anos (era o bebê que dormia no quarto das crianças de Road Hill na noite da morte de Saville), e Florence, 25 anos.[1]

As principais tarefas de William na Tasmânia eram recuperar o cultivo de ostras dos nativos, que corria perigo de ser destruído pelo excesso de exploração e pela negligência, e iniciar a introdução do salmão naquelas águas. Ele logo fez inimigos. Seus colegas comissários de pesca reclamavam que ele esquecia suas "responsabilidades" para realizar experimentos — construíra uma grande incubadeira em sua casa de Hobart. Era também "deselegantemente disposto a atribuir ignorância aos comissários". William alegava que os tasmanianos não conseguiriam criar salmão em suas águas, apenas trutas. Seu contrato foi encerrado em 1887.

Por mais que faltasse tato a William, seu talento foi notado em outras partes da Austrália. Na década seguinte ele trabalhou como consultor do governo em Victoria, Queensland e na Austrália Ocidental. Morou primeiro na cidade de Melbourne, ao sul, capital de Victoria, conhecida na década de 1880 como "a maravilhosa Melbourne", ou "a Paris dos antípodas". Seu meio-irmão Acland foi para as minas de ouro de Victoria em 1887, mas rapidamente adoeceu. Ele morreu em Melbourne, no mesmo ano, tendo William a seu lado.

William e a esposa mudaram em 1889 para uma casa à beira do rio em Brisbane, uma cidade espalhada, improvisada, que servia de capital para o estado de Queensland, a nordeste. William adotou dois equidnas espinhosos, "Prickles" e "Pins", como mascotes; embora fossem tímidos no início, protegendo-se dele com os espinhos, depois de um tempo passaram a segui-lo pela casa e no quintal, ou deixar que ele os carregasse no colo como cachorrinhos. Também adotou dois noitibós, "grandes bolas de pluma" com "olhos dourados gloriosos, brilhantes", que adorava. William deixara crescer uma barba enorme e hirsuta que cobria grande parte de seu rosto, legando toda a expressão para os olhos altos, luminosos. O cabelo escorria liso sobre o crânio, repartido ao meio. Quando estava inspecionando os bancos de ostras ou os pesqueiros de Queensland ele usava ternos de linho, botas de borracha e capacete rígido.

Os noitibós, excessivamente tímidos, William relatou, mudavam de postura conforme seus sentimentos. Eles mostravam "delicioso abandono" perto dos moradores da casa, mas se encolhiam, rígidos, quando um estranho se aproximava, parecendo pedaços de pau. Quando William voltava para casa, depois de alguns dias de ausência, o macho eriçava as penas de prazer, chegando a dobrar de tamanho. Os noitibós, como os Saville-Kent, não tiveram filhos, mas construíam um ninho elaborado todos os anos. William certa vez colocou ovos de galinha bantã no ninho vazio e viu que os pássaros os chocavam contentes, esperando o nascimento dos filhotes. Ele alimentava os noitibós três vezes ao dia, com carne crua embebida em água, acrescentando uma pequena iguaria, como um besouro, gafanhoto ou mariposa. Para registrar a espantosa variedade de formas e humores dos pássaros, ele começou a fotografá-los. Uma câmera, como um microscópio, lhe dava um poder maior de visão. William agora podia olhar de perto por mais tempo, e mostrar aos outros o que via. Ampliava as fotos, estudava-as com lente de aumento. Com o novo instrumento começou a ilustrar as extraordinárias formações de coral nos 2 mil quilômetros da Grande Barreira de Corais, que chamava de "mundo da fantasia real", ao longo da costa de Queensland.

Em 1892, William regressou à Inglaterra com sessenta caixas de espécimes para o Museu de História Natural e uma série de desenhos e fotografias para publicação. Estava acompanhado da esposa e dos noitibós. O macho aprendeu a gostar de morango em Londres, e a fêmea, de lesmas; os dois também apreciaram muito as baratas da cidade.

O livro de William Saville-Kent, *The Great Barrier Reef* [A Grande Barreira de Corais] foi publicado em Londres em 1893. A bem produzida obra deu fama à barreira e por décadas serviu como referência ao gênero. As fotos em preto e branco de William foram reproduzidas ao lado de descrições detalhadas das cores vivas dos corais: limão, murta, rosa camarão, maçã, carmesim e azul elétrico. Os peixes das fotos pareciam monstros marinhos de olhos brilhantes e escamas escuras como o ferro. No final do livro havia desenhos coloridos dos peixes e corais, com anêmonas balançando tentáculos, nítidas e reluzentes.

William voltou aos Antípodas naquele ano para assumir uma posição nas criações de ostras em Perth, na Austrália Ocidental. O casamento parecia em crise. Numa visita à Tasmânia, William hospedou-se com uma naturalista e aquarelista idosa, Louisa Anne Meredith, e teve um caso com sua neta de 21 anos.

Ele voltou à Inglaterra em 1895, porém, e comprou uma casa para viver com a esposa na área rochosa de Hampshire, famosa pela abundância de fósseis, cerca de 160 quilômetros a leste do chalé no alto do rochedo onde ele e Constance haviam nascido. William criava lagartos australianos numa estufa e tentilhões no escritório. Em Burlington House, Londres, em 1896, ele organizou uma exposição de fotos e aquarelas, além de "pérolas da Austrália Ocidental de formatos originais", noticiou o *Times*. "Uma delas, com cinco centímetros de diâmetro, tinha uma incrível semelhança com a cabeça e o torso de uma criança."[2] Ele doou dois lagartos ao zoológico de Londres: um lagarto folho e um varano de rabo espinhudo. Com o primeiro mostrou que lagartos podiam caminhar sobre duas pernas, o que sugeria — como Huxley, seu orientador, dizia — que as criaturas descendiam de dinossauros bípedes. Os lagartos eram "elos perdidos" na cadeia evolutiva.

William se entusiasmava com os animais cheios de protuberâncias e escamas, com as formas estranhas e refugos da história natural. Em *The naturalist in Australia*, 1897, seu segundo livro sobre o hemisfério Sul, ele descreveu com amor o baobá, de tronco inchado e copa de galhos pontudos. Impressionara-se com a "obstinação pela vida" da árvore, que parecia ter uma força criadora singular. No mato, escreveu, era comum ver um tronco de baobá "caído, provavelmente há séculos, derrubado por uma forte tempestade talvez, do qual uma nova árvore brotara como uma fênix, com renovado vigor juvenil". Ele só conhecia um baobá realmente morto, disse — fora atingido por um raio, "uma queda cataclísmica", que resultou "na completa e total destruição da planta". William tirou uma foto do tronco calcinado, parte do qual se erguia na parte posterior da árvore, assumindo a forma de "um pássaro monstruoso que montava guarda e velava como um espírito desencarnado sobre a cena desoladora".

Em 1904, William retornou à Austrália para dezoito meses de trabalho numa empresa privada que tentava cultivar ostras com pérolas no local. Ao voltar para a Inglaterra conseguiu financiamento para seu próprio projeto de cultivar pérolas artificiais, e mais uma vez seguiu para as ilhas do sul do Pacífico.

As pérolas são as únicas joias produzidas por criaturas vivas, bolinhas faiscantes guardadas em caixas rústicas, primitivas. Em 1890, William se tornara o primeiro homem a obter artificialmente meias-pérolas, ou pérolas *blister*, coladas às conchas; agora, pretendia cultivar pérolas esféricas, ou "soltas", que se formavam na carne da ostra. Em 1906, ele iniciou uma criação na ilha de Thursday, no estreito de Torres, no extremo norte da Grande Barreira de Corais, onde desenvolveu um método de abrir a concha sem matar a criatura, e depois inserir uma partícula de concha nas dobras do tecido carnudo. A ostra cobriria o fragmento inflamado com camadas finas de madrepérola ou nácar, produzindo no final uma esfera brilhante, resultado da ação da carne e da concha. Dois cientistas japoneses são considerados os pioneiros na produção de pérolas esféricas, em 1907, mas pesquisas recentes sugerem que William Saville-Kent desenvolveu a técnica, e talvez as próprias pérolas, antes deles.[3] Recusou-se a fornecer detalhes de seu método aos financiadores do projeto, mas concordou em redigir um manual e depositá-lo num banco, para ser aberto em caso de sua morte.

Em 1908, William adoeceu e voltou à Inglaterra para lá morrer. Sucumbiu em 11 de outubro de obstrução do intestino, a mesma enfermidade que matou a mãe e a primeira esposa. Quando os investidores do projeto das ostras abriram o envelope guardado no banco, não encontraram nada inteligível — William levou o segredo do cultivo de pérolas artificiais, e outros segredos, para o túmulo. Sua esposa, que herdou 166 libras, cobriu a lápide da igreja de All Saints, em Milford-on-Sea, com esqueletos de coral. Ela vendeu o resto dos corais, esponjas, conchas e pérolas, e viveu sozinha na casa de Hampshire até a data de sua morte, onze anos depois.

Mary Ann e Elizabeth, as duas irmãs mais velhas da família Kent, haviam deixado a residência de Regent's Park em 1886, transferindo-se para o hospital St. Peter, em Wandsworth, um asilo a pouco mais de um quilômetro de Lavender Hill, no qual moravam 42 pessoas, dotado de capela, salão e biblioteca. Mary Ann morreu em 1913, aos 82 anos, deixando seus bens (129 libras) para Elizabeth, que a seguiu nove meses depois, aos noventa, deixando 250 libras a uma prima chamada Constance Amelia Barnes e cem libras a sua meia-irmã Mary Amelia, com quem se correspondeu até pouco antes de falecer.[4]

Constance Kent tinha o dom da invisibilidade — os habitantes de Dinan na década de 1860 e os guardas da penitenciária de Millbank na década de 1870 se mostravam surpresos com sua capacidade de se fundir ao ambiente, de desaparecer, e na década de 1880 ela sumiu de modo ainda mais definitivo. O público não tinha a menor ideia do local para onde Constance fora depois de sair da prisão, e não descobririam a não ser quase um século depois.

Nos anos 1950 soube-se que, ao ser libertada da cadeia em 1885, Constance foi levada pelo reverendo Wagner a um convento fundado por ele em Buxted, em Sussex. Uma vez por mês ela se apresentava à polícia em Brighton, a trinta quilômetros de distância. Uma das irmãs de Buxted recordou que Constance, ao chegar, caminhava "como uma prisioneira, arrastando os pés", usava óculos escuros, cabelo cortado curto e exibia mãos ásperas, calejadas. Seus modos à mesa eram rudes. No começo ela era "muito quieta", disse a irmã, mas depois começou a falar sobre os mosaicos que fizera na prisão, especialmente os que foram para a cripta de St. Paul. Nunca mencionava a família. Disse às irmãs que pretendia emigrar para o Canadá e trabalhar como enfermeira, com o nome de Emilie King.[5] Era uma meia-verdade, um jeito de despistar.

Nos anos 1970 veio à luz que, no início de 1886, Constance viajou para a Tasmânia com as meias-irmãs Eveline e Florence, usando o nome de Emilie Kaye (equivalente a "Emily K"). Acland fizera a viagem poucos meses antes. Eles foram morar com William e a esposa em Hobart. A proximidade dos irmãos e irmãs, que poderiam ter sido separados pelo assassinato, serviu para demonstrar o quanto a vida familiar deles era fechada, estranha e emocionalmente intensa.

Constance e William mantiveram contato constante e carinhoso enquanto viveram. Constance se mudou para Brisbane com o irmão e a cunhada em 1889 — dividia a casa com eles e os tímidos noitibós. Um ano depois seguiu para Melbourne, para ajudar a cuidar das vítimas do tifo, e ficou para estudar enfermagem. Trabalhou como assistente num hospital particular em Perth quando William foi para lá em 1893. Em meados da década de 1890 ela foi morar em Sidney, que William visitou várias vezes entre 1895 e 1908. Trabalhou na colônia de leprosos de Long Bay, depois como atendente num instituto para jovens infratores em Parramatta, na periferia da cidade.

Constance viveu mais que o irmão. Em 1911, ainda usando o nome de Emilie Kaye, ela abriu uma casa de repouso em Maitland, ao norte de Sidney, que dirigiu até se aposentar, nos anos 1930. Ela passou a década seguinte em lares para idosos nos subúrbios de Sidney. Mantinha contato com a filha de Mary Amelia, Olive, embora Olive não soubesse que a "srta. Kaye" era sua tia — pensavam que fosse uma velha amiga de sua mãe e das tias Eveline e Florence.* No Natal de 1943, Constance encomendou um livro de referência sobre pássaros para o sobrinho-neto, único filho de Olive. Ela mandou o livro para Olive, com uma carta revelando seu desapontamento com a obra: "Eu esperava ilustrações de ninhos e ovos em forma popular. Trata-se apenas de uma lista de aves". Ao menos era melhor do que a maioria dos livros infantis da época, acrescentou, "horríveis, grotescos e esquisitos [...] todos fantasias a respeito de monstruosidades. Os seres grotescos baniram as lindas fadinhas".

Quando Constance completou cem anos, em fevereiro de 1944, o jornal local a fotografou num sofá, sorrindo para a câmera. O jornal homenageava "Emilie Kaye", uma "enfermeira pioneira". "Ela cuidava dos leprosos", dizia a legenda, e o jornal desconhecia seu passado remoto. O rei e a rainha lhe mandaram um telegrama de congratulações, e o arcebispo de Sidney enviou um ramalhete de flores. Olive foi à festa de aniversário. Emilie Kaye era uma "senhora maravilhosa", disse, "e muito alegre. Todos gostavam muito dela".

Dois meses depois a srta. Kaye morreu.[6] Em seu testamento deixou várias lembranças a Olive, inclusive um broche, um relógio de ouro com corrente e duas malas que permaneceram fechadas por mais de trinta anos.

Em 1974 Olive e o filho fizeram uma viagem à Inglaterra. Visitaram Baynton House, onde a mãe de Olive nascera, e souberam da história do assassinato de Road Hill. Olive passou a se perguntar se Emilie Kaye era sua tia desaparecida, a assassina Constance

---

* Mary Amelia havia casado com o responsável por um pomar em Sidney, em 1899, e deu à luz Olive, sua única filha, no ano seguinte. Eveline, conhecida como Lena, casou-se com um médico em 1888, tendo um filho e uma filha. Florence não se casou, e passou seus últimos anos com a sobrinha Olive.

Kent. De volta a sua casa na Austrália, Olive e o filho abriram as malas que a "srta. Kaye" deixara e encontraram um daguerreótipo de Edward, o irmão mais velho de Constance, que morrera em Havana de febre amarela, e na outra um retrato da primeira sra. Kent.[7]

20. A música da foice no gramado lá fora

Em 1928, dezesseis anos antes da morte de Constance Kent, o escritor de romances policiais John Rhode publicou um livro sobre o assassinato na mansão de Road Hill. Em fevereiro do ano seguinte, seu editor recebeu uma carta anônima postada em Sidney, na Austrália, que começava com as instruções: "Caro senhor, faça o que quiser com isso, se tiver algum valor comercial, mande o dinheiro para os mineiros do País de Gales, homens torturados até a degeneração por nossa civilização. Por favor, confirme o recebimento no *Sydney Morning Herald*, na seção Amigos Desaparecidos". A carta dava uma visão do ponto de vista infantil da vida familiar dos Kent. Era um documento de um incrível realismo, com cerca de 3 mil palavras, e seria difícil afirmar que outra pessoa além de Constance poderia ter escrito (ou ditado) aquilo. Em certos trechos praticamente repetia a carta que escrevera a Eardley Wilmot e as petições aos ministros do Interior, que só seriam divulgados muitos anos depois. Embora não fizesse menção a Saville, a carta de Sidney procurava explicar as origens de sua morte.[1]

Segundo o documento, Constance amava a "governanta formosa e muito capaz" que entrou para o serviço dos Kent no início da década de 1840, e a srta. Pratt fez dela sua "mascote". Mas a chegada da srta. Pratt logo dividiu a família. O filho mais velho, Edward, brigou com Samuel quando o viu sair do quarto da governanta de manhã. Como consequência, ele e as duas filhas mais velhas foram mandados para um colégio interno. Quando estavam em casa, de férias da escola, permaneciam na ala da casa ocupada pela mãe, como ocorria com William, o mais novo, a quem a sra. Kent era "muito apegada". Mary Ann e Elizabeth, de acordo com a carta, sempre afirmaram que a mãe era saudável. Constance, enquanto isso, passava os dias na biblioteca com o pai e a governanta. A srta. Pratt "falava da sra. Kent com desprezo, chamava-a de Aquela Pessoa e a ridicularizava. Constance às vezes era rude com a mãe e contava à governanta o que havia dito, mas a governanta não fazia comentários, apenas exibia um sorriso de Mona Lisa". A sra. Kent costumava se referir a si, quando falava com os filhos, como "sua pobre mamãe", o que intrigava Constance.

A família se isolou, e conforme as crianças cresciam, suas amizades eram severamente monitoradas. Um dia Constance e William estavam cuidando de seus canteiros atrás das moitas e foram atraídos pelo som de "risadas alegres", vindos do jardim lateral. Eles espiaram por cima da sebe e, apesar da proibição de brincar com os vizinhos, se juntaram a eles. A transgressão foi descoberta, e como castigo seus "pequenos jardins" foram "arrancados e pisados". Nada era bem-vindo: dois pássaros tropicais enviados por Edward para as irmãs foram confinados a um quartinho gelado nos fundos, onde morreram.

Constance foi estimulada certa vez a travar amizade com uma menina que morava a um quilômetro e pouco dali, mas o relacionamento não prosperou: "depois de um período de tédio mútuo, a menina acusou Constance injustamente de tentar intrigá-la com a mãe". A acusação era pesada, pois a própria Constance fora ensinada a tratar a mãe como inimiga.

À medida que Constance crescia, a afeição entre ela e a governanta diminuía. As aulas eram particularmente carregadas. Se Constance errasse uma letra ou palavra, era punida por sua teimosia.

> A letra H rendeu a Constance muitas horas de confinamento num quarto, enquanto ela ouvia longamente a música da foice no gramado lá fora, quando precisava aprender palavras a punição se tornava mais severa, passava dois dias trancada num quarto a pão seco, leite e água, em outras oportunidades ficava num canto da sala soluçando, eu quero ser boa, eu quero, eu quero, até chegar à conclusão de que a bondade era impossível para uma criança, e que ela só podia torcer para crescer logo, pois os adultos nunca eram malcriados.

A carta de Sidney fora escrita nesse estilo solto, com pouca pontuação, febril, como se o autor corresse para acompanhar o fluxo das lembranças.

Quando a família se mudou para Baynton House, em Wiltshire, prosseguia a carta, a srta. Pratt punia os ataques de Constance trancando-a no sótão, e a menina se divertia enganando a governanta. Ela costumava "bancar o macaco", colocando um pedaço de pele no peito para pular a janela, escalar o telhado, descer pelo outro lado e entrar em outro quarto do sótão. Depois voltava ao quarto em que fora confinada, destrancava a porta e entrava: "A governanta não entendia por que a porta estava sempre destrancada, com a chave na fechadura. Os empregados eram interrogados, mas ninguém sabia de nada, claro".

Se fosse trancada na adega, Constance se deitava num monte de feno e "fingia estar no calabouço de um grande castelo, como prisioneira feita durante uma batalha contra o príncipe Charlie Bonnie que seria levada ao cadafalso no dia seguinte". Certa vez, quando a srta. Pratt a soltou, a menina sorria, "parecendo muito contente com suas fantasias". A governanta quis saber o motivo.

"Ora", ela disse, "é por causa dos ratos."

"Que ratos?", Pratt quis saber.

"Eles não machucam a gente", Constance disse, "só dançam e correm por aí."

Sua cela seguinte foi a adega da cerveja, onde ela arranjou o batoque de um barril, e depois disso a trancaram em dois quartos vagos que ela alegava serem assombrados — certo dia, um "fogo azul" saía da lareira. Se fosse presa no escritório do pai, no térreo, ela pulava a janela para subir nas árvores, "revelando uma disposição cruel para empalar lesmas e caracóis em gravetos nas árvores, dizendo que era uma crucificação". Era uma criança "provocadora e passional", que procurava excitação e até violência. Fugia para o mato, "meio querendo, meio temendo encontrar um leão ou um urso".

No colégio interno, ela era a "ovelha negra", disse o autor da carta, "revoltada contra a autoridade", "sempre problemática", embora nada tivesse a ver com o "vazamento de gás, ao que parece provocado pelo esquecimento de fechar um dos registros quando mexeram no medidor". (A ansiedade do autor em livrar Constance do vazamento de gás da escola é um detalhe convincente.)[2] Constance dava apelidos às professoras. Uma era "Urso do ato", por causa do cabelo preto e grosso. Um ministro que dava aulas sobre a Bíblia soube que era conhecido como "Tagarela do Octógono", referência ao formato da capela. Em vez de censurá-la, o ministro riu, "pensando que poderia incentivar seu lado bom, e se dedicou bastante a isso, mas ao perceber que as outras alunas sentiam ciúme, ela passou a dar respostas idiotas e assim caiu em desgraça". Depois disso ela tentou "virar religiosa", mas um livro do pregador puritano Richard Baxter a convenceu de que já havia cometido o "pecado imperdoável" — blasfêmia contra o Espírito Santo — e que portanto podia dar adeus à bondade.

A carta dizia que Constance lia Darwin[3] quando era moça, e escandalizava a família anunciando sua crença na teoria da evolução. Constance, como William, parecia encontrar alívio no mundo natural. Animais percorriam sua carta de Sidney como se fossem emissários da liberdade — o leão, o urso, a ovelha, o macaco, a pega, as aves tropicais, os ratos dançantes e até mesmo as lesmas e caracóis sacrificados.

Depois da morte da mãe, Constance se convenceu de que "não era amada, e todos estavam contra ela". Certa vez, quando Constance estava em casa, de férias do internato, a segunda sra. Kent lhe disse que, "se fosse por mim, você teria ficado na escola, e quando avisei que vinha, uma de suas irmãs exclamou: 'Como é? Aquela insuportável?' Portanto, como vê, ninguém quer você por perto". Constance teve a ideia de fugir para o mar com William, disse o autor da carta, ao ler sobre "mulheres disfarçadas de homens que ganhavam a vida assim, sendo desmascaradas apenas depois de mortas". Ela persuadiu o irmão a acompanhá-la, e depois "ele foi tratado como o menino ruim que desencaminhou a irmã".

Constance passou a suspeitar que a mãe, de quem zombava, não era nem nunca tinha sido louca; na verdade, "ela devia ser uma santa"; "a respeito da mãe parece haver algum tipo de mistério". O autor da carta explicava que Constance percebeu aos poucos que o pai e a governanta eram amantes desde que ela era muito pequena. Em análise retrospectiva, deduziu os segredos sexuais escondidos dela — suas lembranças eram inflamadas e desfiguradas pela suspeita. Quando era pequena, Constance "dormia num quarto dentro do quarto da governanta, que sempre trancava a porta ao ir para a cama. O quarto de dormir e de vestir do sr. Kent ficava do outro lado e, quando estava viajando, a governanta dizia sentir medo de dormir sozinha e Constance tinha de dormir com ela." Certa vez, na biblioteca, a srta. Pratt ficou apavorada durante uma tempestade e correu para Samuel. Ele a pegou no colo e a beijou. "Na frente da criança, não!", ela exclamou. Constance foi envolvida no caso sexual, testemunhou intimidades entre eles, dormindo num quarto fechado à chave dentro do quarto da governanta, ou tomando o lugar do pai na cama da governanta, o que a perturbava.

Como a heroína de Henry James em *Pelos olhos de Maisie* (1897), Constance era uma criança obrigada a "ver muito mais do que entendia". Era assim que o impulso de investigar começava, em confusão ou medo, na ansiedade de compreender os segredos parcialmente entendidos do mundo adulto. Constance seguiu as pistas espalhadas pela vida infantil, percebeu um crime (a traição contra a mãe), identificou os criminosos (o pai e a madrasta). Talvez todos os detetives aprendam a ser curiosos na infância, e permaneçam exageradamente ligados ao passado.[4]

A carta de Sidney permite uma intrigante suposição a respeito da história familiar dos Kent: o autor ressalta que Constance e William tinham dentes "hutchinsonianos", e que William tinha um abscesso numa das pernas; e que vários irmãos seus morreram ao nascer. Dentes hutchinsonianos eram dentes chanfrados, identificados pelo médico Jonathan Hutchinson na década de 1880 como sintoma de sífilis congênita. Essa condição também provoca úlceras na perna (granulomas) e pode causar a morte de bebês. O autor da carta de Sidney insinuava que a primeira esposa de Samuel era sifilítica.

A sífilis era uma doença fácil de identificar em retrospecto, e difícil de comprovar — Isabella Beeton e o marido, Thomas Hardy e a esposa, Beethoven, Schubert, Flaubert e Nietzsche,

Baudelaire e Van Gogh todos foram classificados como prováveis infectados. A moléstia era comum no século XIX — na época não havia cura — e conhecida como "A Grande Imitadora", por sua capacidade de mimetizar outras enfermidades, assumindo suas características como um camaleão. Como era normalmente contraída pelo sexo irregular, as vítimas ocultavam sua existência. Quem tinha dinheiro fazia tratamentos confidenciais, e com frequência conseguia ocultar o segredo.

Supondo-se que Samuel tenha apanhado sífilis em Londres, os sintomas poderiam ter forçado seu afastamento da companhia de carnes salgadas e o levado para Devonshire em 1833: a doença se manifestava em cancros indolores, normalmente nos órgãos genitais, nas primeiras semanas, depois provocava febre, dores e manchas pelo corpo. Samuel talvez tenha precisado escapar das vistas alheias. Se ele tinha "a moléstia", seu desejo de reclusão e segredo é mais fácil de entender, assim como a dificuldade em arranjar outro emprego até 1836.

Nos primeiros meses, a sífilis é muito infecciosa — quando Samuel fazia sexo com a esposa, as bactérias liberadas pelos cancros em seu corpo quase certamente penetravam no corpo dela, por minúsculas fissuras ou cortes. (Essas bactérias, identificadas ao microscópio em 1905, são conhecidas como espiroquetas, um nome derivado do grego *speira*, volta em caracol.) A primeira sra. Kent teria transmitido involuntariamente a doença aos filhos durante a gravidez. Um feto com sífilis congênita corria risco de morrer ou nascer prematuro, e se sobrevivesse ao parto seria débil, mirrado, fraco, quase incapaz de se alimentar, sujeito a morrer na infância. A sífilis poderia ter causado os diversos abortos sofridos pela sra. Kent, bem como a morte seguida dos quatro filhos pequenos. Alguns filhos de mães sifilíticas não exibiam sinais da doença na infância, mas apresentavam dentes chanfrados, pernas arqueadas e outros sintomas identificados por Hutchinson.

Talvez Joseph Stapleton tenha suspeitado de sífilis ao se referir ao modo como a "intemperança" — alcoólica, financeira ou sexual — podia marcar a prole.

Se Samuel era sifilítico, devia fazer parte da maioria das vítimas que após um ou dois anos deixavam de apresentar sintomas. Mas sua mulher parecia pertencer à minoria azarada que depois de alguns anos (em geral cinco a dez) desenvolvia sífilis terciária, uma condição que só seria entendida bem depois de sua morte: costumava manifestar-se em distúrbios de personalidade e depois paresia, "paralisia geral do insano", uma deterioração contínua e incurável do cérebro. Além de explicar a doença mental e a fragilidade, a sífilis terciária poderia ter causado sua morte prematura (aos 44 anos), de bloqueio intestinal — problemas gastrintestinais estavam entre os sintomas possíveis, e a morte ocorria entre quinze e vinte anos após a infecção inicial.

É tentador atribuir à sífilis a morte igualmente prematura da segunda sra. Kent, que ficou paralítica e quase cega antes de morrer no País de Gales aos 46 anos — os sintomas são característicos de *tabes dorsalis*, ataxia locomotora, também uma manifestação da sífilis terciária — mas ela só poderia ter pego a doença de Samuel se ele estivesse infectado, o que era possível. Samuel pode ter pensado que se curara quando os cancros e manchas sumiram. Os vitorianos acreditavam que a doença não poderia ser contraída duas vezes — um mito surgido porque a reinfecção não era acompanhada de lesões e manchas.

Os indícios são circunstanciais e inconclusivos. Mesmo o autor da carta de Sidney não podia ter certeza. Mas, se recuarmos até os dentes hutchinsonianos, o início da tragédia da família Kent pode ter sido um encontro entre o pai de Saville e uma prostituta londrina no início da década de 1830. A pista talvez tenha desaparecido no mundo quase invisível no qual William Saville-Kent se aprofundara deslumbrado, na criatura prateada, feito um bastonete espiralado, tão minúscula que só poderia ser vista através das lentes de um microscópio.

A ligação entre a sífilis e doenças como a ataxia locomotora e a paresia só foi feita no final do século XIX, portanto só em retrospecto podemos suspeitar que Samuel provocou as doenças de suas esposas. Quando divulgou a insanidade da primeira sra. Kent, ou a paralisia e a cegueira da segunda, Samuel Kent não fazia ideia de que ele poderia estar dando pistas de uma deterioração de seu próprio organismo.[5]

É curioso que a carta de Sidney não esclareça os elementos implausíveis da confissão de Constance em 1865 e, embora o livro de John Rhode[6] que provocou a remessa da carta tenha descrito a confissão como "francamente fantasiosa" e "de todo insatisfatória", restaram ainda elementos para duvidar da culpa da jovem. "Sua personalidade era tão incrível que justificava quase todas as especulações nela baseadas", escreveu Rhode. "De fato é possível que, na atmosfera intensamente religiosa do hospital St. Mary, ela tenha concebido a ideia de se oferecer em sacrifício, de modo a desanuviar a ameaça que pairava sobre sua família." A pessoa mais bem posicionada para resolver um crime é seu autor.[7] Como o *Times* observou no dia 28 de agosto de 1865: "O prévio fracasso de todas as investigações mostrou que os mistérios do assassinato talvez só possam ser desvendados pela pessoa que o cometeu". Constance se revelara uma detetive imperfeita, nas confissões e na carta anônima em que abriu sua alma: a solução tinha lacunas. Isso queria dizer que ela não era a assassina?

As lacunas em sua história deixaram espaço para outras teorias sobre o crime, que circularam restritamente desde o início, e em público quando todos os principais envolvidos no caso já tinham morrido.[8] Muito antes disso, Whicher apresentou uma teoria que lidava com as falhas nas provas de Constance. Ele nunca a tornou pública, mas a esboçou nos relatórios confidenciais a sir Richard Mayne.[9]

No primeiro relatório que chegou até nós, Whicher ressaltou que Constance "era a única pessoa que dormia sozinha, com exceção de seu Irmão, que também passava férias em casa (e que de acordo com minhas suspeitas tomou parte no crime, embora não haja no momento indícios suficientes para prendê-lo)". De volta a Londres, depois que Constance foi solta, Whicher observou que tanto Constance quanto William voltaram para casa uma quinzena antes do crime: "Supondo que a srta. Constance seja culpada e que tenha um cúmplice, este cúmplice na minha opinião é, com toda a probabilidade, seu irmão 'William' [...] a julgar pela forte intimidade existente entre os dois". Whicher acrescentou em seu relatório:

> Até onde sou capaz de formar uma opinião, o assassinato foi cometido pela srta. Constance, sozinha, num momento de insanidade, ou por ela e seu irmão William, por motivos relacionados a ódio e inveja voltados contra os irmãos mais novos e seus pais, e estou fortemente inclinado a presumir esta última opinião, a julgar pelo envolvimento existente entre os dois, pelo fato de dormirem sozinhos em seus quartos, e sobretudo pelo estado lamentável do Menino antes e depois da detenção da irmã, e creio que não teria sido muito difícil ao Pai ou algum parente ter obtido uma confissão dele enquanto a irmã estava na Prisão, mas nas circunstâncias peculiares do caso eu não aconselharia essa conduta.

Seria natural que Whicher se sentisse "desanimado" depois da morte do irmão; para Whicher mencionar isso, a forma como o desânimo se manifestou deve ter sido peculiar — ensimesmamento, culpa ou medo sufocados. Whicher explicitou as opções que discernia: ou Constance era louca, e matou Saville sozinha;

ou era sadia, e matou Saville com ajuda de William. Desde o início, Whicher suspeitava que William e Constance haviam planejado e executado o plano juntos. Quando foi embora de Road, tinha quase certeza disso.

Whicher acreditava que Constance, mais velha e decidida, formulara o plano de assassinato, mas também achava que fizera isso por causa do irmão e com a ajuda dele. William tinha o motivo mais claro para o homicídio: Saville o substituíra na afeição dos pais, e o pai lhe dizia frequentemente que ele era inferior ao irmão mais novo. Se ele e Constance planejaram matar Saville, o fato de terem posto o plano em prática é o menos surpreendente: duas crianças juntas, isoladas e amarguradas, podem ter se refugiado num mundo de fantasia, afiançado pela confirmação do outro, ambos a imaginar que agiam em defesa mútua, em homenagem à mãe morta. Sua decisão pode ter sido reforçada pela determinação de não trair o outro.

Samuel Kent talvez tenha estimulado a polícia a suspeitar de Constance para proteger seu filho. Ele talvez estivesse protegendo William quando contou a Stapleton a história da fuga das crianças para Bath, distorcendo a narrativa para sugerir a sensibilidade do menino e a frieza inabalável da menina. Na época da investigação, William era frequentemente descartado como suspeito por causa de sua timidez. Mesmo assim, Whicher considerava Willian capaz de participar de um homicídio. As reportagens da imprensa sobre a fuga para Bath sugerem que o menino tinha gênio forte e natureza inventiva, o que sua vida posterior acabou por demonstrar.

Durante a investigação do assassinato de Saville, muitos argumentaram que duas pessoas teriam participado do crime. Se William ajudou Constance, isso explicaria como a roupa de cama foi alisada depois que tiraram Saville do berço, como Saville permaneceu em silêncio enquanto portas e janelas eram abertas, e como as provas foram posteriormente destruídas. Constance pode ter mencionado apenas a navalha em sua confissão pelo fato de ela ter usado apenas esse instrumento, enquanto William usava a faca. A carta de Sidney evitava qualquer referência ao assassinato propriamente dito; talvez por não haver explicação capaz de livrar seu cúmplice.

Muitas histórias inspiradas no caso tentavam insinuar que Constance e William ocultavam mais alguma coisa. Em *A pedra da Lua*, a heroína protege o homem que ama atraindo para si as suspeitas. Os irmãos fugitivos em *O mistério de Edwin Drood* compartilham uma história sombria. O enigma de *A volta do parafuso* se baseia no silêncio de duas crianças, irmão e irmã, presos juntos a um segredo.*

Se William foi cúmplice ou simplesmente confidente, Constance agiu sempre no sentido de poupá-lo. Assim que confessou, insistiu que cometera o crime "sozinha, sem ajuda". Disse ao advogado que se recusava a alegar insanidade pois queria proteger William, e ajustou suas declarações sobre o assassinato e seus modos com a mesma finalidade. Em nenhum momento ela o menciona. Embora tenha reclamado a colegas de escola do modo como ele era tratado por Samuel e Mary — as comparações humilhantes com Saville, o modo como ele era obrigado a empurrar o carrinho de bebê pelo vilarejo —, ela não fez referência a isso em 1865. Disse, sobre o pai e a madrasta: "nunca senti nada de ruim em relação a nenhum dos dois, por conta de seu comportamento em relação a mim", evitando cuidadosamente o ressentimento que poderia ter pelo mal que eles causaram a outras pessoas. A resposta ao mistério da morte de Saville pode estar no

---

* O romance de Henry James foi publicado em 1898, no auge das histórias de Sherlock Holmes. *A volta do parafuso* conta uma história de detetive de trás para a frente, sonegando todos os seus consolos: recusa-se a desvendar o mistério do silêncio das crianças; enreda o detetive-narrador no crime sem nome; e termina, em vez de começar, pela morte de uma criança.

silêncio de Constance, afinal de contas; especificamente, em seu silêncio em relação ao irmão.

Constance se entregou um ano antes de William completar 21 anos, quando herdaria mil libras da mãe. Ele queria usar o dinheiro para financiar sua carreira científica, mas seria impedido pela incerteza e pela suspeita que rondava a família. Em vez de serem dois a viver sob uma nuvem de suspeita, Constance preferiu pagar sozinha. Sua confissão libertou William, tornando possível o futuro dele.

Posfácio

O terceiro capítulo do livro de Joseph Stapleton sobre o assassinato de Road Hill é dedicado à autópsia do corpo de Saville Kent. Entre as muitas observações do médico está a descrição, em prosa caracteristicamente floreada, dos dois ferimentos na mão esquerda do menino.

Mas na mão — esquerda, torneada à perfeição, a pender inerte de um corpo que poderia, mesmo mutilado, servir aos estudos, ou de modelo a um escultor — havia dois pequenos cortes — um ia quase até o osso; o outro não passava de um arranhão — no nó do dedo. Como foram provocados?

A explicação de Stapleton para os ferimentos rápidos, violentos, põe Saville de novo em evidência. Pela natureza e posição dos ferimentos, o cirurgião deduz que o menino acordou pouco antes de morrer, e ergueu a mão esquerda para se defender do golpe da faca em sua garganta; a faca resvalou no nó do dedo; ele ergueu a mão uma segunda vez, com menos força, e a lâmina cortou o dedo enquanto rasgava a garganta.[1]

A imagem torna Saville subitamente presente: ele acorda e vê seu assassino, vê a morte que se aproxima. Quando li as palavras de Stapleton, lembrei-me, com um arrepio, que o menino vivia. Ao desfiar a história de seu assassinato, eu me esquecera dele.

Talvez este seja o propósito de uma investigação, real ou ficcional — transformar a sensação, o horror e o sofrimento, num quebra-cabeça, depois resolver o enigma e se livrar dele. "A história de detetive", observou Raymond Chandler em 1949, "é uma tragédia com final feliz."[2] Um livro policial começa por nos confrontar com um assassinato e termina nos absolvendo. Ele nos livra da culpa. Alivia-nos da incerteza. Afasta-nos da presença da morte.

Jonathan Whicher no começo da década de 1870

Close de Jonathan Whicher no começo da década de 1870

Pós-escrito

Quatro meses depois da publicação deste livro, um leitor escreveu para dizer que havia encontrado uma foto de Jonathan Whicher. A imagem fazia parte do arquivo de Frederick Bowker, advogado para quem Whicher trabalhara no caso do Reclamante Tichborne, e hoje está sob a guarda do museu de Hampshire. Quando fui a Winchester consultar o arquivo, encontrei uma segunda foto. As duas haviam sido tiradas no início da década de 1870. Foram as primeiras imagens de Whicher que vi.

No retrato de corpo inteiro, reproduzido na página 354, Whicher é uma figura garbosa: vivaz, bem-humorado e seguro. Não é difícil imaginá-lo tirando uma carteira furtada do bolso de um punguista elegante com uma exclamação jocosa: "Deixa comigo!". O fotógrafo o fez posar na frente de um painel pintado que imitava o interior da sala de estar de uma mansão interiorana, com a janela alta aberta para o gramado. A mão do detetive repousa com leveza sobre um cesto alto de flores. Seu ar de prosperidade satisfeita é compreensível: em 1870 já se provara que Whicher tinha razão quanto ao crime de Road Hill. Ele havia desmascarado o Requerente Tichborne, que não passava de um açougueiro de Wapping e casara-se com uma viúva abastada. Não admira que pareça cheio de si.

No outro retrato, um busto na página seguinte, ele se mostra contido, mais de acordo com o homem descrito por Dickens: modesto, robusto, de "ar reservado e reflexivo, como se complexos cálculos aritméticos o absorvessem". Seus olhos são amáveis, aguados, tão claros que beiram a transparência. A boca exibe um sorriso meio torto, simpático. Parece um pouco mais velho que na foto de corpo inteiro — com bolsas sob os olhos, suíças grisalhas —, embora isso talvez se deva à maior proximidade da câmera. Usa o mesmo traje (talvez fosse o melhor dele) o mesmo relógio com corrente, provavelmente a peça que deixaria como herança para seu amigo John Potter. Em volta do pescoço havia uma fita, da qual pendia uma lente de aumento ou similar.

As fotos foram tiradas durante o julgamento de Tichborne e vendidas como figurinhas impressas em papel albúmen com seis por dez centímetros, coladas em cartolina. Custariam um xelim cada, como dúzias de outras — do Requerente, dos Tichborne, dos advogados e assim por diante — serviam como lembranças do caso. A foto em *close* de Whicher havia sido impressa pela London and Provincial Photographic Company, na frente da estação ferroviária de Charing Cross, na calçada oeste do Strand, enquanto o retrato de corpo inteiro exibia os dizeres: "Powell, Charing-Cross".

Sidney Powell mantinha um estúdio em Chandos Street, 38, do outro lado do Strand, para quem saía da estação. Ele se declarava fotógrafo e óptico — uma combinação comum no século xix —, e pelo jeito era meio tratante. Foi processado em 1862 por vender fotos piratas da famosa tela *O leilão de cavalos*, de Rosa Bonheur. Sete anos depois, um policial à paisana visitou sua loja, fingindo ser cliente. E Powell lhe ofereceu duas telas a óleo eróticas por cem guinéus; talvez tenham sido as "muito singulares e desejadas" telas privadas de François Boucher que ele havia anunciado na *Pall Mall Gazette* no ano anterior. Depois mostrou ao falso freguês fotos obscenas, alertando-o para a necessidade de muita cautela, pois a polícia estava se tornando "muito boa" em pegar quem vendia imagens indecentes. Ao ouvir isso o inspetor revelou sua identidade e o prendeu. Powell foi condenado a dezoito meses de trabalhos forçados por oferta de fotos obscenas, mas voltou aos negócios em 1871, quando mandou anunciar em *The Era* um retrato "ao vivo" de Charles Dickens rodeado por 22 de seus personagens, ao custo de dois xelins, postagem incluída. Um ou dois anos depois disso ele fotografou Whicher.

O estúdio de Powell se situava a duas quadras no sentido oeste da antiga base de Dickens na Wellington Street, onde o romancista manteve um encontro com Whicher no verão de 1850. A convite de Dickens, um grupo de policiais — inspetores Field e Walker, sargentos Whicher, Thornton, Kendall, Smith e Shaw — se reuniu ao cair de uma tarde abafada na sede do *Household Words*. Em artigo de julho, Dickens descreveu como ele e sua "amigável irmandade" se sentaram a uma mesa redonda, com charutos e bebidas, ouvindo entrar pela janela o burburinho dos homens que alugavam cavalos, barqueiros e frequentadores dos teatros de Covent Garden. Os colegas de Whicher o intimaram a contar a história de como apanhara o famoso vigarista e ladrão de cavalos "Tally-ho" Thompson. "Um homem não deve contar pessoalmente o que realizou", disse Whicher, "mas, como não havia ninguém comigo, em consequência ninguém pode contar além de mim. Farei o melhor possível." Ele tomou um gole de *brandy* e, "inclinando-se um pouco para a frente, firmou as mãos nos joelhos", antes de embarcar na história de sua obstinada e criativa perseguição a Tally-ho pelos *pubs* e agências de correio da Inglaterra. Foi um relato empolgante, e terminou com a prisão do larápio num *pub* de Northamptonshire, onde tomou um *brandy* em companhia do prisioneiro. "Soube que ele sempre me elogia, me põe lá nas alturas", Whicher contou a Dickens, "e diz que sou um dos melhores homens que conheceu."

Vinte anos depois, Whicher foi tirar outra fotografia naquela sala em Strand, dessa vez mais interessado na imagem do que nas palavras. Estava outra vez em ascensão, outra vez relaxado, seguro de si, deixando transparecer somente uma pontinha de discrição.

No mesmo mês em que um leitor me alertou para a existência da foto de Jack Whicher, outro enviou um par de fotos antigas da mansão de Road Hill. Este missivista, um advogado chamado Richard Rose, encontrou as fotos quando examinava uma caixa de cartões estereoscópicos na banca de um mercado do oeste de Londres. Tendo ouvido uma adaptação do meu livro no rádio, ele pensou ter reconhecido o nome "mansão de Road Hill" em um dos cartões. Comprou o lote por cinco libras e me enviou um exemplar, juntamente com uma carta explicativa e o visor estereoscópico. As duas imagens do cartão, reproduzidas no segundo caderno de imagens do livro, mostra os fundos da casa; à direita do quadro vemos a curva de janelas da sala de estar. A janela do meio fora encontrada aberta na manhã da morte de Saville Kent. São as únicas fotos da casa tiradas no século XIX que já vi, e — como o sr. Rose apontou — têm um ar macabro, que sugere estranheza.

Um cartão estereoscópico consiste em duas fotografias quase idênticas, montadas lado a lado. Quando vistas através das lentes do estereoscópio, tornam-se uma única imagem tridimensional. Os detalhes em primeiro plano — a cerca de estacas e os galhos no cenário da mansão de Road Hill — se projetam para a frente, dando ilusão de volume e profundidade para a imagem. De todos os aparelhos ópticos domésticos das décadas de 1850 e 1860, os estereoscópios conquistaram o máximo de popularidade: milhões de cartões foram vendidos, junto com milhares de caixas e binóculos usados para sua visualização.

Antes de enviar as imagens da mansão de Road Hill, Richard Rose as escaneou para seu computador e as ampliou para examiná-las em detalhe. As fotos para o cartão estereoscópico eram em geral tiradas simultaneamente, com câmeras de lentes duplas fabricadas para esse propósito, mas o sr. Rose concluiu que o fotógrafo havia usado uma máquina comum, com conjunto simples de lentes: bateu primeiro uma foto, depois deslocou a câmera cerca de sete centímetros, apoiada no tripé, e fez a segunda. Na maioria dos detalhes as duas imagens são iguais, a não ser pela pequena mudança de perspectiva necessária à produção do efeito estereoscópico, mas havia uma ligeira diferença: "Entre as duas exposições, num intervalo muito provavelmente inferior a dois minutos", escreveu o sr. Rose, "algo aconteceu." Na primeira foto, à direita, a vidraça da janela do meio aparece vazia, sua escuridão interrompida apenas pelos reflexos do sol do inverno filtrado pelas nuvens e ramos das árvores. Mas, na imagem à esquerda, dois rostos se tornam visíveis atrás do vidro. No intervalo necessário ao ajuste da câmera para a segunda foto, um homem moreno, de barba cerrada, e outra pessoa, ligeiramente mais baixa, se aproximaram da janela.

A identidade das figuras era misteriosa. "Quando as vi pela primeira vez", escreveu Richard Rose, "senti um ligeiro arrepio, como no momento em que M. R. James deixa escapar um detalhe apavorante numa história, ou Peter Quint surge em *A volta do parafuso*."

Desde a publicação de meu livro tenho recebido cartas sobre fantasmas. Antigos moradores de Baynton House, onde a primeira sra. Kent faleceu, e de Langham House, como a mansão de Road Hill passou a ser chamada, relatam visões e sons estranhos: uma mulher de cinza andando nos corredores, um menino sentado na cadeira baixa do quarto, jovens mãos femininas que se projetavam da parede, choro de criança depois da meia-noite. Os quartos pareciam imbuídos do infortúnio da família Kent. Como me fez lembrar a carta do sr. Rose, há traços da tragédia em contos de terror também. Em *The mezzotint* [A meia-tinta], 1904, de M. R. James, o curador de um museu recebe a gravura de uma mansão rural similar à de Road Hill: o prédio data do início do século XIX, tem três fileiras de janelas envidraçadas e pórtico na frente. O curador considera a imagem muito comum, mas ao examiná-la pela segunda vez nota uma forma perto da moldura: "pouco mais de uma mancha preta na extremidade da gravura — a cabeça de um homem ou de uma mulher, bem encoberta, de costas para o espectador, olhando na direção da casa". Horas depois ele examina novamente a imagem: "No meio do gramado na frente da casa desconhecida havia uma figura, e às cinco da tarde não havia figura nenhuma ali. Ela engatinhava em direção à casa, de quatro no chão". Para desespero do curador, a gravura continua a mudar: quando a vê, um pouco depois, a janela está aberta e a criatura havia desaparecido; depois a janela aparece fechada e a criatura volta ao gramado, fugindo da casa com uma criança nos braços. No final do conto de James, o curador descobre que um século antes o prédio da gravura fora de fato cenário do rapto de uma criança. A gravura que enviaram a ele foi feita pelo pai do menino perdido, louco de dor.

Como a meia-tinta, o cartão estereoscópico da mansão de Road Hill parece mudar quando inspecionado de perto, e ampliado apresenta uma narrativa curta, enigmática, o antes e o depois, dois fotogramas de um filme. Para adivinhar o sentido das aparições na janela, eu precisava descobrir quando as fotos foram tiradas, e por quem.

A etiqueta no verso do cartão dizia: "Mansão de Road Hill, Nightingale, Fotógrafo, Trowbridge. E também 2*s* postagem incluída, Série de Cinco Fotografias, formando um panorama completo do local." Uma consulta aos censos de Trowbridge realizados em 1861 e 1871, bem como o guia de negócios e profissões da cidade listam um certo William Brookman Nightingale, fotógrafo, atuário e corretor de seguros. Ele residia em Fore Street e tinha um estúdio em Parade. Acabara de completar trinta anos na época do assassinato de Road Hill.

A julgar pelas árvores na foto da mansão de Road Hill, quase sem folhas, William Nightingale fez as imagens no início do inverno. Como o ano não consta na etiqueta, consultei jornais locais para ver se ele anunciava as imagens, e localizei um anúncio na edição inaugural da *Trowbridge Chronicle, Volunteers Gazette, and West of England Advertiser*: "Vista da mansão de Road Hill PARA ESTEREOSCÓPIO em cartões 1s tamanho grande 2s 6d. W.B. Nightingale". O jornal traz a data de 11 de maio de 1861, então as fotos foram tiradas no inverno de 1860-1, quando os Kent ainda moravam lá.

Depois de imprimir as imagens em seu estúdio, Nightingale deve ter feito desenhos a partir delas: o *Malborough Times* de 15 de maio informa que "o sr. Nightingale, artista fotográfico", vendeu gravuras da mansão de Road Hill no leilão lá realizado em abril, imediatamente após a mudança dos Kent para Weston-Super-Mare. O leilão foi realizado num sábado úmido, fustigado pelo vento, acrescentou o jornal: venderam os livros primeiro, depois o vinho, "do qual uma grande quantidade foi 'degustado'". As gravuras de Nightingale eram lembranças baratas da cena do crime — mais do que a mobília, de qualquer maneira, embora o jornal comentasse que alguns visitantes levavam lembranças sem pagar: arrancavam galhos das árvores em volta da casa e pedaços do rodapé interno.

Um artigo em outro jornal fornecia uma pista de como Nightingale conseguira tirar as fotos. Segundo o *Morning Post* de 18 de abril de 1861, o livro de Joseph Stapleton sobre o crime seria lançado em breve, "incluindo uma planta baixa da casa e diversas gravuras feitas a partir de fotografias da casa e dos arredores tiradas especificamente para esse propósito". Stapleton e Nightingale eram vizinhos em Fore Street, e o cirurgião-escritor deve ter contratado o atuário-fotógrafo para fornecer as ilustrações de sua obra. Em maio de 1861, as imagens foram publicadas sem crédito em *The great crime of 1860*, de Stapleton. Duas das ilustrações do livro também foram reproduzidas aqui: a planta baixa da casa, na página 16, e a mesma vista do alto, no primeiro caderno de imagens, que Nightingale provavelmente elaborou a partir de sua panorâmica de cinco quadros.

Sabemos que Samuel Kent autorizou a publicação do texto de *The great crime of 1860*, que aponta sua filha Constance como provável responsável pela morte de seu filho. Está claro que as fotos também foram feitas com o consentimento de Kent: as placas de colódio utilizadas em fotografia no século xix precisavam ser reveladas e fixadas imediatamente após a exposição, de modo que Nightingale deve ter improvisado uma sala escura na mansão de Road Hill, numa barraca no quintal ou num dos quartos, dentro da casa. Talvez Nightingale e Stapleton tenham ido juntos visitar Samuel Kent no inverno de 1860. Enquanto Nightingale saía para tirar as fotos, os dois homens mais velhos podem ter ido para a sala de estar discutir detalhes da narrativa e, ao avistarem o fotógrafo com o tripé no gramado perto do rio, se aproximaram da janela para vê-lo trabalhar. Nightingale já havia tirado a primeira foto e se preparava para mudar de ângulo e fazer a segunda, necessária para obter o efeito estereoscópico no cartão. A figura desfocada de cabelos brancos que ele inadvertidamente fotografou na sala de estar poderia ser Samuel Kent, que tinha na época sessenta anos. O sujeito barbudo a seu lado poderia ser o amigo mútuo Joseph Stapleton, de 46 anos. Estavam longe o suficiente para Nightingale não notar sua presença quando abriu o obturador, e nem mesmo depois, quando revelou e imprimiu os cartões.

Se foi isso, as fotografias captaram o início da sobrevida do caso de Road Hill. As fotos tentavam fixar a casa em seu tempo, e no entanto a ligeira mudança de uma a outra inicia uma nova história. A imagem dentro da imagem, as figuras olhando para nós por trás do vidro, mostram dois homens que planejavam publicar o primeiro livro sobre o assassinato de Saville Kent.

Kate Summerscale
Londres, novembro de 2008

Notas

PRÓLOGO (p. 23-28)

1. Dos relatórios de despesas de Whicher da Polícia Metropolitana no National Archive — MEPO 3/61.
2. Informações sobre o tempo nas edições de julho, agosto e setembro de 1860 do *Gentleman's Magazine*.
3. Das reportagens do *Times* em 7 e 12 de abril de 1856; e 3, 4 e 12 de maio de 1858.
4. Em "Um grupo de detetives da polícia", partes 1 e 2, *Household Words*, 27 de julho de 1850 e 10 de agosto de 1850.
5. Em *Scotland Yard past and present: Experiences of thirty-seven years* (1893), pelo ex-inspetor-chefe Timothy Cavanagh.
6. Em "Um grupo de detetives da polícia", *Household Words*, 27 de julho de 1850.
7. Em "The modern science of thief-taking", em *Household Words*, 13 de julho de 1850. Dickens provavelmente colaborou na redação da reportagem. Para detalhes sobre a publicação e seus colaboradores, ver *Household Words: A weekly journal 1850-1859 conducted by Charles Dickens — Table of contents, list of contributors and their contributions based on the Household Words office book in the Morris L. Parrish collection of Victorian novelists* (1973), por Anne Lohrli.
8. Dos registros de baixa da Polícia Metropolitana, MEPO 21/7.

9. De *Black's picturesque tourist and road and railway guidebook* (1862); *Stokers and pokers; or, the London and North-Western railway, the electric telegraph and the Railway clearing-house* (1849), de Francis Bond Head; *Paddington station: Its history and architecture* (2004), de Steven Brindle; horários dos trens em *Trowbridge Advertiser* de janeiro de 1860.

CAPÍTULOS 1, 2 E 3

A narrativa dos três capítulos se baseia principalmente em reportagens de jornais e no testemunho dado aos juízes leigos de Wiltshire entre julho e dezembro de 1860, depoimentos juramentados feitos à promotoria em novembro de 1860, bem como no primeiro livro a respeito do caso, *The great crime of 1860: Being a summary of the facts relating to the murder commited at road; a critical review of its social and scientific aspects; and an authorised account of the family; with an appendix, containing the evidence taken at the various inquiries*, escrito por J. W. Stapleton e publicado em maio de 1861. As fontes jornalísticas são o *Somerset and Wilts Journal*, o *Trowbridge and North Willis Advertiser*, o *Bristol and Daily Post*, o *Bath Chronicle*, o *Bath Express*, o *Western Daily Press*, o *Frome Times*, o *Bristol Mercury*, o *Times*, o *Morning Post*, o *Lloyds Weekley Paper* e o *Daily Telegraph*. Alguns detalhes da mobília foram extraídos das reportagens dos jornais sobre o leilão dos bens da mansão de Road Hill, em abril de 1861.

3. NÃO TERIA DEUS DESCOBERTO O FATO? (p. 57-70)

1. Em *The King of Saxony Journey through England and Scotland in the Year 1844* (1846), por Carl Gustav Carus.
2. Em *English traits* (1856), de Ralph Waldo Emerson, citado em *The English home and its guardians* (1850-1940) (1998), de George K. Behlmer.

4. UM HOMEM MISTERIOSO (p. 73-88)

1. Dos relatórios sobre o clima e as colheitas de julho no *Devizes and Wiltshire Gazette*, 2 de agosto de 1860.
2. Rowland Rodway, ex-advogado de Samuel Kent, liderava uma campanha para melhorar as condições da estação ferroviária de Trowbridge. A plataforma

era perigosamente estreita, argumentava, e não havia uma elevação entre a calçada e a via férrea, nem sala de espera. O *Trowbridge and North Wilts Advertiser*, em 21 de julho de 1860, noticiou a existência da campanha.

3. A história de Trowbridge e arredores está em *The book of Trowbridge* (1984), de Kenneth Rogers; *John Murray's handbook for travellers in Wilts, Dorset and Somerset* (1859); e fotografias e mapas do museu de história local de Trowbridge. Relatórios sobre o mercado de lã no *Lloyds Weekly*, 15 de julho de 1860.

4. De um anúncio publicado no *Trowbridge and North Wilts Advertiser*, 4 de agosto de 1860.

5. Em "Um grupo de detetives da polícia", *Household Words*, 27 de julho de 1850.

6. Detalhes sobre a família de Whicher constam nos registros de batismo de St. Giles, nos Arquivos Metropolitanos de Londres (X097/236), e da certidão de casamento de Sarah Whicher e James Holliwell. A história de Camberwell vem do *London and counties directory 1823-4*, *The parish of Camberwell*, de Blanch (1875); *Camberwell*, de D. Allport (1841) e *The story of Camberwell*, de Mary Boast (1996).

7. As referências de Whicher foram John Berry, pintor de paredes de High St. 12, Camberwell, depois Providence Row, e John Hartwell, também de Camberwell. Do MEPO 4/333 (registro de recrutas da Polícia Metropolitana) e do censo de 1841. Exigências e procedimentos para ingressar na polícia constam em *Sketches of London* (1838), de James Grant.

8. Os outros policiais eram antes açougueiros, padeiros, sapateiros, alfaiates, soldados, criados, carpinteiros, pedreiros, ferreiros, torneiros, balconistas, escriturários, mecânicos, encanadores, pintores, marinheiros, tecelões e canteiros. De *Scotland Yard: Its history and organisation 1829-1929* (1929), de George Dilnot.

9. Média dos salários na polícia segundo os relatórios parlamentares de 1840, da British Library; para comparação dos salários entre trabalhadores, ver "The Metropolitan Police and What is Paid for Them", *Chamber's Journal*, 2 de julho de 1864.

10. Havia um policial para 425 habitantes da cidade. Números de *Sketches of London* (1838), de James Grant. Apelidos de *The London underworld* (1970), de Kellow Chesney, e de *London labour and the London poo* (1861), de Henry Mayhew, Bracebridge Hemyng, John Binny e Andrew Halliday.

11. Detalhes do uniforme da polícia em *Misteries of police and crime* (1899), de Arthur Griffiths; *Scotland Yard: Its history and organization 1829-1929* (1929),

de George Dilnot; *Scotland Yard past and present: Experiences of thirty-seven years* (1893), de Timothy Cavanagh.

12. Em "The Policeman: His health", de Harriet Martineau. *Once a Week*, 2 de junho de 1860.

13. Em "The police and the thieves", *Quarterly Review*, 1856. Outro comentarista, James Greenwood, repete isso: "Enquanto o policial comum continuar sendo uma máquina bem regulada, cumprindo suas funções sem discordância nem barulho desnecessário, não pediremos mais nada". De *Seven curses of London* (1869). Ambos citados em *Cops and bobbies: Police authority in New York and London, 1830-1870* (1999), de Wilbur R. Miller.

14. Do censo de 1841.

15. Do arquivo de John Back na Coleção Histórica da Polícia Metropolitana, Charlton, Londres SE7.

16. A estimativa é do coronel Rowan e de Richard Mayne, comissários de polícia, perante um comitê parlamentar específico em 1834. Ver *The English police: A political and social history* (1991), de Clive Emsley.

17. Regulamento em: *Policing Victorian London* (1985), de Philip Thurmond Smith; *London's teeming streets 1830-1914* (1993), de James H. Winter; e regras e ordenações da Polícia Metropolitana nos Arquivos Nacionais. Detalhes da rotina policial em: *The making of a policeman: A social history of a labour force in metropolitan London, 1829-1914* (2002), de Haia Shpayer-Makov; "The metropolitan protectives", de Charles Dickens, em *Household Words*, 26 de abril de 1851; e obras citadas de Grant, Cavanagh e Martineau.

18. Gíria de *London labour and the London poor* (1861), de Henry Mayhew e outros. E *The Victorian underground* (1970), de Kellow Chesney. Ladrões agindo como chamariz do *Times*, 21 de novembro de 1837.

Em 1837, ano em que Whicher entrou para a força policial, quase 17 mil pessoas foram detidas em Londres, das quais 107 eram assaltantes, 110 arrombadores, 38 salteadores de estrada, 773 batedores de carteira, 3657 "ladrões comuns", onze ladrões de cavalos, 141 ladrões de cães; três falsificadores; 28 moedeiros falsos, 317 "passadores de dinheiro falso", 141 "obtentores de mercadorias sob falsos pretextos", 182 outros vigaristas, 343 receptadores de bens roubados, 2768 "perturbadores habituais da paz pública", 1295 vagabundos, cinquenta autores de cartas para pedintes, 86 portadores de cartas com pedidos, 895 prostitutas bem-vestidas residentes em bordéis, 1612 prostitutas bem-vestidas trabalhando nas ruas e 3864 prostitutas "baixas" em bairros pobres. De *Scotland Yard: Its history and organization 1829-1929* (1929), de George Dilnot.

19. Do *Times*, 30 de junho de 1838.

20. Do *Times*, 23 de dezembro de 1837.

21. De *The first detectives and the early career of Richard Mayne, commisioner of police* (1957), de Belton Cobb, e do *Times* de 15 de dezembro de 1840.

22. O agente foi Popay, e o encontro era cartista — ver *Scotland Yard: Its history and organization 1829-1929* (1929), de George Dilnot. Peel garantiu à Câmara dos Comuns, em 1822, que ele era totalmente contra um "sistema de espionagem".

23. Registros dos tribunais no Arquivo Metropolitano de Londres — referências WJ/SP/E/013/35, 38 E 39, WJ/SP/E/017/40, WJ/SP/1842.04.060.

24. Detalhes da caçada a Daniel Good e a formação da divisão de detetives em MEPO 3/45, arquivo policial sobre o assassinato; *The first detectives* (1957), de Belton Cobb; *The rise of Scotland Yard: A history of the Metropolitan Police* (1956), de Douglas G. Browne, e *Dreadful deeds and awful murders: Scotland Yard's first detectives* (1990), de Joan Lock.

25. Em "A detective police party", *Household Words*, 27 de julho de 1850. Thornton nascera em 1803 em Epsom, Surrey, segundo o censo de 1851. Era casado com uma mulher dezessete anos mais nova, com quem teve duas filhas.

26. As informações sobre os salários estão nos registros da Polícia Metropolitana no Arquivo Nacional, e nos relatórios parlamentares sobre contingente policial e salários na British Library — 1840 (81) XXXIX.257.

27. *Chambers's Journal* XII.

28. O termo "*Jacks*" é citado em *The Victorian underworld* (1970), de Kellow Chesney. Os detetives também passaram a ser conhecidos como "*stops*" [obstáculos], segundo o *Slang dictionary* publicado por J. C. Hotten em 1864, e como "*noses*", segundo o dicionário de Hotten de 1874. A edição de 1864 incluía algumas das "gírias próprias" dos detetives londrinos: "*to pipe*" [entubar] um homem significava segui-lo, e "*to smoke*" [fumar] investigar, ou "penetrar um artifício".

29. Do *Chambers's Edinburgh Journal* de 28 de julho de 1849. A revista publicou mais onze contos de Waters entre esta data e setembro de 1853. Os doze foram lançados em forma de livro em 1856.

30. De "A detective police party", *Household Words*, 27 de julho de 1850.

31. De *Things I have seen and people I have known* (2 vols., 1894), de George Augustus Sala. Comentaristas mais recentes, como Philip Collins em *Dickens and crime* (1962), consideraram as relações com os detetives ligeiramente condescendentes.

32. Esta antologia de contos — vendida por um xelim e seis *pence* — foi publicada em abril de 1860 e teve uma segunda edição no verão.

33. Notícias de assaltos a bancos no *Times* e no *News of the World*, junho e julho de 1851.

34. Naquele ano, também, Charley Field foi criticado pelo modo ardiloso como apanhou dois homens que tentaram explodir os trilhos do trem em Cheddington, Buckinghamshire. Ele se disfarçou de vendedor de fósforos, segundo o *Bedford Times*, alugou um quarto na cidade e passou a frequentar os *pubs* locais, onde se apresentava jocosamente como "negociante de madeiras", até obter as informações que desejava. Ver *Dickens and crime* (1962), de Philip Collins.

35. Detetives literários eram imperceptíveis e silenciosos. Carter, da Yard, no romance de Mary Elizabeth Braddon, *Henry Dubar* (1864), parece uma mistura de "capitão aristocrata empobrecido com corretor da bolsa malsucedido". O policial detetive em *Desperate remedies*, de Thomas Hardy (1871), é "comum, exceto pelos olhos". O narrador de *Tom Fox* (1860), de John Bennett, diz: "sempre usei meus olhos e ouvidos, falando pouco — um preceito que todo Detetive deveria saber de cor". O detetive de *The trail of the serpent* (1860) é mudo.

36. De "Three detective anecdotes", em *Household Words*, 14 de setembro de 1850.

37. Os "romances de Newgate" das décadas 1820 e 1840 eram melodramas sobre criminosos destemidos como Dick Turpin e Jack Sheppard. Sobre a ascensão do herói detetive, ver, por exemplo, *Bloody murder: From the detective story to the crime novel — A history* (1972), de Julian Simmons; *Bloodhounds of heaven: The detective in English fiction from Godwin to Doyle*, de Ian Ousby; *Detective fiction and the rise of forensic science* (1999), de Ronald Thomas; e *The pursuit of crime: Art and ideology in detective fiction* (1981), de Dennis Potter. A mudança de foco foi descrita por Michel Foucault em *Vigiar e punir* (1975): "passamos da exposição dos fatos ou da confissão para o lento processo da descoberta; da execução para a investigação; do confronto físico para o embate intelectual entre criminoso e investigador".

38. De MEPO 4/333, o registro dos inscritos, e MEPO 21/7, um registro dos pensionistas da polícia.

39. Das reportagens do *Times*, 30 de junho, 6 e 12 de julho de 1858. Investigação sobre o assassinato do PC Clark, da Polícia Metropolitana, arquivo MEPO 3/53.

40. O caso Bonwell inspirou um editorial extraordinário do *Daily Telegraph* de 10 de outubro de 1859: "Esta Londres é um amálgama de mundos dentro de mundos, e as ocorrências diárias nos convencem de que não existe um único desses mundos que não tenha seus mistérios especiais e seus crimes genéricos [...] Tem sido dito [...] que os esgotos de Hampstead abrigam uma raça suína

negra monstruosa, que se reproduziu e corre solta por entre o lodo fétido, e cuja tromba feroz um dia arrancará o arco de Highgate, enquanto torna Holloway intolerável com seu grunhido". Citado em *Black swine in the sewers of Hampstead: Beneath the surface of Victoria sensationalism*, de Thomas Boyle (1988). Ver também reportagens do *Times* de 19 de setembro a 16 de dezembro de 1859.

41. Das reportagens do *Times* de 25 de abril, 4 e 7 de maio e 12 de junho de 1860.

42. De *A life's reminiscenses of Scotland Yard* (1890), de Andrew Lansdowne.

43. De "A detective police party", *Household Words*, 27 de julho de 1850.

44. De *Scotland Yard past and present: Experiences of thirty-seven years* (1893), de Timothy Cavanagh.

CAPÍTULOS 5 A 14

As principais fontes para esses capítulos são: arquivo MEPO 3/61 da Polícia Metropolitana, que incluem os relatórios de Whicher sobre o assassinato, os relatórios de despesas de Whicher e Williamson, cartas do público e notas do comissário da Polícia Metropolitana; *The great crime of 1860* (1861), de J. W. Stapleton; e jornais, incluindo o *Somerset and Wilts Journal*, o *Bath Chronicle*, o *Bath Express*, o *Bristol Daily Post*, o *Frome Times*, o *Trowbridge and North Wilts Advertiser*, o *Devizes Advertiser*, o *Daily Telegraph* e o *Times*. Outras fontes constam nas notas a seguir.

5. TODAS AS PISTAS APAGADAS (p. 89-107)

1. Detalhes sobre os pássaros de *Natural history of a part of the county of Wilts* (1885), por Thomas Bewick; *The birds of Wiltshire* (1981), organizado por John Buxton. O clima neste trecho e páginas subsequentes vem dos jornais e do *Agricultural records 220-1968* (1969), de John Stratton.

2. De *The dialect of the West of England* (1825, revisado em 1869), de James Jennings, e *The dialect in Wiltshire* (1987), de Malcolm Jones e Patrick Dillon.

3. Ocupações e empresas segundo as respostas ao censo de 1861. Informações sobre as tecelagens de *Warp and weft: The story of the Somerset and Wiltshire woollen industry*, de Kenneth Rogers (1986), *Wool and water*, de Kenneth G. Ponting (1975), e material dos museus históricos de Frome e Trowbridge.

4. De uma reportagem do *Frome Times* de 17 de outubro de 1860. Joseph

Stapleton não aceitava que Samuel era impopular — ele alegava que a "urbanidade e o espírito conciliatório" do colega muito fizera para popularizar uma "lei odiosa". Em outros trechos do livro, porém, ele disse que Samuel era vítima daqueles que o consideravam uma "personalidade odiosa por causa de seu desempenho fiel das funções oficiais".

5. Era um prédio erigido por subscrição dos moradores que se opunham ao álcool, principalmente à venda de cerveja nos dias de descanso e ao costume de mandar as crianças comprarem cerveja para os pais. O *Somerset and Wilts Journal* relatou que muitos se reuniram no salão na quarta-feira anterior ao assassinato, enquanto chovia forte lá fora, para cantar músicas sobre abstinência; eles foram acompanhados por 22 membros da Road Fife and Drum Band, com Charles Happerfield, o chefe dos correios, ao piano.

6. Informações sobre Ledyard são de *A history of the county of Wiltshire: Volume 8* (1965), organizado por Elizabeth Crittall.

7. Em *The gentleman's house: Or how to plan English residences from the parsonage to the palace* (1864), Robert Kerr alertava: "A família constitui uma comunidade; os empregados, outra. Qualquer que seja seu respeito e confiança mútua como moradores sob o mesmo teto, cada classe tem o direito de fechar a porta para a outra, e ficar sozinha". Citado em *A man's place: Masculinity and the middle-class home in Victorian England* (1999), de John Tosh.

8. Em "The modern science of thief-taking, de W. H. Wills, em *Household Words*, 13 de julho de 1850.

9. De *Mary Barton* (1848), de Elizabeth Gaskell; *The female detective* (1864), de Andrew Forrester; e "The modern science of thief-taking", *Household Words*, 13 de julho de 1850.

10. Sobre a captura de Greenacre, ver *Dreadful deeds and awful murders: Scotland Yard's first detectives* (1990), de Joan Lock.

11. Sobre o assassinato de Patrick O'Connor pelos Manning, ver *The Bermondsey horror* (1981), de Albert Borowitz, e MEPO 3/54, o arquivo policial sobre o caso.

12. Durante a investigação — em 1º de setembro de 1849 —, o *Illustrated London News* encontrou consolo no fato de que "a detecção segue com precisão as pegadas do crime — o patife, culpado, a fugir nas asas do vapor a trinta milhas por hora, é perseguido por um mensageiro mais rápido — e o próprio raio, pela maravilhosa ação do telégrafo elétrico, transmite para as partes mais remotas do globo um relato de seu crime e a descrição de sua pessoa".

13. Detalhes sobre o papel de Whicher na investigação em MEPO 3/54 e *Dreadful deeds and awful murders: Scotland Yard's first detectives* (1990), de Joan Lock.

14. Dado de *Victorian studies in scarlet* (1970), de Richard D. Altick.

15. Em *The progress of crime; Or, The authentic memoirs of Maria Manning* (1849), de Robert Huish.

16. De MEPO 3/54.

17. De "The modern science of thief-taking", *Household Words*, 13 de julho de 1850.

18. Assim como em *The great crime of 1860* (1861), de J. W. Stapleton, este relato sobre o passado da família Kent se baseia em certidões de nascimento, casamento e óbito, bem como nos documentos do arquivo do Ministério do Interior HO 45/6970.

6. ALGO EM SEU ROSTO SOMBRIO (p. 109-121)

1. As informações sobre Parsons são das respostas ao censo de 1861 e 1871, e de "Joshua Parsons (1814-92) of Beckington, Somerset, General Practitioner" de N. Spence Galbraith, em *Somerset Archaeology and Natural History*, n. 140 (1997).

2. De "Moral insanity", em *Journal of Mental Science*, 27 de julho de 1881. Em *The borderlands of insanity* (1875), Andrew Wynter: "Todos os psiquiatras concordam que as moças estão muito mais propensas a herdar insanidade das mães que do outro genitor. A tendência da mãe de transmitir sua doença mental é em todos os casos mais forte que a do pai; alguns médicos têm insistido com veemência que é duas vezes mais forte". Ver os ensaios de Savage e Wynter em *Embodied selves: An anthology of psychological texts 1830-1890* (1998), organizado por Jenny Bourne Taylor e Sally Shuttleworth.

3. A ideia de que o assassino estava nu ressurgiria a intervalos — o *Western Daily Press* de 4 de agosto de 1860 ressaltava que, perto da porta da cozinha, "duas torneiras de água poderiam ter sido usadas para lavar eventuais marcas, se a pessoa estivesse nua".

4. Para um relato sobre o modo como os objetos adquiriam significado durante uma investigação detetivesca, retornando depois à banalidade, ver *The novel and the police* (1988), de D. A. Miller.

5. As horríveis circunstâncias em que o corpo de Saville foi encontrado também tiveram importante função na instituição de convenções desta forma literária. O cadáver em um romance policial, escreveu W. H. Auden em seu ensaio "The guilty vicarage: Notes on the detective story, by an addict" (1948), "deve chocar não apenas por ser um cadáver, mas também porque, até para um

cadáver, está assustadoramente fora de lugar, como quando um cão faz sujeira no tapete da sala". O clássico assassinato na casa de campo é um ataque contra o decoro, uma agressiva exposição de necessidades e desejos básicos.

6. Em *Villette* (1853).

7. Em "A detective police party", *Household Words*, 27 de julho de 1850.

8. Em "The police and the thieves", *Quarterly Review*, 1856. "Entre o detetive e o ladrão não há raiva", escreveu Andrew Wynter no mesmo artigo, "quando eles se encontram trocam uma curiosa piscadela de reconhecimento — o ladrão sorri, como se dissesse: 'Estou limpo, calma'; e o detetive responde com um olhar, cuja interpretação é: 'Vamos nos conhecer melhor aos poucos'. Ambos sentem, em resumo, que usam a sagacidade para ganhar a vida, e há uma espécie de entendimento tácito entre eles de que cada um tem o direito de fazer seu jogo da melhor maneira que puder."

9. Em "A detective police party", *Household Words*, 27 de julho de 1850.

10. De *The casebook of a Victorian detective* (1975), de James McLevy, organizado por George Scott-Moncreiff, uma seleção de artigos da obra autobiográfica de McLevy, *Curiosities of crime in Edinburgh* e *The sliding scale of life*, publicados em 1861.

11. De "Isaac Gortz, the Charcoal-Burner", em *Experiences of a real detective* (1862) do Inspector "F", "organizado" por Waters.

12. De "The modern science of thief-taking", *Household Words*, 13 de julho de 1850. Quando Dickens acompanhou Charley Field ao porão de St. Giles, notou que os olhos errantes do detetive "examinam cada canto do porão enquanto ele fala"; ele descreve as lanternas levadas pelos assistentes de Field como "olhos flamejantes" que criam "avenidas curvas de luz". ("On duty with inspector Field", *Household Words*, 14 de junho de 1851). Para uma discussão sobre vigilância e os olhos do detetive literário, ver *From Bow Street to Baker Street: Mystery, detection and narrative* (1992), de Martin A. Kayman.

13. Do *Times*, 4 de junho de 1853.

14. Sobre a capacidade de ler rostos dos detetives ficcionais como se fossem livros, ver *Detective fiction and the rise of forensic science*.

15. Os ensaios de Lavater foram publicados inicialmente em 1789; a nona edição saiu em 1855. Ver *Embodied selves: An anthology of psychological texts 1830-1890* (1998), organizado por Jenny Bourne Taylor e Sally Shuttleworth.

16. Dickens escreveu um ensaio sobre o tema: "The demeanour of murderers", *Household Words*, 14 de junho de 1856.

17. Cartas citadas pelo *Bristol Daily Post* de 12 de julho de 1860 e pelo *Somerset and Wilts Journal* de 14 de julho de 1860.

18. Da edição de 1853 da obra de George Combe, *System of phrenology*.
19. Carta citada no *Somerset and Wilts Journal* de 14 de julho de 1860.

7. MUDANÇA DE APARÊNCIA (p.123-130)

1. Do *Frome Times*, 25 de julho de 1860.
2. Narrativas do episódio da fuga de julho de 1856 estão nos relatórios de Whicher a Mayne em MEPO 3/61, em *The great crime of 1860*, de Stapleton, e nas reportagens dos jornais locais.
3. Provavelmente o *Bath Express* — a matéria foi reproduzida sem citar a fonte no *Frome Times* de 25 de julho de 1860, e no *Devizes Advertiser* de 26 de julho de 1860.
4. *Bath and Cheltenham Gazette*, 23 de julho de 1856.
5. Da notícia reproduzida no *Frome Times* de 25 de julho de 1860.
6. Do censo de 1861.
7. Este diálogo foi reconstituído a partir do depoimento de Emma Moody na corte dos juízes leigos, em 27 de julho de 1860.
8. Do relatório da MEPO 3/61.
9. De uma reportagem do *Times* de 23 de julho de 1860; "conhecimento e sagacidade". De uma carta de Dickens de 1852; "sagacidade vulpina". De *Circumstantial evidence*, em *Experiences of a real detective* (1862), do Inspector "F", organizado por Waters.
10. Em *Shirley* (1849).
11. De *Recollections of a detective police-officer* (1856), de Waters.
12. Em *The casebook of a Victorian detective*.
13. De *An enquiry into the causes of the late increase of robbers*, citado em *The English police: A political and social history* (1991), de Clive Emsley.
14. De reportagens no *Times*, 9, 15 e 19 de abril de 1847 e 14 de outubro de 1848.
15. "Vocês, detetives", observa outro personagem da peça, "suspeitariam dos próprios pais." *The ticket-of-leave man* foi encenada no teatro Olympic em Drury Lane, Londres, estreando em maio de 1863 com enorme sucesso.

8. TODOS DE BOCA FECHADA (pp. 132-147)

1. Do depoimento dado em 1º de outubro de 1860, noticiado no *Bristol Daily Post*.

2. Depoimento de Francis Wolfe em 2 de outubro de 1860, noticiado no *Bristol Daily Post*.

3. Do *Somerset and Wilts Journal*, 13 de outubro de 1860.

4. De *Circumstantial evidence*, em *Experiences of a real detective* (1862), pelo Inspector "F", organizado por Waters.

5. De *A psicanálise e a determinação dos fatos nos processos jurídicos* (1906), de Sigmund Freud. [Tradução para o português constante da *Edição eletrônica brasileira da obra psicológica completa de Sigmund Freud*. Rio de Janeiro, Imago, s. d.]

6. Ver *The trial of Madeleine Smith* (1905), organizado por A. Duncan Smith. Henry James citado em "To meet Miss Madeleine Smith" em *Mainly murder* (1937), de William Roughead.

7. Em *Latter-day pamphlets* (1850), de Thomas Carlyle.

8. Dados sobre leitura dos jornais de *Swine in the Sewers of Hampstead* (1988), de Thomas Boyle. A expansão da imprensa foi alimentada pela revogação da taxa de selagem em 1855, o que possibilitou o surgimento dos primeiros jornais de um *penny* no ano seguinte e a revogação da taxa sobre o papel, em 1860.

9. Embora o museu anatômico do dr. Kahn estivesse aberto apenas aos homens, segundo anúncios no *Times*, pessoas alfabetizadas de ambos os sexos podiam ler os jornais.

10. Das notas feitas pelo advogado Peter Edlin, que estava presente no interrogatório, e as passou para o escritor Cecil Street, que publicou *The case of Constance Kent* (1928) com o pseudônimo de John Rhode. Este e outros estudos sobre o caso constam de um arquivo reunido por Bernard Taylor, autor de *Cruelly murdered: Constance Kent and the killing at Road Hill House* (1979, revisado em 1989).

11. Uma versão parcialmente fiel do rumor foi relatada no *Somerset and Wilts Journal* de 21 de julho de 1860.

12. Do depoimento dado por Samuel Kent, Foley, Urch e Heritage à corte dos juízes leigos em outubro e novembro de 1860.

13. Em *Notes on England* (1872).

14. Para discussões sobre a vida doméstica da classe média na Inglaterra vitoriana ver, por exemplo: *Family fortunes: Men and women of the English middle class 1780-1850* (1987), de Leonore Davidoff e Catherine Hall; *The spectacle of intimacy: A public life for the Victorian family* (2000), de Karen Chase e Michael Levenson, e *The Victorian family: Structures and stresses* (1978), organizado por A. Wohl. Em ensaio dessa antologia, Elaine Showalter afirma que o segredo era "a condição fundamental e habilitante da vida da classe média [...] O

desconhecimento essencial de cada indivíduo e a colaboração da sociedade na manutenção de uma fachada por trás da qual espreitavam inúmeros mistérios eram temas que atraíam muitos romancistas do século xix.

Em 1935 o filósofo alemão Walter Benjamin relacionou essa nova privacidade com o nascimento da ficção detetivesca: "Para o cidadão privado, o espaço em que ele vive se situa pela primeira vez em contraste com aquele em que trabalha diariamente [...] os traços do habitante são impressos no *intérieur*, e deles nasce a história de detetive, que sai em busca desses traços". Citado por Stefano Tani em *The Doomed Detective: The contribution of the detective novel to postmodern American and Italian fiction* (1984).

15. Em artigo sobre a popularidade das histórias de detetives, Bertolt Brecht escreveu: "Nós adquirimos o conhecimento da vida de modo catastrófico. A história é escrita *após* as catástrofes [...] A morte já aconteceu. O que estivera fermentando? O que havia acontecido? Por que surgiu a situação? Tudo isso talvez possa ser deduzido agora". Publicado em 1976 nas obras completas de Brecht, e citado em *Delightful murder: A social history of the crime story* (1984), de Ernest Mandel.

16. *Notes on nursing*, citado pelo *Devizes and Wiltshire Gazette* de 31 de maio de 1860.

17. Informação sobre o clima e as colheitas do *Trowbridge and North Wilts Advertiser* de 21 de julho de 1860, e do relatório agrícola de julho no *Devizes and Wiltshire Gazette* de 2 de agosto de 1860.

9. eu conheço você (p. 148-166)

1. Informações sobre os juízes leigos em *The book of Trowbridge* (1984), de Kenneth Rogers, e do censo de 1861.

2. Do depoimento de Whicher aos juízes leigos mais tarde, naquele dia.

3. De "A detective police party", *Household Words,* 27 de julho de 1850.

4. Do censo de 1841 e dos *Critical years at the Yard: The career of Frederick Williamson of the Detective Department and the* cid (1956), de Belton Cobb.

5. Do censo de 1861.

6. De *Scotland Yard past and present* (1893), de Timothy Cavanagh.

7. Do *Times,* 18 de novembro de 1837.

8. Do *Annual Register* de 1860.

9. Do relatório de despesas em mepo 3/61, do censo de 1841 e do censo de 1861.

10. Do depoimento de Louisa Hatherill à corte de juízes leigos de Wiltshire, em 27 de julho de 1860.

11. Este rumor foi publicado no *Bristol Daily Post* de 24 de julho de 1860.

12. Quinze anos antes, em março de 1845, Mayne censurara Whicher e seu colega, o sargento-detetive Henry Smith, por demonstrar falta de respeito aos policiais mais antigos, de modo "indiscreto e legalmente injustificável". Como foi a primeira vez em que detetives "entraram em choque impropriamente" com seus colegas de uniforme, Mayne liberou o par apenas com uma advertência, mas os alertou de que no futuro qualquer ofensa seria tratada com rigor. Das ordens e notícias policiais em MEPO 7/7, do departamento do Comissário, citado em *The rise of Scotland Yard: A history of the Metropolitan Police* (1956), de Douglas G. Browne.

13. De uma nota de Whicher numa carta para sir John Eardley Wilmot, de 16 de agosto de 1860, em MEPO 3/61.

14. Noticiado no *Somerset Wilts Journal*, 13 de outubro de 1860.

15. Do *Frome Times*, 20 de junho de 1860.

10. OLHAR UMA ESTRELA DE RELANCE (p. 167-182)

1. Relato do caso Sarah Drake em reportagens do *Times*, 8 de dezembro de 1849 a 10 de janeiro de 1850.

2. Noticiado no *News of the World*, 3 de junho de 1860.

3. A monomania foi uma condição identificada pelo médico francês Jean-Étienne Dominique Esquirol em 1808. Ver *Embodied selves: An anthology of psychological texts 1830-1890* (1998), organizado por Jenny Bourne Taylor e Sally Shuttleworth.

4. Em 22 de julho de 1853.

5. Stapleton relatou este rumor em seu livro de 1861.

6. Sobre dupla consciência e crime, ver *Unconscious crime: Mental absence and criminal responsibility in Victorian London* (2003), de Joel Peter Eigen.

7. Em "O mistério de Marie Roget" (1842), de Edgar Allan Poe.

8. O detetive particular Sherlock Holmes, de Arthur Conan Doyle, adotava as mesmas técnicas: "Você conhece meu método. Baseia-se na observação dos detalhes. Não existe nada mais importante do que o detalhe" — de "O homem da boca torta" (1891).

9. Dos relatórios de Whicher em MEPO 3/61 e do depoimento de Cox à corte de juízes leigos de Wiltshire em 27 de julho de 1860.

10. De *Diary of an ex-detective* (1859), "organizado" por Charles Martel (na verdade, foi escrito por um livreiro de New Bond Street chamado Thomas Delf). Numa passagem similar de *Experiences of a real detective* (1862), de Waters, o narrador pondera sobre um caso como se montasse um quebra-cabeça ou fizesse uma colagem: "Deito-me no sofá e penso bastante; junto tudo de um jeito, depois de outro, pego os diferentes itens, detalhes e pistas que chegaram a mim, de modo a descobrir como se encaixam e como se definem no conjunto".

11. A maior arma de um detetive, segundo Dickens, é sua engenhosidade. "Sempre alerta, com a percepção ampliada ao extremo, esses policiais precisam [...] combater as novidades em termos de golpes e espertezas que a imaginação combinada de todos os vigaristas sem lei da Inglaterra consegue urdir, e acompanhar todos os artifícios que deles derivam." Da segunda parte de "A detective police party", *Household Words*, 10 de agosto de 1850. Em *The perfect murder* (1989), David Lehman observa que "o romance policial tirou o assassinato do campo da ética e o levou ao campo da estética. O assassinato em um livro de mistério se torna um tipo de conceito poético, com frequência bem barroco; o criminoso é um artista, o detetive, o esteta e crítico, e o policial trapalhão, um filisteu". Ver também *The aesthetics of murder: A study in romantic literature and contemporary culture* (1991), de Joel Black.

12. Uma camisola que liga uma adolescente respeitável ao assassinato, como os ossos que provariam a vinculação do homem com o macaco, era um objeto terrível, tão temido quanto procurado. Sobre as ansiedades despertadas pelo conceito de elo perdido, ver *Forging the missing link: Interdisciplinary stories* (1992), de Gillian Beer. Sobre a prova negativa e o encanto por decifrar fragmentos no século XIX, ver *Victorian detective fiction and the nature of evidence: The scientific investigations of Poe, Dickens and Doyle* (2003), de Lawrence Frank, e do mesmo autor, "Reading the gravel page: Lyell, Darwin, and Conan Doyle" em *Nineteenth-Century Literature*, dezembro de 1989.

13. Da segunda parte de "A detective police party", em *Household Words*, 10 de agosto de 1850. Em meados do século XIX, a ideia de investigação influenciou a história natural, a astronomia, o jornalismo — qualquer empreitada que pudesse ser compreendida como a busca de uma verdade.

14. Sobre a incerteza sexual e social provocada pela figura da governanta, ver *The Victorian governess* (1993), de Kathryn Hughes.

15. Em *On obscure diseases of the brain, and disorders of the mind* (1860). Um trecho consta de *Embodied selves: An anthology of psychological texts 1830-1890* (1998), organizado por Jenny Bourne Taylor e Sally Shuttleworth.

16. Sobre as ameaças à privacidade da classe média atribuída a empregados e policiais, ver *Domestic crime in the Victorian novel* (1989), de Anthea Trodd.

11. QUANTA COISA ENTRA EM JOGO NISSO (p. 183-196)

1. Do *Frome Times*, 18 de julho de 1860.
2. Ver *Domestic crime in the Victorian novel* (1989), de Anthea Trodd. Em *Le diable boiteux* (1707), de Alain-René Lesage, Asmodeu pousa no campanário de uma igreja espanhola e estende a mão para levantar os telhados de todas as casas, revelando os segredos mais íntimos. O *Times*, em 1828, se referiu ao detetive Vidocq como um "Asmodeu". Em *Dombey e filho* (1848), Dickens pedia "um espírito do bem que tiraria os tetos das casas, com uma mão mais potente e benigna que a do demônio do conto, mostrando ao povo cristão as formas sombrias que emanam de dentro de seus lares". Em artigos para *Household Words*, em 1850, Dickens descrevia como o demônio podia "destelhar e ler" os cérebros humanos, como se os corpos fossem prédios, e assim fazer "observações ao estilo Asmodeu" sobre a "vida íntima" das casas, a partir de um vagão de trem. A referência de Janin a Asmodeu estava em *Paris; Or the book of one hundred and one* (traduzido em 1832).
3. De *The casebook of a Victorian detective*.
4. Acland era o nome de solteira da mãe da sra. Kent; o primeiro nome de Francis, Saville, era o primeiro nome do pai dela.

12. FEBRE DETETIVESCA (pp. 198-216)

1. As informações sobre os vínculos de Whicher com Hollyweell Street vieram das respostas aos censos de 1851, 1861 e 1871, de "Police Information" de 20 de janeiro de 1858, de MEPO 6/92, e dos anúncios classificados do *Times* de 3 de fevereiro de 1858. "Os truques dos policiais" constam em *The female detective* (1864), de Andrew Forrester.
2. Das reportagens do *News of the World*, 17 de junho de 1860.
3. De uma carta a W. W. F. de Cerjat, de 1º de fevereiro de 1861, publicada em *The letters of Charles Dickens 1859-61* (1997), organizado por Madeline House e Graham Storey.
4. Descrição de Pimlico do "Stanford's library map of London in 1862", *The criminal prisons of London and scenes of London life* (1862), de Henry Mayhew e John Binny, e de *The three clerks* (1858), de Anthony Trollope.

5. Descrição da Scotland Yard de mapas e gravuras da biblioteca histórica local de Westminster, e de *Scotland Yard past and present: Experiences of thirty-seven years* (1893), de Timothy Cavanagh. Em 1890 a sede da Polícia Metropolitana foi transferida para um edifício no Embankment do Tâmisa, batizado de New Scotland Yard, e em 1967 para um conjunto de prédios em Victoria Street, que recebeu o mesmo nome.

6. A maioria das cartas do público está em MEPO 3/61.

7. Essas duas cartas estão no arquivo do ministério do Interior sobre o caso, HO 144/20/49113. Sir John Eardley Wilmot, um senhor casado de cinquenta anos e oito filhos, era o juiz da corte do condado de Bristol. Depois se tornou deputado conservador por South Warwickshire, de 1874 a 1885. Não foi um advogado muito bem-sucedido, segundo o *Dictionary of national biography*, mas em 1881 ajudou a obter uma indenização para Edmund Galley, injustamente condenado por assassinato em 1835. Eardley Wilmot morreu em 1892.

8. A revista *Punch* satirizou o "endeusamento do homicídio" em 1849. Ver *Victorian studies in scarlet* (1972), de Richard D. Altick. Em ensaio de 1856, George Eliot analisou o apelo dos contos de Wilkie Collins: "O grande interesse reside na excitação, seja da curiosidade ou do terror [...] Em vez de empalidecermos perante um fantasma, nossas sobrancelhas se juntam enquanto formulamos hipóteses para explicá-lo. Os contos de Edgar Poe eram um esforço genial para conciliar as duas tendências — chocar a imaginação enquanto satisfazem o intelecto, e a esse respeito o sr. Wilkie Collins segue frequentemente as pegadas de Poe". De uma resenha de *After dark*, de Collins, no *Westminster Review*.

9. Relato dos assassinatos de Walworth no *Times* de 1º, 8, 14, 16, 17 e 20 de agosto de 1860, e do *News of the World* de 2 de setembro de 1860.

10. Em *Vidocq*, de Douglas Jerrold.

11. Muita gente aprendeu a encontrar tais emoções na ficção detetivesca. "Muitos romances tradicionais oferecem alguns dos prazeres do buraco da fechadura", observou Dennis Portes em *The pursuit of crime: Art and ideology in detective fiction* (1981), "mas, a não ser pelas várias formas de obras eróticas, nenhum o faz mais sistematicamente do que a ficção policial. O segredo de sua força reside em larga medida no truque que faz do voyeurismo um dever".

12. O *Law Times* tinha certeza de que Whicher identificara a assassina e seu motivo. "O menino era o queridinho da mamãe, e *maldade contra a mãe* — um desejo condenável de feri-la através dele — seria um motivo possível e provável [...] Os dois, irmão e irmã [William e Constance] abrigavam sentimentos muito fortes de hostilidade, chegando quase ao ódio pela mãe do menino [...] sabiam que ela conquistara a afeição do pai enquanto a mãe deles ainda vivia.

Queixavam-se de negligência e maus-tratos, e de sua parcialidade com relação aos filhos dela." Uma vez que Saville fora retirado do berço por "uma mão leve, com prática", acrescentou o jornal, uma mulher estava envolvida no rapto.

13. JUNTAR ISSO E AQUILO PELO LADO ERRADO (p. 217-230)

1. Relato da execução de Youngman no *News of the World* de 9 de setembro de 1860.
2. Um ano depois, o ministério do Interior, após prolongada contenda, pagou à firma de Slack setecentas libras por seu trabalho no caso. Ver HO 144/20/49113.
3. Mulheres detetives amadoras também aparecem em "O diário de Anne Rodway" (1856), de Wilkie Collins, e em *Revelations of a lady detective* (1864) de "Anônima" (W. Stephens Hayward). A capa desse livro mostra uma detetive perigosamente emancipada e sensual. Usa uma fita vermelha e branca grossa em volta da garganta, chapéu alto com flores, estola de pele e punhos de veludo. Brinda o futuro leitor com um olhar enviesado, enquanto ergue o capote preto para revelar a barra do vestido vermelho.
4. Poe havia morrido em 1849, aos quarenta anos. Sofria de alcoolismo, depressão e episódios delirantes. O crítico Joseph Wood Krutch escreveu que Poe "inventou a história de detetive para não ficar louco". *Edgar Allan Poe: A study in genius* (1926), citado por Peter Lehman em *The perfect murder* (1989).
5. Ver *The letters of Charles Dickens 1859-61* (1997), organizado por Madeline House e Graham Storey.
6. No *Saturday Review* de 22 de setembro de 1860.
7. Em *Once a Week*, 13 de outubro de 1860. O autor ressalta que, por esse argumento, poucos assassinatos poderiam ocorrer no ensolarado sul da Europa, local onde na verdade ocorriam muitas mortes violentas.
8. O historiador natural e meteorologista George Augustus Rowell proferiu uma conferência sobre a tempestade em 21 de março de 1860, e depois a publicou em um folheto como *A lecture on the storm in Wiltshire*.

14. MULHERES! SEGUREM A LÍNGUA! (p. 231-243)

1. Em carta ao *Times* Stapleton alegou que um microscópio não teria ajudado a determinar a natureza do sangue na camisola que examinou. "Eu não

hesitei em advertir as autoridades de que a camisola a mim mostrada [...] não dava nenhuma pista para esse crime [...] esperava que essa roupa de dormir fosse retirada para sempre das vistas do público. Contudo, o sr. Saunders a puxou novamente da obscuridade, e, pelo que me parece, o fez em devassa e inútil violação da decência pública e dos sentimentos privados." A camisola se tornara um símbolo da decência e da privacidade da família Kent; especular a respeito deles significava repetir a violação de seu lar.

2. Em *The Road murder: Being a complete report and analysis of the various examinations and opinions of the press on this mysterious tragedy* (1860), por Um Advogado.

3. Da correspondência em HO 45/6970.

4. Esta carta só se tornou pública em 24 de julho de 1865, quando foi publicada no *Times*, mas ostentava a data de 23 de novembro de 1860. Uma carta escrita por Constance naquele dia também sobreviveu, uma nota na qual ela agradece a Peter Edlin, seu advogado, por "um lindo par de luvas e um cachecol" que dele ganhara; eles "me farão lembrar, sempre que olhar para eles", escreveu, "de quanto devo a quem os deu para mim".

15. COMO UM COVARDE (p. 247-268)

1. Tampouco se deu importância às alegações de que o júri fora "influenciado" para favorecer Samuel. Antes da abertura do inquérito, James Morgan, guarda da paróquia, e Charles Happerfield, chefe dos correios, haviam substituído dois dos jurados selecionados aleatoriamente por "homens de bom julgamento". Os dois descartados eram um alfaiate (cuja esposa pedira que fosse dispensado) e o pai de William Nutt, um sapateiro que residia nos casebres próximos à mansão de Road Hill. Seus substitutos foram o reverendo Peacock e um próspero fazendeiro chamado William Dew, que — como Happerfield — militava no movimento contra o álcool.

2. Carta a W. W. F. de Cerjat, em *The letters of Charles Dickens 1859-61* (1997), organizado por Madeline House e Graham Storey.

3. Da correspondência em HO 45/6970.

4. Relato do leilão no *Somerset and Wilts Journal* e no *Trowbridge and North Wilts Advertiser*.

5. De HO 45/6970. William pode ter visitado Constance na Bretanha naquele verão — segundo os arquivos do setor de Passaportes, um certo William Kent tirou o documento para viajar ao continente em 10 de agosto.

6. O nome de Whicher apareceu no *Times* de 2 de março de 1861, quando ele testemunhou contra um homem acusado de furtar uma carga de ópio no valor de mil libras da companhia das docas de Londres, mas esse caso fora investigado por ele um ano antes. O sujeito detido foi inocentado. Talvez os jurados tivessem desconfiado das testemunhas de acusação — um preso condenado e um traficante de ópio. Ou, quem sabe, após o caso de Road Hill, não confiassem mais em Whicher.

7. Whicher obteve o endereço do vigário fingindo ser advogado — a adoção de identidades falsas era uma prática comum entre os detetives, embora impopular. Das reportagens do *Times* e da transcrição do julgamento de James Roe em Old Court, 21 e 22 de agosto de 1861.

8. Relato do caso Kingswood em MEPO 3/63 no arquivo da Polícia Metropolitana sobre o assassinato e reportagens do *Times*, do *Daily Telegraph* e do *Annual Register* de 1861.

9. O advogado de Franz ofereceu a Dickens um artigo sobre as espantosas coincidências no caso (ver a carta de Dickens a W. H. Wills em 31 de agosto de 1861, em *The letters of Charles Dickens*). O artigo do advogado foi publicado anonimamente no mês de janeiro seguinte, em *All the Year Round*.

10. De "Bigamy and child-stealing", em *Experiences of a real detective*, do Inspetor "F", organizado por Waters.

11. De "Circumstantial evidence", em *Experiences of a real detective*.

12. Em *The female detective* (1864), de Andrew Forrester.

13. Teve oito edições em três meses.

14. De "Miss Braddon", resenha sem assinatura em *The Nation*, 9 de novembro de 1865.

15. A literatura sensacionalista estava "moldando as mentes e formando o gosto e os hábitos de sua geração", escreveu Manse, "ao pregar aos nervos". De uma resenha sem assinatura em *Quarterly Review* de abril de 1863. Para discussões sobre o romance sensacionalista, ver especialmente *Black swine in the sewers of Hampstead: Beneath the surface of Victorian sensationalism* (1988), de Thomas Boyle; *Domestic crime in the Victorian novel* (1989), de Anthea Trodd; *From Bow Street to Baker Street: Mystery, detection and narrative* (1992), de Martin A. Kayman; *The novel and the police* (1988), de D. A. Miller; *In the secret theatre of home: Wilkie Collins, sensation narrative, and nineteenth-century psychology* (1988), de Jenny Bourne Taylor; *What is 'sensational' about the sensation novel?*, de Patrick Brantlinger, em *Nineteenth-Century Fiction* 37 (1982).

16. Custava sete xelins e seis *pence* o exemplar.

17. Outros escritores haviam notado o entusiasmo feminino por crimes

brutais. Edward Bulwer-Lytton, por exemplo, argumentou em *England and the English* (1833) que as mulheres demonstravam "o interesse mais profundo por um conto ou peça de interesse trágico ou lúgubre [...] se observarmos um vendedor de baladas quando anuncia seu produto, veremos que as mulheres adquirem as que tratam dos assassinatos mais sangrentos".

18. Como médico, Stapleton devia estar familiarizado com ensaios como *Treatise on the degeneration of the human species*, de Benedict Morel, publicado em capítulos no *Medical Circular* em 1857, que argumentavam que os pecados dos pais se manifestavam nos filhos na forma de debilidades físicas.

19. Em "Manners & morals", na revista *Fraser's*, setembro de 1861.

20. "Penso num lar tranquilo de Somersetshire no qual se cometeu um ato terrível", diz o narrador de *Aurora Floyd*, "cujo segredo não foi ainda trazido à luz, e que talvez jamais seja revelado até o dia do Julgamento Final. Quanto deve ter sofrido cada membro da família? Que lentas agonias, que torturas crescentes, enquanto o cruel mistério era o tópico 'sensacionalista' das conversas em milhares de círculos domésticos felizes, em milhares de tabernas e salões de clubes agradáveis."

Na década de 1950, a popular historiadora Elizabeth Jenkins escreveu um ensaio sobre a maneira como a história da família Kent influenciou o romance *The young step-mother; Or, A chronicle of mistakes* (1861), de Charlotte Yonge. A madrasta do título se casa com o chefe da família Kendal, e enfrenta a resistência da enteada adolescente problemática, que perdeu quatro irmãos na infância. A enteada acidentalmente derruba e provoca um desmaio no meio-irmão de três anos, que é "uma maravilha em termos de postura, tamanho e inteligência". Jenkins depois descobriu que a maior parte do romance foi publicado em capítulos no primeiro semestre de 1860, antes do crime de Road Hill. Seu engano serve como alerta contra a predisposição de ver a influência de Road Hill em tudo; Jenkins ressaltou que o fato de o romance preceder o crime tornava as semelhanças ainda mais estranhas.

21. De "Sensation novels", resenha sem assinatura do *Blackwood's Edinburgh Magazine* de maio de 1862.

22. Em *Quarterly Review* de abril de 1863.

23. *Curiosities of crime in Edinburgh* e *The sliding scale of life*, ambos publicados em 1861 — o primeiro vendeu 20 mil exemplares em três meses, segundo um artigo do *Times* de julho do mesmo ano.

24. De "Crime and its detection", artigo sem assinatura de Thomas Donnelly no *Dublin Review* de maio de 1861.

25. A frase era "vagando sem pistas num labirinto de ceticismo", segundo o *Oxford English dictionary*.

26. Publicado em 25 de outubro de 1863 e citado em *Cops and bobbies: Police authority in New York and London, 1830-1870* (1999), de Wilbur R. Miller.

27. Em "Detectives in fiction and in real life", *Saturday Review*, junho de 1864.

28. Ver *Wagner of Brighton: The centenary book of St. Paul's Church, Brighton* (1949), de H. Hamilton Maughan.

29. Do censo de1861, atestado de óbito de Thornton e de MEPO 4/2 (registro de mortes da Polícia Metropolitana) e MEPO 4/333 (registro de admissões e promoções). A divisão de detetives se expandira um pouco, mas ainda contava com apenas doze homens, numa força que se orgulhava de ter cerca de 7 mil policiais.

30. Walker estava com os detetives no encontro com Dickens, em 1850 — Dickens o chamava de "Stalker" [aquele que espreita]. Ele próprio não era detetive, e sim integrante da equipe do comissário.

31. Ver MEPO 2/23, arquivo da Polícia Metropolitana de 1862 sobre a ajuda ao governo russo para reorganizar a polícia de Varsóvia. O pai de Joseph Conrad, Apollo, era um dos líderes da insurgência até 1861, quando foi preso e exilado na Rússia.

32. Ver MEPO 21/7, registros de aposentadoria da Polícia Metropolitana.

33. De *A practical treatise on apoplexy (with essay on congestion of the brain)* (1866), de William Boyd Mushet.

CAPÍTULOS 16 E 17

O relato dos eventos de 1865 nos próximos dois capítulos se baseia principalmente em *Daily Telegraph, Times, Salisbury and Winchester Journal, Observer, Western Daily Press, Somerset and Wilts Journal, Penny Illustrated Paper, News of the World* e *Bath Chronicle*, bem como nos arquivos MEPO 3/61, Ho 144/20/49113 e ASSI 25/46/8. As fontes adicionais estão listadas a seguir.

16. MELHOR QUE ELA SEJA LOUCA (p. 270-289)

1. Condições meteorológicas segundo relatórios do Derby de primavera em Epsom, a 25 quilômetros de Londres, realizado naquele ano em 25 de abril. Depois do março mais frio desde 1845, o Derby foi o mais quente em muitos anos, segundo o *Times*, com temperaturas superiores à média de julho.

2. *The Builder* de abril de 1860 informou que as condições no fórum eram ruins no inverno e abomináveis no verão. Os juízes leigos tentavam mudar

para novas instalações desde a década de 1840. Detalhes da sala de audiências de *Oliver Twist* (1838), de Charles Dickens, e de *Survey of London volume 36* (1970), organização geral de F. H. W. Sheppard.

3. Ver *Wagner of Brighton: The centenary book of St. Paul's Church, Brighton* (1949), de H. Hamilton Maughan, e *Aubrey Beardsley: A biography* (1999), de Matthew Sturgis.

4. Dolly Williamson se casara depois de seu regresso de Road, e já tinha uma filha, Emma, de dois anos. Durkin assumira um caso famoso em julho de 1861, que inspirou um ensaio de William Makepeace Thackeray em *Roundabout papers*. Um agiota de Northumberland Street, nas imediações de Strand, atirara em um novo cliente, o major William Murray do décimo batalhão dos hussardos, veterano da Crimeia. Murray reagiu e conseguiu matar o agressor, quebrando uma garrafa em sua cabeça. Soube-se depois que a raiva do agiota derivava de uma obsessão secreta pela mulher de Murray. "Depois disso", Thackeray escreveu, "de que adiantam melindres a respeito das probabilidades e possibilidades nos textos de ficção? Depois disso, o que não é possível? É possível que o mercado de Hungeford esteja minado, e que venha a explodir um dia." A erupção da violência irracional podia despertar excitação, surpresa, até pavor — a segurança do mundo fora subitamente destruída, e qualquer consequência se tornara possível. O crime de Northumberland Street, que também aparece em *A pedra da Lua*, é um dos casos explorados em *Deadly encounters: Two Victorian sensations* (1986), de Richard D. Altick.

5. Seu atestado de óbito diz que ele morreu de acumulação de água na cavidade pleural em St. George's Terrace, em Trowbridge, em 5 de setembro de 1864.

6. A expressão consta em um poema publicado por Coventry Patmore em 1854, que descreve a pureza e a devoção abnegada de sua esposa, Emily.

7. No *Times* de 26 de abril de 1865. O *Bath Express* também era cético em relação aos instintos femininos. Argumentou em 29 de abril que o crime tinha "a fineza da crueldade", algo de que só uma mulher seria capaz. O *Saturday Review* disse torcer para que Constance fosse um "monstro psicológico" em vez da encarnação da adolescência feminina. Sobre atitudes das assassinas, ver *Twisting in the wind: The murderess and the English press* (1998), de Judith Knellhan.

8. Tanner deu baixa da força por problemas de saúde, em 1869, e abriu um hotel em Winchester. Morreu em 1873, aos 42 anos. Ver *Dreadful deeds and awful murders: Scotland Yard's first detectives* (1990), de Joan Lock.

9. De *The case of Constance Kent, viewed in the light of the Holy Catholic Church* (1865), por James Davies, e *The case of Constance Kent, viewed in the light of the confessional* (1865), por Edwin Paxton Hood.

10. De *The Road murder: Analysis of this persistent mystery, published in 1862, now reprinted, with further remarks* (1865), de J. R. Ware. O folheto de 1862 foi publicado também como conto no livro *The female detective* (1864), de Andrew Forrester. O nome Forrester era pseudônimo, talvez em alusão a uma firma familiar de investigadores particulares sediada na City londrina.

11. Rodway passou o depoimento à imprensa, e ele foi publicado em vários jornais no verão.

12. Ver *Embodied selves: An anthology of psychological texts 1830-1890* (1998), organizado por Jenny Bourne Taylor e Sally Shuttleworth. "A lição moral a ser aprendida é a existência de paixões malignas até mesmo no seio de crianças pequenas", afirmou o *Medical Times and Gazette* em 22 de julho de 1865 — citado em *Victorian murderesses: A true history of thirteen respectable French and English women accused of unspeakable crimes* (1977), de Mary S. Hartman.

13. De uma carta de 30 de agosto de 1865, em HO 1144/20/49113.

14. De uma carta em HO 1144/20/49113.

17. MEU AMOR MUDOU (p. 291-304)

1. Coleridge ganhava mais de 4 mil libras por ano, segundo o *Dictionary of national biography*. Entrada em diário extraída de *Life and Correspondence of John Duke, Lord Coleridge* (1904).

2. Correspondência no arquivo de Bernard Taylor.

3. Baladas populares, em ordem de citação: "The Road Hill murder confession of the murderess", publicada por Disley em 1865; balada sem título citada no *North Wilts Herald* (10 de setembro de 1865); *Trial and sentence of Constance Kent*, também editada por Disley em 1865, e reeditada na obra *Curiosities of street literature* (1966), de Charles Hindley. Ver o artigo de Roly Brown sobre Constance Kent e o assassinato de Road em sua série sobre o mercado editorial de baladas populares no século XIX, no número 15 da revista *Musical Traditions* (mustrad.org.uk).

4. Ver o depoimento juramentado de Gustavus Smith, datado de 24 de julho de 1865, em HO 1144/20/49113.

5. Pritchard foi enforcado na sexta-feira.

6. Carta de Coleridge a W. E. Gladstone em 6 de abril de 1890, citada em *Saint — with red hands?* (1954), de Yseult Bridges.

7. Em conferência intitulada "Insanity in its legal relations", proferida perante o colégio real de médicos treze anos antes — em abril de 1878 —,

Bucknill disse mais a respeito da motivação de Constance. A jovem guardara "um fundo de raiva e sentimento vingativo" contra sua "esperta" madrasta por causa dos comentários desairosos que a segunda sra. Kent fazia a respeito da mãe "meio demente" de Constance. Esta tentara se afastar da "presença odiosa" da madrasta, mas quando foi apanhada e trazida de volta para casa, resolveu se vingar. Calculou que o veneno "não seria punição real", e por isso decidiu matar Saville. "Eis uma história pavorosa", comentou Bucknill, "mas quem poderia deixar de lamentar as profundezas do mistério doméstico que denota?". Citado em *Celebrated crimes and criminals* (1890), de Willoughby Maycock.

8. De "Fragment of an analysis of a case of hysteria" (1905), em The standard edition of the complete psychological works of Sigmund Freud (1953-74), organizado por James Strachey, Alix Strachey e Alan Tyson. Este ensaio trata de um dos primeiros pacientes de Freud, "Dora", de dezoito anos. [Ed. brasileira: *Fragmento da análise de um caso de histeria*. Rio de Janeiro: Imago, 1997.]

18. NÃO RESTA DÚVIDA DE QUE NOSSO DETETIVE AUTÊNTICO ESTÁ VIVO (pp. 306-328)

1. Informações sobre a penitenciária de Millbank em *The criminal prisons of London and scenes of London life* (1862), de Henry Mayhew e John Binny; *The princess Casamassima* (1886), de Henry James; e *Penny Illustrated Paper*, de 14 de outubro de 1865.

2. Da certidão de casamento de Whicher, na qual ele se classifica como solteiro, e não viúvo. Hippolyte Taine se refere a carneiros pastando na parte externa da abadia de Westminster em *Notes on England* (1872).

3. Pollaky se tornou detetive particular bem-sucedido, com escritório em Paddington Green, 13, perto da estação ferroviária. Em 1866, segundo o *Times*, ele desbaratou uma quadrilha de escravas brancas, que raptava jovens em Hull e as vendia na Alemanha. Uma canção de Gilbert & Sullivan na ópera cômica *Patience*, que estreou em Londres em 1881, elogiava a "argúcia de Paddington Pollaky". Ele morreu em Brighton em 1918, aos noventa anos.

4. De uma reportagem do *Times* de 9 de dezembro de 1858.

5. Relatos do caso do Requerente Tichborne em *Famous trials of the century* (1899), de J. B. Atlay; *The Tichborne tragedy: Being the secret and authentic history of the extraordinary facts and circumstances connected with the claims, personality, identification, conviction and last days of the Tichborne Claimant* (1913), de Maurice Edward Kenealy; *The Tichborne Claimant: A Victorian mystery* (1957),

de Douglas Woodruff; *The man who lost himself* (2003), de Robyn Annear; e reportagens do *Times*.

6. De *The Tichborne romance* (1872), por Um Advogado Livre (A. Steinmedz), citado em *Victorian sensation* (2003), de Michael Diamond.

7. Citado em *Scotland Yard: Its history and organisation 1829-1929* (1929) de George Dilnot.

8. Das respostas aos censos de 1861, 1871, 1881, certidão de casamento de Sarah Whicher e James Holliwell; e da condecoração de Holliwell, a Cruz da Vitória.

9. Citação de Dickens numa carta de W. H. Wills — ver *The letters of Charles Dickens 1868-1870* (2002), organizado por Graham Storey, Margaret Brown e Kathleen Tillotson. Carta de Robert Louis Stevenson em 5 de setembro de 1868, citada em *Wilkie Collins: The critical heritage* (1974), organizado por Norman Page.

10. De um artigo do suplemento literário do *Times* de 4 de agosto de 1927.

11. De "Miss Braddon", resenha sem assinatura em *The Nation*, 9 de novembro de 1865.

12. Documentos do pedido de aposentadoria com salário integral de Samuel Kent, em HO 45/6970. Em março o relatório anual do inspetor de fábricas Robert Baker se referia à grande injustiça cometida contra Samuel nos anos seguintes à morte de Saville. Um resumo do relato de Baker sobre os apuros do colega, incluindo a "ameaça de cegueira" e subsequente paralisia da sra. Kent, foi publicado no *Times* de 24 de março de 1866. Segundo seu atestado de óbito, Mary Kent morreu em Llangollen, no dia 17 de agosto de 1866 — Samuel estava presente no momento.

13. Ver o *Times*, 9 de julho de 1866.

14. Informações sobre a vida de William Kent depois de 1865 de *Savant of the Australian seas* (1997), de A. J. Harrison. Uma segunda edição eletrônica de sua biografia, terminada em 2005, está disponível no site STORS, da biblioteca estatal da Tasmânia — members.trump.net.au/ahvem/Fisheries/Identities/Savant.html.

15. Do ensaio *On the method of Zadig: Retrospective prophecy as a function of science* (1880). Em *Lady Audley's secret*, Mary Braddon descreve o procedimento do detetive como "investigação retroativa". O filósofo norte-americano Charles Sanders Peirce desenvolveu sua teoria sobre "abdução", ou dedução retrospectiva, por volta de 1865. "Devemos descobrir a verdade pela adivinhação", escreveu, "ou não a encontraremos." Para o conceito de "hipótese retroativa", ver: *The sign of three: Dupin, Holmes, Peirce* (1983), organizado por Umberto Eco e Thomas

A. Sebeok; *The perfect murder* (1989), de Peter Lehman; e *Forging the missing link: Interdisciplinary Stories* (1992), de Gillian Beer.

16. De *Appreciations and criticisms of the works of Charles Dickens* (1911), por G. K. Chesterton. Chesterton adaptou Jó 19: "Pois eu sei que meu redentor está vivo e que, no fim, se levantará sobre o pó" (Versão da Bíblia do rei James).

Outros consideram os finais das histórias de detetives decepcionantes. "A solução do mistério é sempre menos impressionante que o mistério em si", escreveu Jorge Luis Borges no conto "Abenjacan, o Bokari, morto no seu labirinto" (1951). "O mistério tem algo de sobrenatural em volta de si, e mesmo de divino; sua solução, porém, está sempre maculada pelo truque do mágico."

17. Do testamento de Samuel Kent, datado de 19 de janeiro de 1872, comprovado por William em 21 de feveiro do mesmo ano.

18. Segundo o atestado de óbito, ela morreu em Withington, em Manchester, no dia 15 de fevereiro.

19. Biografia em *Savant of the Australian seas* (1997, revisado em 2005), de A. J. Harrison; *Guidebook to the Manchester Aquarium* (1875), de William Kent; *A manual of the infusoria* (1880-2), de William Kent; atestado de óbito e testamento de Samuel Kent; aviso de nascimento no *Times*; certidões de casamento de William Kent; censo de 1881.

20. Informação sobre Lavender Hill em *Directory for Battersea Rise and the neighbourhoods of Clapham and Wandsworth commons* (1878); *Directory for the postal District of Wandsworth* (1880); *The buildings of Clapham*, organizado por Alyson Wilson (2000); e *Battersea past*, organizado por Patrick Loobey (2002).

21. Do atestado de óbito, testamento de Whicher e de sua legitimação, no Centro de Registros Familiares e no Tribunal de Sucessões.

22. Do testamento de Charlotte Whicher e sua legitimação no Tribunal de Sucessões.

23. De *Fifty years of public service* (1904), de Arthur Griffiths.

24. De *Scotland Yard: Its history and organisation 1829-1929* (1929), de George Dilnot.

25. De *Scotland Yard past and present: Experiences of thirty-seven years* (1893), de Timothy Cavanagh.

26. Em carta escrita em janeiro de 1874, de "Field Lodge", sua residência em Chelsea, ele implorava a um cliente o pagamento de uma dívida de uma libra — passara os últimos quatro meses de cama, doente, disse, e a conta do médico era de trinta libras. De uma carta da coleção de manuscritos da British Library: Add.42580f;219. Field morreu tempos depois, naquele mesmo ano.

27. De *Critical years at the Yard: The career of Frederick Williamson of the*

Detective Department and the CID (1956), de Belton Cobb, e do censo de 1881. Wilkie Collins também morreu em Londres em 1889, aos 65 anos.

28. Comissário de polícia não identificado, citado em *Scotland Yard: Its history and organisation 1829-1929* (1929), de George Dilnot.

29. A maior parte do mosaico no piso da cripta de St. Paul foi feita pelas detentas da penitenciária de Waking, entre 1874 e 1877, segundo os livros de registros de St. Paul para o período 1874-89.

No início da década de 1870, cerca de cem mulheres trabalhavam no departamento de mosaicos em Woking, recebendo um xelim e dois *pence* por dia. Elas reduziam pedaços de mármore a fragmentos, reuniam os fragmentos em blocos decorativos e os poliam com pedaços de pedra York. Quando o assoalho de mosaico preto e branco das prisioneiras foi instalado no museu Bethnal Green, no leste de Londres, em 1872, os administradores da prisão chamaram a atenção para a proeminência de Constance com mosaicista. *The Graphic* de 29 de junho noticiou: "Nós percebemos que Constance Kent é uma talentosa mestre desse trabalho para suas colegas prisioneiras". Mas dois anos depois sua relação com o cárcere havia piorado. Um repórter do *Daily News* visitou o departamento de mosaicos de Woking em dezembro de 1874 e descobriu que Constance não estava mais trabalhando lá. Quando saiu da prisão, o repórter viu uma fila de "tricoteiras de meia" fora de suas celas. Elas ficaram de pé quando ele e a superintendente se aproximaram. "Vi uma mulher de uns trinta anos no fim da fila", escreveu. "Tinha feições largas, pele amarelada, olhos escuros e o cabelo curto e escuro preso embaixo do chapéu. Destacava-se no meio do resto porque, enquanto todas as outras faziam reverência quando a senhora superintendente passava e exigia o sorriso de reconhecimento sempre a postos, ela, depois de lançar um olhar penetrante e zangado para os visitantes que se aproximavam, se levantou mal-humorada olhando para o chão. 'Quem é ela?', perguntei à sra. Gibson quando já estávamos afastados e não podíamos ser ouvidos. 'Aquela', disse a senhora superintendente, 'é Constance Kent, e é muito difícil lidar com ela. É uma das poucas mulheres da prisão que eu não consigo dominar.'"

Uma reportagem do mesmo jornalista publicada em 1878 sugeria por que Constance tinha sido afastada das tarefas de criação de mosaico: "Ela tentou fugir mais de uma vez, e na ocasião da minha visita estava sendo submetida a um castigo especial porque fora surpreendida levando correspondência clandestina, que havia escondido com grande astúcia, e insistia em fazer isso com uma determinação singular". A fotografia de Constance no segundo caderno de ilustrações deste livro foi tirada em Woking naquele ano.

30. De *Secrets of the prison house* (1894), de Arthur Griffiths.
31. De *Fifty Years of Public Service* (1904), de Arthur Griffiths.
32. Petições e cartas de apoio em HO 144/20/49113.

19. MUNDOS DE FANTASIA REAIS (p. 330-338)

1. As informações sobre William e sua família, neste capítulo, foram extraídas sobretudo de *Savant of the Australian seas* (1997, revisado em 2005), de A. J. Harrison. Outras fontes incluem: "Emigration of women to Australia: Forced and voluntary", estudo divulgado na Sociedade dos Genealogistas de Londres por Noeline Kyle em 31 de agosto de 2005; censo inglês de 1881 e de dois livros do próprio William: *The Great Barrier Reef* (1893) e especialmente *The naturalist in Australia* (1897).
2. Do *Times* de 11 de junho de 1896.
3. O especialista australiano em pérolas C. Dennis George lembrou que o padrasto dos dois pioneiros japoneses das pérolas passou vários meses na ilha Thursday em 1901, e teve a chance de observar os métodos de William Saville-Kent. George também argumentou que Saville-Kent conseguiu sucesso no cultivo de pérolas inteiras antes de morrer, e disse que uma fieira dessas pérolas foi encontrada em posse de uma veterinária de Brisbane em 1984; outro conjunto, segundo boatos, estaria com uma família irlandesa. Ver *Savant of the Australian seas* (1997, revisado em 2005), de A. J. Harrison.
4. Informações sobre a família Kent dos atestados de óbito e testamentos, da correspondência no arquivo de Bernard Taylor e nas pesquisas australianas de A. J. Harrison e Noeline Kyle. O hospital de St. Peter é descrito em *Old and new London: Volume 6* (1878).
5. De *Saint – with red hands?* (1954), de Yseult Bridges. Bridges disse que ela obteve informações em primeira mão de uma mulher que tinha 22 anos quando conheceu Constance em 1885. Quando Bridges escreveu o livro, a história do que ocorreu depois com Constance era ignorada.
6. O exílio australiano de Constance foi revelado em *Cruelly murdered* (1979), de Bernard Taylor.
7. Em seu testamento, escrito em 1926, Constance deixou o lar que fundara para uma colega enfermeira, Hilda Lord, e seu dinheiro para o fundo Joseph Fels (1853-1914), um magnata judeu americano do ramo de sabão, reformista social e filantropo que criou comunidades-modelo para desempregados e artesãos na Inglaterra e nos Estados Unidos. Ele acreditava que os impostos

deveriam se basear unicamente na propriedade da terra. O relato dos retratos familiares deixados para Olive consta da correspondência que está nos arquivos de Bernard Taylor.

20. A MÚSICA DA FOICE NO GRAMADO LÁ FORA (p. 339-351)

1. Rhode citou e discutiu a carta num ensaio em *The anatomy of murder: Famous crimes critically considered by members of the detection club* (1936). A carta original foi destruída num ataque inimigo durante a Segunda Guerra Mundial, mas a versão datilografada por Rhode sobreviveu.

2. O vazamento de gás foi mencionado pelo *Somerset and Wilts Journal* em 1865. Constance frequentava um colégio interno em Bath, segundo o jornal, quando, "ao ser ofendida por uma professora, abriu os bicos do gás da casa de propósito, sem fazer segredo de que sua intenção era causar uma explosão".

3. Isso era plausível, uma vez que *A origem das espécies* recebeu muita atenção quando foi publicado, em 1859. Havia uma impossibilidade na carta, porém: o autor alegava que a jovem Constance costumava chocar as pessoas referindo-se à "La Divine Sara" Bernhardt, mas a atriz — nascida no mesmo ano que Constance — só se tornaria famosa na década de 1870.

4. Num ensaio de 1949, a psicanalista Geraldine Pederson-Krag sugeriu que o assassinato num romance policial é uma versão da "cena primal" na qual uma criança testemunha ou imagina seus pais durante o ato sexual, e interpreta o ato como violência. A vítima representa um dos pais, as pistas, os sons, manchas e brincadeiras noturnas que a criança observa, mas não entende direito. O leitor do romance policial, segundo Pederson-King, satisfaz sua curiosidade infantil por meio da identificação com o detetive, e assim "retifica por completo a inadequação impotente e a culpa ansiosa inconscientemente lembradas da infância". Ver "Detective stories and the primal scene", em *Psychoanalytic Quarterly* 18. Em 1957 o psicólogo Charles Rycroft argumentou que o leitor não era apenas o detetive, mas também o assassino, esgotando os sentimentos hostis em relação aos pais. Ver "A detective story" em *Psychoanalytic Quarterly* 26. Essas abordagens são discutidas em *Bloody murder: From the detective story to the crime novel — A history* (1972), de Julian Symons.

5. Informações sobre sífilis de *Pox: Genius, madness and the mysteries of syphilis* (2004), de Deborah Hayden, e de Alastair Barkley, consultor de dermatologia de Londres.

Desde que esse livro foi publicado, veio à tona uma outra história dos contatos sexuais de Samuel em Londres no início da década de 1830: uma mulher chamada Josephine Bridges escreveu ao autor em 2008 para dizer que achava que sua tataravó, figurinista de um teatro em Londres, deu à luz uma filha de Samuel antes de 1835. A menina, Rosa Kent Fuller, veio a casar com Edwin Martin, um carpinteiro de Iden, East Sussex; o primeiro filho deles nasceu no verão em que Saville Kent foi assassinado. Mais tarde, quando os Martin atravessavam um cruzamento ferroviário, Rosa foi perseguida e morta por um motorista em 1908. Ela foi enterrada no cemitério de Iden.

A mãe e a avó de Josephine Bridges lhe contaram que Samuel Kent sempre visitava a filha ilegítima e a tratava bem. Apesar disso, Rose Kent Fuller foi registrada no censo de 1841 como "pobre" de oito anos de idade, moradora da West London Union em Edmonton, Middlesex, um instituto para crianças empobrecidas do Strand, de Londres. A mãe dela deve ter sido Mary Ann Fuller, de cerca de 25 anos, registrada naquele ano como interna do reformatório de Strand Union, em Cleveland Street, Fitzrovia. Mães solteiras eram quase sempre enviadas para o reformatório, e os conselhos tutelares estabelecidos em Londres na década de 1830 quase sempre separavam as crianças pobres de seus pais, enviando-as para escolas fora da cidade.

Se Samuel era o pai de Rosa, a sra. Bridges e sua família são os únicos descendentes dos Kent conhecidos.

6. *The case of Constance Kent* (1928).

7. Em *Édipo Rei*, de Sófocles, por vezes considerada a história de detetive inicial, Édipo é tanto o detetive quanto o assassino; ele comete e desvenda os crimes. "Em qualquer investigação, o detetive real é o suspeito", escreveu John Burnside em *The Dumb House* (1997). "Ele é o único a fornecer pistas, e o único que se revela."

8. Em *Murder and its motives* (1924), Fryniwyd Tennyson Jesse aceita a culpa de Constance, mas lamenta que a jovem tenha nascido numa era sem condições de compreender e abrigar sua complexa psicologia. Em *The rebel Earl and other studies* (1926), William Roughead lamentava o fato de os psiquiatras não terem reconhecido que Constance sofria de uma "doença mental". Em *Saint — with red hands?* (1954), Yseult Bridges argumentou que os verdadeiros assassinos eram Samuel Kent e Elizabeth Gough, e que Constance confessara para protegê-los. Em *Victorian murderesses* (1977), Mary S. Hartman concorda que Constance provavelmente fez uma falsa confissão para esconder a culpa do pai. Em *Cruelly murdered* (1979), Bernard Taylor sugere que Constance matou Saville, mas que Samuel, que tinha um caso com Gough, mutilou o corpo para esconder o crime da filha e sua própria má conduta.

Entre as versões ficcionais da história há uma cena no filme de terror britânico *Dead of night* (1945) em que uma moça encontra o fantasma de Saville Kent em canto remoto de uma mansão do interior — e ele fala da crueldade de Constance com ele. Dois anos depois, a peça *Angel*, de Mary Hayley Bell, dirigida na versão londrina por seu marido, sir John Mills, confundiu tanto o público com sua compaixão por Constance que saiu de cena em poucas semanas e quase acabou com a carreira de autora de Bell. Eleanor Hibbert, que escreveu romances históricos com o pseudônimo de Jean Plaidy, romanceou o caso em *Such bitter business* (1953), usando o nome de Elbur Ford. Dois personagens de *Other people's worlds* (1980), de William Trevor, ficam obcecados pelo crime de Road Hill, com resultados horríveis. Em *Act of darkness* (1963), Francis King situa a história na Índia colonial dos anos 1930, e faz que o menino seja acidentalmente assassinado pela irmã e a babá, quando as surpreende num abraço lésbico. *Taking the veil*, de James Friel (1989), situa o caso na Manchester dos anos 1930, e o menino é morto pelo pai e a tia babá depois de testemunhar o ato sexual dos dois; sua meia-irmã mutila o corpo e faz uma falsa confissão de assassinato para proteger o pai, que a violara sexualmente. Em 2004 Wendy Walker resumiu a história num livro-poema, *Blue fire* (ainda inédito em livro), que usava uma palavra de cada linha de *The great crime of 1860*, de Stapleton.

9. Em MEPO 3/61.

POSFÁCIO (p. 352-353)

1. Joshua Parsons, encarregado da autópsia, discordou dessa interpretação dos cortes no dedo de Saville. As incisões não sangraram, disse à corte dos juízes leigos em 4 de outubro de 1860, e portanto só podem ter sido feitas após a morte, provavelmente por acidente. De qualquer modo, ele disse, acreditava que os cortes tivessem sido feitos com a mão direita, e não a esquerda. Seu exame do corpo respaldava a teoria de que o menino fora morto por sufocamento, uma descoberta que Stapleton estava decidido a contestar. A discussão entre os médicos leva Saville novamente ao reino do enigma e do debate. A imagem da criança viva é atenuada.

2. Em carta de 2 de junho de 1949 a James Sandoe. De *The Raymond Chandler papers: Selected letters and non-fiction, 1909-1959* (2000), organizado por Tom Hiney e Frank MacShane. Chandler afirmava na mesma carta que uma história policial e uma história de amor jamais poderiam ser combinadas, pois a história policial era "imprópria para o amor".

Bibliografia selecionada
Outras fontes estão detalhadas nas notas

FONTES PRIMÁRIAS

Polícia Metropolitana, Ministério do Interior e arquivos dos tribunais
ASSI 25/46/8
HO 45/6970
HO 144/20/49113
MEPO 2/23
MEPO 3/61
MEPO 3/53
MEPO 3/54
MEPO 4/2
MEPO 7/7
MEPO 21/7

JORNAIS

The Bath Chronicle
The Bristol Daily Post
The Daily Telegraph
The Frome Times

The Morning Post
The News of the World
The Observer
The Penny Illustrated Paper
The Somerset and Wilts Journal
The Times
The Trowbridge & North Wilts Advertiser
The Western Daily Press

OUTROS PERIÓDICOS

All the Year Round
The Annual Register
Chamber's Edinburgh Journal
Household Words
The Law Times
Once a Week

LIVROS E FOLHETOS

UM ADVOGADO. *The Road murder: Being a complete report and analysis of the various examinations and opinions of the press on this mysterious tragedy*, Londres, 1860.

"ANONYMA" (W. Stephens Hayward). *Revelations of a lady detective*, Londres, 1864.

BRADDON, Mary Elizabeth. *Lady Audley's secret*, Londres, 1862.

CAVANAGH, Timothy. *Scotland Yard past and present: Experiences of thirty-seven years*, Londres, 1893.

COLERIDGE, Ernest Hartley. *Life and correspondence of John Duke, Lord Coleridge*, Londres, 1904.

COLLINS, Wilkie. *The woman in white*, Londres, 1860. [Ed. portuguesa *A mulher de branco*. Lisboa: Europa-América, 1953.]

_____. *The moonstone*, Londres, 1868. [Ed. brasileira *A pedra da Lua*. Rio de Janeiro: Record, 2001.]

DAVIES, James. *The case of Constance Kent, viewed in the light of the Holy Catholic Church*, Londres, 1865.

DICKENS, Charles. *Bleak house*, Londres, 1853. [Ed. brasileira *A casa soturna*. Rio de Janeiro: Nova Fronteira, 1986.]

_____. *The mystery of Edwin Drood*, Londres, 1870. [Ed. brasileira *O mistério de Edwin Drood*. São Paulo: Clube do Livro, 1978.]

FORRESTER, Andrew. *The female detective*, Londres, 1864.

GRIFFITHS, Arthur. *Secrets of the prison house*, Londres, 1894.

_____. *Mysteries of police & crime*, Londres, 1899.

_____. *Fifty years of public service*, Londres, 1904.

HOOD, Edwin Paxton. *The case of Constance Kent, viewed in the light of the confessional*, Londres, 1865.

HOTTEN, John Camden. *The slang dictionary; or, The vulgar words, street phrases, and "fast expressions of high and low society, etc.*, Londres, 1864.

HOUSE, Madeline; STOREY, Graham. *The letters of Charles Dickens* 1859-61, Londres, 1997.

HUISH, Robert. *The progress of crime; or, The authentic memoirs of Maria Manning*, Londres, 1849.

JAMES, Henry. *The turn of the screw*, Londres,1898. [Ed. brasileira "A volta do parafuso", em Manguel, Alberto. (Org.) *Contos de horror do século XIX*. São Paulo: Companhia das Letras, 2005.]

KENEALY, Maurice Edward. *The Tichborne tragedy: Being the secret and authentic History of the extraordinary facts and circumstances connected with the claims, personality, identification, conviction and last days of the Tichborne claimant*, Londres, 1913.

KENT, William. *Guidebook to the Manchester Aquarium*, Manchester, 1875.

_____. *A manual of the infusoria: Including a description of all known flagellate, ciliate and tentaculiferous protozoa, Britsh and foreign, and an account of the organisation and afinities of the sponges*, Londres, 1880-2.

LANSDOWNE, Andrew. *A life's reminiscences of Scotland Yard*, Londres, 1890.

MAYHEW, Henry; e BINNY, John. *The criminal prisons of London and scenes of London life*, Londres, 1862.

MCLEVY, James. *The casebook of a Victorian detective*, organizado por George Scott-Moncreiff, Edimburgo, 1975, uma seleção de *Curiosities of crime in Edinburgh* e *The sliding scale of life*, Edimburgo, 1861.

POE, Edgar Allan, "The man of the crowd" (1840), "The murders in the rue Morgue" (1841), "The mystery of Marie Roget" (1842) e "The tell-tale heart" (1843), republicado em *Complete stories and poems*, Nova York, 1966. [A tradução brasileira de alguns desses contos está em *Histórias extraordinárias*. São Paulo: Companhia das Letras, 2008.]

SAVILLE-KENT, William. *The Great Barrier Reef*, Londres, 1893.

_____. *The naturalist in Australia*, Londres, 1897.

STAPLETON, Joseph Whitaker. *The great crime of 1860: Being a summary of the facts relating to the murder commited at road; a critical review of its social and scientific aspects; and an authorised account of the family; with an appendix, containing the evidence taken at the various inquiries*, Londres, 1861.

WARE, James Redding. *The Road murder: Analysis of this persistent mystery, published in 1862, now reprinted, with further remarks*, Londres, 1865.

"WATERS" (William Russell). *Recollections of a detective police-officer*, Londres, 1856.

_____ (Org.). *Experiences of a real detective*, por Inspector "F", Londres, 1862.

FONTES SECUNDÁRIAS

ALTICK, Richard D. *Victorian studies in scarlet*, Nova York, 1970.

_____. *Deadly encounters: Two Victorian sensations*, Filadélfia, 1986.

The anatomy of murder: Famous crimes critically considered by members of the detection club, Londres, 1936.

ATLAY, J. B. *Famous trials of the century*, Londres, 1899.

BEER, Gillian. *Forging the missing link: Interdisciplinary stories*, Cambridge, 1992.

BOYLE, Thomas. *Black swine in the sewers of Hampstead: Beneath the surface of Victorian sensationalism*, Nova York, 1988.

BRIDGES, Yseult. *Saint — with red hands?: The chronicle of a great crime*, Londres, 1954.

BROWNE, Douglas G. *The rise of Scotland Yard: A history of the Metropolitan Police*, Londres, 1956.

CHESNEY, Kellow. *The Victorian underworld*, Londres, 1970.

COBB, Belton. *Critical years at the Yard: The career of Frederick Williamson of the Detective Department and the* CID, Londres, 1956.

_____. *The first detectives and the early career of Richard Mayne, commissioner of police*, Londres, 1957.

COLLINS, Philip. *Dickens and crime*, Londres, 1962.

DILNOT, George. *Scotland Yard: Its history and organisation 1829-1929*, Londres, 1929.

EMSLEY, Clive. *The English police: A political and social history*, Londres, 1991.

FRANK, Lawrence. *Victorian detective fiction and the nature of evidence: The scientific investigations of Poe, Dickens and Doyle*, Nova York, 2003.

HARRISON, A. J. *Savant of the Australian seas*, Hobart, 1997.
HARTMAN, Mary S. *Victorian murderesses*, Nova York, 1977.
HUGHES, Kathryn. *The Victorian governess*, Londres, 1993.
KAYMAN, Martin A. *From Bow Street to Baker Street: Mystery, detection and narrative*, Basingstoke, 1992.
KNELMAN, Judith. *Twisting in the wind: The murderess and the English press*, Toronto, 1998.
LEHMAN, David. *The perfect murder: A study in detection*, Nova York, 1989.
LOCK, Joan. *Dreadful deeds and awful murders: Scotland Yard's first detectives 1829-1878*, Somerset, 1990.
MAUGHAN, Herbert Hamilton. *Wagner of Brighton: The centenary book of St. Paul's Church, Brighton*, Loughlinstown, 1949.
MILLER, D.A. *The novel and the police*, Berkeley, 1988.
MILLER, Wilbur R. *Cops and bobbies: Police authority in New York and London 1830-1870*, Chicago, 1999.
OUSBY, Ian. *Bloodhounds of heaven: The detective in English fiction from Godwin to Doyle*, Cambridge, Massachusetts, 1976.
PORTER, Dennis. *The pursuit of crime: Art and ideology in detective fiction*, New Haven, 1981.
RHODE, John. *The case of Constance Kent*, Londres, 1928.
ROGERS, Kenneth. *The book of Trowbridge*, Buckingham, 1984.
ROUGHEAD, William. *The rebel earl and other studies*, Edimburgo, 1926.
SHPAYER-MAKOV, Haia. *The making of a policeman: A social history of a labour force in metropolitan London, 1829-1914*, Aldershot, 2002.
SYMONS, Julian. *Bloody murder: From the detective story to the crime novel — A history*, Londres, 1972.
TAYLOR, Bernard. *Cruelly murdered: Constance Kent and the killing at Road Hill House*, Londres, 1979, revisado em 1989.
TAYLOR, Jenny Bourne. *In the secret theatre of home: Wilkie Collins, sensation narrative, and nineteenth-century psychology*, Londres, 1988.
_____; SHUTTLEWORTH, Sally, orgs. *Embodied selves: An anthology of psychological texts 1830-1890*, Oxford, 1998.
THOMAS, Ronald. *Detective fiction and the rise of forensic science*, Cambridge, 1999.
TRODD, Anthea. *Domestic crime in the Victorian novel*, Basingstoke, 1989.
WOHL, A. *The victorian family: Structures and stresses*, Londres, 1978.
WOODRUFF, John Douglas. *The Tichborne Claimant: A Victorian mystery*, Londres, 1957.

Agradecimentos

Sou imensamente grata a Bernard Taylor por me apresentar seu arquivo de jornais sobre o assassinato de Road Hill e por permitir usar as imagens que recolheu — foi um ato excepcionalmente generoso. Agradeço também a Stewart Evans, responsável pela custódia do arquivo, por sua orientação e hospitalidade, e a Cynthia Yates por ser uma anfitriã tão amável e informativa na mansão de Langham (antiga Road Hill). Pela ajuda em pesquisas específicas, agradeço a Joseph Wisdom, da catedral de St. Paul, a Susanna Lamb, do museu de madame Tussaud, a Eleri Lynn, do museu Victoria & Albert; a Katherine White, do museu de Trowbridge, e a Anthony J. Harrison, da Austrália. Obrigada a Leslie Robinson pelos mapas. No geral, sou grata ao pessoal do Arquivo Nacional, Family Records Centre, biblioteca de Battersea, biblioteca regional de Southwark, museu de Trowbridge, museu de Frome, London Library, British Library, arquivos metropolitanos de Londres e coleção histórica da Polícia Metropolitana.

Por seu apoio e orientação, agradeço muito a minha família e aos meus amigos, entre eles Ben Summerscale, Juliet Summerscale, Valerie Summerscale, Peter Summerscale, Robert Randall, Daniel Nogues, Victoria Lane, Toby Clements, Sinclair McKay, Lorna Bradbury, Alex Clark, Will Cohu, Ruth Metzstein, Stephen O'Connell, Keith Wilson e Miranda Fricker. No estágio inicial da pesquisa contatei excelentes fontes graças a Sarah Wise, Rebecca Growers, Robert Douglas-Fairhurst e Kathryn Hughes. No final, encontrei leitores maravilhosos em Anthea Trodd e Peter Parker. Também agradeço a PD James por suas observações sobre o caso, e ao inspetor-detetive Douglas Campbell pelos comentários sobre o trabalho do detetive em geral.

Pela dedicação à publicação do livro agradeço a Alexandra Pringle, Mary Morris, Kate Tindal-Robertson, Meike Boening, Kathleen Farrar, Polly Napper, Kate Bland, David Mann, Phillip Beresford, Robert Lacey e o restante da brilhante equipe de Bloomsbury. Sou grata a meus sensacionais editores da Walker & Co., George Gibson e Michele Amundsen, e a outros editores que mostraram acreditar no livro, inclusive Andreu Jaume, da Lumen SA de Barcelona, Dorothee Grisebach, da Berlin Verlag, Dominique Bourgois, da Christian Bourgois Editeur de Paris, Andrea Canobbio, da Giulio Einaudi Editore de Turim, e Nikolai Naumenko, da AST de Moscou. Sou grata também a Angus Cargill e Charlotte Greig pelo interesse e encorajamento inicial. Meus agradecimentos aos excelentes Laurence Laluyaux, Stephen Edwards e Hannah Westland, da Rogers, Coleridge & White Ltd, a Julia Kreitman, de The Agency, e a Melanie Jackson, de Nova York. Um agradecimento especial a David Miller, meu amigo e agente, por sempre entender melhor do que eu o que eu estava tentando fazer. Sua contribuição a este livro é incomensurável.

Meu filho Sam já foi recompensado (com uma viagem a Legoland), por ser paciente enquanto eu trabalhava, mas eu gostaria de agradecer-lhe aqui, por ter sido fantástico em tudo.

Índice remissivo

Adams, John Couch, 177
Adelphi, teatro, 117
Alberto, príncipe, 258
All the Year Round, 27, 159, 313
Alloway, John, 20, 32, 38-9, 41, 47
Alresford, 311
Annual Register, 140
Aquário Real, 322
aquários, 320
Arábia, 129
armações de aço para vestidos, 175
Arundel, lorde, 309
Ascot, 87
Asmodeu, 194
Austrália, 14, 84, 309-11, 329, 331, 333-4, 338-9; Constance Kent na, 335-7; William Kent na, 330-6
Avon, rio, 74
Axbridge, 202

Baily, sr. e sra., 188
baladas em folhetos, 100, 295-6

Balaklava, 104
Baldwin, Mary, 156
baobá, 333-4
Barnes, Constance Amelia, 335
Barry, sir Charles, 199
Bath, 172, 202, 220, 237, 242, 247; fuga de Constance e William Kent, 123-7, 141, 178, 349; hotel Greyhound, 123-4; polícia, 247-8
Bath Chronicle, 92, 131, 144, 165, 178; críticas a Whicher, 212, 217; relatos do caso de Road Hill, 58, 65, 68, 90-1, 128, 130, 145-6, 162, 165, 178, 196; suspeita de Samuel Kent, 207
Bath Express, 126, 144, 150, 185, 220-1
Battersea, 322
Baudelaire, Charles, 345
Baxter, Richard, 343
Baynton House, 104, 105, 337, 341, 360
Beckington, 21, 32, 34, 38, 48, 109, 110-1, 172, 177, 221, 250, 279; ca-

407

pela metodista, 250; Manor House School, 110
Beethoven, Ludwig van, 344
Beeton, sra. Isabella, 105, 344
Belgravia, 154
Benger, Thomas, 20, 44-6, 52, 54, 59, 162, 164, 281
Bennett, John, 83
Bennett, Thomas, 326
Bentham, Jeremy, 257
Berkshire, 115, 121, 229
Bermondsey, 72, 100, 139
Bethlehem, asilo de, 112
Bird, J. J., 171
Biss, rio, 74
Blackall, dr., 103
Blackwood's Edinburgh Magazine, 157
Blandford, 204
Bloemfontein, bispo de, 328
Bloomsbury, 79-80
bondes, 322
Bonwell, rev. James, 86, 167, 219-20
Booth, John Wilkes, 298
Bow Street, corte de juízes leigos de, 299
Bowyer, sir George, 211,-2
Braddon, Mary Elizabeth, 246, 258, 263, 288; *Aurora Floyd*, 263; *Lady Audley's secret*, 246, 258, 260, 288
Bradford-upon-Avon, 231
Brighton, 266, 270, 272, 285, 299, 303, 320, 335; aquário de, 320; lar de St. Mary (Hospital), 266, 270, 273, 285, 347
Brisbane, 331, 336
Bristol, 123, 124, 157, 159, 239; Clifton, 184
Bristol Daily Post, 57, 146, 152, 222-3, 231-2, 237
Bristol Mercury, 233

Brontë, Charlotte, 104, 114, 128; *Jane Eyre*, 104, 135
Brown, Hannah, 100
Brunel, Isambard Kingdom, 23
Buckingham, palácio de, 80
Buckinghamshire, 218
Bucknill, Charles, 288-9, 297, 301, 303
Burlington House, 333
Burne-Jones, Edward, 272
Burns, Robert, 214
Butcher, inspetor-chefe, 325
Buxted, 335

Caim e Abel, 146
Calne, 230
Câmara dos Comuns, 211, 285
Camberwell, 74-5, 100, 209, 313, 325
Cambridge, museu zoológico de, 317
câmeras *ver* fotografia
Canadá, 336
Caribe, 106
Carlyle, Thomas, 139
Carus, dr., 69
cavalos-marinhos, 321
Cavanagh, Timothy, 154, 201, 252
cédulas bancárias, 100
Cenci, Beatrice, 214
Chambers's Edinburgh Journal, 82-3
Chandler, Raymond, 353
Charbury, 157
Charlie Bonnie, príncipe, 342
charretes de aluguel, 78
Cheshire, 202
Chesterton, G. K., 318
Chile, 309
Chippenham, 23, 28, 218, 227, 275
Civil Service Gazette, 59
Clapton, 102
Clark, Henry, 172, 184, 186, 189, 261, 277

Cockburn, John, 308
Colégio Real de Cirurgiões, 317
Coleridge, John Duke, 292-4, 298, 311
Collins, Wilkie, 12, 27, 71, 101, 120, 159, 205, 229, 267, 308, 313; *A mulher de branco*, 71, 99, 135, 172, 195; *A pedra da Lua*, 12, 106, 109, 205, 313, 315; *Armadale*, 308; "Mad Monkton", 112; *No name*, 267; "O diário de Anne Rodway", 101
Colne, rio, 297
Conan Doyle, Arthur, 97, 315, 323
Convento de la Sagesse, 251
corais, 317-8, 332-5
Cork, 292
Corte dos Arcos, 167
Covent Garden, 270, 358
Cowper, William, 214
Cox, Sarah, 19, 31, 43, 61-2, 93, 96, 224; camisola, 56, 58, 135, 173-4, 221; casamento, 281; confissão de Constance Kent, 281; depoimento, 58-9, 173; descoberta da camisa, 241; exame de Constance Kent, 189; exame de Gough, 223; negação da culpa, 49
Crawley, rev., 152
Cresswell, sir, 308
crianças: criminosas, 155-6; e assassinato, 277, 288; filhos ilegítimos, 170
Crichton-Browne, James, 288
"crime elegante", 85
Cross, Richard, 326, 327
Crowthorne, 115
Croydon, 310

Daily Telegraph, 121, 208, 214, 276, 278, 293
Dallimore, Eliza, 20, 52-3, 58, 64, 224, 225; descoberta da camisa, 241; interrogatório de Gough, 224-6
Dallimore, William, 52, 66, 224, 234-5
Dalton, sr., 202
Dann, inspetor, 210
Darwin, Charles, 119, 176-7, 257, 263, 317
Davies, rev. James, 285
De Quincey, Thomas, 86
"degradação racial", 262
Denbih, 317
dentes hutchinsonianos, 344, 346
Departamento de Investigação Criminal, 324
detetives: amadoras, 226; astrônomos, 176; comportamento, 82; confiança na sorte, 256; confissões, 153; corrupção, 324; decepção da imprensa com, 229-30; etimologia da palavra, 194; franceses, 159; imagem na retina, 146; impacto do caso de Road Hill, 264; investigadores particulares, 236, 308; métodos, 114-21; obsessão pública por, 205; palpite, 114; pistas, 99, 176; posição social, 181; psicanálise e, 137; recompensas, 213; sabujos, 129; sagacidade, 128; solidão, 174, 265; testemunho e prova, 257; truques, 198; variedade de tipos, 323
Devizes and Wiltshire Gazette, 144, 146, 213, 251
Devizes, penitenciária de, 152, 184, 190, 278, 291
Devonshire, 103, 104, 125, 135, 345; juízes leigos, 296
Diary of an ex-detective, 174
Dickens, Charles, 12, 25-7, 29, 83-5, 99, 111, 117, 153, 177, 193, 199,

313, 318-9, 357-9; *A casa soturna*, 29, 84, 139, 176, 193, 226; detetives e, 74, 81, 83, 116, 128, 176, 236; *Grandes esperanças*, 140; "Hunted down", 118; morte, 318; *O mistério de Edwin Drood*, 318, 350; teoria sobre o caso de Road Hill, 229, 247, 318
Dinan, 249, 251, 266, 335
dinossauros, 333
Disraeli, Benjamin, 326
divórcio, 236, 308
Doel, Emily, 20, 33-4, 39, 163
Dorset, 204, 325
Drake, Sarah, 167-70, 172, 182
Dublin, 265, 284
Dublin Review, 265
Ducker, srta., 247
Dunn, William, 21, 164, 184, 279; confissão de Constance Kent, 277-8; inquérito Slack, 220, 221
Durkin, inspetor-chefe, 274

East Coulston, 63, 104
East Grinstead: igreja de St. Swithun, 325
Ebury, lorde, 285
Eden, Emily, 205
Edgware Road, 100
Edimburgo, 100, 129, 264, 316
Edinburgh Daily News, 316
Edlin, Peter, 21, 184-94, 214, 299
Elephant & Castle, 296
Eliot, George, 315
Eliot, T. S., 12, 315
Elizabeth I, rainha, 214
Emerson, Ralph Waldo, 69
empregadas, 181
Epsom, 85

"Escola de dança", 97
Essex, 86, 103, 297
Estados Unidos, 146
Eton, 229, 272
Euston Square, estação de, 169
Evans, sra., 308
Exeter, 103, 136

facas, 13, 32, 38-9, 50, 94, 98, 201-2, 206, 209
Farrer, sr., 201
Female detective, The, 99, 129
ferrovias/estações ferroviárias, 23, 25, 27-8, 105, 199, 218, 322; primeiro assassinato em, 279
ficção detetivesca (romance policial), 313, 315, 339; *ver também* Collins, Wilkie; Dickens, Charles; Poe, Edgar Allan; romances sensacionalistas
Field, Charley, inspetor-detetive, 84-6, 128, 199, 236, 308, 324
Fielding, Henry, 129
Finsbury Square, 102
fisionomia, 46, 92, 117-9, 166, 185, 326
Flaubert, Gustave, 344
Foley, John, inspetor-chefe, 20, 42-3, 50-2, 55-6, 58-9, 64, 66, 73, 92, 110, 142, 161, 190, 210, 215, 235, 241-2, 251, 302; à frente da investigação, 49-51, 53-5, 57-8, 61, 63-5, 112; colaboração com Whicher, 89, 91-2, 95, 128, 151; descoberta da camisa, 234-5, 241-2; leilão de Road Hill, 250; morte, 275; obstrução de Samuel Kent, 141, 222
folhetos com baladas *ver* baladas em folhetos

Folkestone, lorde, 279
Forrester, Andrew, 99, 129, 226, 257
fotografia, 26, 332
França, 249
Franz, Johann Carl, 252, 254
frenologia, 121
Freud, Sigmund, 117, 137, 304
Fricker, James, 20, 32, 52-3, 233
Frith, William, 23
Frome, 20-1, 63, 134, 153, 164, 184, 219, 234, 250, 284
Frome Times, 59, 139; críticas a Whicher, 212; e impopularidade de Samuel Kent, 91, 134; inquérito de Saunders, 237; relatos do caso de Road Hill case, 151, 153, 178, 193, 206; rumor sobre Constance Kent, 247
Frome, rio, 90, 93, 196
Fulham, penitenciária feminina de, 327

Gagg, John Edmund, 219
Gaskell, Elizabeth, 99
Gay, dr., 157
Gee, William, 205
Gerstenberg, Wilhelm, 254-5
Gladstone, William, 327
Glamis, sra., 24
Glasgow, 138, 297
Globe, 206, 310
Gloucester, 223
Gloucester Terrace, 179
Gloucestershire, 21, 157, 172
Gollop, Harriet, 179-80, 279
Goncourt, Edmond e Jules de, 257
Good, Daniel, 81
Goof, Charles, 82
Gough, Elizabeth, 19, 31-2, 39, 43-4, 48, 52-3, 56, 64-6, 133, 165, 203, 227-9, 250, 307, 318; abandono do emprego com a família Kent, 219; beijo no cadáver, 55, 61; caráter, 163; casamento, 307; confissão de Constance Kent, 278-80; Constance Kent e, 60-1, 66, 185; depoimento, 58-9, 149, 152, 174; depoimento sobre cobertor, 47, 50, 65, 163, 185, 223, 227; descoberta da ausência do menino, 38, 40-1, 119; detenção, 65-6, 68, 73; entrevista e revista, 52, 66; fundo de auxílio, 297; insanidade, 171; nova detenção e interrogatório, 22-6; objeto de fantasia sexual, 181; reinquirição e soltura, 92; suspeita, 65, 119, 162-3, 180-1, 201-3, 206-7; suspeita duradoura, 228, 238-9, 286
Gough, Sarah, 170
Governess life, 181
Grande Barreira de Corais, 332, 334
Grande Exposição, 143
Gray, Amy, 313, 322-3
Gray's Inn Road, 80
Gream, Katharine, 270, 275, 278, 282-3, 298, 307
Great Western, ferrovia, 24, 27
Green, Elizabeth (em solteira, Harding), 88, 307
Greenacre, James, 100
Greenhill, Joseph, 44
Grey, sir George, 283, 297
Griffiths, major Arthur, 72, 305, 323, 325-6
Groser, Albert, 119, 219
Guildford, 203

Hall, Ann, 42, 48
Halliday, Mary, 252-6

Hamburgo, 253
Hampshire, 311, 333, 335-6
Hancock, John inspetor-chefe geral, 157, 239
Hanover Square, 204
Harcourt, sir William Vernon, 327-8
Hardy, Thomas, 344
Harris, inspetor-chefe, 275, 277
Harris, sra., 275
Hatch, rev., 156
Hatherill, Louisa, 21, 158, 189, 284
Havana, 106, 338
Hawthorne, Nathaniel, 214
Hayward, W. S., 226
Heenan, John, 158
Henry, sir Thomas, 271
Herbert, Frederick, 130
Heritage, Ann, 43, 50
Heritage, Henry, 20, 43, 50
Hobart, 330, 331, 336
Holborn, 76, 79-81, 88, 111, 153, 155-7
Holcombe, James, 19, 32-3, 37-8, 41-2, 55, 134
Holcombe, Mary, 20, 45, 54
Holley, Hester, 20, 34, 58, 62, 209
Holley, Martha, 20, 62
Holliwell, James, 312
Holliwell, Sarah, 198, 312, 322
Holloway, 284
Holmes, Sherlock *ver* Conan Doyle, Arthur
Holywell Street, 198, 200, 267, 312
Hood, Edwin Paxton, 286
Horsemonger Lane, penitenciária de, 220
Household Words, 25, 182
Hughes, William, 248
Hull, 254
Hunter Place, distrito policial de, 77

Hutchinson, Jonathan, 344-5
Huxley, Thomas, 317, 333
Hyde Park, 24, 140

Igreja Anglicana, 220, 266, 272, 283, 285
Igreja Católica, 283, 311
imprensa *ver* jornais
insanidade, 112, 211; em *Lady Audley's secret*, 260; lei McNaghten e, 170; mulheres e, 287-8; sífilis e, 345
Irlanda, 218, 251, 292
Isleworth, 68, 163, 219, 221, 229, 279

"Jack, o Estripador", 324
James, Henry, 138, 245, 260, 325, 344, 350; *A volta do parafuso*, 12, 245, 350; *Pelos olhos de Maisie*, 344; *The princess Casamassima*, 306
Janin, Jules, 194
Jardim Zoológico de Londres, 85, 333
Jersey, 100
Johnson, Samuel, 214
Johnston, sra., 168, 169
jornais, 139; compaixão por Constance Kent, 297; confissão de Constance Kent, 275, 279, 289; decepção, 229; especulação sobre o caso de Road Hill, 206-7, 213; explicação de Constance Kent, 303
juízes leigos de Wiltshire, 64-5, 214; confissão de Constance Kent, 274, 277, 280; inquérito de Saunders e descoberta da camisa, 240-1; interrogatório de Constance Kent, 183-91; pedido de inquérito Slack, 220; pedido de recompensa aos detetives, 299; prisão de Constance Kent, 148-52; prisão de

Gagg, 218; suspeita continuada de Constance Kent, 195

Kahn, museu do dr., 140
Kenealy, Edward, 312
Kensington Gardens, 80
Kent, 81
Kent, Acland Saville, 196, 316, 330-1, 336
Kent, Constance Emily: camisola, 50, 56, 58, 98, 112, 119, 151-2, 164, 171-6, 189, 206, 214-5, 218, 224, 238, 280-2, 304; carinho com as crianças, 251; carta de Sidney, 339-4, 350; confissão de assassinato, 270-83, 347-50; depoimento, 60, 140; entrada para o convento, 266; escola francesa, 249, 251, 266; estudos, 110, 340, 342-3; fiança, 191-2; força física, 158, 160; fuga para Bath, 123-7, 141, 178, 349; Gough e, 62, 66; insanidade, 63, 112, 126, 135, 159, 171, 177, 287-9, 303, 348; interrogatório de, 183--91, 215; interrogatório de Gough, 223-4; julgamento de, 283, 291-4; julgamento de Madeleine Smith, 137-8, 141; madrasta, 104-5, 287-8, 296, 298-300, 302-3, 328, 339-44, 351; morte, 337; mosaicos, 325, 336; motivo para assassinato, 287-8, 295, 298-300, 302-3, 328, 347, 350; na cadeia, 164, 166; na prisão, 306-7, 325-8; nascimento, 103; petição para soltura, 320, 326-8, 339; prisão, 148-53, 265; propostas de casamento, 228; quarto de, 95, 98; relato do assassinato, 299-300, 302-3; retratada em *Lady Audley's secret*, 258-9; rumores sobre, 247; sabe do irmão desaparecido, 40, 119; saúde precária, 327; Saville e, 126, 140, 151, 178, 185-6, 188, 192; soltura da prisão, 328, 335; suspeita contínua, 195, 228, 238, 261; suspeitas de Whicher, 119, 126-7, 136-8, 159-60, 172-6, 208, 240; suspensão da pena, 296, 298; vida na Austrália, 336, 337; William e, 119, 123-7, 135, 141, 158, 159, 276, 289, 295, 336, 343, 348-50
Kent, Edward, 103-5; carta de Sidney, 340; daguerreótipo de, 338; paternidade de Saville, 106
Kent, Elizabeth, 31, 34, 36, 40, 47, 134; camisola, 56, 173; carta de Sidney, 340; interrogatório de Gough, 223-4; morte, 335; mudança para Londres, 317; nascimento, 102; novo casamento do pai, 104-5
Kent, Elizabeth (em solteira, Bennett), 320-1
Kent, Ellen, 103
Kent, Eveline, 31, 34-5, 38-9, 47, 56, 186; paternidade, 106; vida na Austrália, 330, 336
Kent, Florence Saville, 251, 316, 330, 336
Kent, Francis Saville *ver* Kent, Saville
Kent, Henry Saville, 103
Kent, John Saville, 103
Kent, Julia, 103
Kent, Mary (em solteira, Pratt), 31, 34-6, 56, 61, 142; carta de Sidney, 340-4; casamento, 104, 162; como governanta, 105, 340-4; defesa do marido, 229; filho natimorto,

105-6; filhos menores e maiores, 105, 119, 126-7, 159; gravidez e parto, 67, 92, 196, 208; julgamento de Constance, 291; julgamento de Madeleine Smith, 138; morte da primeira sra. Kent, 135; nova gravidez, 249; paternidade de Saville, 106; sabe da criança desaparecida, 39-43; sabe do assassinato, 48, 49; saúde precária e morte, 316, 345-6; sífilis, 345-6; suspeita de Constance, 164; suspeita e interrogatório de Gough, 204, 208; suspeitas, 65; testemunho de Gollop, 179-80

Kent, Mary Amelia Saville, 31, 34, 40, 56, 219, 316; filha de (Olive), 336-7; interrogatório de Gough, 223; nascimento, 106; recebimento de herança, 335; tentativa de entrevista, 221; vida na Austrália, 330, 336

Kent, Mary Ann, 31, 34, 36, 47, 134; camisola, 53, 56, 58, 164, 173; carta de Sidney, 340; entrevistada, 67; inquérito de Saunders, 233; interrogatório de Gough, 223; julgamento de Constance, 291-2; morte, 335; mudança para Londres, 317; nascimento, 102; segundo casamento do pai, 104-5, 284

Kent, Mary Ann (em solteira, Livesey), 321

Kent, Mary Ann (em solteira, Windus), 33, 94, 180; casamento, 102; insanidade, 102-3, 112, 135, 179-80, 296, 340, 345; morte, 104; retrato, 338; sífilis, 345

Kent, Samuel, 31-6; assinaturas de jornais, 59, 96; camisola, 63; caráter, 161; carta de Sidney, 340, 341-4; condição financeira, 105, 205, 249; confissão de Constance, 277, 280; depoimento referente ao cobertor, 50, 65; descoberta da camisa, 235, 241; descrição da casa, 132; Edward e, 104-5; emprego de inspetor de fábrica, 32-3, 74, 91, 102, 105, 238-9, 251; filhos menores e maiores, 105, 119, 126, 158-9, 284; ida a Trowbridge, 41-2, 50-1, 65, 161, 222; impopularidade, 33, 91, 162, 239, 251; interrogatório de Constance, 183-5, 190, 192; interrogatório de Gough, 222; julgamento de Constance, 291; morte, 298; morte da primeira esposa, 135; mudança para Devonshire, 103, 345; mudança para o País de Gales, 251; obstrução à polícia, 141-2, 222; pedido de aposentadoria, 248-9, 316; primeiro casamento, 102-4; publicação do livro de Stapleton, 261, 262; representação no inquérito, 51, 57; sabe de desaparecimento e morte do filho, 39-2, 44, 48-51, 54-5, 222; segundo casamento, 104-5; sífilis, 344-6; suspeita, 65, 146, 149, 161, 180, 207, 229, 238-9; suspeita de Constance, 164, 349; suspeitas crescentes, 133-7; testemunho de Gollop, 180; visita a Constance na França, 266; vizinhos suspeitos, 91

Kent, Saville (Francis Saville), 31-6; autópsia, 54, 59, 111, 352; caracterização como delator, 53, 65, 180, 225; Constance, 126, 140, 151, 185-6, 188, 192; corpo exumado, 217; descoberta da ausência, 38, 40-3; encontro do corpo, 45-6;

enterro, 61-2; especulação sobre a morte, 208; incidente das meias, 136; inquérito do juiz leigo investigador, 57-61, 68, 262; paternidade, 106; relato do assassinato por Constance, 299-300, 302-3; rumores sobre o assassinato, 90-1
Kent, Thomas, 102
Kent, William Saville (depois Saville-Kent), 31, 33, 36, 41, 48, 56; apelo em favor da irmã, 298; carta de Sidney, 340; casamento, 320; choro por causa do assassinato, 165; Constance e, 119, 123-7, 135, 141, 158-9, 177, 189, 276, 289, 295, 336, 343, 348-50; cultivo de pérolas, 334; décimo quinto aniversário, 65; depoimento, 60; estudos, 172, 205, 249; fuga para Bath, 123-7, 141, 177, 349; interrogatório de Gough, 223-4; julgamento de Constance, 291-2; microscopia e biologia marinha, 317-21, 325, 346; morte, 334; morte do pai, 319; mudança para Londres, 317; nascimento de, 104; nono aniversário, 104; publicação de *Great Barrier Reef*, 332; publicação de *Manual of the infusoria*, 322; publicação de *Naturalist in Australia*, 333; quarto de, 93-4; rumores sobre, 52; segundo casamento, 321; suspeita, 158, 159, 207; teoria de Whicher, 348-50; vida na Austrália, 330-6; visita a Constance na França, 266
Kerslake, Sarah, 19, 31-2, 35-6, 38, 41, 49, 56, 64, 209, 223, 241
Ketch, Jack, 213
King's College, 317

King's Cross, 77, 80
Kingswood, 252-9, 266, 275
Knightsbridge, 228
Krohn, Adolphe, 252-6

lã, produção e comércio de, 74, 90, 126, 164
Lambeth, 88, 200, 210, 266
Lancashire, 202
Land's End, 105
Langham House, 251, 360
Lansdowne, Charles, 233
lares e famílias vitorianas, 68-9, 133, 143-5, 193, 261
Larkin, George, 204
Lausanne, 248
Lavater, John Kaspar, 117
Lavender Hill, 322, 335
Laverton, 111
Lawrence, Emily, 87, 117, 154
Ledyard, Thomas, 92
Leeds, 255
Lei Fabril, 91
Lemon, Mark, 111
Leonardo da Vinci, 86
Leverrier, Urban Jean Joseph, 176-7
Lewis, sir George Cornwall, 195
Lewisham, 104
Lincoln, Abraham, 298
Llangollen, 251, 277, 319
Loder, Mary Ann, 310
London and Westminster Bank, 84
London Bridge, estação da, 310
London Review, 276
London Standard, 276
Londres: cortiços em, 155, 193; criminalidade em, 76, 129
Long Bay, 336
Longhope, 172, 249
loucura *ver* insanidade

Ludlow, Henry Gaisford Gibbs, 21, 148, 150, 152, 186-8, 191, 195, 215, 242, 278, 282-4; confissão de Constance Kent, 277-8, 280-3; suspeita contínua de Constance Kent, 195, 214
Luknow, sítio de, 313
Lyceum, teatro, 117

Madame Tussaud, museu de cera de, 85, 250
Maitland, 336
Mall, The, 83-4
Mallam, Benjamin, 21, 63, 153, 284
Manchester, 202, 206, 330; aquário de, 320-1
Manchester Examiner, 179, 228
Manchester Guardian, 319
Manning, Frederick e Maria, 72, 100, 139, 220
Mansel, Henry, 260-1, 263
Martin, Richard, 130
Martineau, Harriet, 77
Mary, rainha da Escócia, 250
Maugham, tenente-coronel, 204
Maurice, Mary, 181
Mayne, sir Richard: cartas, 200, 203; caso Franz, 253, 256; confissão de Constance Kent, 278; envia Whicher, 70; inquérito de Saunders, 237; recebe relatórios de Whicher, 95, 114, 119, 148, 160, 215, 348; Whicher e, 80, 86, 200
McLeod, Mary, 297
McLevy, James, 116, 129, 194, 264-5
McNaghten, Daniel, 170
médicos, 54-5, 63, 103, 112-3, 119, 136, 170, 201, 288, 304; e doenças mentais, 112-3
Melbourne, 331, 336
mercado de flores, 322

Meredith, capitão, 151, 184, 277
Meredith, Louisa Anne, 333
Merryweather, sr., 322
Merstham: igreja de St. Katharine, 325
microscópio, 235, 250, 317, 332, 345, 347
Mile End, 202
Milford-on-Sea, 335
Millbank, 199, 312
Millbank, penitenciária de, 199, 305-6, 325-6, 335
Millet, Stephen, 20, 47, 59
Ministério do Interior, 64, 70, 105, 201, 316
Minot, sr., 202
Moody, Emma, 21, 126, 158, 172, 189, 292; interrogatório de Constance Kent, 186-8, 192; julgamento de Constance Kent, 284, 292
Moon, Joe, 20, 37
Morgan, James, 20, 41, 47, 62
Morning Post, 68-9, 157, 202, 208, 238, 362
Morning Star, 59, 96, 171, 212
Morris, William, 272
Moutot, Louisa, 24, 117
mulheres e assassinatos, 277-8
Muller, Franz, 279
Museu Britânico, 79, 317
Museu de História Natural, 332

Napoleão III, 86
Netuno, descoberta de, 177
Newcastle Daily Chronicle, 212
News of the World, 175, 210, 220, 293, 304
Nietzsche, Friedrich, 344
Nightingale, Florence, 144
Norris, inspetor, 125

North Leverton, 167, 169
North London Railway, caso da, 279
North Wilts Bank, 297
Northamptonshire, 255, 358
Northern Daily Express, 214
North-Western, polícia ferroviária da, 218
Notting Hill, 323
Nottinghamshire, 167, 169
Nova York, 279
Nutt, Jane, 58
Nutt, William, 20, 44, 46, 58, 149, 152, 164, 185, 209; irmão, 204; suspeita, 162-3, 201, 206

Observer, 310
Old Bailey, 211
Oldbury-on-the-Hill, 21, 284
olhos e investigação, 146
Oliphant, Margaret, 263
Oliver, Daniel, 20, 32, 38, 47
Once a Week, 230
Orton, Arthur (o Requerente Tichborne), 310-2
Oswestry, 277
Oxford, 25-6, 84, 218, 272
Oxford Street, 140
Oxford, movimento de, 266

Pacífico Sul, 334
Paddington, estação de, 23-4, 27, 179, 198, 219, 227, 253, 275
País de Gales, 251, 277, 317, 319, 339, 346
Palácio de Cristal, 143
Palmer, sir Roger, 81
Palmerston, lorde, 70, 221
Paris, 86-7, 100, 331
Park Lane, 81
Parkhurst, penitenciária de, 325

Parramatta, 336
Parsons, Joshua, 21, 34, 110; autópsia, 54, 111, 204; confissão de Constance Kent, 279; defesa de Samuel Kent, 229; descoberta da camisa, 235; inquérito do juiz de instrução, 59, 61; insanidade de Constance Kent, 63, 112, 136; interrogatório de Constance Kent, 189; suspeitas, 111
Parsons, Letitia, 111
Parsons, Samuel, 111
Peacock, Edward, rev., 20, 44, 48, 57, 60-1, 89, 92, 161, 222
Pearce, James, 87, 154
Pearman, sr., 250
Peck, policial, 254
Peel, sir Robert, 76, 170
Pegler, 100
Penny Illustrated Paper, 306
pérolas, 333-4
Perth, 333, 336
pesca, 33, 91, 164, 297, 330
Pimlico, 179, 198, 267, 279
Piper, Charlotte *ver* Whicher, Charlotte
Plummer, Eugenia, 156
Plummer, Stephanie, 156
Plymouth, 100
Poe, Edgar Allan, 11, 27, 84, 117-8, 121, 172, 206, 212, 229, 248, 257, 315; "O coração delator", 117; "O homem na multidão", 248; "Os crimes da rua Morgue", 177
Police Gazette, 323
polícia: apelidos, 75, 83; padrões de conduta, 78; personalidade e temperamento, 77; procedimentos policiais, 193; status, 182, 311; uniformes, 76; *ver também* detetives

417

Polícia Metropolitana, 11, 70, 72, 76, 81, 95, 236, 266-7; críticas na imprensa, 265; fundação, 75; fundação da força de detetives, 80-1; sede, 200
Pollaky, Ignatius, 21, 236-7, 308
Portland: igreja de St. Peter, 325
Portland, vaso, 102
Portsmouth, 219
Potter, John, 323, 357
Pratt, Mary *ver* Kent, Mary (em solteira, Pratt)
Prichard, James, 288
Pritchard, dr. Edward, 296
"profecia retrospectiva", 317
Pugin, Augustus, 272
Punch, 111, 265
Pusey, Edmund, 266

Quance, sra., 232
Queensland, 331-2
Queenstown, 218
Quem cometeu o assassinato de Road?, 206

Reading, 105, 121
Reclamante Tichborne (Arthur Orton) *ver* Tichborne, Reclamante (Arthur Orton)
Regent Street, 81
Regent's Park, 335
Reigate, 252-5
Revolta dos Sipais, 313
Reynolds (revista), 265
Rhode, John, 339, 347
Ribton, sr., 225
Road: "canto das cabanas", 33, 93-4; Christ Church, 20, 93, 221, 228; impopularidade da família Kent, 33, 91, 134, 161; inquérito de Saunders, 231-7; inquietação e desordem, 227; mudança da família Kent, 249; mudança de nome para Rode, 251; pub George, 41; pub Red Lion, 57-9, 90, 174; relato de Stapleton, 262; situação e habitantes, 89; suspeitas dos moradores, 61, 90, 149, 152, 193, 230; Temperance Hall, 61, 65, 67-8, 91, 148-9, 183, 191, 196, 231-2, 234
Road Hill, mansão de: chegada da família Kent, 105; distribuição e plantas-baixas, 94, 133-4, 143; "jardim da srta. Constance", 221, 340; latrina, 45, 94, 96, 113, 124, 127, 183, 250; leilão, 249; rebatizada como Langham House, 251
Robin Goodfellow (revista), 258
Robinson, sargento-detetive, 253
Rode, 251
Rodway, Rowland, 21, 51, 57, 63, 119, 143; confissão de Constance Kent, 277, 280, 285, 287; defesa de Samuel Kent, 238; endosso de livro de Stapleton, 261; julgamento de Constance Kent, 291, 297; suspeita de Constance Kent, 164
romances sensacionalistas, 261
Romney, George, 214
Roper, sargento, 218
Rous, sr., 311
Rowan, coronel Charles, 80
Russell, William ("Waters"), 83, 116

Sala, George Augustus, 83
Salisbury, 286, 291, 306; penitenciária de Fisherton, 291, 297
Salisbury and Winchester Journal, 286, 289
Sandown Fort, 140

Sangways, Emma, 313, 322-3
Saturday Review, 238, 265, 287
Saunders, Thomas, 21, 231-7, 241
Savage, George Henry, 112
Saxônia, 69, 252, 254, 256
Sayers, Tom, 158
Schubert, Franz, 344
Scotland Yard, 11, 12, 23, 64, 95, 167, 198, 200, 205, 211, 219, 274, 284; alojamento, 154, 200; cartas, 201-5, 211; sede dos detetives, 82, 200; Williamson e, 323, 325
Scott, srta., 110
Shakespeare, William, 214
Sheffield, 175
Shelley, Percy Bysshe, 214
Sherborne Journal, 181
Shoreditch, 140
Sidmouth, 102-3
Sidney, 336-7; carta de, 339, 341, 343-4, 346-7
sífilis, 344-7; congênita, 344-5
Silcox, Anna, 20, 54, 61
Slack, E. F., 21, 220-1
Smith, Madeleine, 137-9, 141
Snow, John, 111
Soho Square, 111
Somerset and Wilts Journal, 66, 139, 185, 228, 280; confissão de Constance Kent, 277, 279, 283; demissão de Gough, 219; descrição da mansão de Road Hill, 133; exigência de detetive, 70; inquérito de Saunders, 234; interrogatório de Constance Kent, 184; petições ao Ministério do Interior, 220; prisão de Gagg, 218; relatos do caso Road Hill, 60, 65, 98, 113, 128, 143, 161, 228; suspeitas de Whicher, 159, 214, 228

Somersetshire, 21, 89-90, 104, 111, 147-8, 179, 202, 249, 251; polícia de, 42, 141
sonambulismo, 286, 315
Southampton, 100
Southwark, 202, 307
Southwick, 20, 42-3, 48, 50
Sparks, Emma, 136, 153, 164, 180
Spitalfields, 81
Spurgeon, rev. Charles, 296-7
St. Giles, 79-80, 94
St. John's Wood, 253
St. Paul, catedral de, 272, 285, 325
Stamford Hill, 102
Stancomb, William e John, 21, 148
Stapleton, Joseph, 21, 63, 261, 297, 362-3; autópsia, 54, 111; confissão de Constance Kent, 277; cria fundo para Gough, 298; defesa de Samuel Kent, 229, 248, 262; descoberta da camisa, 235; insanidade de Constance Kent, 136; inspeção de fábricas, 239; publicação de *The great crime of 1860*, 261; relato do caso de Road Hill, 51, 90, 94, 102, 105, 118, 124, 177, 194, 205, 242, 247, 352; sífilis, 346; suspeitas dos moradores, 60, 90
Steeple Ashton, 281
Stephen, sir James Fitzjames, 212, 265
Stepney, 100
Stevens, William, 284
Stoke Newington, 87
Stoke-on-Trent, 120
Stokes, Ann, 67
Stokes, Charles, 66, 184, 232
Strand, 153-4, 357, 359
Such things are, 263
Suffolk, conde de, 86
Surrey, 219, 252, 254-5, 325

Sussex, 325, 335
Sutton, 254
Sylvester, George, 21, 57

Tabernáculo Metropolitano, 296
Taine, Hippolyte, 143
Tâmisa, rio, 199-200, 306
Tanner, sargento-detetive Richard ("Dick"), 21, 87, 154, 179, 278-9
Tasmânia, 330, 333, 336
Tatt, sr., 85
Taylor, Sarah, 80
Taylor, Tom, 130
telégrafo elétrico, 25, 140
telegramas, 260
Tellisford, 232
terra-nova, cão, 36-8
Teseu (personagem mitológica), 99, 101
Thomas, sargento-detetive, 278
Thomson, John, 138
Thornton, sargento-detetive (depois inspetor) Stephen, 81-2, 86, 100-1, 156, 266, 358
Thursday, ilha de, 334
Tichborne, Dowager, lady, 309
Tichborne, Reclamante (Arthur Orton), 309
Tichborne, sir Roger, 309
Tietjens, Thérèse, 253, 255
Times, The, 35, 59, 155, 184, 211, 237; anúncios, 198; aposentadoria de Whicher, 279; carta de Groser, 219; caso Franz, 256; caso Youngman, 210; confissão de Constance Kent, 271; detetives e, 82, 84; explicação de Constance Kent, 304, 347; inquérito de Saunders, 236; lei McNaghten, 171; relatos do caso de Road Hill, 69, 149, 165, 184, 227; William Kent, 320, 333

Tommas (gato), 154
Torres, estreito de, 334
Trafalgar Square, 83
trens *ver* ferrovias/estações ferroviárias
Trollope, Anthony, 200
Trowbridge: comércio e prosperidade, 73; corte criminal, 221-6, 277, 280; delegacia de polícia, 66, 172, 218, 275; distrito de Hilperton Road, 149; ida de Samuel Kent a, 42, 49-51, 65, 161, 222; impopularidade da família Kent, 91, 134; regresso de Constance Kent, 275
Trowbridge and North Wilts Advertiser, 59, 139, 159
Tuberwell, Sarah Ann, 251
Turner, J. M. W., 28

Upper Harley Street, 167-70
Upper Seymour Street, 170
Urano, órbita de, 177
Urch, Alfred, 20, 37, 41-4, 46-7, 54, 141-2, 234-5

Van Gogh, Vincent, 345
Varsóvia, 266-7
véus, 184
Victoria (Austrália), 331
Victoria, estação, 199, 270
Vidocq, Eugène, 159, 213
Virgínia, 298
Vitória, rainha, 80, 115, 151, 258

Waddington, Horatio, 64, 203
Wagner, rev. Arthur Douglas, 266, 270, 272, 284, 307; libertação de Constance Kent, 335; petições para Constance Kent, 297, 327; recusa em testemunhar, 283-5, 298
Walker, inspetor-chefe, 266, 358

Walton-in-Gordano, 104, 179
Walworth, 209-11, 220
Wandsworth: hospital St. Peter, 335; penitenciária de, 156
Wapping, 204, 310, 313, 357
Ware, James Redding, 286
Warminster, 21, 121, 126, 188, 237
Waters *ver* Russell, William
Watts, sargento James, 20, 234-5, 241, 281
Weller, Louisa, 80
Wellington College, 115
West, Edward, 47
Westbury, 21, 148, 237
Western Daily Press, 44, 62, 128, 152, 181, 192, 230
Western Morning News, 165
Westminster, 23, 199-200, 322, 325
Westminster, abadia de, 80, 307
Westminster, ponte de, 199
Weston-super-Mare, 249
Whicher, Charlotte (em solteira, Piper), 199, 307, 312, 322
Whicher, Eliza, 75
Whicher, inspetor-detetive Jonathan ("Jack"): antecedentes familiares, 74-5; aposentadoria da polícia, 267, 279; camisola desaparecida, 97-8, 119, 151-2, 172-6, 182, 190, 205, 211, 215, 239, 282; carta a Hancock, 239; cartas, 203-4, 211; casamento, 307; caso Bonwell, 86, 167, 219; caso Franz, 252-6; caso Manning, 100, 101; caso Sarah Drake, 167-9; caso Tichborne, 309-12; caso Youngman, 209-10; confissão de Constance Kent, 278-9, 281; convocado para Wiltshire, 70, 73-4, 89, 92; "crime elegante" e, 85, 115-6; críticas a, 211-4, 240, 265; descoberta da camisa, 240, 242, 282; disfarces, 130; entrada para a polícia, 75-8, 87, 100; família Kent e, 101, 106, 119, 162; guarda de provas, 195; impacto do caso Road Hill, 252; inquérito Saunders, 236; interrogatório de Constance Kent, 183-92; investigações particulares, 308; julgamento de Constance Kent, 291; métodos, 84-6; missão em Varsóvia, 266-7; morte e obituário, 322; polícia de Wiltshire e, 177, 217-8, 241-2; possível primeiro casamento, 88, 308; primeira prisão, 80, 152; prisão de Constance Kent, 148-53; prisão de Gagg, 219; promoção a inspetor, 86; relatório final a Mayne, 215; reputação, 87; residência de, 198, 267, 307; retratado em *Lady Audley's secret*, 259; sagacidade de, 128, 299; solteiro, 265, 267; suspeita de Constance Kent, 119, 127, 136-8, 159-60, 172-6, 208, 215, 239, 242, 289; suspeita de Gough, 228; teoria final sobre o caso de Road Hill, 347-8; volta a Londres, 195, 198
Whicher, James, 75
Whicher, Mary Ann, 199, 267, 291
Whicher, Rebecca, 75
Whicher, Richard, 75
Whicher, Sarah, 75
Whitechapel, 253, 255, 313, 324
Whitehall, 200
Whitehall Place, 78
Whitworth, sargento-detetive William, 140
Wight, ilha de, 325
Willes, sir James, 292-4, 297-8
Williams, George, 24

Williams, Mary, 110
Williamson, sargento-detetive (depois inspetor e superintendente chefe) Adolphus ("Dolly"): assistente de Whicher, 87; assume caso de Road Hill, 274, 277-9, 284; caso Youngman, 209; herança de Whicher, 323; impacto do caso de Road Hill, 252; julgamento de Constance Kent, 291; morte, 325; motivos de Constance Kent, 301; nomeação para inspetor-chefe geral, 323; participação na investigação de Road Hill, 159, 172, 177, 184; promoção a inspetor, 266; residência, 154, 200; sagacidade, 299; volta a Londres, 195
Wills, William Henry, 99, 101, 116
Wilmot, sir John Eardley, 203, 299, 339
Wiltshire, 89, 104, 130, 330, 341; clima ruim, 147, 230; juízes leigos de *ver* juízes leigos de Wiltshire, 64; volta de Constance Kent a, 274-5
Wiltshire, polícia de, 20, 28, 68, 141, 160, 217, 277, 292; descoberta da camisa, 240, 281; exumação do corpo de Saville Kent, 217; julgamento de Constance Kent, 292; Whicher e, 177, 192, 215, 217, 240, 281
Windsor, 170, 309
Windus, Mary Ann *ver* Kent, Mary Ann (em solteira Windus)
Winslow, Forbes Benignus, 181
Woking, penitenciária de, 325, 327
Wolfe, inspetor-chefe Francis, 20, 92, 95, 133, 177-8, 184, 224, 228; exumação e, 217; Gough e, 221, 224, 228; prisão de Constance Kent, 149, 152
Wolverton, 218
Wort, William, 267, 292
Wynter, Andrew, 77, 115

Yonge, Charlotte, 263
Yorkshire, 251
Youngman, William, 209-11, 220

Zoológico de Londres *ver* Jardim Zoológico de Londres
Zuccari, Federico, 250

ESTA OBRA FOI COMPOSTA EM MINION POR TECO DE SOUZA E IMPRESSA
PELA GRÁFICA BARTIRA EM OFSETE SOBRE PAPEL PÓLEN SOFT DA SUZANO
PAPEL E CELULOSE PARA A EDITORA SCHWARCZ EM SETEMBRO DE 2009